本书由
南开大学中国社会史研究中心
南开大学中外文明交叉科学中心
资助出版

拓跋鲜卑—北魏先民生计方式的稳定同位素考古研究

张国文　著

科学出版社
北　京

内 容 简 介

本书结合考古出土动物、植物和其他相关遗存，运用骨骼碳、氮、硫稳定同位素分析方法，对拓跋鲜卑—北魏先民的食物结构和生计方式进行了系统研究，并对其生计方式的变迁轨迹及其动因进行了深入分析。此外，通过对比北方地区诸如汉民族、匈奴、慕容鲜卑 / 夫余、大月氏等人群的稳定同位素数据，对汉至北朝时期中国北方先民的生计方式进行了梳理。本书基于生计方式研究，揭示了古代北方人群的互动与交融，为铸牢中华民族共同体意识研究提供了稳定同位素分析视角。

本书为北方民族考古、稳定同位素考古、鲜卑—北魏历史考古研究等相关领域提供参考。适合考古学、历史学、经济学、民族学等相关专业学者、大专院校师生及相关爱好者阅读。

图书在版编目（CIP）数据

拓跋鲜卑—北魏先民生计方式的稳定同位素考古研究 / 张国文著. —北京：科学出版社，2023.10

ISBN 978-7-03-076630-4

Ⅰ. ①拓… Ⅱ. ①张… Ⅲ. ①生活方式 – 研究 – 中国 – 北魏 Ⅳ. ① D691.93

中国国家版本馆 CIP 数据核字（2023）第 197242 号

责任编辑：郑佐一 / 责任校对：贾伟娟
责任印制：肖 兴 / 封面设计：金舵手世纪

科学出版社 出版
北京东黄城根北街 16 号
邮政编码：100717
http://www.sciencep.com
北京厚诚则铭印刷科技有限公司 印刷
科学出版社发行 各地新华书店经销
*
2023 年 10 月第 一 版 开本：787×1092 1/16
2024 年 1 月第一次印刷 印张：15 1/4
字数：360 000

定价：168.00 元

（如有印装质量问题，我社负责调换）

序

中国历史，就是一部北方草原地区的游牧人群和中原地区的农耕人群不断发生碰撞、交锋、交流并最终融合为中华民族的形成史。探索中华民族共同体的形成和发展，一直是当代考古学的研究前沿和研究重点之一。崛起于北方草原地带、不断南迁直至建立北魏政权并最终融入中华民族大家庭的拓跋鲜卑，无疑是探讨中华民族共同体形成的一个极好研究案例。

2005年，张国文由安徽大学历史系考入中国科学院研究生院（现中国科学院大学前身），攻读科技考古硕士学位。在王昌燧教授的安排下，他的硕士及之后的博士论文，由宋国定教授和我指导。“冥冥之中自有天意”，历史学的学科背景，使得其有别于其他同届同学，对历史时期的科技考古情有独钟。2006年，他将拓跋鲜卑的稳定同位素分析作为其硕士论文及以后博士论文的研究主题，并在入职南开大学历史学院之后仍一直延续至今。此专著的出版，可以算得上其多年研究成果积累和沉淀的大成，集中体现了其对历史时期稳定同位素考古研究思路和方法的思考。

全书结构，似可拆解如下：第一章首先介绍了研究拓跋鲜卑生计的研究意义、研究问题和研究内容，在阐述拓跋鲜卑发展历史的基础上，详述了当前通过历史学、考古学和其他学科在此领域开展研究的现状；第二章重在介绍稳定同位素（碳、氮、硫）分析的原理、实验和分析流程，并详细介绍了同位素分析在多个研究主题（如先民食物结构、动物与人类演化、农业起源和传播、社会等级差异、家畜驯化、饲喂模式和祭祀行为、边疆人群生计、学科建设等）上的研究进展；第三章至第六章，按照拓跋鲜卑南迁的历史进程，对内蒙古呼伦贝尔地区、内蒙古中南部地区、山西大同地区，以及陕西西安地区的多处考古遗址出土人和动物的骨骼进行了同位素分析，系统揭示了不同时段、不同地区先民和动物的食物结构和生计方式；第七章集中阐述了通过动植物考古研究拓跋鲜卑对动植物资源的利用状况和变迁历程；第八章详细介绍了两汉至北朝期间北方多个民族（如汉族、匈奴、月氏、慕容鲜卑/夫余等）的同位素数据及其所反映出的多民族的生计方式；第九章系统比较了拓跋—北魏人群与北方其他多个人群在同位素数据上的差异，探讨了他们在生计方式上的异同点；第十章为全书的结语部分，对以上各章的相关结论进行了总结，并指出拓跋鲜卑生计方式的转变历程就是其不断融入中华民族大家庭的集中体现。

纵观全书，窃认为，此书具有以下几个特点。

一是多学科研究特色明显。此书以人骨和动物骨的稳定同位素分析为主，但也综合利用了历史文献、考古学背景资料、动物考古资料、植物考古资料的研究成果，全面揭示了拓跋鲜卑人群自崛起、南迁直至建国的发展过程中生计方式的变化。

二是多种稳定同位素分析方法的运用。此书除包括大量人骨和动物骨的C、N同位素数据之外，还包括大量S同位素数据，并将其运用至探讨人和动物的食物结构及迁徙活动之中。

三是首次在生计方式的视角下探讨民族融合。当前国内开展稳定同位素分析研究并整理为专著的著作，正呈逐年增长之势。这充分反映了稳定同位素生物考古具有旺盛的学科生命力。相较其他著作而言，此书更关注历史时期稳定同位素生物考古研究，并藉此探讨中华民族共同体的形成过程。

毋庸置疑，此书在利用多稳定同位素分析研究方法探讨拓跋鲜卑的生计方式和迁徙活动方面已颇有建树。然而，此书也不可避免地存在一些微小瑕疵，如章节的逻辑顺序尚待调整、部分同位素数据的诠释尚需完善、多学科研究成果结合的讨论尚不够深入，等等。然而，“瑕不掩瑜”，此书仍不失为为稳定同位素生物考古研究的初学者，以及对拓跋鲜卑发展史感兴趣的研究者提供教学参考和研究参考的一部学术力作，可望为全面探索中华民族共同体的形成过程提供重要的借鉴。

当前，全面探讨中华民族的形成和发展史并筑牢中华民族共同体意识，已成为我国考古学者在建设中国式现代化的征程中必须承担的研究重任。有理由相信，张国文教授今后仍将保持初心，在历史时期稳定同位素生物考古研究的道路上越走越远，勇担重任，给我们带来更多的学术“惊喜”。

胡耀武

2023年10月4日

于上海尚景园

目　录

插图目录

表格目录

第一章 绪　论

第一节 研究缘起

中国古代历史上，活跃着经济形态有别、风俗习惯各异的多个北方民族，他们之间的相互交往、彼此影响、吸收交融从没有停止过。中华文明的悠久历史和灿烂文化，是包括北方民族在内的多个民族共同创造的，北方民族是中华文明进程的重要参与者和推动者，对中国古代疆域和中华民族多元一体格局的形成做出了不可磨灭的贡献。深入探究中国古代北方民族的社会、经济和文化内涵及其发展规律，充分认识其历史地位、作用与贡献，对树立正确的历史观、民族观、国家观，维护民族团结、国家统一局面，铸牢中华民族共同体意识具有重要的学术意义和现实意义[①]。

拓跋鲜卑，发源于嫩江东北、额尔古纳河东南的森林地区，先南迁“大泽”至内蒙古呼伦贝尔草原地区，后南迁“匈奴故地”至蒙古高原的河套阴山地区，建代国于盛乐（今内蒙古和林格尔地区），最后建立北魏政权并先后都平城（今大同）和洛阳，奠定了拓跋鲜卑—北魏的“盛乐时代”（公元258—398年）[②]、“平城时代”（公元398—494年）[③]以及“洛阳时代”（公元494—534年）[④]。拓跋鲜卑是我国历史上第一个入主中原、统一中国北方地区的游牧民族。其在南迁中原和建立政权的过程中，通过与北方黄河流域农耕民族之间的碰撞、冲突与交流，逐渐改变了以畜牧为主的生计方式而转向以农耕经济为主，并借此与中原农耕民族融合为一体，成为中华民族的重要组成之一。这一转变与其“中国认同”意识的逐渐形成密不可分，拓跋鲜卑—北魏的历史进程是中华民族从多元走向一体的典范[⑤]。此外，北魏太武帝收复河西走廊并统一北方后，打通了中西交流的通道，重拾了断绝的丝绸之路，不同国界、民族和文化的人群在北魏首都平城汇聚，延续了早期拓跋鲜卑时期在草原地区即已存在的中西文化交流和融合。

经济基础决定上层建筑，对拓跋鲜卑—北魏人群的经济形态和动/植物资源利用状况等生计方式的揭示，可为探究中华民族形成一体格局过程中各民族走向文化自觉、

---

① 张久和，刘国祥．北方民族史是中国历史的有机组成部分——《中国古代北方民族史・拓跋鲜卑卷》代序［M］．北京：科学出版社，2021．

② 王凯．北魏盛乐时代［M］．呼和浩特：内蒙古人民出版社，2003．

③ 李凭．北魏平城时代［M］．上海：上海古籍出版社，2011．

④ 李凭．北朝的发展轨迹［M］//4—6世纪的北中国与欧亚大陆．北京：科学出版社，2006．

⑤ 王曙光，白苏雅拉图．拓跋鲜卑融入中华民族一体格局的思考［J］．内蒙古民族大学学报（社会科学版），2021，47（1）：18-23．

形成共同体意识提供新的研究视角，具有重要学术意义。此外，基于包括拓跋鲜卑—北魏在内的北方民族生计方式综合研究，深入挖掘中国古代北方人群的历史进程、经济和文化面貌，有助于揭示汉至北朝时期北方丝绸之路上的中西经济和文化交流，对于服务当今“一带一路”国家倡议和丝绸之路研究也具有一定的现实意义。

第二节 研究方法和研究内容

一、研 究 方 法

生计方式（Subsistence Strategies），又称生业模式、生业经济或生计策略。狭义上指人类为维持生存对食物的需求，以及隐藏在这些食物获取行为背后的经济方式。生计方式主要体现的是各类人群为适应不同环境所采取的整套谋生手段，其中食物的获取是古代人类最重要的生计。基于经济形态的生计方式研究，是探索古代人群社会组织、文化面貌等学术问题的重要途径。因而，袁靖在《南方文物》期刊“生业与社会”专栏开栏语中指出：“在考古学研究中探讨生业和社会的相互关系是一个十分有意义的学术命题。”①然而，仅凭单一类别遗存尝试复原古人生计方式的全貌未免会失之偏颇，故而采用多学科交叉的方法，对特定遗址出土的动植物遗存、人工遗物及相关遗迹开展综合研究势在必行②。

近年来，随着自然科学技术在考古学研究中的深度参与，诸多科技考古研究分支学科得到了很好的发展，如动物考古、植物考古、骨骼稳定同位素考古、残留物分析等。学术界基于以上多学科方法，对中国古代不同时期考古学文化先民的生计方式进行了大量研究，有力促进了中国考古学研究工作的开展，提升了考古学研究的深度和广度③。正如袁靖在《中国古代生业研究——对“生业与社会”栏目的总结和思考》一

---

① 袁靖.《南方文物》“生业与社会”专栏开栏语［J］. 南方文物，2014（1）：54-57.

② 袁靖. 公元前3500年至前1500年黄河、长江及西辽河流域的资源、技术和生业研究［N］. 中国文物报，2012-08-17.

③ 赵宾福. 嫩江流域新石器时代生业方式研究［J］. 考古，2007（11）：55-61；袁靖. 中国新石器时代至先秦时期生业初探［J］. 南方文物，2019（5）：200-209；袁靖，潘艳，董宁宁等. 良渚文化的生业经济与社会兴衰［J］. 考古，2020（2）：83-92；袁靖. 黄河中游及华北地区距今10000至5000年生业状况初探［J］. 南方文物，2018（1）：151-159；李志鹏. 新石器时代早、中期黄淮下游地区先民获取动物资源的生业方式初探［J］. 南方文物，2018（1）：160-165；吕鹏，袁靖. 交流与转化：黄河上游地区先秦时期生业方式初探（上篇）［J］. 南方文物，2018（2）：170-179；杨瑞琛，邸楠，贾鑫等. 从石峁遗址出土植物遗存看夏时代早期榆林地区先民的生存策略选择［J］. 第四纪研究，2022（1）：101-118；钟华，李冀源，胡晓军. 吐蕃统领下吐谷浑邦国时期生业模式初探——以青海热水哇沿水库遗址和墓葬浮选出土植物遗存为例［J］. 南方文物，2022（4）：202-210；董广辉，杜琳垚，杨柳等. 欧亚大陆草原之路：（转下页）

文中所阐述的，中国古代生业研究工作的范围涉及15个省区市的40余处遗址的人骨考古、动植物考古、古DNA研究、碳/氮稳定同位素分析和环境考古，还包括对多种动植物种类开展专题研究，对全国各个地区自新石器时代到青铜时代的生业状况进行系统而全面的探讨，还有对于方法论的探讨等①。

20世纪80年代以来，骨骼稳定同位素考古学研究已在揭示中国古代人类食物结构和生计方式等领域取得了较为显著的进展，极大地增进了人们对于古代社会的了解②。目前，国内对于拓跋鲜卑—北魏人群生计方式的稳定同位素分析工作虽然有所涉及，但是大部分为个案研究，且对考古和文献资料缺乏系统而深入的探究，更没有对迁徙过程中不同时空框架下拓跋鲜卑—北魏人群生计方式的综合对比研究。因此，本书拟通过不同时空下拓跋鲜卑—北魏人和动物骨骼系列样品的多元稳定同位素分析，结合考古和文献资料，重建拓跋鲜卑—北魏先民和动物的食物结构，在此基础上揭示拓跋鲜卑—北魏先民的生计方式及其变迁。此外，本书还将汉至北朝时期其他北方人群的稳定同位素分析数据做了简单梳理，并将拓跋鲜卑—北魏人群稳定同位素分析数据与之进行对比研究，从而尝试全面揭示汉至北朝时期北方先民的生计方式。

除了骨骼稳定同位素分析外，本书还对考古出土其他遗存进行梳理，以期全面揭示先民的生计方式，这里对本书的研究方法做一简要概括。

第一，骨骼稳定同位素分析。由于人和动物的主要食物来源包括植物类和动物类两种，而骨骼胶原蛋白的碳、氮、硫稳定同位素分析正好可以揭示生物体的植物资源和动物资源摄取情况，故而该方法可以很好地用来重建先民和动物的食物结构。与其他证据相结合，稳定同位素分析可以很好地用来重建先民的生计方式。本书对拓跋鲜卑—北魏墓葬出土的人和动物骨骼进行稳定同位素分析。

第二，生产/生活工具的统计和分析。不论是农业生产还是游牧、狩猎，均需要一

（接上页）绿洲之路史前农牧业扩散交流与生业模式时空变化［J］. 中国科学：地球科学，2022（8）：1476-1498；陈伟驹. 咸头岭文化生计方式的探讨［J］. 考古，2017（8）：70-79；张国文，易冰. 拓跋鲜卑生计方式综合研究［J］. 考古，2022（4）：104-115；陈相龙，方燕明，胡耀武等. 稳定同位素分析对史前生业经济复杂化的启示：以河南禹州瓦店遗址为例［J］. 华夏考古，2017（4）：70-79；丛德新，贾伟明. 欧亚草原史前游牧考古研究述评：以史前生业模式为视角［J］. 西域研究，2020（4）：59-78；张旭. 内蒙古中南部先秦两汉时期人群龋病与生业模式初探［J］. 农业考古，2020（1）：7-15；郭佳. 中国北方古代人基因组分析显示生业与迁徙的联系［J］. 大众考古，2020（6）：94.

① 袁靖. 中国古代生业研究——对“生业与社会”栏目的总结和思考［J］. 南方文物，2021（1）：153-163.

② 蔡莲珍，仇士华. 碳十三测定和古代食谱研究［J］. 考古，1984（10）：949-955；张雪莲，王金霞，冼自强等. 古人类食物结构研究［J］. 考古，2003（2）：158-171；HU Y W. Thirty-four years of stable isotopic analyses of ancient skeletons in China：an overview，progress and prospects［J］. Archaeometry，2018（1）：144-156；张国文. 古食谱分析方法与中国考古学研究［J］. 郑州大学学报（哲学社会科学版），2016（4）：105-108.

定的器具作为工具，从而让这些工具具有判断生计方式属性的内涵。故而，考古出土的生产/生活工具是揭示先民生计方式的重要研究对象之一。秦岭等人分析和重新评估了河姆渡遗址出土的动植物遗存、相关遗迹和工具情况，并与其他出土资料进行比较，综合分析了河姆渡遗址先民的生计方式①。可见，考古出土工具类遗存在我们考察先民生计方式研究中不可忽视。本书对拓跋鲜卑—北魏考古出土的各类生产/生活工具遗存进行考察，以期全面揭示先民的生计方式。

第三，动物遗存分析。考古出土的动物遗存体现了先民对动物资源的利用，动物种属、性别、年龄、病理、殉葬部位等具有重要的考古学内涵，且不同种属的动物往往预示着不同的生存环境和生态系统，故而动物遗存对于先民生计方式和生存环境的指示意义不言而喻。考古出土动物遗存，如各类动物骨骼、牙齿、角、贝壳等对于探讨先民动物资源利用方式以及畜牧业/渔猎经济的发展程度具有重要的作用，部分骨器制作工艺研究还可以用来揭示先民的手工业经济水平。本书对拓跋鲜卑—北魏考古出土的动物骨骼进行梳理，并结合动物骨骼的稳定同位素数据，对先民动物类食物资源、动物饲养策略和殉牲习俗等进行探讨。

第四，植物遗存分析。类似于动物遗存对于探讨先民生计方式的重要作用，植物遗存（包括植物大化石和微体化石），对于探讨先民植物类食物资源利用方式、农业/采集经济发展水平具有重要意义。拓跋鲜卑—北魏考古出土植物遗存虽然不多，但弥足珍贵。本书对其植物遗存进行梳理和分析，结合稳定同位素数据，为先民植物类食物结构和农业经济的揭示提供佐证。

第五，其他考古出土遗存分析。考古出土的饰品、纺织品、壁画等遗存，无法归到上述研究对象中，但结合考古学和历史学背景资料，却也是能反映出人类生计方式的物质遗存。如拓跋鲜卑墓葬常见的动物风格牌饰，一定程度上反映的是拓跋鲜卑的动物崇拜或现实生活中对动物资源的利用。又如拓跋鲜卑墓葬出土的中原地区常用的钱币、丝织品等，反映的是鲜、汉人群之间的经济行为。此外，北魏墓葬出土的壁画等图像资料绘制有农业耕作、日常生活、庖厨、狩猎等场景，也可以直观地体现先民的生计方式。当然，除了以上考古出土的物质文化遗存外，考古遗迹本身以及遗迹所在的自然环境和生态资源，也在一定程度上能够体现古人的生计方式，如河流阶地、天然洞穴、沿海贝丘等遗址形态下的先民生计方式差异显而易见。而滨海、山区、平原、森林、草原等不同自然环境和生态资源下的古人，其生计方式必然会有相应的特征和差异。例如，赵宾福通过对自然条件、生态环境、生产工具以及生物遗骸（动、植物遗存）等四个方面的分析和推断，认为嫩江流域的新石器时代始终以渔猎经济为主，代表了一种与“种植农业型新石器文化”有所区别的具有地域特色的“渔猎型新石器文化”②。揭示拓跋鲜卑—北魏人群所生活的自然环境和其对自然资源的利用情况，也是本书进行生计方式研究的重点切入点。

① 秦岭，傅稻镰，HARVEY E. 河姆渡遗址的生计模式——兼谈稻作农业研究中的若干问题［M］// 东方考古：第3集：307-350.

② 赵宾福. 嫩江流域新石器时代生业方式研究［J］. 考古，2007（11）：55-61.

二、研究内容

本书的主要研究内容，在于通过对拓跋鲜卑—北魏遗存出土的人和动物骨骼等生物遗骸进行稳定同位素分析，重建拓跋鲜卑—北魏先民和动物的食物结构，结合文献、考古资料，以及生产/生活工具等遗物的出土概况，揭示拓跋鲜卑—北魏先民经济发展状况、动物饲养策略等生计方式面貌，具体研究内容如下。

第一，骨骼样品的获取、前处理和稳定同位素测试分析：与各地考古研究机构合作，获取拓跋鲜卑—北魏遗存出土的人和动物骨骼/牙齿样品；在实验室进行骨骼胶原蛋白提取，之后在稳定同位素质谱仪进行碳、氮、硫等稳定同位素测试分析。

第二，先民和动物的食谱重建：基于测试获得的稳定同位素分析数据，探讨拓跋鲜卑—北魏先民和动物的食物结构。

第三，先民生计方式的揭示：结合考古和文献资料，基于稳定同位素的古食谱分析结果，揭示拓跋鲜卑—北魏人群的生计方式及其变迁，并对其变迁的原因进行探讨。

第四，生计方式对比研究：通过对汉至北朝不同时期拓跋鲜卑—北魏先民的生计方式纵向对比，以及与同时期其他北方人群的生计方式横向对比，全面揭示拓跋—北魏先民的生计方式，并探讨其与其他北方先民生计方式之间的内在关联。

第三节　研究对象和时空框架

一、研究对象和时空框架

本书的研究对象主要为拓跋鲜卑—北魏墓群出土的人和动物骨骼/牙齿等生物遗骸，通过生物遗骸的碳、氮、硫等多元稳定同位素分析，揭示人和动物的食物结构。同时，通过对拓跋鲜卑—北魏考古出土的动/植物遗存进行统计和分析，探讨先民对动、植物资源的利用情况。此外，还结合拓跋鲜卑—北魏遗存中与生计方式相关的各类遗物，通过梳理和对比分析，结合稳定同位素分析数据、文献记载以及考古出土其他遗存，对拓跋鲜卑—北魏先民的生计方式进行综合研究。本书还对汉至北朝时期其他北方人群的稳定同位素分析数据进行梳理，并将拓跋鲜卑—北魏人群的稳定同位素数据与之进行对比分析，结合其他考古和文献证据，进而全面揭示汉至北朝时期中国北方人群的生计方式。

本书研究的主要时间范围为公元1至6世纪，即东汉至北魏时期；主要空间范围为内蒙古自治区、山西省、河北省、河南省、陕西省等多个北方地区，涵盖了拓跋鲜卑迁徙路线上的各个区域以及整个北魏的统治区域。

二、拓跋鲜卑和北魏王朝

拓跋鲜卑源自于鲜卑族，是其中的重要一支。鲜卑族属于阿尔泰语系东胡语族，源于古老民族东胡，早期居住在大兴安岭以及嫩江平原，并且臣服于匈奴。汉武帝对匈奴的打击使得匈奴分裂，南匈奴臣服，北匈奴西迁，鲜卑得以摆脱匈奴的控制并向西南迁徙，占据了匈奴的领地，"转移据其地，匈奴余种留者尚有十余万落，皆自号鲜卑，鲜卑由此渐盛"[①]。东汉时中原王朝内乱不止，鲜卑檀石槐趁机统一了东西各部，建立了鲜卑部落联盟，拓跋鲜卑加入大联盟，统帅西部并任"西部大人"。公元3世纪时部落联盟瓦解，再次分裂为拓跋、宇文、段氏、慕容四个强势部落，建立了许多游牧民族政权，如前燕、后燕、南燕、西秦、南凉、西燕、吐谷浑、代和北魏等。

因为北魏王朝是拓跋鲜卑所创立，作为二十四史之一的《魏书》对北魏及拓跋鲜卑早期历史也有记载。此外，《后汉书》《资治通鉴》《南齐书》等经典史籍也有相关叙述。《魏书·礼志》记载："魏先之居幽都也，凿石为祖宗之庙于乌洛侯国西北。自后南迁，其地隔远。真君中（公元443年），乌洛侯国遣使朝献，云：'石庙如故，民常祈祷，有神验焉。'其岁遣中书侍郎李敞旨石室，告祭天地，以皇祖先妣配。祝曰：'……自启辟之初，佑我皇祖，于彼土地。历载亿年，聿来南迁。……'敞等既祭，斩桦木立之，以置牲醴而还。后所立桦木生长成林，其民益神奉之，咸谓魏国感灵神之应也。石室南距代京可四千余里。"[②]《魏书·乌洛侯国传》又云："其国西北有完水，东北流合于难水，其地小水皆注于难，东入于海。"[③]完水即今之额尔古纳河，难水即今之黑龙江，故而学界推测拓跋鲜卑祖先兴起于额尔古纳河和大兴安岭北段之间。《后汉书·乌桓鲜卑列传》也记载了拓跋鲜卑可能发源于嫩江东北、额尔古纳河东南的森林地区，主要以狩猎为生[④]。考古学家在东北大兴安岭地区发现了嘎仙洞鲜卑石室文化遗存[⑤]，学界一度认为此遗存即史书记载的拓跋鲜卑祖先所居的旧墟石室。近年来，部分学者对嘎仙洞遗址的文化面貌、族属和年代等有了新的思考[⑥]。刘国祥和倪润安对嘎仙洞遗址未来工作提出的建议非常具有前瞻性，他们认为嘎仙洞遗址的研究需要开展新的科学考古发掘作为支点，除了获取更详细的地层信息和更多的陶器、石器、动物骨骼等遗物外，还可以更好地利用20世纪80年代初期所不具备的科技手段，在田野发掘中同步提取陶器、漆木器、金属器、骨器、人骨、动物骨骼、植物种子、食物残迹等进行测试。通过对多序列样品的年代测试和综合分析，建立可靠的嘎仙洞遗址年代框架。在此基础上，我们才能更明确地探讨嘎仙洞遗址与周边鲜卑遗存的早晚关系、

① 范晔．后汉书·鲜卑传［M］．北京：中华书局，2000．

② 魏收．魏书·礼志［M］．北京：中华书局，1974．

③ 魏收．魏书·乌洛侯国传［M］．北京：中华书局，1974．

④ 范晔．后汉书·乌桓鲜卑列传［M］．北京：中华书局，2000．

⑤ 呼伦贝尔盟文物管理站．鄂伦春自治旗嘎仙洞遗址1980年清理简报［M］// 内蒙古文物考古文集：第2辑．北京：中国大百科全书出版社，1997．

⑥ 倪润安．呼伦贝尔地区两汉时期考古遗存的分组与演变关系［M］// 边疆考古研究：第9辑．北京：科学出版社，2010：105-125；吴松岩．嘎仙洞考古发现意义的再思考［M］// 边疆考古研究：第12辑．北京：科学出版社，2012：283-290．

演变过程，然后才能给嘎仙洞遗址定性[①]。

拓跋鲜卑先祖在其部落首领的带领下从大兴安岭走了出来，首先到达了今呼伦贝尔湖区。拓跋鲜卑的首领称为推寅，即钻研之意，他们凭借自己的经验和远见指导族人到资源丰富的地域游牧射猎。拓跋鲜卑第一推寅带领族人南迁“大泽”[②]。年代在公元1世纪前叶，即光武帝建武年间（公元25—55年），此时以及西汉末至王莽时控制北方草原的匈奴经历着两次大的分裂和衰落的局面，导致草原地区出现权力真空，这可能是拓跋鲜卑得以第一次南迁的原因之一。

呼伦贝尔草原水草丰盛，为天然牧场，但其“未足以建都邑”，于是在大泽地区生活了百年之后拓跋鲜卑又再次南迁，“南移，山谷高深，九难八阻，于是欲止”，向南到达了艰难险阻之地[③]。拓跋鲜卑第二推寅带领族人从东北地区向西迁徙，到了蒙古大草原，到檀石槐部落联盟瓦解时（东汉末年）第二推寅命诘汾南迁至“匈奴故地”[④]，到了今河套东部地区（汉代五原郡等地区），这时期曹操罢省五原、云中、定襄，给了拓跋鲜卑向此地区扩充的机会。到了匈奴故地后，原来的匈奴残部加上大量乌桓部众和晋人的投靠，使得拓跋部逐渐壮大。拓跋鲜卑的南迁，至此虽然在空间上并未逾越游牧文化的地域，其游牧民族的特征也未改变，但伴随着南迁而来的拓跋鲜卑社会发展的不断进步及其在北边诸游牧民族中经济和文化优势的确立，为其进一步南下农耕文化区奠定了基础。

公元258年，拓跋鲜卑取得了部落大联盟的领导权并从河套地区转移到盛乐（今内蒙古和林格尔北部），于公元315年建代国并都盛乐，公元376年代被氐秦苻坚灭国。公元386年，拓跋珪收拾余部复代国并即代王位，同年改称魏王，建元登国。公元398年，拓跋珪改国号为魏，迁都平城（今山西大同），北魏正式建立，后于公元494年迁都洛阳。公元258—398年，这段时间为拓跋鲜卑—代/魏“盛乐时代”。北魏都平城约一个世纪，这段时间为北魏“平城时代”，而迁都洛阳至北魏灭亡这段时间为北魏“洛阳时代”。

北魏“平城时代”和“洛阳时代”，拓跋统治者实施了较长时间的且较为彻底的政治、经济、文化改革措施，拓跋鲜卑穿汉服、改汉姓、说汉话、与汉族通婚，加速了拓跋鲜卑的封建化进程。拓跋统治者于北魏初期即开始重视发展农业生产。例如，公元398年，北魏徙太行山以东六郡汉人、徙何人、高丽人三十六万，百工技巧十多万人于平城，又配给耕牛，计口授田，实行屯田，大力发展农业，不但有“畿内之田”，还有“郊甸之田”[⑤]。之后实行“离散诸部，分土定居”，使得游牧部落的组织分解，加速了由游牧向农耕转化的进程[⑥]。

---

① 刘国祥，倪润安．嘎仙洞遗址的发现及相关问题探讨［J］．文物，2014（11）：53-59．

② 魏收．魏书·官氏志［M］．北京：中华书局，1974．

③ 魏收．魏书·序纪［M］．北京：中华书局，1974．

④ 魏收．魏书·序纪［M］．北京：中华书局，1974．

⑤ 魏收．魏书·太祖纪［M］．北京：中华书局，1974．

⑥ 李凭．北魏离散诸部问题考实［J］．历史研究，1990（2）：42-52．

北魏后期各类矛盾激化，起义频发，六镇之乱更是加剧了北魏政权的衰落。公元534年之后，北魏分裂为东魏和西魏。公元557年，北周政权建立，拓跋魏王朝正式灭亡。拓跋鲜卑作为一个民族，后于隋唐之际逐渐融入了中华民族大家庭之中。《隋书·经籍志》记载："后魏迁洛，有八氏十姓，咸出帝族。又有三十六族，则诸国之从魏者，九十二姓，世为部落大人者，并为河南洛阳人。"①《周书·文帝纪》记载："魏氏之初，统国三十六，大姓九十所，后多绝灭。"②纵观北魏的历史进程，其向前继承了魏晋时期中原地区的经济和文化传统，使得中国北方地区十六国混乱时期的中原传统经济和文化得以保留下来；其向后经北朝时期的融合发展，奠定了隋唐盛世的政治和经济基础，对北朝至隋唐时期民众的日常生活、丧葬习俗等也具有深刻影响。可见，拓跋鲜卑—北魏文明在中国历史上的重要作用不言而喻，它们是璀璨中华文明的重要组成部分。

三、拓跋鲜卑—北魏的考古遗存及其分期

我国的鲜卑考古工作肇始于20世纪30年代日本学者对达茂旗百灵庙砂凹地六座鲜卑墓葬的发掘，但是真正科学地开展对鲜卑墓葬发掘工作的是内蒙古文物工作队和原中国科学院考古研究所内蒙古工作队于20世纪五六十年代分别对呼伦贝尔盟满洲里扎赉诺尔和赤峰市巴林左旗南杨家营等墓地的考古发掘③。值得注意的是，部分拓跋鲜卑墓葬族属难以判断或者存在较大质疑，本书在搜集资料时将这些遗存排除不计，如内蒙古鄂伦春嘎仙洞遗址、陈巴尔虎旗完工墓地、二连浩特盐池墓地等。尤其是完工墓地，其与周边的扎赉诺尔等拓跋鲜卑墓地文化面貌虽有相似性④，但是基于考古研究证实其匈奴文化属性较为明确⑤，故本文不将此类遗存统计在内。至于部分墓葬的族属也存在一定的争论，但尚无明确定论，如七郎山墓群等⑥，本书暂遵从原始简报的观点，仍然将其纳入拓跋鲜卑—北魏的考古学研究范畴。

到目前为止，我国已发现的拓跋鲜卑—北魏墓葬据不完全统计有近3418座，经正式考古发掘的有2630多座，其中1000余座已正式发表考古简报或报告，具体见附表一。另外还有一些拓跋鲜卑和北魏其他考古遗存，如内蒙古和林格尔盛乐城城址、内蒙古坝顶北魏祭祀遗址、大同操场城北魏太官粮储遗址等。

---

① 魏徵. 隋书·经籍志［M］. 北京：中华书局，2020.

② 令狐德棻. 周书·文帝纪［M］. 北京：中华书局，2022.

③ 孙危. 鲜卑考古学文化研究［M］. 北京：科学出版社，2007.

④ 潘行荣. 内蒙古陈巴尔虎旗完工索木发现古墓葬［J］. 考古，1962（11）：590-591；内蒙古自治区文物工作队. 内蒙古陈巴尔虎旗完工古墓清理简报［J］. 考古，1965（6）：273-283.

⑤ 林沄.《内蒙古地区鲜卑墓葬的发现与研究》序［M］//内蒙古地区鲜卑墓葬的发现与研究，北京：科学出版社，2004；潘玲. 完工墓地的文化性质和年代［J］. 考古，2007（9）：78-86.

⑥ 韦正认为，七郎山墓群也可能是拓跋鲜卑统治时期，接受了部分拓跋鲜卑文化的别族遗存，其本身还不能说就是拓跋鲜卑遗存。参见：韦正. 鲜卑墓葬研究［J］. 考古学报，2009（3）：349-378.

结合文献和考古资料，以及其他学者的分期工作[①]，本书将拓跋鲜卑—北魏考古遗存分为以下五个时期：

第一期，拓跋鲜卑南迁“大泽”时期，包括南迁过程和定居“大泽”时期，约为公元1世纪初到公元1世纪末。拓跋鲜卑祖先推寅带领族群离开大兴安岭，经历第一次迁徙到达呼伦贝尔草原地区，并于此生活了近百年时间，此即史书记载的南迁“大泽”[②]。目前，此时空范围内发现的考古遗存主要有呼伦贝尔市东乌珠尔[③]、呼伦贝尔市团结[④]、满洲里市扎赉诺尔[⑤]、满洲里市蘑菇山[⑥]、新巴尔虎右旗克尔伦墓地[⑦]、额尔古纳旗拉布达林[⑧]、额尔古纳旗七卡[⑨]、新巴尔虎左旗伊和乌拉[⑩]、鄂温克族自治旗孟根楚鲁[⑪]等墓群。这些遗存集中分布在大兴安岭北段西侧海拉尔河流域，时代多数为东汉时期[⑫]。

第二期，拓跋鲜卑南迁“匈奴故地”时期，包括南迁途中和定居“匈奴故地”时期，约公元1世纪末至公元258年。公元1世纪末，拓跋鲜卑离开呼伦贝尔大草原，开

---

① 魏坚．内蒙古地区鲜卑墓葬的发现与研究［M］．北京：科学出版社，2004年；孙危．鲜卑考古学文化研究［M］．北京：科学出版社，2007；韦正．鲜卑墓葬研究［J］．考古学报，2009（3）：349-378；倪润安．光宅中原——拓跋至北魏的墓葬文化与社会演进［M］．上海：上海古籍出版社，2017；梁云，白劲松．中国古代北方民族史・拓跋鲜卑卷［M］．北京：科学出版社，2021．

② 魏收．魏书［M］．北京：中华书局，1974．

③ 梁云，白劲松．中国古代北方民族史・拓跋鲜卑卷［M］．北京：科学出版社，2021；刘国祥，白劲松，沈睿文．陈巴尔虎旗民族文物考古概述［EB/OL］．中国考古网，2014-1-27．

④ 陈凤山，殷焕良，白劲松等．呼伦贝尔市团结墓地［M］//内蒙古地区鲜卑墓葬的发现与研究．北京：科学出版社，2004．

⑤ 郑隆．内蒙古扎赉诺尔古墓群调查记［J］．文物，1961（9）：16-19；内蒙古文物工作队．内蒙古扎赉诺尔古墓群发掘简报［J］．考古，1961（12）：673-680；呼盟文物管理站．扎赉诺尔圈河古墓清理简报［J］．北方文物，1987（3）：21-24；内蒙古文物考古研究所．札赉诺尔古墓群1986年清理发掘报告［M］//内蒙古文物考古文集：第1辑．北京：中国大百科全书出版社，1994；郑隆．扎赉诺尔古墓群［M］//内蒙古文物资料选辑．呼和浩特：内蒙古人民出版社，1964．

⑥ 中国社会科学院考古研究所内蒙古工作队，呼伦贝尔民族博物院，满洲里市文物管理所，扎赉诺尔区文物管理所．满洲里市蘑菇山墓地发掘报告［J］．草原文物，2014（2）：21-35；呼伦贝尔民族博物院．内蒙古满洲里市蘑菇山发现古墓群［J］．草原文物，2012，4（2）：26-28．

⑦ 云薮．内蒙古新巴尔虎右旗发现一座鲜卑墓葬［J］．北方文物，1987（04）：111．

⑧ 赵越．内蒙古额右旗拉布达林发现鲜卑墓［J］．考古，1990（10）：890-893；内蒙古文物考古研究所，呼伦贝尔盟文物管理站，额尔古纳右旗文物管理所．额尔古纳右旗拉布达林鲜卑墓群发掘简报［M］//内蒙古文物考古文集：第1辑．北京：中国大百科全书出版社，2004：384-396．

⑨ 呼伦贝尔盟文物管理站等．额尔古纳右旗七卡鲜卑墓清理简报［M］//内蒙古文物考古文集：第2辑．北京：中国大百科全书出版社，1997：457-460．

⑩ 呼伦贝尔盟文物管理站．新巴尔虎旗伊和乌拉鲜卑墓［M］//内蒙古文物考古文集：第2辑．北京：中国大百科全书出版社，1997：453-456．

⑪ 程道宏．伊敏河地区的鲜卑墓［J］．内蒙古文物考古，1982（2）：662-663．

⑫ 韦正．鲜卑墓葬研究［J］．考古学报，2009（3）：349-378．

启了第二次大迁徙。史书记载，“南移，山谷高深，九难八阻，于是欲止”①，拓跋鲜卑于2世纪初至2世纪下半叶向南到达了艰难险阻之地，可能为大兴安岭南段、辽河支流乌尔吉木伦河流域。公元2世纪末至3世纪中叶，到了拓跋鲜卑第二推寅邻时，他带领族人继续向西迁徙，到了蒙古大草原。至檀石槐部落联盟瓦解时（东汉末年），第二推寅的儿子诘汾南迁至“匈奴故地”，即今河套东部地区。第二期拓跋鲜卑墓葬主要分布于内蒙古自治区境内，主要有锡林郭勒盟阿拉腾沟墓地②及和日木图墓地③，乌兰察布市察右后旗三道湾墓地④、下黑沟墓地⑤、东滩鲜卑墓地⑥、东大井墓地⑦，察右前旗旗杆山墓群⑧，呼和浩特市郝家窑鲜卑墓地⑨，包头市百灵庙鲜卑墓地⑩，赤峰市林西县苏泗汰墓地⑪，巴林左旗南杨家营子墓地⑫，通辽市南宝力皋吐墓地⑬和福兴地鲜卑墓地⑭。山西省右玉县善家堡墓地⑮也可能属于拓跋鲜卑遗存。

第三期，拓跋鲜卑—代/魏“盛乐时代”，即公元258—398年。拓跋鲜卑先从河套东部地区转移到内蒙古和林格尔、凉城和山西大同一带，之后建代国，并定都盛乐。该期墓葬分布在内蒙古自治区中南部和山西省北部地区，包括内蒙古自治区乌兰察布

---

① 魏收．魏书·帝纪［M］．北京：中华书局，1974.

② 殷耀，勿日汗．内蒙古发现约2000年前的鲜卑族墓葬群［EB/OL］．新华网，2018-12-25.

③ 塔拉．草原考古学文化研究［M］．呼和浩特：内蒙古教育出版社，2007：182-183.

④ 乌兰察布博物馆．察布后旗三道湾墓地［M］//内蒙古文物考古文集：第1辑．北京：中国大百科全书出版社，1994：407-433．倪润安认为三道湾墓地为檀石槐鲜卑遗存。郑君雷认为三道湾文化因素较为复杂，以早期拓跋鲜卑和东部鲜卑为主，兼有部分其他文化属性，但其仍同意简报中认为三道湾墓地为拓跋鲜卑族属的观点。本文暂遵从发掘简报的观点，也即三道湾墓地为拓跋鲜卑遗存。

⑤ 郭治中，魏坚．察右前旗下黑沟鲜卑墓及其文化性质初论［M］//内蒙古文物考古文集：第1辑．北京：中国大百科全书出版社，1997：434-437.

⑥ 内蒙古自治区文物考古研究所，乌兰察布市博物馆，察右前旗文物管理所．察右前旗常家村东滩鲜卑墓文物调查简报［J］．草原文物，2015（1）：57-58.

⑦ 李兴盛，魏坚．商都县东大井墓地［M］//内蒙古地区鲜卑墓葬的发现与研究．北京：科学出版社，2004.

⑧ 胡春佰，陈永志，张红星等．内蒙古察右前旗旗杆山东汉晚期鲜卑墓葬颅骨研究［J］．文物春秋，2021（2）：11-22.

⑨ 托克托县博物馆．呼和浩特托克托县郝家窑鲜卑墓葬的清理［J］．草原文物，2014（2）：36-37.

⑩ 孙危．鲜卑考古学文化研究［M］．北京：科学出版社，2007.

⑪ 林西县文物管理所．林西县苏泗汰鲜卑墓葬［M］//内蒙古文物考古文集：第2辑．北京：中国大百科全书出版社，1997：461-462

⑫ 中国社会科学院考古研究所内蒙古工作队．内蒙古巴林左旗南杨家营子的遗址和墓葬［J］．考古，1964（1）：36-43.

⑬ 内蒙古文物考古研究所，通辽民族博物馆．内蒙古南宝力皋吐鲜卑墓地发掘简报［J］．华夏考古，2010（2）：3-11.

⑭ 武亚琴，李铁军．开鲁县福兴地鲜卑墓［J］．内蒙古文物考古，2007（2）：11-13.

⑮ 山西省考古研究所，右玉县博物馆．山西省右玉县善家堡墓地［J］．文物季刊，1992（4）：1-21.

盟叭沟墓地[①]、七郎山墓地[②]、陈武沟墓地[③]，呼和浩特市和林格尔县西沟子村墓地[④]和榆树梁北魏壁画墓[⑤]，包头市阿善沟门墓地、刘二圪梁墓地、蒙古族学校墓地[⑥]，山西省大同南郊北魏墓群部分墓葬（M24、M73、M227）[⑦]等。

第四期，北魏平城时代，即公元398年至公元494年。此时期，拓跋鲜卑墓葬分布区域进一步扩大，除主要集中在都城平城外，还在内蒙古、陕西、宁夏、辽宁、北京、山西（大同地区外）、河北和河南等地有分布。

大同地区北魏平城时代墓葬主要有方山永固陵[⑧]，大同南郊墓群[⑨]，七里村墓群[⑩]，迎宾大道墓群[⑪]，雁北师院墓群[⑫]，云波里路壁画墓[⑬]，文瀛路壁画墓[⑭]，沙岭壁画墓[⑮]，司马金龙墓[⑯]，齐家坡墓地[⑰]，下深井墓地[⑱]，仝家湾墓地[⑲]，智家堡墓地[⑳]，田村墓

---

① 崔利明，郝晓菲，魏坚．兴和县叭沟墓地［M］//内蒙古地区鲜卑墓葬的发现与研究．北京：科学出版社，2004：112-122.

② 王新宇，魏坚．察右中旗七郎山墓地［M］//内蒙古地区鲜卑墓葬的发现与研究．北京：科学出版社，2004.

③ 内蒙古自治区文物考古研究所，乌兰察布市博物馆化德县文物管理所．化德县陈武沟鲜卑墓地发掘简报［J］．草原文物，2014（1）：45-62.

④ 乌兰察布盟文物工作站，和林格尔县文物管理所．内蒙古和林格尔西沟子村北魏墓［J］．文物，1992（8）：12-14.

⑤ 王大方．草原访古［M］．呼和浩特：内蒙古大学出版社，1999.

⑥ 张海斌．包头市鲜卑墓葬［M］//内蒙古地区鲜卑墓葬的发现与研究．北京：科学出版社，2004：189-204.

⑦ 山西大学历史文化学院，山西省考古研究所，大同市博物馆．大同南郊北魏墓群［M］．北京：科学出版社，2006.

⑧ 大同市博物馆，山西省文物工作委员会．大同方山北魏永固陵［J］．文物，1978（7）：29-35.

⑨ 山西大学历史文化学院，山西省考古研究所，大同市博物馆．大同南郊北魏墓群［M］．北京：科学出版社，2006.

⑩ 大同市考古研究所．山西大同七里村北魏墓群发掘简报［J］．文物，2006（10）：25-49；大同市考古研究所．山西大同七里村北魏墓群M29发掘简报［J］．文物，2023（1）：33-57.

⑪ 大同市考古研究所．山西大同迎宾大道北魏墓群［J］．文物，2006（10）：50-71.

⑫ 大同市考古研究所．大同雁北师院北魏墓群［M］．北京：文物出版社，2008.

⑬ 大同市考古研究所．山西大同云波里路北魏壁画墓发掘简报［J］．文物，2011（12）：13-25.

⑭ 大同市考古研究所．山西大同文瀛路北魏壁画墓发掘简报［J］．文物，2011（12）：26-36.

⑮ 大同市考古研究所．山西大同沙岭北魏壁画墓发掘简报［J］．文物，2006（10）：4-24.

⑯ 山西省大同市博物馆，山西省文物工作委员会．山西大同石家寨北魏司马金龙墓［J］．文物，1972（3）：20-33.

⑰ 大同市博物馆．大同市齐家坡北魏墓发掘简报［J］．文物季刊，1995（1）：14-18.

⑱ 大同市考古研究所．山西大同下深井北魏墓发掘简报［J］．文物，2004（6）：29-34.

⑲ 山西省考古研究所，大同市考古研究所．山西大同南郊仝家湾北魏墓（M7、M9）发掘简报［J］．文物，2015（12）：4-22.

⑳ 王银田，刘俊喜．大同智家堡北魏墓石椁壁画［J］．文物，2001（7）：40-51.

地[①]等，大同市邻近的怀仁县发现的丹扬王墓也为平城时代墓葬[②]。大同地区北魏平城时期墓葬数量较多，这里不再一一列举，详见附表一。

宁夏回族自治区北魏平城时代墓葬有固原北魏墓[③]，固原市南郊北魏墓M1和M4[④]，固原南塬汉唐墓群M31[⑤]，固原彭堡北朝墓[⑥]，固原寨科乡北魏墓[⑦]，彭阳县新集海子塬北魏墓M14[⑧]，吴忠市北郊明珠公园北魏墓群M60和M100[⑨]。内蒙古自治区主要有呼和浩特市大学路北魏墓[⑩]和美岱村北魏墓[⑪]，包头市吴家圪旦墓地和补卜代墓地[⑫]，鄂尔多斯市巴音哈达墓地[⑬]，锡林郭勒盟伊和淖尔墓群[⑭]，伊克昭盟巴图湾水库北魏墓[⑮]。陕西地区北魏平城时代墓葬主要有统万城北魏墓群[⑯]，冯庄乡北魏墓[⑰]，北郊北魏墓[⑱]，航天城北魏

---

① 大同市考古研究所．山西大同南郊区田村北魏墓发掘简报［J］．文物，2010（5）：4-18.

② 怀仁县文物管理所．山西怀仁北魏丹扬王墓及花纹砖［J］．文物，2010（5）：19-26.

③ 固原县文物工作站，固原县文物工作站．宁夏固原北魏墓清理简报［J］．文物，1984（6）：46-56.

④ 宁夏文物考古研究所．固原南郊北魏墓发掘简报［J］．中原文物，2020（5）：21-30.

⑤ 朱世存．固原南塬汉唐墓地中的几座北朝墓［M］//边疆考古研究：第15辑．北京：科学出版社，2014.

⑥ 杜李平．固原彭堡北朝墓［M］//中国考古学年鉴．北京：文物出版社，1994.

⑦ 罗丰．北朝隋唐时期的原州墓葬［M］//原州古墓集成．北京：文物出版社，1999.

⑧ 西北大学文化遗产学院，宁夏文物考古研究所，彭阳县文物管理所．宁夏彭阳海子塬北魏、隋墓清理简报［J］．考古与文物，2015（3）：32-40.

⑨ 宁夏文物考古研究所，吴忠市文物管理所．吴忠北郊北魏唐墓［M］．北京：文物出版社，2008.

⑩ 郭素新．内蒙古呼和浩特北魏墓［J］．文物，1977（5）：38-41.

⑪ 内蒙古文物工作队．内蒙古呼和浩特美岱村北魏墓［J］．文物，1962（2）：86-87.

⑫ 张海斌．包头市鲜卑墓葬［M］//内蒙古地区鲜卑墓葬的发现与研究．北京：科学出版社，2004.

⑬ 鄂尔多斯市文物考古研究院，鄂托克前旗文物保护管理所．鄂尔多斯市鄂托克前旗昂素镇巴音哈达北魏墓地发掘简报［J］．草原文物，2017（2）：8-14.

⑭ 内蒙古自治区文物考古研究所，锡林郭勒盟文物保护管理站，正镶白旗文物管理所．正镶白旗伊和淖尔墓群M2发掘简报［J］．草原文物，2016（1）：46-50；中国人民大学，锡林郭勒盟文物保护管理站，正镶白旗文物管理所．内蒙古正镶白旗伊和淖尔M1发掘简报［J］．文物，2017（1）：15-342.

⑮ 陆思贤．巴图湾水库地区的古墓［J］．内蒙古文物考古：创刊号，1981；内蒙古自治区文物考古研究院，乌审旗文物保护中心．鄂尔多斯市乌审旗巴图湾北魏墓葬发掘简报［J］．草原文物．2022（2）：27-31.

⑯ 陕西省考古研究院，榆林市文物保护研究所，榆林市考古勘探工作队等．陕西靖边县统万城周边北朝仿木结构壁画墓发掘简报［J］．考古与文物，2013（3）：9-18.

⑰ 陕西省考古研究院，延安市文物保护研究所．陕西延安宝塔区冯庄乡北魏墓葬发掘简报［J］．考古与文物，2020（2）：10-15.

⑱ 陕西省考古研究所．西安北郊北朝墓清理简报［J］．考古与文物，2005（1）：7-16.

墓[①]，东小寨村北魏墓M3[②]，西头遗址上庙地点北魏墓M39[③]，邮电学校北魏墓[④]，郭家村北魏墓群[⑤]。辽宁地区的北魏平城时代墓葬主要分布在朝阳市，有养路费征稽处北魏墓M4[⑥]，凌河机械厂墓地（M1为张略夫妻合葬墓）[⑦]，南大沟北魏石椁墓[⑧]，西大营子北魏墓[⑨]，西上台珍珠岩厂北魏墓M1和M2[⑩]，朝阳工程机械厂北魏墓M4、M5、M8、M9[⑪]，柳城镇腰而营子村小湾地北魏墓群[⑫]，下河首果园北魏墓[⑬]，东风朝阳柴油机公司住宅楼北魏墓群和第一建筑工程公司居民区北魏墓群[⑭]。北京地区的北魏平城时代墓葬有房山区岩上墓群的黄鉴墓和黄氏墓[⑮]，大兴北程庄北魏墓M23[⑯]。河南地区北魏平城时代墓葬不多，有董富妻郭氏墓和亚啤有限公司改扩建工地北魏墓（C7M9594、C7M9652、C7M9668）[⑰]。

---

① 西安市文物保护考古研究院．西安航天城北朝墓发掘简报［J］．文博，2014（5）：12-17.

② 西北大学文化遗产研究院，西安市文物保护考古研究院．西安市东郊东小寨村两座北魏墓葬发掘简报［J］．文博，2018（5）：3-14.

③ 西北大学文化遗产研究院，陕西省考古研究院，旬邑县文化和旅游局．陕西旬邑县西头遗址上庙地点北魏墓M39的发掘［J］．考古，2023（2）：40-51.

④ 咸阳市文物考古研究所．陕西邮电学校北朝、唐墓清理简报［J］．文博，2001（3）：3-16.

⑤ 吕凤仪．西安郭家村北魏墓地人骨研究［D］．郑州大学硕士学位论文，2022.

⑥ 辽宁省朝阳市博物馆．辽宁朝阳养路费征稽处北魏唐代墓葬［M］//边疆考古研究：第3辑．北京：科学出版社，2004：311-325.

⑦ 辽宁省文物考古研究所，朝阳市博物馆．朝阳市发现的几座北魏墓［J］．辽海文物学刊，1995（1）：140-146.

⑧ 辽宁省文物考古研究所，朝阳市博物馆．朝阳市发现的几座北魏墓［J］．辽海文物学刊，1995（1）：140-146.

⑨ 孙国平．朝阳西大营子北魏墓［J］．辽宁文物，1983（4）：42.

⑩ 朝阳地区博物馆，朝阳县文化馆．辽宁朝阳发现北燕、北魏墓［J］．考古，1985（10）：915-929.

⑪ 辽宁省文物考古研究所，朝阳市博物馆．朝阳市发现的几座北魏墓［J］．辽海文物学刊，1995（1）：140-146.

⑫ 辽宁省文物考古研究所，朝阳市博物馆，朝阳县文物管理所．朝阳柳城镇腰而营子村小湾地北魏墓地发掘简报［M］//辽宁省道路建设考古报告集（2003）．沈阳：辽宁民族出版社，2004：316-327.

⑬ 尚晓波．大凌河流域鲜卑文化双耳镂孔圈足釜及相关问题考［J］．辽海文物学刊，1996（1）：26-33.

⑭ 朝阳市博物馆．辽宁朝阳北魏墓［M］//边疆考古研究：第5辑，北京：科学出版社，2006：327-338.

⑮ 孙勐，刘风亮，郭京宁等．岩上墓葬区考古发掘报告［M］//北京段考古发掘报告集（南水北调中线一期工程文物保护项目第1号）．北京：科学出版社，2008：91-96.

⑯ 北京市文物研究所编．大兴北程庄墓地——北魏、唐、辽、金、清代墓葬发掘报告［M］．北京：科学出版社，2010：11-12.

⑰ 洛阳市第二文物工作队．北魏董富妻郭氏墓［J］，中原文物，1996（2）：100-101；洛阳市文物工作队．洛阳考古发现［M］．郑州：中州古籍出版社，2009.

第五期，北魏洛阳时代，即公元494年至公元534年。北魏洛阳时代墓葬分布主要集中在都城洛阳和旧都平城附近。另外，河南其他地区，以及内蒙古、陕西、甘肃、河北和山东地区亦有分布。

北魏洛阳时代都城出土的墓葬数量众多，其中有帝陵以及大量贵族墓，且多为纪年墓。经调查或发掘的帝陵有孝文帝长陵和文昭皇后陵①，宣武帝景陵②，孝明帝定陵③，涧西衡山路北魏墓（可能为节闵帝元恭墓）④。北魏洛阳时代贵族墓有元乂墓⑤，元怿墓⑥，元睿墓⑦，元暐墓⑧，元邵墓⑨，元遵墓⑩，元袓墓⑪，元冏墓⑫，寇猛墓⑬，侯掌墓⑭，王温墓⑮，吕达和吕仁墓⑯，郦勖墓⑰，染华墓⑱，司马悦墓⑲，郭定兴墓⑳，曹连墓㉑，

---

① 洛阳市第二文物工作队，洛阳市第二文物工作队．北魏孝文帝长陵的调查和钻探——“洛阳邙山陵墓群考古调查与勘测”项目工作报告［J］．文物，2005（7）：50-62．

② 中国社会科学院考古研究所洛阳汉魏城队，洛阳古墓博物馆．北魏宣武帝景陵发掘报告［J］．考古，1994（9）：801-814．

③ 洛阳市文物考古研究院．洛阳孟津后沟玉冢调查勘探报告［M］//洛阳考古．郑州：中州古籍出版社，2014（3）：24-32．

④ 洛阳市文物考古研究院．洛阳涧西衡山路北魏墓发掘简报［J］．文物，2016（7）：4-14．

⑤ 洛阳博物馆．河南洛阳北魏元乂墓调查［J］．文物，1974（12）：53-55．

⑥ 洛阳市文物考古研究院．邙山陵墓群考古调查与勘探第一阶段考古报告［M］．文物出版社，2018：94．

⑦ 中国社会科学院考古研究所河南二队．河南偃师县杏园村的四座北魏墓［J］．考古，1991（9）：818-831．

⑧ 黄明兰．西晋裴祇和北魏元暐两墓拾零［J］．文物，1982（1）：70-73．

⑨ 洛阳博物馆．洛阳北魏元邵墓［J］．考古，1973（4）：218-224．

⑩ 洛阳市文物考古研究院．北魏淮南王元遵墓发掘简报［M］//洛阳考古．郑州：中州古籍出版社，2013（2）：33-37．

⑪ 洛阳市文物考古研究院．洛阳北魏元袓墓发掘简报［M］//洛阳考古．郑州：中州古籍出版社，2017（3）：3-26．

⑫ 310国道孟津考古队．洛阳孟津邙山西晋北魏墓发掘报告［J］．华夏考古，1993（1）：42-51．

⑬ 侯鸿钧．洛阳西车站发现北魏墓一座［J］．文物参考资料，1975（2）：86．

⑭ 洛阳市文物工作队．洛阳孟津晋墓、北魏墓发掘简报［J］．文物，1991（8）：48-61．

⑮ 朱亮，李德方．洛阳孟津北陈村北魏壁画墓［J］．文物，1995（8）：26-35．

⑯ 洛阳市文物工作队．河南洛阳市吉利区两座北魏墓的发掘［J］．考古，2011（9）：44-57．

⑰ 中国社会科学院考古研究所河南二队．河南偃师县杏园村的四座北魏墓［J］．考古，1991（9）：818-831．

⑱ 偃师商城博物馆．河南偃师两座北魏墓发掘简报［J］．考古，1993（5）：414-425．

⑲ 孟县人民文化馆．孟县出土北魏司马悦墓志［J］．文物，1981（12）：44-46．

⑳ 洛阳市第二文物工作队．洛阳纱厂西路北魏HM555发掘简报［J］．文物，2002（9）：9-20．

㉑ 洛阳市文物考古研究院．洛阳北魏曹连石棺墓［M］．北京：科学出版社，2019．

宁懋墓[①]，杨机夫妇合葬墓[②]，亚啤有限公司改扩建工地北魏墓（C7M9601、C7M9603、C7M9614）[③]等。河南地区除了上述的洛阳地区外，其他地区如孟津、三门峡、荥阳、偃师等地也有北魏洛阳时代墓葬出土，具体见附表一。

山西大同地区北魏洛阳时代墓葬有6处，分别为大同南郊北魏墓群的9座墓（M26、M39、M68、M77、M110、M117、M127、M146、M239）[④]，封和突墓[⑤]，元淑夫妇合葬墓[⑥]，陈庄北魏墓[⑦]，沙岭新村北魏墓群[⑧]。山西其他地区也有一些洛阳时代北魏墓，例如曲沃秦村李诜墓[⑨]，太原辛祥夫妇合葬墓[⑩]，虒祁裴经墓[⑪]，榆社孙龙墓[⑫]，万荣薛怀吉墓[⑬]。

河北地区有赞皇李仲胤夫妇合葬墓[⑭]，河间邢伟墓[⑮]，景县封魔奴墓[⑯]，曲阳韩贿妻高氏墓[⑰]，无极县甄氏诸墓[⑱]，吴桥县封龙墓[⑲]和封氏墓M1[⑳]。

北京地区有通州胡各庄北魏墓M56[㉑]和延庆西屯北魏张龙姬墓[㉒]。

---

① 郭建邦. 北魏宁懋石室和墓志［J］. 中原文物，1980（2）：33-40.

② 洛阳博物馆. 洛阳北魏杨机墓出土文物［J］. 文物，2007（11）：56-69.

③ 洛阳市文物工作队. 洛阳考古发现［M］. 郑州：中州古籍出版社，2009.

④ 山西大学历史文化学院，山西省考古研究所，大同市博物馆. 大同南郊北魏墓群［M］. 北京：科学出版社，2006.

⑤ 大同市博物馆. 大同市小站村花圪塔台北魏墓清理简报［J］. 文物，1983（8）：1-4.

⑥ 大同市博物馆. 大同东郊北魏元淑墓［J］. 文物，1989（8）：57-65.

⑦ 山西省考古研究所，大同市考古研究所. 山西大同市大同县陈庄北魏墓发掘简报［J］. 文物，2011（12）：37-46.

⑧ 大同市考古研究所. 山西大同沙岭新村北魏墓地发掘简报［J］. 文物，2014（4）：4-15.

⑨ 杨富斗. 山西曲沃县秦村发现的北魏墓［J］. 考古，1959（1）：43-44.

⑩ 代尊德. 太原北魏辛祥墓［M］//考古学集刊：第一集. 北京：中国社会科学出版社，1981.

⑪ 山西省考古研究院. 山西侯马虒祁北魏墓（M1007）发掘简报［J］. 文物，2021（2）：16-21.

⑫ 王太明，贾文亮. 山西榆社县发现北魏画像石棺［J］. 考古，1993（8）：767.

⑬ 山西省考古研究院，运城市文物保护中心，万荣县文化和旅游局. 山西万荣西思雅北魏薛怀吉墓发掘简报［J］. 文物，2023（1）：4-32.

⑭ 中国社会科学院考古研究所河北工作队. 河北赞皇县北魏李仲胤夫妇墓发掘简报［J］. 考古，2015（8）：75-88.

⑮ 孟昭林. 记后魏邢伟墓出土物及邢蛮墓的发现［J］. 考古，1959（5）：209-210.

⑯ 张季. 河北景县封氏墓群调查记［J］. 考古通讯，1957（3）：28-37.

⑰ 河北省博物馆文物管理处. 河北曲阳发现北魏墓［J］. 考古，1972（5）：33-35.

⑱ 孟昭林. 无极甄氏诸墓的发现及其有关问题［J］. 文物，1959（1）：44-46.

⑲ 沧州市博物馆. 河北吴桥北魏封龙墓及其相关问题［J］. 文物春秋，2005（3）：27-30.

⑳ 河北省沧州地区文化馆. 河北省吴桥四座北朝墓葬［J］. 文物，1984（9）：23-38.

㉑ 北京市文物研究所. 北京通州潞城镇胡各庄村西晋、北朝墓葬发掘简报［M］//北京文物与考古：第7辑. 北京：科学出版社，2020.

㉒ 北京市文物考古研究所，延庆县文物管理所. 北京市延庆县西屯墓地西区（1区）考古发掘简报［M］//北京文博. 北京：燕山出版社，2012.

内蒙古自治区北魏洛阳时代墓葬仅发现3处，有包头市姚齐姬墓[①]，乌兰察布盟呼和乌素墓地[②]，土默特左旗国营苗圃北魏墓[③]。

宁夏地区也仅仅发现2处北魏洛阳时代北魏墓，为固原市南郊北魏墓（M3为戴雙受夫妇合葬墓）[④]，吴忠市北郊明珠公园北魏墓群[⑤]。

陕西地区北魏洛阳时代墓葬主要分布于西安地区，华阴县、靖边县也有零星发现。主要有西安江村北魏王氏家族墓[⑥]，邵真墓[⑦]，韦鲜玉墓[⑧]，韦辉和墓和韦乾墓，韦彧夫妇合葬墓[⑨]，咸阳邮电学校北魏墓M2、M4和M5[⑩]，华阴县杨舒墓[⑪]，靖边统万城八大梁墓地M1[⑫]。

山东淄博、德州和寿光发现有5处北魏洛阳时代墓葬，即崔氏墓地（崔猷墓M15和崔鸿夫妇合葬墓）[⑬]，傅竖眼墓[⑭]，高道悦夫妇合葬墓[⑮]，贾思伯夫妇合葬墓[⑯]。

安徽地区仅发现一座北魏洛阳时代墓葬，为淮南钱郢孜北魏墓M180[⑰]。

---

① 郑隆．内蒙古包头市北魏姚齐姬墓［J］．考古，1988（9）：856-857.

② 曹建恩，魏坚，田丽．察右前旗呼和乌素墓葬［M］// 内蒙古地区鲜卑墓葬的发现与研究．北京：科学出版社，2004：6.

③ 内蒙古文物考古研究所，内蒙古师范大学考古系．土默特左旗国营苗圃北魏墓清理报告［J］．内蒙古文物考古，2008（1）：20-22.

④ 宁夏文物考古研究所．固原南郊北魏墓发掘简报［J］．中原文物，2020（5）：21-30.

⑤ 宁夏文物考古研究所，吴忠市文物管理所．吴忠北郊北魏唐墓［M］．北京：文物出版社，2008.

⑥ 西安市文物保护考古研究院，北京联合大学．西安市灞桥区江村北魏王氏家族墓地发掘简报［J］．文博，2019（1）：13-20.

⑦ 陕西省文物管理委员会．西安任家口M229号北魏墓清理简报［J］．文物参考资料，1955（12）：59-65.

⑧ 陕西省考古研究院．西安南郊韦曲北塬北朝墓发掘简报［J］．考古与文物，2015（5）：12-17.

⑨ 西安市文物保护考古所．西安南郊北魏北周墓发掘简报［J］．文物，2009（5）：21-49.

⑩ 咸阳市文物考古研究所．陕西邮电学校北朝、唐墓清理简报［J］．文博，2001（3）：3-16.

⑪ 崔汉林，夏振英．陕西华阴北魏杨舒墓发掘简报［J］．文博，1985（2）：4-11.

⑫ 陕西省考古研究院，榆林市文物保护研究所，榆林市考古勘探工作队等．陕西靖边县统万城周边北朝仿木结构壁画墓发掘简报［J］．考古与文物，2013（3）：9-18.

⑬ 山东省文物考古研究所．临淄北朝崔氏墓［J］．考古学报，1984（2）：221-244；淄博市博物馆，临淄区文管所．临淄北朝崔氏墓地第二次清理简报［J］．考古，1985（3）：216-221.

⑭ 张光明．山东淄博市发现北魏傅竖眼墓志［J］．考古，1987（2）：109-113.

⑮ 赖非．北魏高道悦墓地调查及其墓志补释［M］// 德州考古文集．南昌：百花洲文艺出版社，2000：1-7.

⑯ 寿光博物馆．山东寿光北魏贾思伯墓［J］．文物，1992（8）：15-19.

⑰ 安徽省文物考古研究所，淮南市博物馆．安徽淮南钱郢孜北朝墓（M180、M370）发掘简报［J］．文物，2022（4）：25-39.

四、拓跋鲜卑—北魏的迁徙

拓跋鲜卑走出大兴安岭后，进入广袤的欧亚草原东部地区后就一直在不停迁徙，向南进入农耕区后依然没有停止南迁的步伐，直至定都洛阳以及北魏分裂后东魏迁至邺城。依据宿白先生的考证，关于拓跋鲜卑—北魏的迁徙路线，学术界已经有了一定的认识①。

拓跋鲜卑起源地目前争议较多，尤其是嘎仙洞能否作为拓跋鲜卑发源地暂不明确。本书暂以额尔古纳河和大兴安岭北段地区为其大致的起源中心。结合文献和考古出土资料，以及学者们对拓跋鲜卑—北魏墓葬的分期研究成果，本书简单梳理其可能的迁徙路线如下：额尔古纳河和大兴安岭北段地区→呼伦贝尔草原和海拉尔河流域→内蒙古东南部及西辽河上游地区→河套东部地区→内蒙古和林格尔地区→山西大同地区→河南洛阳地区。

第四节 鲜卑—北魏研究现状

一、鲜卑—北魏历史学和考古学研究现状

一方面由于拓跋鲜卑本就源自于鲜卑族，另一方面学术界在进行鲜卑学研究中对拓跋鲜卑和其他鲜卑族群的辨识存在一定的问题。因而，为行文方便，本节对学术史的梳理以鲜卑而非确切的拓跋鲜卑为对象。从文献资料可以看出，古人对于鲜卑这个民族很早就开始关注，如《后汉书》《三国志》《晋书》《魏书》《洛阳伽蓝记》《宋书》《南齐书》《北齐书》《北史》《资治通鉴》等均有鲜卑或北魏的记载。中国考古事业的蓬勃发展，大量鲜卑遗址的发现，使得学者们对于鲜卑—北魏的研究上升到了一个新的高度。

孙危总结了近代鲜卑学的形成和发展大致经历了五个阶段②：前四个阶段以代表性论著或考古新发现为标志，分别为日本学者白鸟库吉的《东胡民族考》（20世纪30年代）③、马长寿的《乌桓与鲜卑》（20世纪50年代至60年代中期）④、各地关于鲜卑遗迹的考古报告和宿白的“鲜卑遗迹辑录”系列论文（20世纪60年代后期至70年代

---

① 宿白．东北、内蒙古地区的鲜卑遗迹——鲜卑遗迹辑录之一［J］．文物，1977（5）：42-54；孙危．鲜卑考古学文化研究［M］．北京：科学出版社，2007；倪润安．光宅中原——拓跋至北魏的墓葬文化与社会演进［M］．上海：上海古籍出版社，2017；韩生存．从嘎仙洞、盛乐、平城到洛阳——拓跋鲜卑迁徙和发展历程［J］．云冈研究，2021，1（2）：69-78.

② 孙危．鲜卑考古学文化研究［M］．北京：科学出版社，2007.

③ ［日］白鸟库吉．东胡民族考［M］．太原：山西人民出版社，2015.

④ 马长寿．乌桓与鲜卑［M］．桂林：广西师范大学出版社，2006.

后期）[①]、米文平发现嘎仙洞遗址和林幹发表《东胡史》（20世纪80年代）[②]，笔者认为本时段陈雍对“鲜卑早期遗存”的识别也较为重要[③]。第五阶段，即20世纪90年代，有关鲜卑—北魏考古资料的陆续发现，使得对鲜卑的研究更加趋于系统和全面，从地域上和时代上对鲜卑—北魏进行总结性研究的论著也开始出现，历史学和考古学的结合也更加紧密。这段时间比较突出的论著有，米文平的《鲜卑史研究》[④]，宿白的《中国石窟寺研究》[⑤]，田立坤的《三燕文化遗存的初步研究》[⑥]，乔梁的《鲜卑遗存的认定与研究》[⑦]，康乐的《从西郊到南郊——国家祭奠与北魏政治》[⑧]，郑君雷的《早期东部鲜卑与早期拓跋鲜卑族源关系概论》[⑨]。

本书在孙危分期基础上，新添加第六阶段，也即进入21世纪至今的这20多年。本时段随着考古新材料的大量出土，研究理念的推陈出新，鲜卑—北魏历史学和考古学研究的深度和广度有了很大的提升。此外，研究维度更加多样，研究方法更加注重学科交叉，多学科研究取得了丰硕的研究成果（详见下文对多学科研究现状的梳理），这也是本时段的特色之一。新世纪以来，田余庆的《拓跋史探》[⑩]，王仲荦的《魏晋南北朝史》[⑪]，逯耀东的《从平城到洛阳——拓跋魏文化转变的历程》[⑫]，唐长孺的《魏晋南北朝史论丛》[⑬]，楼劲的《北魏开国史探》[⑭]，刘连香的《民族史视野下的北魏墓志研究》[⑮]，康乐的《从西郊到南郊——北魏的迁都与改革》[⑯]，陈正祥的《草原帝国——拓跋魏王朝之兴衰》[⑰]，罗新的《黑毡上的北魏皇帝》和《漫长的余生——一个北魏宫女和她的

---

① 宿白．东北、内蒙古地区的鲜卑遗迹——鲜卑遗迹辑录之一［J］．文物，1977（5）：42-54；宿白．盛乐、平城一带的拓跋鲜卑—北魏遗迹—鲜卑遗迹辑录之二［J］．文物，1977（11）：38-46；宿白．北魏洛阳城和北邙陵墓—鲜卑遗迹辑录之三［J］．文物，1978（7）：42-52.

② 米文平．鲜卑石室的发现与初步研究［J］．文物，1981（2）：1-7；林幹．东胡史［M］．呼和浩特：内蒙古人民出版社，1989.

③ 陈雍．扎赉诺尔等五处墓葬陶器的比较与研究［J］．北方文物，1989（2）：39-44.

④ 米文平．鲜卑史研究［M］．郑州：中州古籍出版社，1994.

⑤ 宿白．中国石窟寺研究［M］．北京：文物出版社，1996.

⑥ 田立坤．三燕文化遗存的初步研究［J］．辽海文物学刊，1991（1）.

⑦ 乔梁．鲜卑遗存的认定与研究［M］//中国考古学的跨世纪反思．香港：香港商务印书馆，1999.

⑧ 康乐．从西郊到南郊——国家祭奠与北魏政治［M］．新北：稻乡出版社，1995.

⑨ 郑君雷．早期东部鲜卑与早期拓跋鲜卑族源关系概论［M］//青果集——吉林大学考古系建系十周年纪念文集．北京：知识出版社，1998.

⑩ 田余庆．拓跋史探［M］．北京：生活·读书·新知三联书店，2003.

⑪ 王仲荦．魏晋南北朝史［M］．北京：人民出版社，2023.

⑫ 逯耀东．从平城到洛阳——拓跋魏文化转变的历程［M］．北京：中华书局，2006.

⑬ 唐长孺．魏晋南北朝史论丛［M］．武汉：武汉大学出版社，2013.

⑭ 楼劲．北魏开国史探［M］．北京：中国社会科学出版社，2017.

⑮ 刘连香．民族史视野下的北魏墓志研究［M］．北京：文物出版社，2017.

⑯ 康乐．从西郊到南郊——北魏的迁都与改革［M］．北京：北京联合出版公司，2020.

⑰ 陈正祥．草原帝国——拓跋魏王朝之兴衰［M］．太原：山西人民出版社，2021.

时代》[①]等都是重要的史学著作，对拓跋鲜卑和北魏的相关史学专题或案例研究更是硕果累累。田立坤的《三燕文化墓葬的类型与分期》[②]，罗宗真的《魏晋南北朝考古》[③]，孙危的《鲜卑考古学文化研究》[④]，李凭的《北魏平城时代》[⑤]，王银田的《北魏平城考古研究——公元五世纪中国都城的演变》[⑥]，张庆捷等的《4—6世纪的北中国与欧亚大陆》和《民族汇聚与文明互动——北朝社会的考古学观察》[⑦]，李梅田的《魏晋北朝墓葬的考古学研究》、《葬之以礼——魏晋南北朝丧葬礼俗与文化变迁》和《中古丧葬模式与礼仪空间》[⑧]，韦正的《魏晋南北朝考古》《将毋同——魏晋南北朝图像与历史》《南北朝墓葬礼制研究》[⑨]，倪润安的《光宅中原——拓跋至北魏的墓葬文化与社会演进》[⑩]，尹刚的《北魏平城墓葬壁画研究》[⑪]，吴松岩的《鲜卑起源发展的考古学研究》[⑫]等都是重要的考古学研究论著。梁云和白劲松所著的《中国古代北方民族史·拓跋鲜卑卷》是一部将史料和考古出土资料进行有机结合的拓跋鲜卑研究专著[⑬]。本时段，鲜卑—北魏田野考古发掘报告也陆续出版，如《内蒙古地区鲜卑墓葬的发现与研究》[⑭]、《大同南郊北魏墓群》[⑮]、《大同雁北师院北魏墓群》[⑯]。此外，《呼伦贝尔民族文物考古

① 罗新. 黑毡上的北魏皇帝[M]. 北京：海豚出版社，2014；罗新. 漫长的余生——一个北魏宫女和她的时代[M]. 北京：北京日报出版社，2022.

② 田立坤. 三燕文化墓葬的类型与分期[M]//汉唐之间文化艺术的互动与交融. 北京：文物出版社，2001.

③ 罗宗真. 魏晋南北朝考古[M]. 北京：文物出版社，2001.

④ 孙危. 鲜卑考古学文化研究[M]. 北京：科学出版社，2007.

⑤ 李凭. 北魏平城时代[M]. 上海：上海古籍出版社，2011.

⑥ 王银田. 北魏平城考古研究——公元五世纪中国都城的演变[M]. 北京：科学出版社，2017.

⑦ 张庆捷，李书吉，李钢. 4—6世纪的北中国与欧亚大陆[M]. 北京：科学出版社，2006；张庆捷. 民族汇聚与文明互动——北朝社会的考古学观察[M]. 北京：商务印书馆，2010.

⑧ 李梅田. 魏晋北朝墓葬的考古学研究[M]. 北京：商务印书馆，2009；李梅田. 葬之以礼——魏晋南北朝丧葬礼俗与文化变迁[M]. 上海：上海古籍出版社，2021；李梅田. 中古丧葬模式与礼仪空间[M]. 上海：上海古籍出版社，2023.

⑨ 韦正. 魏晋南北朝考古[M]. 北京：北京大学出版社，2013；韦正. 将毋同——魏晋南北朝图像与历史[M]. 上海：上海古籍出版社，2019；韦正. 南北朝墓葬礼制研究[M]. 上海：上海古籍出版社，2022.

⑩ 倪润安. 光宅中原——拓跋至北魏的墓葬文化与社会演进[M]. 上海：上海古籍出版社，2017.

⑪ 尹刚. 北魏平城墓葬壁画研究[M]. 太原：山西人民出版社，2022.

⑫ 吴松岩. 鲜卑起源发展的考古学研究[M]. 上海：上海古籍出版社，2018.

⑬ 梁云，白劲松. 中国古代北方民族史·拓跋鲜卑卷[M]. 北京：科学出版社，2021.

⑭ 魏坚. 内蒙古地区鲜卑墓葬的发现与研究[M]. 北京：科学出版社，2004.

⑮ 大同市考古研究所. 山西大同下深井北魏墓发掘简报[J]. 文物，2004(6)：29-34.

⑯ 大同市考古研究所. 大同雁北师院北魏墓群[M]. 北京：文物出版社，2008.

大系》①、《大同考古资料汇编》②、《熠彩千年——大同地区墓葬壁画》③等资料汇编也陆续出版。大量发掘简报更是层出不穷，重要新发现有内蒙古满洲里市蘑菇山墓群④和锡林郭勒盟伊和淖尔墓群⑤，宁夏固原南郊北魏墓⑥，河南荥阳尹平北魏墓⑦和偃师北魏墓⑧，山西侯马虒祁北魏墓⑨，山西大同仝家湾北魏墓群⑩、湖东北魏墓群⑪、二电厂北魏墓⑫、贾宝北魏墓⑬、七里村M29北魏壁画墓⑭、开源美域北魏墓⑮等（详见附表一）。尤其是大同地区新出土的上千座北魏墓葬，丰富了我们对北魏历史学和考古学文化面貌的认识。

二、鲜卑—北魏多学科研究现状

随着自然科学技术在考古学研究中的日益普及，中国科技考古研究也取得了瞩目的成就。相应地，鲜卑—北魏相关多学科考古研究工作也有了诸多成果。本书将以上

---

① 王巍，孟松林．呼伦贝尔民族文物考古大系·陈巴尔虎旗卷［M］．北京：文物出版社，2014；王巍，孟松林．呼伦贝尔民族文物考古大系·鄂伦春自治旗卷［M］．北京：文物出版社，2014；王巍，孟松林．呼伦贝尔民族文物考古大系·扎赉诺尔区卷［M］．北京：文物出版社，2015；王巍，孟松林．呼伦贝尔民族文物考古大系·新巴尔虎左旗卷［M］．北京：文物出版社，2015；王巍，孟松林．呼伦贝尔民族文物考古大系·额尔古纳市卷［M］．北京：文物出版社，2018；王巍，孟松林．呼伦贝尔民族文物考古大系·海拉尔市卷［M］．北京：文物出版社，2018.

② 大同市考古研究所．大同考古资料汇编（共4册）［M］．北京：文物出版社，2018.

③ 大同市博物馆．熠彩千年——大同地区墓葬壁画［M］．北京：科学出版社，2019.

④ 中国社会科学院考古研究所内蒙古工作队，呼伦贝尔民族博物院，满洲里市文物管理所等．满洲里市蘑菇山墓地发掘报告［J］．草原文物，2014（2）：21-35.

⑤ 中国人民大学，锡林郭勒盟文物保护管理站，正镶白旗文物管理所．内蒙古正镶白旗伊和淖尔M1发掘简报［J］．文物，2017（1）：15-34；内蒙古自治区文物考古研究所，锡林郭勒盟文物保护管理站，正镶白旗文物管理所．正镶白旗伊和淖尔墓群M2发掘简报［J］．草原文物，2016（1）：46-50.

⑥ 宁夏文物考古研究所．固原南郊北魏墓发掘简报［J］．中原文物，2020（5）：21-30.

⑦ 郑州市文物考古研究院．河南荥阳市豫龙镇北魏尹平墓发掘简报［J］．考古，2022（3）：41-58.

⑧ 偃师市文物旅游局，洛阳市文物考古研究院．洛阳偃师两座北魏墓发掘简报［J］．中原文物，2019（6）：45-54.

⑨ 山西省考古研究院．山西侯马虒祁北魏墓发掘简报［J］．文物季刊，2022（3）：11-19；山西省考古研究院．山西侯马虒祁北魏墓（M1007）发掘简报［J］．文物，2021（2）：16-21.

⑩ 山西省考古研究所，山西省大同市考古研究所．山西大同南郊仝家湾北魏墓（M7、M9）发掘简报［J］．文物，2015（12）：4-22.

⑪ 山西省考古研究所，大同市考古研究所．山西大同湖东北魏墓群发掘简报［J］．中国国家博物馆馆刊，2018（2）：47-79.

⑫ 大同市考古研究所．山西大同二电厂北魏墓群发掘简报［J］．文物，2019（8）：15-37.

⑬ 大同市考古研究所．山西大同北魏贾宝墓发掘简报［J］．文物，2021（6）：23-37.

⑭ 大同市考古研究所．山西大同七里村北魏墓群M29发掘简报［J］．文物，2023（1）：33-57.

⑮ 山西省考古研究院，大同市考古研究所，大同市文物局．山西大同开源美域北魏砖室墓发掘简报［J］．华夏考古，2022（6）：37-41.

多学科研究分为四个方面展开叙述，即体质人类学研究、分子生物学研究、骨骼稳定同位素研究和其他类科技分析。

（一）体质人类学研究

体质人类学研究是最早应用于鲜卑—北魏考古学研究的科技考古方法之一。研究材料涉及中国内蒙古自治区、辽宁省、吉林省、黑龙江省、山西省及俄罗斯等地区的多个遗址[①]。对这些遗址出土人类遗骸的体质人类学研究内容主要分为三个方面：古病理学分析、人种与族属判定、种系关系及源流探讨。

1. 古病理学分析

张全超对大同七里村北魏墓M831出土两例人骨进行了性别、年龄鉴定以及骨骼病理学研究[②]。研究发现男性（29—35岁）右手搭在女性（35—40岁）腰部，将女性环抱在怀中，女性墓主头枕在男性肩部，左手搭在男性腹部，左手无名指上戴着一枚银色素面戒指。男性墓主右臂有未愈合的感染性骨折创伤，而女性墓主并未发现骨骼病理现象。该文推测男性可能因病早逝，女性则殉情陪葬。

樊欣对大同金港园北魏墓群出土人类牙齿进行了病理学分析，对牙齿磨耗程度和方式、龋齿发病率、牙周炎、骨质隆起、牙齿生前脱落等进行了系统研究，该文指出牙齿磨耗程度与其农业经济与狩猎采集经济共存条件下产生的特殊饮食结构有一定关系[③]。

由森对大同东信广场北魏墓群M799青少年个体进行了古病理学分析，发现该个体左侧股骨远端存在成骨性和溶骨性过程，中部三分之一处形成灰色不规则的厚骨层，左侧髌骨也形成不规则表面。CT检查表明皮层的后侧和外侧出现一个清晰的、高密度和分叶状的外生肿块，骨干的密度分布不均匀，紧邻骨骼的外生性肿块为中心呈致密的成骨。通过CT的辅助诊断，作者认为该个体可能患有恶性肿瘤[④]。这是目前发现的中国最早的恶性肿瘤疾病案例。

此外，近几年还有多篇硕、博士论文对大同地区北魏人群进行了骨骼和牙齿病理学分析[⑤]。古病理学分析有助于揭示古代人类社会的疾病健康状况、饮食结构、生存环

---

① 魏薇，张国文．多学科视角下鲜卑历史与考古研究综述．待刊．

② ZHANG Q C, HOU X G, YANG S Y, et al. Eternal love locked in an embrace and sealed with a ring: a Xianbei couple's joint burial in North Wei era, China (386-534 CE) [J]. International journal of osteoarchaeology, 2021, 31 (5): 966-974.

③ 樊欣．山西大同金港园墓地人骨研究［D］．郑州大学硕士学位论文，2020.

④ YOU S, LI M C, HOU X G, et al. First case of juvenile primary bone malignant neoplasm in ancient China: a skeleton from the Northern Wei Dynasty (386-534 CE) [J]. International journal of osteoarchaeology, 2022, 32 (1): 182-191.

⑤ 李鹏程．山西省大同市水泊寺廉租房墓地人骨研究［D］．辽宁大学硕士学位论文，2018；李鹏珍．山西大同东信广场北魏墓地人骨研究［D］．吉林大学博士学位论文，2021；崔贺勋．山西大同华宇墓地北魏时期人骨研究（2019年度）［D］．吉林大学硕士学位论文，2021；李佳欣．山西大同御府墓地北魏时期人骨研究［D］．吉林大学硕士学位论文，2021；（转下页）

境、生计方式等重要信息。相信随着考古新材料的不断出土，鲜卑—北魏人群古病理学研究未来还会取得更多的成果。

2. 人种与族属判定

人种和族属判定是体质人类学的重要研究内容之一。潘其风、韩康信、张振标、朱泓等是国内最早从事鲜卑—北魏人种和族属研究的学者。

潘其风和韩康信对完工、扎赉诺尔和南杨家营子墓群进行的人种学研究认为，完工组类似现代亚洲蒙古人种东北亚类型，也含有某些北亚和东亚蒙古人种的因素，而扎赉诺尔组和南杨家营子以北亚蒙古人种和东北亚蒙古人种的混血类型为主，同时包含一些东亚或东北亚蒙古人种的因素①。朱泓对扎赉诺尔墓群人骨材料进行了体质人类学分析，进一步将扎赉诺尔先民的人种类型分为A、B两组：扎赉诺尔A组与外贝加尔北匈奴组均为北亚蒙古人种，体质特征极为相似，故推测该组居民是以匈奴遗传因素为主的后代，抑或他们本身就是那些“自号鲜卑”的北匈奴人；而扎赉诺尔B组则呈现出北亚与东北亚蒙古人种的混血类型，可能代表着一批“胡父鲜卑母”或“鲜卑父胡母”的混血后代②。

郑丽慧、陈靓、张全超、周密、阿娜尔等对内蒙古七郎山③、东大井④、叭沟⑤墓地以及鄂托克前旗巴音哈达墓地⑥的拓跋鲜卑人种学研究发现：七郎山组的体质特征更接近扎赉诺尔B组，而东大井、叭沟、巴音哈达鲜卑居民则与扎赉诺尔A组、外贝加尔匈奴组更为相似，表现出显著的北亚蒙古人种特征。胡春佰等对内蒙古察右前旗旗杆山东汉晚期鲜卑墓葬的颅骨形态分析表明，男性居民与北亚类型最为接近，又混入了东北亚类型和北亚类型的种系成分，表明早期鲜卑居民可能与大兴安岭北段土著居民发生了基因交流；而女性居民的种族特征表现为较为鲜明的北亚蒙古人种倾向。这种内部差异可能与鲜卑在发展过程中不断融入新的人群有关⑦。

（接上页）王煜．山西大同金茂园墓地人骨研究［D］．郑州大学硕士学位论文，2021；阮孙子凤．山西大同御昌佳园墓地北魏时期人骨研究［D］．吉林大学硕士学位论文，2022.

① 潘其风，韩康信．东汉北方草原游牧民族人骨的研究［J］．考古学报，1982（1）：117-136.

② 朱泓．从扎赉诺尔汉代居民的体质差异探讨鲜卑族的人种构成［J］．北方文物，1989（2）：45-51.

③ 郑丽慧，朱泓，陈靓．内蒙古七郎山魏晋时期鲜卑墓葬人骨研究［M］//内蒙古文物考古．北京：科学出版社，2004：334-345.

④ 陈靓，朱泓，郑丽慧．内蒙古东大井东汉时期鲜卑墓葬人骨研究［M］//内蒙古文物考古．北京：科学出版社，2003：77-86.

⑤ 张全超，周密．内蒙古兴和县叭沟墓地汉魏时期鲜卑族人骨研究［M］//边疆考古研究：第4辑．北京：科学出版社，2005：261-269.

⑥ 阿娜尔，朱泓．内蒙古鄂托克前旗巴音哈达墓地北魏时期人骨研究［M］//边疆考古研究：第23辑．北京：科学出版社，2018：287-296.

⑦ 胡春佰，陈永志，张红星等．内蒙古察右前旗旗杆山东汉晚期鲜卑墓葬颅骨研究［J］．文物春秋，2021（2）：11-22.

体质人类学研究也为北方先民的族属判别提供了证据。内蒙古完工墓地及黑龙江平洋墓地曾一度被认为是早期拓跋鲜卑遗存。然而，随着研究的深入，潘玲对其产生了质疑并提出二者属于汉书二期文化遗存的观点①。张旭、魏东对这两处墓地的颅骨进行了对比分析，发现完工和平洋墓地出土的先民颅骨近似东北亚蒙古人种，表现出一定的古东北类型因素。故而，该研究认为完工墓地先民非早期鲜卑，平洋墓地先民非东胡族②。索明杰对俄罗斯布里亚特共和国佐尔戈尔Ⅰ、Ⅱ号墓地的几座鲜卑族墓葬进行了人种类型及族属研究，发现该遗址古居民的体质特征大体近似北亚蒙古人种类型，部分近似东北亚蒙古人种类型。但在整体上，俄罗斯的鲜卑人群与我国境内发现的鲜卑人群关系均不接近③。上述关于鲜卑族属问题的研究表明，鲜卑在人种形态与种族特征上主要表现出了西伯利亚蒙古人种的共性，其中部分表现出东北亚蒙古人种特征，可能他们与古东北类型存在一定的血缘关系；而那些表现出东亚蒙古人种特征的鲜卑人群，则可能是与中原地区存在联姻和混血的关系。

张振标、宁立新对大同南郊北魏墓群出土人骨进行了人种学研究和族属判断，结合该墓群出土遗物及葬式、葬俗，认为大同南郊北魏先民应为鲜卑人，其乌孙人的种族特征则可能是早期乌孙人东移并与外贝加尔地区居民混杂所致④。然而，韩巍认为大同南郊北魏先民以古中原类型（汉族）为主，部分受到过鲜卑与乌孙人的影响。其原因可能有两种：大规模的民族迁徙，导致了南迁的鲜卑族与大同的汉族居民相互融合；平城作为北魏王朝政治、经济、文化中心，汇集了许多汉族、鲜卑族及其他民族的居民在此杂居⑤。

近年来，随着大同地区北魏墓葬的大量出土，相关体质人类学研究工作也有显著增多，丰富了学界对北魏居民体质特征、族属、人口学、疾病和健康状况的认识。

周亚威等人对大同星港城北魏人骨进行体质人类学分析，认为星港城墓群虽沿袭了北魏鲜卑人的文化特征，但其在人种成分上表现出更多中原汉族人的特点，属东亚蒙古人种类型，由此可见北魏时期大同地区的多民族融合⑥。

阮孙子凤运用了颅骨形态研究学、古人种学、生物统计学等体质人类学研究方法，对大同御昌佳园北魏人群的颅骨形态及种系类型进行了测量分析和对比研究。结果显示，御昌佳园北魏人群在种系类别上呈现出的特征，与现代蒙古人种中的东亚类型最

---

① 潘玲．完工墓地的性质和年代［J］．考古，2007（9）：78-86；潘玲．平洋墓葬的年代和文化性质［M］//边疆考古研究：第1辑．北京：科学出版社，2002：194-203．

② 张旭，魏东．平洋、完工墓地古代居民种系问题再认识［J］．草原文物，2012（1）：79-86．

③ 索明杰．俄罗斯布里亚特共和国佐尔戈尔Ⅰ、Ⅱ号墓地鲜卑人骨研究［J］．北方文物，2017（3）：57-63．

④ 张振标，宁立新．大同北魏时期墓葬人骨的种族特征［J］．文物季刊，1995（3）：21-33．

⑤ 韩巍．山西大同北魏时期居民的种系类型分析［M］//边疆考古研究：第4辑．北京：科学出版社，2005：270-280．

⑥ 周亚威，周雪艳，侯晓刚．北魏平城时期星港城遗址的人种类型［J］．北方民族大学学报，2021（1）：112-117．

为相近；在体质类型上则呈现出非单一性的人种因素特征，表现为以先秦时期的“古中原类型”群体为主，混杂有少量鲜卑等其他人群的因素影响①。

李鹏珍以大同东信广场北魏墓群出土人骨遗存为研究对象，以颅骨测量学、生物统计学为主要手段，重点研究该组居民的体质特征及人群构成情况并探讨该组人群与周边人群的流动状况。结果表明，东信北魏人群的颅骨形态与亚洲蒙古人种东亚类型及东北亚类型较为接近。欧氏距离系数和聚类分析结果显示，东信北魏组先民的体质特征呈现与大同南郊组相混合的特征，体质类型比较复杂和多样，东信北魏组的体质特征主要是“古中原类型”，但也受过鲜卑等其他人群的影响。此外，可见4例个体在颅面部形态上具有明显的欧罗巴人种因素特征，作者认为其身份与来自于中亚或西亚地区的商人有关②。

此外，大同华宇广场③、御府④、金茂园⑤、水泊寺廉租房⑥等北魏墓群出土人骨体质人类学研究结果也基本类似。北魏平城居民均表现出了以“古中原类型”为主，兼有鲜卑等其他人种因素的人群混杂现象，这与北魏人群交流、民族融合、丝路中西文化和种群交流等有密切关系。

3. 种系关系及源流探讨

朱泓指出北亚蒙古人种因素在匈奴、鲜卑和契丹的种族成分中占据了很大的比例，即表现为低颅和面阔相结合的颅骨特征。但目前已见报道的早期扎赉诺尔、南杨家营子等居民的低颅特征可能主要受到北匈奴的影响；到了契丹族，其低颅特征进一步减弱。这可能是北亚蒙古人种为主的拓跋鲜卑与高颅特征的东亚、东北亚蒙古人种居民发生了更多的血缘融合所致，但也有可能表明辽代契丹人与拓跋鲜卑的种系渊源有别⑦。结合《三国志》《魏书》等典籍记载，朱泓指出东胡、鲜卑、契丹（尤其是东部鲜卑与契丹）之间有可能在种系渊源上存在着袭承关系。陈靓、郑丽慧发现了东大井组鲜卑居民和山嘴子组契丹人也存在相似点，且山嘴子组契丹人可能还与南匈奴人也存在种族遗传学联系⑧。但由于东胡遗存难以确认，因此东部鲜卑与东胡关系尚无定论。由此，朱泓提出一个新观点，即历史上的“东胡”只是当时中原人对活动于匈奴以东的北方草原游牧民族的一种“族他称”，其内部并没有共同的人种学联系，但这些部族有区分彼此的“族自

---

① 阮孙子凤．山西大同御昌佳园墓地北魏时期人骨研究［D］．吉林大学硕士学位论文，2022.

② 李鹏珍．山西大同东信广场北魏墓地人骨研究［D］．吉林大学博士学位论文，2021.

③ 崔贺勋．山西大同华宇墓地北魏时期人骨研究（2019年度）［D］．吉林大学硕士学位论文，2021.

④ 李佳欣．山西大同御府墓地北魏时期人骨研究［D］．吉林大学硕士学位论文，2021.

⑤ 王煜．山西大同金茂园墓地人骨研究［D］．郑州大学硕士学位论文，2021.

⑥ 李鹏程．山西省大同市水泊寺廉租房墓地人骨研究［D］．辽宁大学硕士学位论文，2018.

⑦ 朱泓．人种学上的匈奴、鲜卑与契丹［J］．北方文物，1994（2）：7-13.

⑧ 陈靓，朱泓，郑丽慧．内蒙古东大井东汉时期鲜卑墓葬人骨研究［M］//内蒙古文物考古．北京：科学出版社，2003：77-86.

称"，如"鲜卑""乌桓"等①。然而，曾雯在鲜卑、契丹的源流及种系关系上认为体质人类学可以支持井沟子先民族属东胡人且鲜卑起源于东胡的观点，此外她还认为，喇嘛洞及大同北魏居民均可能是非鲜卑主体的多民族混杂人群；朝阳组慕容鲜卑与拓跋鲜卑之间存在一定的种系渊源；山嘴子组契丹居民与契丹贵族间的遗传差异较大，但与鲜卑、东胡人群相对接近，应是保留了较东胡、鲜卑的遗传因素②。

（二）分子生物学研究

生物遗传与进化中的母性遗传线粒体DNA极少发生重组且进化速率快，因而被广泛地用于分子考古学的研究中。不过，由于线粒体DNA分子量相当小、信息量有限且突变速度过快，加之群体间的母系交流过于频繁而导致的群体特征不明显等原因，父系遗传Y染色体逐步被运用到分子生物学研究③。目前，鲜卑—北魏分子生物学研究主要分为鲜卑族属溯源和鲜卑遗传流向两个方向。

1. 鲜卑族属溯源研究

于长春、曾雯等对东大井及七郎山墓地人骨进行的线粒体DNA研究认为，两处先民均属北亚蒙古人种，并和东亚人群存在一定的基因交流，这暗示着拓跋鲜卑与匈奴之间有着较近的母系遗传关系，其在两次南迁过程中可能与匈奴发生过一定的基因交流。此外七郎山、东大井拓跋鲜卑人群与井沟子东胡人群也有着较近的亲缘关系④。

此外，赵欣等对北朝元祜墓进行了线粒体DNA研究，发现墓主元祜可能是东胡的后裔。但根据墓志记载，元祜乃北魏皇帝拓跋焘的重孙，乃拓跋鲜卑人⑤。因此，该研究建立起了拓跋鲜卑与东胡民族的分子生物学联系。韩昇和蒙海亮对隋代元威墓进行了Y染色体DNA研究后，认为拓跋鲜卑的核心家族及其大部分成员来自外贝加尔-蒙古高原地区，这与嘎仙洞是拓跋氏发源地的主流观点相悖。韩昇和蒙海亮认为春秋时期北亚蒙古人种类型居民主要存在于内蒙古地区，秦汉以后才大规模迁徙到东北地区，因此拓跋祖先很可能是匈奴统治瓦解后从外贝加尔地区南下的北方人群⑥。

---

① 朱泓，刘振陆．朝阳魏晋时期鲜卑墓葬人骨研究［J］．辽海文物学刊，1996（2）：80-91.

② 曾雯．从体质人类学、分子考古学看鲜卑、契丹的源流［D］．吉林大学硕士学位论文，2009.

③ WANG C C, LI H. Inferring human history in East Asia from Y chromosomes [J]. Investigative genetics, 2013 (4): 11.

④ 于长春，谢力，张小雷等．拓跋鲜卑和匈奴之间亲缘关系的遗传学分析［J］．遗传，2007（10）：1223-1229.

⑤ 赵欣，张雅军，李红杰等．河北省磁县北朝墓群M003墓主人元祜的线粒体DNA分析［J］．南方文物，2016（4）：203-208.

⑥ 韩昇，蒙海亮．隋代鲜卑遗骨反映的拓跋部起源［J］．学术月刊，2017（10）：128-140.

2. 鲜卑遗传流向研究

锡伯族广泛分布于新疆伊犁到辽宁东北部的中国北方地区，被许多学者认为是北魏拓跋鲜卑的后裔。石美森等对现辽宁省的男性锡伯族样本进行了Y染色体研究，结果表明锡伯族与回族、蒙古族、藏族、纳西族等16个民族存在着显著的遗传异质性，可能是祖先成分的差异所致①。而东大井和七郎山先民的线粒体DNA分析结果则显示出其与现代锡伯族、鄂伦春族、蒙古族以及鄂温克族之间具有密切的遗传关系②，而与现代汉族的遗传关系并不明显③。由于鄂伦春族、鄂温克族和蒙古族等均流传着其源于室韦的说法，加之室韦和鲜卑在文献记载中又都源于东胡④。因此拓跋鲜卑和现代北方少数民族间可能存在着较近的亲缘关系，其中与锡伯族的关系最近，故而认为拓跋鲜卑是现代锡伯族的直接祖先⑤。此外，北朝鲜卑人元祜的线粒体DNA在后裔锡伯族中具有一定的连续性，即可印证锡伯族的祖先可能为古代的鲜卑人⑥。

李佳伟等对蒙古国和日门塔拉（Khermen Tal）遗址出土的柔然贵族个体进行了分子生物学研究，其线粒体DNA和Y染色体DNA序列分别为D4b1a2a1和C2b1a1b/F3830，与鲜卑和室韦男性的序列（F3889）相似。该研究认为，东胡—鲜卑支系有望为柔然做出重要的父系遗传贡献，且这一基因流可能最终进入了现代蒙古人群的基因库⑦。

分子生物学分析方法在探索鲜卑起源与流向的问题上发挥着重要作用，为揭示汉至南北朝时期的社会结构、民族融合乃至中华民族多元一体化格局的形成提供了遗传学证据。因此，鲜卑—北魏人群的分子生物学研究在未来具有广阔的学术前景。

（三）骨骼稳定同位素研究

董豫和张全超等人最先开展了对鲜卑人群的骨骼稳定同位素分析工作，他们对辽宁北票喇嘛洞遗址和内蒙古七郎山墓地出土人骨进行了稳定同位素分析，揭示了鲜卑先民

---

① SHI M S, BAI R, BAI L, et al. Population genetics for Y-chromosomal STRs haplotypes of Chinese Xibe ethnic group [J]. Forensic science international: genetics, 2011 (5): 119-121.

② YU C C, XIE L, ZHANG X L, et al. Genetic analysis on Tuoba Xianbei remains excavated from Qilang Mountain Cemetery in Qahar Right Wing Middle Banner of Inner Mongolia [J]. FEBS Letters, 2006: 6242-6246.

③ 赵欣，于长春，朱泓．从分子生物学角度看鲜卑族的流向［J］．吉林师范大学学报（自然科学版），2010（1）：34-37.

④ YU C C, ZHAO B, ZHOU B. Genetic analyses of Xianbei Populations about 1, 500-1, 800 years old [J]. Human genetics, 2014, 50 (3): 308-314.

⑤ 于长春．拓跋鲜卑线粒体DNA遗传学分析［D］．吉林大学博士学位论文，2007.

⑥ 赵欣，张雅军，李红杰等．河北省磁县北朝墓群M003墓主人元祜的线粒体DNA分析［J］．南方文物，2016（4）：203-208.

⑦ LI J, ZHANG Y, ZHAO Y, et al. The genome of an ancient Rouran individual reveals an important paternal lineage in the Donghu population [J]. American journal of physical anthropology, 2018: 895-905.

的食物结构和生计方式[①]。之后，张全超[②]、张国文[③]、侯亮亮[④]等对拓跋鲜卑—北魏人群进行了系统的稳定同位素分析，揭示了拓跋鲜卑—北魏人群的食物结构和生计方式。相关研究成果，本书后续章节会详细探讨。

（四）其他方法

除上述学科方法与研究视角以外，对鲜卑进行的景观考古学分析、环境分析、成分分析、数字考古等研究，为探究鲜卑的生存环境及手工业经济发展水平提供了重要的信息。

---

① 董豫，胡耀武，张全超等. 辽宁北票喇嘛洞遗址出土人骨稳定同位素分析［J］. 人类学学报，2007（1）：77-84.

② 张全超，朱泓. 内蒙古察右中旗七郎山墓地人骨的稳定同位素分析［J］. 草原文物，2012（1）：87-89.

③ 张国文，胡耀武，裴德明等. 大同南郊北魏墓群人骨的稳定同位素分析［J］. 南方文物，2010（1）：127-131；张国文，胡耀武，宋国定等. 内蒙古三道湾和叭沟鲜卑墓人骨和动物骨骼的稳定同位素分析［M］//边疆考古研究：第10辑. 北京：科学出版社，2011: 387-397; ZHANG G W, HU Y W, WANG L M, et al. A paleodietary and subsistence strategy investigation of the Iron Age Tuoba Xianbei site by stable isotopic analysis: A preliminary study of the role of agriculture played in pastoral nomad societies in northern China [J]. Journal of archaeological science: reports, 2015 (2): 699-707；张国文，陈凤山，孙祖栋等. 早期鲜卑人和动物骨骼的稳定同位素分析［J］. 人类学学报，2017 (1): 110-118; ZHANG G W, HOU X G, LI S Y, et al. Agriculturalization of the nomad-dominated empires of the Northern Wei Dynasty in Pingcheng city (398-494AD): a stable isotopic study on animal and human bones from the Jinmaoyuan cemetery, China [J]. International journal of osteoarchaeology, 2021 (31): 38-53; ZHANG G W, HOU X G, LI C R, et al. Foodways and social organisation in a Northern Wei dynasty (398-494 CE) cemetery in Pingcheng: comparison of stable isotopes and mortuary practices [J]. Journal of archaeological science: reports, 2022 (46): 1031718；张国文，易冰. 拓跋鲜卑生计方式综合研究［J］. 考古，2022（4）：104-115.

④ 侯亮亮，古顺芳，张昕煜等. 农业区游牧民族饮食文化的滞后性——基于大同东信广场北魏墓群人骨的稳定同位素研究［J］. 人类学学报，2017（3）：359-369；侯亮亮，古顺芳. 大同地区北魏居民生业经济的考古学观察［J］. 郑州大学学报（哲学社会科学版），2018（6）：115-118；侯亮亮，古顺芳，苏俊吉等. 大同水泊寺北魏墓群人和动物骨骼的稳定同位素：试析北魏女性的地位［M］//边疆考古研究：第26辑. 2019：279-295；刘珊，弓月，张国文等. 丝绸之路东端大都会粮仓中的谷物——大同操场城北魏太官粮储遗址炭化粟的C、N稳定同位素分析［J］. 第四纪研究，2022（1）：144-157；周丽琴，吕晓晶，崔贺勋等. 北魏平城地区的农耕化：山西大同金茂府北魏墓群人和动物的C、N稳定同位素分析［J］. 第四纪研究，2022（6）：1749-1763；HOU L L, LI S Y, BAI H M, et al. The subsistence economy in the Pingcheng Area during the Northern Wei Dynasty: Stable isotope analysis of human bones obtained from the Datong Erzhong Cemetery in Shanxi, China [J]. Journal of archaeological science: reports. 2023 (49): 103946.

1. 景观考古学分析

为探究北魏皇家祭天遗址所反映的空间特征与文化特征，赵忆等以内蒙古武川北魏坝顶圜丘遗址为例，通过景观考古学的“遗址还原—信息解读—特征归纳”研究方法，借助ArcGIS、Global Mapper软件与卫星影像图，直观地呈现空间环境、遗址结构和社会关系。该研究发现圜丘遗址是边疆山脉和北魏六镇城池防御系统的重要部分，并且圜丘遗址作为祭祀场所，不仅兼具宏大、粗犷的北魏景观特征与鲜卑民族特色，还蕴含“天圆地方”和“天人合一”等原始宇宙观与环境观①。景观考古学不仅为研究单个遗址的环境和文化特征提供了不同的视角，而且为大遗址的保护和研究提供了新的思路。

2. 环境史和环境考古分析

北魏迁都洛阳是中国历史上的重要事件，为了探究这一事件背后的动因，学者们基于连续的高分辨率古气候数据和历史文献资料，探讨了五世纪自然灾害对平城的影响。研究发现，由于持续干旱和低温环境，平城在公元470年代末经历了衰落。此外，平城人口的快速增长可能增加了其对自然灾害的社会脆弱性。通过比较平城和洛阳的食物系统和地理位置，这项研究表明，迁都应被视为适应气候变化，并减轻北魏对气候变化的影响②。在北魏迁都洛阳后，人们的生活环境又在一定程度上受到了宗教信仰的影响，岳彦如认为北魏洛阳城整体呈现出对“山水自然”的审美风尚以及对佛教艺术文化崇拜的景观特征③。

人类社会的发展与其生存的自然地理环境密切相关，同时人类的经济、军事等活动也会对环境产生影响，对鲜卑—北魏的生存环境进行研究，有助于探讨这些人群的经济面貌、迁徙行为等学术问题。然而，目前对拓跋—北魏的生存环境研究工作较少，未来相关的环境史或环境考古学研究亟须加强。

3. 无机和有机文物的科技分析

崔剑锋对内蒙古满洲里蘑菇山早期拓跋鲜卑墓地出土的玻璃珠进行了科技分析，结果表明其很可能来自古罗马帝国统治下的地中海沿岸。这些玻璃珠的发现，为汉晋时期联通欧亚大陆的草原丝路研究提供了重要的实物证据，同时也说明大兴安岭地区是古代草原丝路的重要节点④。刘壮和张志红运用原子吸收光谱和X射线衍射方法对北魏洛阳大

① 赵忆，周娉倩，许超然等．基于景观考古学的皇家祭天遗址探析——以北魏坝顶圜丘为例［J］．风景园林，2021（11）：33-38.

② ZOU Y, ZHOU H J, CHEN J X, et al. The decline of Pingcheng: climate change impact, vulnerability and adaptation in the Northern Wei dynasty, China [J]. Journal of historical geography, 2017, 58: 12-22.

③ 岳彦如.《洛阳伽蓝记》所见北魏洛阳城的动植物与城市环境［J］．鄱阳湖学刊，2019（5）：78-84.

④ 崔剑锋．见微知著——从扎赉诺尔蘑菇山墓地出土古罗马玻璃珠看汉晋时期的草原丝路［G］// 文明的和谐与共同繁荣——变化中的价值与秩序：文明传承与互动视角下的“一带一路”论文与摘要集，2017：2.

市遗址出土的玻璃珠进行了成分和物相分析，根据玻璃珠成分Al_2O_3高、CaO低的特点，研究认为洛阳大市遗址出的土玻璃珠可能来源于印度[①]。汤卓炜对内蒙古东大井和七郎山墓地出土饰品和石制品的材质和原料进行了分析[②]，揭示了鲜卑人群的手工业经济水平。

李秀辉运用金相法和扫描电镜能谱分析法等技术手段对内蒙古东大井和七郎山鲜卑墓地出土的28件金属器物进行了金相学研究，揭示了鲜卑的金属冶铸工艺[③]。梁宏刚和王晓毅对大同国营粮食原种厂北魏墓出土的金属环饰和珠状装饰品进行了显微观察和能谱分析，认为金属环饰为铅及其氧化物，而珠状装饰品主要成分为二氧化硅，可能为结晶颗粒细小的石英制品[④]。谢欣芮等运用金相显微镜、扫面电镜以及能谱分析仪等设备对内蒙古正镶白旗伊和淖尔北魏墓M1出土的27件金属器（13件铜器和14件金器）进行了科学检测。该研究结果表明11件铜器为铅锡青铜，两件铜钉为黄铜，四件金器为金银铜合金，无损分析的10件金饰品全部为金银合金。11件铜器基体为铸造，表面采用热锻、热锻后冷加工等加工方式；铜钉及金器全部为热锻成型，表明北魏先民可以根据不同器物功能选择合金材质和加工方法，且已经掌握美化器物的装饰技术[⑤]。刘彦琪等对乌兰察布市博物馆和山西艺术博物馆所藏两件鲜卑铜鍑的铸造工艺进行了考察，并对其制造工艺的源流和技术变迁的机制进行了探讨[⑥]。

李瑞亮采用扫描电子显微镜及能谱仪、铅同位素示踪方法对2件北票喇嘛洞墓地出土的三燕时期铅器的化学成分及矿料来源进行了分析。实验结果显示出土的铅器材质为纯铅，其铅料很可能来自辽宁八家子和关门山铅锌矿[⑦]。喇嘛洞遗址还出土有大量铁器等金属文物，辽宁省文物考古研究所联合日本奈良国立文化财研究所对该遗址出土铁器等金属文物进行保护处理和初步研究，取得了国内首批树脂减压含浸法处理铁器文物的技术经验[⑧]。

程永建对洛阳地区两座北魏墓葬出土的陶俑上彩绘颜料进行了拉曼光谱分析，与标准颜料样品的拉曼光谱进行比较分析，识别出了北魏墓葬出土陶俑上颜料的成分，

---

① 刘壮，张志红. 洛阳北魏大市遗址出土玻璃珠成分分析［J］. 光谱实验室，1999（1）：75-79.

② 汤卓炜. 内蒙古东大井和七郎山鲜卑墓地出土饰物及石制品研究报告［M］//内蒙古地区鲜卑墓葬的发现与研究. 北京：科学出版社，2004：328-332.

③ 李秀辉. 内蒙古东大井和七郎山鲜卑墓地出土金属器物的金相学研究［M］//内蒙古地区鲜卑墓葬的发现与研究. 北京：科学出版社，2004：11.

④ 梁宏刚，王晓毅. 大同北魏墓出土文物检测报告［M］//三晋考古：第三辑. 太原：山西人民出版社，2006：346-348.

⑤ 谢欣芮，李延祥，静永杰等. 内蒙古正镶白旗伊和淖尔M1出土部分金属器的初步研究［J］. 草原文物，2020，20（2）：110-117.

⑥ 刘彦琪，李树国. 鲜卑铜鍑的铸造工艺考察及其技术变迁的讨论［J］. 草原文物，2017，14（2）：78-81.

⑦ 李瑞亮. 北票喇嘛洞出土铅器的化学成分及矿源研究［J］. 合肥师范学院学报，2017（6）：28-30.

⑧ 辽宁省文物考古研究所，日本奈良国立文化财研究所. 辽宁北票市喇嘛洞鲜卑贵族墓地出土铁器的保护处理及初步研究［J］. 考古，1998（12）：38-45.

其红色颜料为赤铁矿，黑色颜料为炭黑，白色颜料为白垩，蓝色颜料为青金石。青金石颜料所出的矿床我国暂未发现，主要是分布在阿富汗和俄罗斯等少数国家，故而该颜料应来自于丝绸之路上的商品交流，该分析结果对于研究北魏洛阳时期的中西经济和文化交流提供了重要信息①。

金普军等利用光学显微镜、扫描电子显微镜/能谱仪、X射线衍射仪和拉曼光谱仪等仪器设备对大同南郊北魏墓群出土的漆器残片进行了初步研究，发现漆膜采用了多层髹漆的工艺，漆灰主要由石英和羟基磷酸钙等矿物组成，红色漆膜呈色颜料为朱砂。研究成果显示大同北魏时期漆器制作延续了汉代髹漆技术工艺，是后世漆器发展的重要过渡期②。为了解山西大同北魏司马金龙墓出土木板漆画屏风的颜料使用情况和制作工艺信息，李涛等利用微区拉曼、傅里叶光谱、X射线荧光光谱等分析技术，对屏风残片上的四种主要颜色（红、黑、黄、白）和红色漆底层等进行了分析与鉴别。分析结果表明，屏风所使用的颜料有朱砂、炭黑、雌黄、雄黄、石膏；屏风的红色底层系由生漆与朱砂调和、结膜而成，其中可能未曾添加桐油；屏风彩绘部分的颜料分层十分明确，各层的厚度相对均匀，反映出制作者较为高超的绘画技法；在颜料层、木胎与红色漆底层之间的“过渡层”中，分别观察到一些白色物质，其可能为羟基磷灰石③。大同市博物馆贾延勤和刘贵斌等也利用扫描电镜及其附带的能谱分析仪（SEM-EDS）、超景深三维显微观察等方法对北魏司马金龙墓木版漆画和漆器残片进行了科技分析，揭示了漆膜彩绘颜料的成分和结构，探讨了北魏漆器制作工艺水平④。

张文元等运用超景深显微镜观察、XRD等技术方法对敦煌莫高窟第257、259窟北魏时期壁画彩塑制作工艺与材料特征进行了科技分析，揭示了莫高窟北魏壁画颜料的成分和结构，为石窟寺的保护和修复提供了借鉴⑤。

古代玻璃、陶器、金属器、漆木器、壁画等文物的成分/结构等分析是科技考古的重要研究内容之一。相关研究有助于学界了解鲜卑—北魏人群的手工业技术水平和中西经济、文化交流状况，也为相关考古遗存的文物保护工作提供了技术支持。

---

① 程永建，马毅强，方莉等．北魏墓彩绘陶俑颜料的显微拉曼光谱分析［J］．光散射学报，2012 (3): 280-284; LIU Z J, HAN Y X, HAN L G, et al. Micro-Raman analysis of the pigments on painted pottery figurines from two tombs of the Northern Wei Dynasty in Luoyang [J]. Spectrochimica acta part a: molecular and biomolecular spectroscopy, 2013 (109): 42-46.

② 金普军，王雁卿，孙睿江．山西大同南郊北魏墓葬出土漆器科技研究［M］//湖南省博物馆馆刊．长沙：岳麓书社，2016（00）：574-580.

③ 李涛，杨益民，王昌燧等．司马金龙墓出土木板漆画屏风残片的初步分析［J］．文物保护与考古科学，2009（3）：23-28.

④ 贾延勤．北魏司马金龙墓出土木板漆画漆膜的科学分析［J］．文物世界，2020，158（3）：76-80；刘贵斌．北魏司马金龙墓木板漆画工艺探究［J］．文物世界，2020，158（3）：58-64.

⑤ 张文元，苏伯民，善忠伟等．莫高窟第257、259窟北魏壁画彩塑的科学分析［J］．文博，2023，232（1）：75-87.

4. 数字考古

随着计算机及数字化技术的迅速发展，相关技术也引入了考古学研究和实践中，诞生了数字考古这一科技考古新兴研究方向。目前数字考古在鲜卑—北魏遗存研究中的应用包括3D建模、三维测绘、VR等多个方面。

李天祺等对云冈石窟建立起三维数值模型来研究云冈石窟的岩体稳定性时发现云冈石窟风化较为严重，随着时间推移极易因承载能力不足而发生失稳。故此提议云冈石窟接下来治理与维护工作的主要方向应是进行整体的防渗治理以降低渗水对石窟岩体的破坏①。此外，基于三维激光扫描技术可以精准、快速地将三维立体像转化为二维图像的特点，该技术也被用于石窟测绘中。不仅有助于实现洞窟内的数字化虚拟漫游，还可通过洞窟各个方向的剖面结构研究其形制及之间的相互关系②。同样，计算机三维技术还被运用到了北魏服饰（包括色彩、花纹和质感）的设计与重建中，建立了如舞襟、裲裆铠、朝服等北魏鲜卑服饰的数字化模型，完整再现鲜卑胡服的历史风貌，并为其他民族的传统服饰文化研究提供了新的思路、技术与方法③。

赵海荣等运用VR、App、数字动画和数字纪录片等多种数字活化技术，对北魏平城墓葬出行壁画进行了数字化展示研究④，对北魏方山永固陵进行了数字化复原和传播探究⑤，使北魏平城文化遗产的保护与传播走向智慧型与“活态”化。

---

① 李天祺，董松源，周太全．云冈石窟在风化作用下岩体稳定性的数值模拟分析［J］．自然灾害学报，2012（6）：124-130.

② 云冈石窟研究院．云冈石窟测绘方法的新尝试——三维激光扫描技术在石窟测绘中的应用［J］．文物，2011（1）：81-87.

③ 康耀龙，张景安，冯丽露等．基于Unity3D的北魏服饰数字化建模［J］．软件，2019（8）：23-28.

④ 赵海荣，周世菊．基于数字技术的北魏平城时代墓葬出行壁画活化策略研究［J］．新媒体研究，2020，6（7）：53-56.

⑤ 赵海荣，周世菊，贾瑞雪．北魏方山永固陵数字化复原和传播探究［J］．新媒体研究，2021，7（19）：29-33.

第二章　稳定同位素分析方法及其研究现状

第一节　稳定同位素分析方法

人类食物来源的差异，直接体现了人类社会生产力发展水平和生计方式的不同。例如，中国新石器以来北方和南方分别以粟、黍和水稻为主要食物来源的先民，经营着典型的粟作农业和稻作农业经济；而青铜时代以来，中国黄河和长江流域以植物类食物为主和北方草原以肉类食物为主的先民，分别属于农耕经济和游牧经济这两种截然不同的生计方式。

20世纪60—70年代以来，测定人和动物骨骼中碳（Carbon，简写为C）、氮（Nitrogen，简写为N）、硫（Sulfur，简写为S）等稳定同位素的分析方法已成为研究古人类和动物食物结构的主要方法之一。由于食物来源不同会导致骨胶原中的稳定同位素组成存在较大差异，因此骨骼中的稳定同位素组成能够真实反映人和动物生前一定时期内的食物来源、生活方式等信息①。故而，研究先民和动物骨骼稳定同位素水平是我们了解先民食物结构和生计方式的最佳方法之一②，相关原理见图2.1。本章将对碳、

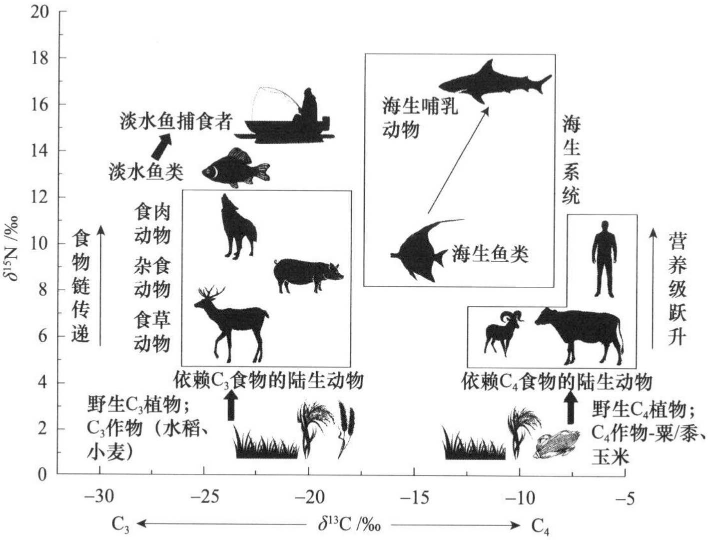

图2.1　碳、氮稳定同位素分析原理示意图（张国文制图）

① DENIRO M J. Postmortem preservation and alteration of in vivo bone collagen isotope ratios in relation to palaeodietary reconstruction [J]. Nature, 1985 (317): 806-809.

② LARSEN C S. Bioarchaeology: interpreting behaviour from the human skeleton [M]. Cambridge: Cambridge University Press, 1997.

氮、硫稳定同位素分析原理以及研究现状等进行介绍。

一、稳定同位素分析原理

（一）稳定同位素及其表示方法

具有相同质子数，不同中子数（或不同质量数）同一元素的不同核素互为同位素（Isotopes）①。同位素常以两种形态存在，即放射性同位素和稳定同位素。在本书的研究中，应用的是稳定同位素，主要有碳、氮和硫三种同位素。$^{13}C/^{12}C$、$^{15}N/^{14}N$和$^{34}S/^{32}S$分别是碳、氮和硫稳定同位素比值的表示方法。然而我们更普遍地用δ来表达某一物质的同位素成分，因此碳、氮和硫稳定同位素又可以表示为$\delta^{13}C$、$\delta^{15}N$和$\delta^{34}S$。$\delta^{13}C$的比较标准为美国南卡罗来纳州白垩纪PeeDee组值的美洲拟箭石化石，称为PDB（Peedee Belemnite）标准②；$\delta^{15}N$的比较标准一般为大气N_2（AIR）；$\delta^{34}S$的比较标准为凯尼昂迪布洛峡谷中铁陨石中的陨硫铁（FeS）（CDT，Vienna Canyon Diablo Troilite）③。当$\delta^{34}S$值为正号时表示样品硫比陨石富集同位素^{34}S，为负号时表示样品硫比陨石富集同位素^{32}S。

碳、氮和硫稳定同位素符号与表达式分别为：

$$\delta^{13}C=\{[(^{13}C/^{12}C)\text{sample}-(^{13}C/^{12}C)\text{standard}]/(^{13}C/^{12}C)\text{standard}\}\times1000‰$$

$$\delta^{15}N=\{[(^{15}N/^{14}N)\text{sample}-(^{15}N/^{14}N)\text{standard}]/(^{15}N/^{14}N)\text{standard}\}\times1000‰$$

$$\delta^{34}S=\{[(^{34}S/^{32}S)\text{sample}-(^{34}S/^{32}S)\text{standard}]/(^{34}S/^{32}S)\text{standard}\}\times1000‰$$

（二）稳定同位素碳

地球上有碳的三种同位素，^{12}C、^{13}C和^{14}C，其中^{14}C为放射性同位素，^{12}C、^{13}C为稳定同位素。空气中的碳通常以CO和CO_2的形式存在。其中CO_2中的$^{13}C/^{12}C$比率基本恒定，通常为−7‰。植物在利用CO_2进行光合作用时，优先吸收由^{12}C构成的CO_2，使得碳同位素发生分馏。绿色植物固定CO_2的途径可分为C_3（Calvin）、C_4（Hatch-Slack）和CAM（景天酸代谢）途径④。与人类生活密切相关的C_3类植物有麦、稻和大部分森林植被，所有根作物、豆类、蔬菜、坚果，以及大部分的水果；与人类生活密切相关的

---

① 林光辉，柯渊．稳定同位素技术与全球变化研究［M］//现代生态学讲座．北京：科学出版社，1995：161-188.

② CRAIG H. The geochemistry of the stable carbon isotopes [J]. Geochimica et cosmochimica acta, 1953 (3): 53-92; CRAIG H. Isotope standards for carbon and oxygen and correction factors for mass-spectrometric analyses of carbon dioxide [J]. Geochimica et cosmochimica acta, 1957 (12): 133-149.

③ JENSEN M L, NAKAI N. Sources and isotopic composition of atmospheric Sulfur [J]. Science, 1962, 134: 2102-2104.

④ REITZ E J, WING E S. Zooarchaeology [M]. Cambridge: Cambridge University Press, 1999; HASTORF G A, POPPER V S eds. Current palaeoethnobotany: analytical methods and cultural interpretation of archaeological plant remains [M]. Chicago: University of Chicago Press, 1988.

C_4类植物有高粱、小米、玉米、甘蔗和热带牧草等；而CAM类植物主要有菠菜、甜菜等代表植物，他们并不是人们食谱中的主要食物。

由于植物光合作用途径的不同，导致碳同位素的分馏程度也不同。陆生系统中C_3植物的$\delta^{13}C$值分布范围从−34.0‰到−22.0‰，平均值为−26.5‰。C_4植物的$\delta^{13}C$值分布范围从−16.0‰到−9.0‰，平均值为−12.5‰，而CAM类植物的分馏系数则介于C_3和C_4植物之间，其$\delta^{13}C$平均值为−17‰①。陆生系统中影响$\delta^{13}C$值变化因素有，大气二氧化碳浓度的变化、光照强度、水的供应以及海拔等。如亚马孙热带雨林地区，大量多冠森林的存在（冠层效应，Canopy Effect）导致下层植物吸收CO_2的减少，这就使C_3和C_4植物的$\delta^{13}C$值减少②。同样在亚马孙热带雨林地区，生存在底层的植物由于光照的减少导致部分C_3植物的$\delta^{13}C$值低至−37.0‰。Tieszen等人还发现生存在干燥环境下的植物更容易富集$\delta^{13}C$值，而且高海拔地区植物摄取CO_2的效率增加，因此其也具有较高的$\delta^{13}C$值，如智利地区海拔每上升1000米，植物的$\delta^{13}C$值就上升大约0.8‰③。

海生/水生系统植物具有更宽广的$\delta^{13}C$值，分布从−2.5‰到−35.0‰④，并且与陆生系统中光合作用不同的是，虽然海生系统植物大部分采用的是C_3途径，但是他们具有比陆生系统更高的$\delta^{13}C$值（−21.0‰），这是因为海生植物优先摄取海水CO_2中的HCO_3^-离子，相对陆生系统CO_2，海水CO_2中的HCO_3^-具有更高的$\delta^{13}C$值⑤。和海生植物一样，淡水植物也优先摄取HCO_3^-，但淡水中HCO_3^-的$\delta^{13}C$值却低于海生植物⑥，这可能由雨水把陆生系统中的植物碎屑等冲进河流等淡水系统而产生的二级碳源导致的。因此，相比海生植物和动物，淡水植物和动物就具有相对较低的$\delta^{13}C$值。海洋和淡水系统植物$\delta^{13}C$值位于C_3和C_4植物之间。

植物光合作用途径以及其他因素导致的$\delta^{13}C$值差异，将会在食物链中一直存在并

① 郑淑蕙，郑斯成，莫志超．稳定同位素地球化学分析［M］．北京：北京大学出版社，1986; O' LEARY M H. Carbon isotope fractionation in plants [J]. Phytochemistry, 1981, 20 (4): 553-567; VAN DER MERWE N J. Carbon isotopes photosysthesis and archaeology [J]. American scientist, 1982, 70: 596-606.

② MEDINA E, MINCHIN P. Stratification of $\delta^{13}C$ values of leaves in Amazonian rain forests [J]. Oecologia, 1980, 45: 377-378.

③ TIESZEN L L, CHAPMAN M. Carbon and nitrogen isotopic status of the major marine and terrestrial resources in the Atacama Desert of Northern Chile [M]//Proceedings of the first world congress on mummy studies. Museo Arqueo-lógicoy Etnográfico de Tenerife, Tenerife, 1992: 409-425.

④ FRY B, SHERR E B. $\delta^{13}C$ measurements as indicators of carbon flow in marine and freshwater cosystems [M]//Stable isotopes in ecological research. Ecological studies No. 68. RUNDEL P W, EHLERINGER J R, NAGY K A, eds. Springer-Verlag, 1989: 196-229.

⑤ DEINES P. The isotopic composition of reduced organic carbon [M]//Handbook of environmental isotope geochemistry, Vol. 1. P. Fritz and J. Ch. Fontes eds. Elsevier, 1980: 329-406.

⑥ FRY B, SHERR E B. $\delta^{13}C$ measurements as indicators of carbon flow in marine and freshwater cosystems [M]//Stable isotopes in ecological research. Ecological studies No. 68. RUNDEL P W, EHLERINGER J. R, NAGY K A, eds. Springer-Verlag. 1989: 196-229.

沿营养级传递。碳同位素在由食物链传递至人的骨胶原中时，人（动物）肌肉的富集率大约在1‰左右，而骨骼中骨胶原的富集率则约为5‰左右。碳同位素在沿食物链进行传递时，在不同营养级之间也存在富集效应，大约有1‰左右①。与因不同的光合作用途径引起的$\delta^{13}C$值差异相比，营养级间的富集往往忽略不计。在这种情况下，纯以C_3类植物为食的人（动物）其骨胶原中的$\delta^{13}C$平均值应大约为−21.5‰，而纯以C_4类植物为食的人（动物）其骨胶原中的$\delta^{13}C$平均值则相应约为−7.5‰。通过饲喂实验，人们进一步认识到骨胶原中的碳同位素主要来源于食物中的蛋白质，而不是整个食物。因此，骨胶原中的$\delta^{13}C$值，主要反映了食物中蛋白质的来源②。由于骨骼胶原蛋白转换较慢，故而骨胶原稳定同位素值就可以反映个体较长一段时间内的食物结构，这个时间起码在死前的10—15年③，而Tykot认为只有5—7年④。这主要由于骨胶原转换速率尚不可知，所以这个时间段目前只是一个粗略的估算。综上，根据个体骨胶原中的$\delta^{13}C$值，可以反映其死亡前一段时间内植物类食物的摄取情况。

由于两种不同光合作用途径的植物（C_3/C_4）具有不同的$\delta^{13}C$值，且对人骨胶蛋白中的碳同位素分析可以区别古人生前植物类食物的种类，故而从20世纪70年代以来，这一方法得以广泛运用于考古学研究中。虽然碳同位素是重建古人类植物类食物结构方面最成功的方法之一，但单靠碳同位素分析并不能够全面揭示先民的食物结构，这就需要其他方法的辅助，如氮、硫等其他同位素的综合对比分析。

（三）稳定同位素氮

氮主要有两种同位素^{14}N和^{15}N，均为稳定同位素。99%的氮以大气N_2形式存在，只有少部分的氮以多价态的形式与其他元素形成不同的化合物。与碳同位素不同，氮同位素在不同营养级之间存在着$\delta^{15}N$值的富集现象。植物在营养级最底端，接着是食草类动物、初级食肉动物和高级食肉动物，沿营养级每上升一级，$\delta^{15}N$值大约富集3‰—5‰⑤。

---

① DENIRO M J, EPSTEIN S. Influence of diet on the distribution of carbon isotopes in animals [J]. Geochimica et cosmochimica acta, 1978, 42: 495-506.

② AMBROSE S H, NORR L. Isotopic composition of dietary protein and energy versus bone collagen and apatite: purified diet growth experiments [M]//Molecular archaeology of prehistoric human bone. LAMBERT J B, GRUPE G, eds. Springer Publishing Press, 1993: 1-37.

③ HEDGES R E M, CLEMENT J G, THOMAS C D L, et al. Collagen turnover in the adult femoral mid-shaft: modelled from anthropogenic radiocarbon tracer measurements [J]. American journal of physical anthropology, 2007, 133: 808-816.

④ TYKOT R H. Isotope analyses and the histories of Maize [M]//Histories of Maize: multidisciplinary approaches to the prehistory, linguistics, biogeography, domestication, and evolution of maize. STALLER J E, TYKOT R H, BENE B F, eds. Academic Press (Elsevier) , 2006, 131-142.

⑤ BOCHERENS H, FIZET M, MARIOTTI A. Diet, physiology and ecology of fossil mammals as inferred from stable carbon and nitrogen isotope biogenchemistry: implications for Pleistocene bears [J]. Palaeogeography, palaeoclimatology, paleoecology, 1994, 107: 215-225.

即食草类动物骨胶原中的$\delta^{15}N$值比其所吃食物富集3‰—5‰，以食草类动物为食的初级食肉类动物又比食草类动物的$\delta^{15}N$值富集3‰—5‰。当然这个富集数值也不是绝对的，如Ambrose和DeNiro就发现干旱环境下$\delta^{15}N$的富集值达5‰—6‰，只是目前还不清楚这个现象是随机的还是由于干旱环境这一特殊条件导致的①。一般认为，食草类动物的$\delta^{15}N$值大约为3‰—7‰，食肉类动物以及各种鱼类的$\delta^{15}N$值为9‰—12‰，杂食动物的$\delta^{15}N$值则在7‰—9‰②。因此，根据人骨胶原中的$\delta^{15}N$值，尤其是对比当地动物的$\delta^{15}N$值，可以判断先民所处营养级，了解人类食物中动物蛋白资源的摄取状况。

陆生系统植物根据$\delta^{15}N$值可以分为两种：豆科植物和非豆科植物③，豆科植物（C_3植物，如大豆，花生和豌豆），其根部共生的根瘤菌可以通过生物固氮作用将N_2直接转化为可以吸收的氮源，而在此过程几乎没有氮同位素的分馏，因此豆科植物的$\delta^{15}N$值较小，约为0—1‰④。对于绝大多数的非豆科植物来说，大气中的N_2通常很难被它们直接利用吸收，它们都是靠吸收土壤中的氮化合物获取氮源，这个过程中就会发生同位素分馏，它们的$\delta^{15}N$值约为3‰，且不同光合作用途径并不影响它们的氮值，C_3和C_4植物的$\delta^{15}N$平均值分别为2.7‰和2.5‰⑤。动物粪便提供的肥料可以提高土壤中的$\delta^{15}N$值，因此生长在这些土壤中的植物相对其他植物具有较高的$\delta^{15}N$值⑥。另外，在沿海环境中，由于海洋蒸发作用（Sea-spray）给他们带来了额外的海洋中的氮，所以增加了这些地土壤和植物的$\delta^{15}N$值⑦。在某些干旱环境系统中，土壤，植物以及动物的$\delta^{15}N$值也相对较高⑧。在干旱环境中由于缺水的缘故，导致哺乳动物生理机制和其他环境不同，主要体现为尿素排放速率的降低，从而增加了其$\delta^{15}N$值⑨。

海生系统植物中除了蓝藻可以直接吸收N_2并且$\delta^{15}N$值约为0‰外，大部分植物无

① AMBROSE S H. Stable carbon and nitrogen analysis of human diet in Africa [J]. Journal of human evolution, 1986 (15): 707-731.

② AMBROSE S H, KATZENBERG M A. Biogeochemical approaches to paleodietary analysis [M]. Kluwer Academic/Plenum Publisher, 2000.

③ DENIRO M J. Stable isotopy and archaeology [J]. American scientist, 1987, 75 (3): 182-191.

④ VIRGINIA R A, DELWICHE C C. Natural ^{15}N abundance of presumed N_2-fixing and non-N_2-fixing plants from selected ecosystems [J]. Oecologia, 1982, 54: 317-325.

⑤ HEATON T H E. The $^{15}N/^{14}N$ ratios of plants in South Africa and Namibia: relationship to climate and coastal/saline environments [J]. Oecologia, 1987, 74: 236-246.

⑥ HEATON T H E. Isotopic studies of nitrogen pollution in the hydrosphere and atmosphere: a review [J]. Chemical geology, 1986, 59: 87-102.

⑦ HEATON T H E. The $^{15}N/^{14}N$ ratios of plants in South Africa and Namibia: relationship to climate and coastal/saline environments [J]. Oecologia, 1987, 74: 236-246.

⑧ AMBROSE S H. Stable carbon and nitrogen analysis of human diet in Africa [J]. Journal of human evolution, 1986, 15: 707-731.

⑨ AMBROSE S H. Effects of diet, climate and physiology on nitrogen isotope abundances in terrestrial foodwebs [J]. Journal of archaeological science, 1991, 18: 293-317.

法自己固氮，而是吸收海水中的硝酸盐和氨，因而相对陆生系统植物具有较高的$\delta^{15}N$值（4‰）[①]。同样，相对陆生系统动物，海生系统哺乳动物也具有较高的$\delta^{15}N$值，因此氮同位素能够很好地用来判断先民食物中陆生／海生资源的构成[②]。

另外，营养级间富集现象还可以用来判断婴儿母乳喂养（Breast-feeding）及断奶（Weaning）情况[③]。由于婴儿的食物主要来自于母乳喂养，因而其比之母亲具有较高的营养级和$\delta^{15}N$值，其$\delta^{15}N$值大约有2.0‰的富集[④]。当婴儿开始断奶后，其$\delta^{15}N$值逐渐降低至母亲的水平。

4. 稳定同位素硫

硫元素构成人体蛋白质的重要组成部分，主要有4种稳定同位素形式，即^{32}S、^{33}S、^{34}S和^{36}S，其天然丰度分别为95.02%、0.75%、4.21%和0.02%。一般使用^{32}S和^{34}S的比例来表示$\delta^{34}S$。硫稳定同位素在自然界的运动及分布见图2.2。

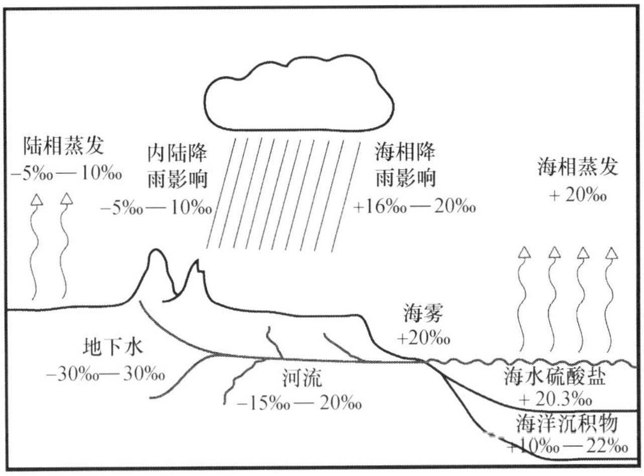

图2.2　硫稳定同位素值的分布示意图[⑤]

① SCHOENINGER M J, DENIRO M J. Nitrogen and carbon isotopic composition of bone collagen from marine and terrestrial animals [J]. Geochimica et cosmochimica acta, 1984, 48: 625-639.

② SCHOENINGER M J, DENIRO M J. Stable nitrogen isotope ratios of bone collagen reflect marine and terrestrial components of prehistoric human diet [J]. Science, 1983, 220: 1381-1383.

③ KATZENBERG M A, PFEIFFER S. Nitrogen isotope evidence for weaning age in a nineteenth century Canadian skeletal sample [M]//Grauer AL, editor. Bodies of evidence: reconstructing history through skeletal analysis. Wiley-Liss, 1995: 221-235.

④ FOGEL M L, TUROSS N, OWSLEY D W. Nitrogen isotope tracers of human lactation in modern and archeological populations [M]//Annual Report of the Dirrctor, Geophysical Laboratory, Carnegie Institute of Washington, 1989, 89: 111-117.

⑤ 郭怡. 稳定同位素分析方法在探讨稻粟混作区先民（动物）食物结构中的运用［D］. 中国科学院研究生院博士学位论文，2010.

在自然界中它经常以硫化物或硫酸盐的形式出现。植物通过根部从自然界以硫酸盐的形式吸收硫同位素，当然也会吸收海洋蒸发、酸雨以及空气中SO_2气体中的硫同位素。一旦被植物吸收之后，大部分硫同位素就会存储在氨基酸等有机分子中。陆生系统中植物$\delta^{34}S$值取决于其所在环境，分布一般从−22‰到22‰。硫元素是动物生长和生存所不可或缺的，其主要通过食物摄取。在现代和古代骨骼中，硫元素主要以无机形式存在于磷酸钙中，以及以有机形式存在于胶原蛋白中。研究表明，淡水系统和海洋系统中的动植物具有显著不同的$\delta^{34}S$值。海洋系统有机体的$\delta^{34}S$值接近20‰，而淡水系统有机体的$\delta^{34}S$值分布较广，为−22‰到22‰①，这主要由于淡水系统河流，湖泊中厌氧菌大量存在，其生存需要消耗硫酸根离子，故而导致其$\delta^{34}S$值降低。另外，陆生系统中的有机体的$\delta^{34}S$值和海洋系统的也有很大差异，其值为−5‰—10‰。同时因为硫同位素在沿食物链传递过程中会产生分馏效应，富集率在−1‰—−2‰左右②。故此，测定人（动物）骨胶原蛋白中的$\delta^{34}S$值，尤其是结合碳、氮稳定同位素分析，可以进一步了解先民的食物结构，并判断先民食物中水生（海洋、淡水）、陆生食物来源。随着连续流质谱技术（Continuous-flow Mass Spectrometry）的发展，使得对少量样品里面骨胶原硫同位素的提取变为可能，相关研究逐渐开展起来③。如Richards等人对来自欧洲9个考古遗址的27个个体进行硫同位素分析，结果表明先民食物主要来自海生资源，除此以外他们还对来自英国现代一些动物骨胶原进行硫同位素分析，此研究表明硫同位素分析还可以用来进行当代硫污染的判断④。之后，随着Olaf和Richards等人将硫同位素分析逐渐完善，其应用也逐渐广泛起来⑤。

$\delta^{34}S$值与地理位置密切相关，不同地质环境具有不同的$\delta^{34}S$值。因此，对人或动

① FORNANDER E, ERIKSSON G, LIDÉN K. Wild at heart: approaching pitted ware identity, economy and cosmology through stable isotopes in skeletal material from the Neolithic site Korsnäs in Eastern Central Sweden [J]. Journal of anthropological archaeology, 2008, 27 (3): 281-297.

② BARNES C, JENNINGS S. Effect of temperature, ration, body size and age on sulphur isotope fractionation in fish [J]. Rapid communications in mass spectrometry, 2007 (21): 1461-1467.

③ PRIVAT K L, O'CONNELL T C, HEDGES R E M. The distinction between freshwater and terrestrial-based diets: methodological concerns and archaeological applications of sulphur stable isotope analysis [J]. Journal of archaeological science, 2007, 34: 1197-1204; HU Y, SHANG H, TONG H W, et al. Stable isotope dietary analysis of the Tianyuan 1 early modern human [J]. Proceedings of the National Academy of Sciences USA, 2009, 106 (27): 10971-10974; NEHLICH O. Sulphur isotope analysis of archaeological tissues: a new method for reconstructing past human and animal diet and mobility [D]. Max Planck Institute for Evolutionary Anthropology. PhD thesis, 2009.

④ RICHARDS M P, FULLER B T, HEDGES R. Sulphur isotopic variation in ancient bone collagen from Europe: implications for human palaeodiet, residence mobility, and modern pollutant studies [J]. Earth and planetary science letters, 2001, 191: 185-190.

⑤ NEHLICH O, RICHARDS M P. Establishing collagen quality criteria for sulphur isotope analysis of archaeological bone collagen [J]. Archaeological and anthropological sciences, 2009, 1 (1): 59-75.

物硫同位素分析又可以用来对他们的迁徙行为进行判断。如Vika运用硫同位素分析对希腊底比斯青铜时代遗址古人类迁徙行为研究表明，12个个体中起码有一个个体是来自其他地区的移民①。Craig等人综合碳、氮和硫同位素分析方法对意大利Grotta del Romito旧石器晚期遗址人和动物进行了食谱重建，发现当地人类主要以陆生肉食资源为食，他们的生计方式很可能以狩猎大型食草动物为主，硫同位素分析结果表明人群和动物群中并无迁徙行为的存在②。

5. 骨骼和牙齿稳定同位素对比分析

个体生命不同阶段形成的组织，通常是化学组成恒定的牙齿（代表儿童和青少年时段）和具有不同更新速率的骨骼（例如，股骨和肋骨，分别代表个体死亡前10年和2—5年左右的时段③）。对牙齿或骨骼进行整体取样或者序列取样，并进行稳定同位素对比分析，可以揭示个体在生命不同阶段的食物结构、生存环境和生计方式④。不过，总体来说目前国内相关分析工作开展得不多。例如，易冰等对安徽萧县隋唐时期欧盘窑M1墓主多部位骨骼和牙齿进行了碳、氮、氧稳定同位素分析，揭示了其自婴幼儿直至死亡数年前的生活史。该研究揭开了隐藏在人类硬组织中的个体生活史之谜，通过"骨传记（Osteobiography）"的阅读，为考古、历史和人类学研究中普遍忽视的工匠生活史的重建提供了极好的视角⑤。

二、碳、氮、硫稳定同位素分析实验流程

1. 骨胶原提取

选取2—3g骨骼样品，用手术刀、牙钻或者切割机等工具去除骨样或牙本质表面污染后，取300—500mg骨样放入0.5mol/L的HCl溶液，于5℃的环境下浸泡。每2—

① CRAIG O E, BIAZZO M, COLONESE A C, et al. Stable isotope analysis of Late Upper Palaeolithic human and faunal remains from Grotta del Romito (Cosenza), Italy [J]. Journal of archaeological science, 2010, 37: 2504-2512.

② VIKA E, ARAVANTINOS V, RICHARDS M P. Aristophanes and stable isotopes: a taste for freshwater fish in Classical Thebes (Greece) [J]. Antiquity, 2009, 83: 1076-1083.

③ HEDGES R E M, CLEMENT J G, THOMAS C D L, et al. Collagen turnover in the adult femoral mid-shaft: Modeled from anthropogenic radiocarbon tracer measurements [J]. American journal of physical anthropology, 2007, 133: 808-816.

④ FREI K M, et al. Tracing the dynamic life story of a Bronze Age female [J]. Scientific reports, 2015 (5): 10431; TSURAYA, TAKUMI, GAKUHARI, et al. From cradle to grave: multi-isotopic investigations on the life history of a higher-status female from Edo-period Japan [J]. Anthropological science: Journal of the anthropological society of Nippon, 2016, 124 (3): 185-197.

⑤ YI B, ZHANG J L, CAI B T, et al. Osteobiography of a seventh-century potter at the Oupan kiln, China by osteological and multi-isotope approach [J]. Scientific reports, 2019 (9): 12475.

3天更换酸液，直至骨样松软和无明显气泡冒出为止。再用去离子水洗至中性，在0.001mol/L的弱酸环境下70℃明胶化48小时，后经热滤、超滤、冷冻干燥，收集固体骨胶原①。

2. 稳定同位素测试

一般情况下，称取约0.5mg骨胶原于元素分析仪联用的稳定同位素质谱仪上测试碳、氮含量及稳定$\delta^{13}C$和$\delta^{15}N$值，称取约10mg骨胶原样品于元素分析仪联用的稳定同位素质谱仪上测试硫含量及$\delta^{34}S$值。碳同位素的分析结果以相对V-PDB的$\delta^{13}C$表示，氮同位素的分析结果以相对N_2（气态）的$\delta^{15}N$表示，硫同位素的分析结果以相对CDT的$\delta^{34}S$值表示。

3. 样品污染判断

生物体死亡后，其埋藏环境中的酸碱性、湿度、温度以及微生物等诸因素，都将破坏骨骼原有的组织结构和化学成分，导致骨骼成岩作用（Bone Diagenesis）的发生②。因此，辨别并剔除污染样品是进行稳定同位素分析的前提条件。

目前，对古代骨骼样品进行污染判断有几个常见标准。例如，与现代骨胶原中碳（约41%）、氮（约15%）含量进行对比，如果较为接近，则认为这些古代骨骼样品保存状况较好③。此外，对于稳定硫同位素分析来说，骨样C/S和N/S摩尔比值符合Nehlich和Richards所建立的分析标准，即接近600±300（C/S）以及200±100（N/S）则基本视为未污染④。最为重要的标准是，DeNiro等认为骨胶原C/N摩尔比值介于2.9—3.6之间，则该样品可基本视为未污染⑤。

第二节　稳定同位素分析研究现状

从原始社会的狩猎采集经济到新石器时代农业及畜牧业的产生，直至青铜-铁器时代游牧业的诞生，人群不同食物结构形成了内涵多样的生计方式，以此为物质基础催

① RICHARDS M P, HEDGES R E M. Stable isotope analysis reveals variations in human diet at the Poundbury camp cemetery site [J]. Journal of archaeological science, 1998, 25: 1247-1252.

② PRICE T D, BLITZ J, BURTON J H. Diagenesis in prehistoric bone: problems and solutions [J]. Journal of archaeological science, 1992 (19): 513-530.

③ AMBROSE S H. Preparation and characterisation of bone and tooth collagen for stable isotope analysis [J]. Journal of archaeological science, 1990 (17): 431-451.

④ NEHLICH O, RICHARDS M P. Establishing collagen quality criteria for sulphur isotope analysis of archaeological bone collagen [J]. Archaeological and anthropological sciences, 2009 (1): 59-75.

⑤ DENIRO M J. Post-mortem preservation of alteration of in vivo bone collagen isotope ratios in relation to palaeodietary reconstruction [J]. Nature, 1985, 317: 806-809.

生了人类社会丰富多彩的古代文明。考古发掘出土的古代有机食物遗存，能够为我们提供古代人类食物结构以及生计方式最直接的证据，但是由于时间及掩埋环境的影响，它们很难保存下来。同时，考古发掘出土的动、植物遗存可以为揭示古代生计方式提供较为直观的证据。然而同样由于保存状况的制约，尤其是植物遗存不易保存下来，也在一定程度影响了我们对古人生计方式的揭示。相比以上研究对象，人类遗骸尤其是牙齿更容易保存下来，结合其他相关考古遗存，可以提供更为全面的生计方式相关信息。

对骨骼进行稳定同位素分析，可揭示先民的植物类和动物类食物来源，还可以判断其营养级水平及迁徙行为，为探讨人类生计方式提供重要信息。此外，人类食物资源信息的获取，还可反映其所处的生态环境、气候条件、植被状况等自然因素，尤为重要的是，通过古代人类食谱研究，还可望为农业起源和传播、动物驯化和传播等考古学问题提供方法支持。正因为如此，早在20世纪六七十年代，国外就已开始尝试利用稳定同位素分析方法进行古食谱研究。我国的同位素古食谱研究则始于20世纪80年代，迄今为止已经广泛地应用于探讨先民生计方式、人类起源和进化、农业起源和传播、家畜驯化和传播、社会等级判断等一系列考古学问题，并取得了瞩目的成果。目前，已有论著对稳定同位素古食谱分析的国内外研究现状进行了梳理①。本节不再赘述，仅通过研究归类和案例简介对中国相关领域的研究状况做简单梳理。

一、先民食物结构和生计方式重建

重建先民食物结构及其生计方式是稳定同位素分析的重要研究内容，国内已经开展了大量的研究，涉及的研究空间和时间范围大，研究数据庞杂，本书不再一一叙述，仅就部分应用举例说明。例如，蔡莲珍和仇士华最早对古代先民进行稳定同位素分析，揭示了粟作农业对北方先民的影响②。胡耀武等对距今8000—9000年的贾湖遗址28个个体进行了碳、氮稳定同位素分析，揭示了贾湖先民的食谱信息及其转变情况，由此推断出了贾湖先民经济模式随分期的变化趋势③。由于海生系统与陆生系统具有明

① 陈松涛．国内人骨碳氮稳定同位素考古学研究述评［D］．山东大学硕士学位论文，2014；张国文．古食谱分析方法与中国考古学研究［J］．郑州大学学报（哲学社会科学版），2016，49（4）：105-108；凌雪，何静．稳定同位素在考古学研究中的应用进展［J］．西部考古，2017（3）：282-290；HU Y W. Thirty-four years of stable isotopic analyses of ancient skeletons in China: an overview, progress and prospects [J]. Archaeometry, 2018 (1): 144-156；RICHARDS M P, BRITTON K, eds. Archaeological science: an introduction [M]. Cambridge: Cambridge University Press, 2020; 胡耀武．稳定同位素生物考古学的概念、简史、原理和目标［J］．人类学学报，2021，40（3）：526-534；生膨菲，朱思媚．稳定同位素古食谱分析在历史研究中的应用［J］．学术月刊，2022，54（9）：201-211; VAIGLOVA P, ROBERTS P. Multiple scales of stable isotope palaeoecology (Papers in honour of Prof. Julia Lee-Thorp) [J]. Quaternary international, 2023, 650: 1-3.

② 蔡莲珍，仇士华．碳十三测定和古代食谱研究［J］．考古，1984（10）：949-955.

③ 胡耀武，AMBROSE S H，王昌燧．贾湖遗址人骨的稳定同位素分析［J］．中国科学：D辑，2007，37（1）：94-101.

显不同的稳定同位素值，碳、氮、硫稳定同位素分析在古食谱研究中可以用来判断沿海先民的食物来源。张雪莲①、胡耀武②、王芬③、张国文④、吴梦洋⑤、董艳芳⑥、王淼⑦、杨树⑧、朱思媚⑨等对中国古代沿海居民和动物的食物结构以及先民的生计方式进行了相关研究。

随着稳定同位素考古研究的开展，学者们日益关注特殊群体或单个个体考古学信息揭示。近年来兴起的基于多元素及序列样品分析的个体生命史研究是该研究领域的典型代表。例如，夏阳等对安徽滁州薄阳城西周遗址出土的儿童和成年人骨骼进行的碳、氮稳定同位素分析，为该时期儿童哺乳和断奶行为的判断提供了证据⑩。易冰等对安徽萧县隋唐时期欧盘窑M1墓主多部位骨骼和牙齿进行了碳、氮、氧稳定同位素分析，揭示了其自婴幼儿直至死亡数年前的生活史⑪。王婷婷等对新疆铁器时代营盘墓地出土男性个体的头发、牙齿、骨骼、肌肉，以及墓地出土的动物和炭化植物遗存开展了稳定同位素综合研究，对该男性个体从出生至死亡这一生的饮食、迁徙和环境进行了复原，并对其身份进行了判断⑫。

此外，崔银秋和胡耀武等运用骨骼多元稳定同位素分析和古代分子生物学分析方

① 张雪莲，王金霞，冼自强等．古人类食物结构研究［J］．考古，2003（2）：158-171.

② 胡耀武，李法军，王昌燧等．广东湛江鲤鱼墩遗址人骨的C、N稳定同位素分析——华南新石器时代先民生活方式初探［J］．人类学学报，2010，29（3）：264-269.

③ 王芬，樊榕，康海涛等．即墨北阡遗址人骨稳定同位素分析——沿海先民的食物结构［J］．科学通报，2012，57（12）：1037-1044.

④ 张国文，蒋乐平，胡耀武等．浙江塔山遗址人和动物骨的C、N稳定同位素分析［J］．华夏考古，2015（2）：138-146.

⑤ 吴梦洋，葛威，陈兆善．海洋性聚落先民的食物结构：昙石山遗址新石器时代晚期人骨的碳氮稳定同位素分析［J］．人类学学报，2016，35（2）：246-256.

⑥ 董艳芳．浙江沿海地区史前先民生业经济初探——以田螺山遗址先民（动物）的食物结构分析为例［D］．浙江大学硕士学位论文，2016.

⑦ 王淼．霞浦屏风山贝丘遗址猪骨碳氮稳定同位素分析及相关问题研究［D］．厦门大学硕士学位论文，2018.

⑧ 杨树．霞浦黄瓜山遗址动物骨的稳定同位素分析［D］．厦门大学硕士学位论文，2019.

⑨ ZHU S M, LI F J, CHEN X L, et al. Subsistence and health in Middle Neolithic (9000-7000 BP) southern China: New evidence from the Dingsishan site [J]. Antiquity, 2021, 379 (95): 13-26.

⑩ 夏阳，张敬雷，余飞等．中国古代儿童断奶模式与喂养方式初探——以安徽薄阳城遗址人骨的C、N稳定同位素分析为例［J］．人类学学报，2018，37（1）：110-120.

⑪ YI B, ZHANG J L, CAI B T, et al. Osteobiography of a seventh-century potter at the Oupan kiln, China by osteological and multi-isotope approach [J]. Scientific reports, 2019 (9): 12475.

⑫ WANG T T, FULLER B T, JIANG H E, et al. Revealing lost secrets about Yingpan Man and the Silk Road [J]. Scientific reports, 2022 (1): 669.

法，结合古代文献资料，对河北沽源梳妆楼元代贵族墓主人进行了身份确定[①]。董豫等基于中国新石器时代和青铜时代部分遗址出土骨骼的稳定同位素分析，对特殊社会群体（如女性、儿童）的食物结构和社会地位等进行了有益的探讨[②]。张国文对山西大同地区北魏人群的稳定同位素分析中，尤其关注合葬个体的食物结构、迁徙行为的对比分析，从同位素分析角度对北魏都城居民的丧葬习俗和社会组织进行了探讨[③]。

二、旧石器时代人类与动物演化研究

旧石器时代人类与动物的起源、演化及生存环境是考古学研究热点之一，随着稳定同位素分析在这个领域的应用，加深了我们对相关问题的认识。例如，胡耀武等对旧石器时代周口店田园洞遗址（约40000年前）出土人和动物骨骼进行了碳、氮、硫稳定同位素分析，并与临近新石器时代东胡林遗址出土鱼骨的同位素进行对比，该研究通过硫同位素数据所揭示的先民食物来源，探讨了中国北方早期现代人可能已经开始食用淡水鱼类，多样化的食物来源和资源攫取行为可能是早期现代人得以生存下来的重要原因之一[④]。

徐哲等采用哺乳动物牙釉质碳、氧稳定同位素分析方法，首次重建了泥河湾盆地120万—110万年古人类生存时期的生态环境历史性变化[⑤]。该研究的牙釉质整体取样结

① CUI Y Q, LI S, DONG W, et al. Identification of kinship and occupant status in a Mongolian noble cemetery of the Yuan Dynasty through multidisciplinary approaches [J]. Philosophical transactions of the Royal society of London B: biological sciences, 2015, 370 (1660): 20130378.

② YU D, CHELSEA M, et al. Shifting diets and the rise of male-biased inequality on the Central Plains of China during Eastern Zhou [J]. Proceedings of the National Academy of Sciences USA, 2017, 114 (5): 932-937; DONG Y , LIN L , ZHU X, et al. Mortuary ritual and social identities during the late Dawenkou period in China [J]. Antiquity, 2019, 368 (93): 378-392; MILLER M J, DONG Y, PECHENKINA K, et al. Raising girls and boys in early China: Stable isotope data reveal sex differences in weaning and childhood diets during the eastern Zhou era [J]. American journal of physical anthropology, 2020, 172 (4): 567-585.

③ ZHANG G W, HOU X G, LI S Y, ZHOU Y W, et al. Agriculturalization of the nomad-dominated empires of the Northern Wei Dynasty in Pingcheng city (398-494 AD): a stable isotopic study on animal and human bones from the Jinmaoyuan cemetery, China [J]. International journal of osteoarchaeology, 2021 (31): 38-53; ZHANG G W, HOU X G, LI C R, et al. Foodways and social organisation in a Northern Wei dynasty (398-494 CE) cemetery in Pingcheng: Comparison of stable isotopes and mortuary practices [J]. Journal of archaeological science: reports, 2022 (46): 103718.

④ HU Y W, SHANG H, TONG H W, et al. Stable isotope dietary analysis of the Tianyuan 1 early modern human [J]. Proceedings of the National Academy of Sciences USA, 2009, 106 (27): 10971-10974.

⑤ XU Z, PEI S W, HU Y W, et al. Cological shifts and hominin adaptations during the Mid-Pleistocene Climate Transition in Northeast Asia as evidenced by isotopic analysis (δ^{13}C, δ^{18}O) of mammalian enamel from Early Paleolithic sites in the Nihewan Basin, China [J]. Quaternary science reviews, 2023, 308: 108072.

果表明，泥河湾盆地的区域生态景观发生了较大变化，从120万年之前以较密闭和湿润的纯C_3植被为主的景观，转变为120万—110万年期间以开放和干燥的C_3/C_4混合植被为主的生态景观类型。牙釉质序列取样结果表明，相关区域环境经历着季节性变化，整体环境呈现多变的特征。

巨猿作为人类演化的一个旁支，在古生物学、古人类学研究中占有非常重要的地位。赵凌霞等对湖北建始龙骨洞和广西柳城巨猿洞8枚巨猿牙齿及9种伴生哺乳动物24枚牙齿进行了釉质碳稳定同位素分析，推测巨猿生活于C_3植被为主的密闭森林环境。巨猿的绝灭可能与栖息环境退缩恶化等因素密切相关①。赵凌霞等还对广西柳城巨猿洞化石点出土的巨猿动物群（约200万年前）进行了牙釉质碳、氧、钙稳定同位素分析，提供了巨猿独特的摄食营养级、生态环境和生理特征的直接证据②。

屈亚婷等对广西崇左三合洞遗址出土巨猿牙齿运用X射线衍射（XRD）和傅里叶变换红外吸收光谱（FTIR）方法进行结晶度分析，进而判断其保存状况。还对巨猿牙釉质进行了碳、氧稳定同位素分析，揭示其食物结构和生存环境③。胡耀武等运用牙釉质钙稳定同位素分析对巨猿的食物结构进行了揭示，为学界揭秘巨猿的栖息环境、食谱选择性及营养级位置提供了新的科学证据④。马姣等通过对高冠齿马牙化石的碳、氧稳定同位素序列取样研究，揭示出临夏盆地上新世早期的气候更为暖湿。在这样的环境背景下，长鼻三趾马从530万年前温暖湿润的上新世就提前演化出对开阔环境和粗糙草类资源的适应性，从而帮助其成功存活至距今约100万年的更新世⑤。

三、农业起源和传播研究

农业起源和传播是考古学重要研究领域之一，也是近年来的研究热点。蔡莲珍和仇士华通过对仰韶、陶寺等遗址出土人骨和动物骨骼的碳同位素分析，得出了至少从新石器时期以来，中国北方就以小米种植为主，而南方则以稻米种植为主的结论⑥。

---

① 赵凌霞，张立召，张福松等．根据步氏巨猿与伴生动物牙釉质稳定碳同位素分析探讨其食性及栖息环境［J］．科学通报，2011，56（35）：2981-2987.

② JIANG Q, ZHAO L, GUO L, et al. First direct evidence of conservative foraging ecology of early *Gigantopithecus blacki* (~2 Ma) in Guangxi, southern China [J]. American journal of physical anthropology, 2021, 176 (1): 93-108.

③ QU Y T, JIN C Z, ZHANG Y Q, et al. Preservation assessments and carbon and oxygen isotopes analysis of tooth enamel of *Gigantopithecus blacki* and contemporary animals from Sanhe cave, Chongzuo, South China during the Early Pleistocene [J]. Quaternary international, 2014, 354: 52-58.

④ HU Y W, JIANG Q Y, LIU F, et al. Calcium isotope ecology of early *Gigantopithecus blacki* (~2 Ma) in South China [J]. Earth and planetary science letters, 2022, 584: 117522.

⑤ MA J, SUN B Y, BOCHERENS H, et al. Dietary niche reconstruction of Pliocene and Pleistocene Equidae from the Linxia Basin of northwestern China based on stable isotope analysis [J]. Palaeogeography, palaeoclimatology, palaeoecology, 2023, 614: 111416.

⑥ 蔡莲珍，仇士华．碳十三测定和古代食谱研究［J］．考古，1984（10）：945-955.

Barton、Pechenkina和胡耀武等人也通过稳定同位素分析方法对中国农业起源进行了富有成效的探索①。郭怡对中国新石器时代南北农业传播和稻粟混作农业经济状况开展了稳定同位素分析工作，他还基于稳定同位素分析方法对长三角地区史前先民的食物结构和生计方式进行了系统探索②。刘晓迪等以广西桂林甑皮岩和大岩等华南地区遗址出土的人和动物骨骼为研究对象，开展了碳、氮稳定同位素分析。该研究揭示了人与动物的主要食物来源，探讨了华南地区新石器时代早中期先民的生计方式及变迁，并对其产生的机制进行了深入探讨，这对华南地区农业发展和传播研究具有重要意义③。侯亮亮等对河北徐水南庄头遗址和武安磁山遗址出土动物骨骼进行的稳定同位素分析，从动物食谱分析视角揭示了新石器时代早期中国华北地区的农业发展状况④。

对古代植物进行碳、氮稳定同位素分析，有助于学界揭示古代灌溉、施肥等农业行为，以及探讨古代农业经济状况。因而，该方法近年来于国际上逐渐兴起。然而，将植物碳、氮稳定同位素分析方法应用于中国考古学研究，存在的一个重要难题是欧亚大陆东、西侧农作物类型的不同。基于此，山东大学董豫等与牛津大学合作开展了粟、黍、小麦的温室实验种植。一方面发现了施肥会导致粟、黍的氮稳定同位素值升高，故而氮稳定同位素值可以作为研究粟类作物早期施肥的重要工具。另一方面，共同合作研究为中国古代植物碳、氮稳定同位素研究提供了方法论和数据支持⑤。山东大学陈雪香等对黄河下游地区史前至青铜时代遗址出土的炭化粟和稻进行了稳定碳同位素分析，研究结果表明史前粟的碳同位素值要比现代粟高2‰，而水稻则没有明显的区别，以上研究为骨骼稳定同位素食谱研究提供了技术支撑⑥。

① BARTON L, NEWSOME S D, CHEN F H, et al. Agricultural origins and the isotopic identity of domestication in northern China [J]. Proceedings of the National Academy of Sciences USA, 2009, 106: 5523-5528; PECHENKINA E A, AMBROSE S H, MA X L, et al. Reconstructing northern Chinese Neolithic subsistence practices by isotopic analysis [J]. Journal of archaeological science, 2005, 32 (8): 1176-1189；胡耀武，AMBROSE S H，王昌燧．贾湖遗址人骨的稳定同位素分析［J］．中国科学：D辑，2007，37（1）：94-101．

② 郭怡．稳定同位素分析方法在探讨稻粟混作区先民（动物）食物结构中的运用［M］．杭州：浙江大学出版社，2013；郭怡．同位素视角下长三角地区先民生业模式与文明化进程［M］．杭州：浙江大学出版社，2022．

③ 刘晓迪，王然，胡耀武．桂林市甑皮岩与大岩遗址人和动物骨骼的碳氮稳定同位素研究［J］．考古，2021（7）：83-95．

④ 侯亮亮,李君,邓惠等.河北徐水南庄头遗址动物骨骼的稳定同位素分析[J]. 考古，2021(5): 107-114；侯亮亮,李文艳,王路平等. 河北省武安磁山遗址动物骨骼的稳定同位素分析 [J]. 南方文物，2023(2): 142-149 .

⑤ DONG Y, BI X G, WU R B, et al. The potential of stable carbon and nitrogen isotope analysis of foxtail and broomcorn millets for investigating ancient farming systems [J]. Frontiers in plant science, 2022 (13): 1018312.

⑥ CHEN X X, YU S Y, UNDERHILL A P, et al. Radiocarbon dating and stable carbon isotopic analyses of Neolithic and Bronze Age staple crops in the lower Yellow River area and their paleodietary implications [J]. Geoarchaeology-an international journal, 2018, 33 (3): 307-313.

随着研究方法的日益成熟，稳定同位素分析在古代施肥行为判断等研究领域有了新的突破。王欣等对陕西渭南白水河流域新石器时代中晚期遗址出土粟、黍作物以及相关动物骨骼进行了碳、氮稳定同位素分析，证实了中国新石器时代施肥管理行为的存在，探讨了施肥行为对粟作农业发展和扩散的影响①。王欣等还对王城岗、瓦店、新砦、程窑等四处河南龙山时代晚期遗址出土的植物遗存进行了稳定同位素分析。研究结果表明，先民很可能利用了作物的生长习性和地形条件，将粟、黍、稻、大豆种植在不同地形的土地上。土地利用的多样化增加了农田面积，提高了农业产量，为中原地区成为中华文明起源的核心区域奠定了经济基础。他们还揭示了龙山晚期先民可能较普遍地运用了施肥技术，对粟、黍、稻进行了一定程度的施肥管理，这为探讨古代农田管理技术及其发展提供了一个新途径②。王欣等通过植物遗存稳定同位素分析，结合现代施肥种植实验，考察古代的农田灌溉、施肥等农业生产技术。该研究分析结果表明，粟的氮同位素值相对于自然基值的增加可反映粟类作物是否施有机粪肥，这为研究古代施肥行为提供了依据③。王欣团队的现代种植实验，与董豫等的研究成果类似，均表明碳、氮稳定同位素分析可以用来探讨古代的施肥行为④。

麦类作物的起源和传播也是中国农业起源研究的焦点之一。周立刚等通过稳定同位素数据分析和梳理，认为小麦在中国北方的扩散呈现出明显的区域性和阶层性特征。中原地区食谱和经济结构的明显改变最早发生于东周时期，社会等级较低人群相比贵族可能由于食物供应压力开始食用小麦。不过，这并未改变一直以来中国北方以粟类农业为主的状况，直到汉代，小麦在主粮中的比重虽有明显上升，但仍未能取代传统的粟作农业⑤。张国文等对河南登封南洼二里头至东周时期遗址先民的稳定同位素分析，

---

① WANG X, FULLER B T, ZHANG P C, et al. Millet manuring as a driving force for the Late Neolithic agricultural expansion of north China [J]. Scientific reports, 2018, 8 (1): 5552.

② 王欣. 黄河中游史前农田管理研究——以植物稳定同位素为视角［M］. 北京：中国社会科学出版社，2023; WANG X, ZHAO Z J, ZHONG H, et al. Manuring and land exploitation in the Central Plains of late Longshan (2200-1900 BCE) China: Implications of stable isotopes of archaeobotanical remains [J]. Journal of archaeological science, 2022, 148: 105691.

③ 王欣，尚雪，卞昊昆等. 种植实验揭示施肥效应对粟稳定同位素比值的影响［J］. 第四纪研究，2022，42（6）：1806-1814.

④ DONG Y, BI X G, WU R B, et al. The potential of stable carbon and nitrogen isotope analysis of foxtail and broomcorn millets for investigating ancient farming systems [J]. Frontiers in plant science, 2022 (13): 1018312.

⑤ 田成方，周立刚. 古代中国北方粮食种植的历史变迁——基于人骨稳定同位素分析的视角［J］. 郑州大学学报（哲学社会科学版），2020, 53 (5): 102-106; ZHOU L G, GARVIE-LOK S J, FAN W Q, et al. Human diets during the social transition from territorial states to empire: Stable isotope analysis of human and animal remains from 770BCE to 220CE on the Central Plains of China [J]. Journal of archaeological science: reports, 2017, 211-223.

也发现东周时期先民对麦类等C_3类食物的摄取有增加①。侯亮亮等基于屯留余吾墓地人骨的稳定同位素分析对东周至两汉时期小麦在山西的推广和传播进行了尝试性探讨②。杨博闻等对龙湖国棉一厂遗址人和动物骨骼稳定同位素分析，发现先民食谱中C_3食物比例显著升高，他们推测这可能与两汉时期小麦的推广及经济发展有关③。陶大卫基于植物考古和稳定同位素考古证据，认为从商周时期开始，以粟、黍为主导的农业种植结构开始发生变化，小麦重要性逐渐提升，到秦汉时期以粟和小麦为主粮的农业经济逐步建立④。

四、先民社会等级差异判断

20世纪80年代，蔡莲珍和仇士华率先将稳定同位素分析方法引入国内，并用来重建古代人类食物结构分析。他们曾指出，不同阶层的人有不同食谱，如贵族荤食、平民素食等，因此从同位素古食谱分析的角度即可有所判断。另外，男、女、老、幼的食谱也可能会有差别⑤。蔡莲珍和仇士华先生是国内最早认识到稳定同位素分析可以用来对先民社会等级进行判断的学者⑥。

一般认为社会等级越高，其对肉食资源的获取就越容易，其食物结构中的肉类蛋白也就越多，因此其骨胶原中的氮同位素值就相对较高。依据这个现象，稳定同位素分析也可以用来判断人群的社会等级差异。魏彩云认为，成都商业街遗址先民具有不同的δ^{15}N值，与其社会等级的高低相关⑦。齐乌云等对山东沭河上游出土人骨的食谱分析，也探讨了因穷人和富人之间社会等级的差距所引起的先民食物结构的差异⑧。周立刚对城阳城等遗址东周贵族人骨进行了稳定同位素分析，结果表明东周时期楚国贵族主要依赖水稻，同时期中原贵族则主要依赖粟类作物。此外，不同地

---

① ZHANG G W, ZHANG J H, ZHAO L Y, et al. Reconstructing diets and subsistence strategies of the Bronze Age humans from the Central Plains of China: a stable isotopic study on the Nanwa site [J]. International journal of osteoarchaeology, 2020 (30): 362-374.

② 侯亮亮，薛鹏锦，王晓毅等．东周至两汉时期小麦在山西的推广：以屯留余吾墓地人骨的稳定同位素分析为例［M］//边疆考古研究：第28辑．北京：科学出版社，2020：455-471.

③ 杨博闻，樊温泉，MILLER M J等．河南龙湖国棉一厂遗址东周到两汉先民食谱的转变［J］．第四纪研究，2022，42（6）：1737-1748.

④ 陶大卫．生物考古资料所见中原地区早期农业进程［M］//东方考古．北京：科学出版社，2020：195-204.

⑤ 蔡莲珍，仇士华．碳十三测定和古代食谱研究［J］．考古，1984（10）：949-955.

⑥ 张国文．墓葬所体现社会等级分化的碳氮稳定同位素分析［J］．南方文物，2015（3）：161-168.

⑦ 魏彩云．利用δ^{13}C和δ^{15}N分析中国部分地区古代居民食物结构［D］．北京大学硕士学位论文，2004.

⑧ 齐乌云，王金霞，梁中合等．山东沭河上游出土人骨的食性分析研究［J］．华夏考古，2004（2）：41-47.

区贵族人群的肉食摄入水平都要显著高于其他社会阶层，同时贵族阶层内部的食肉情况存在明显差异，可能与性别或相对等级差异有关①。生膨菲等对陕西关中地区多个北朝墓葬出土人骨的碳、氮稳定同位素分析表明，北朝皇族、贵族和平民等不同阶层在食物结构和生计方式方面存在区别，尤其是不同阶层人群在肉食资源摄取方面差异尤其显著②。

但是，随着稳定同位素考古研究的逐渐深入，学者们发现同位素分析视角下的古代社会等级差异影响因素可能较为多样。同位素考古学者们对古代社会等级差异的研究视角也越来越丰富，不再仅局限于氮同位素值的高低来进行社会等级的判断。王洋等对山西聂店遗址出土人骨进行了稳定同位素分析，研究发现尽管在考古学意义上聂店先民的等级相近，但其在食物资源的获取上却显示出明显差异，故而王洋等认为在社会等级较为模糊的人类社会，先民对食物资源的获取，很可能更多地受到人群组成、生活习惯等因素的影响，而与社会等级的相对高低无关③。侯亮亮等对山西横水西周倗国墓地出土墓主和殉人的稳定同位素分析，发现不同人群的动物蛋白和C_3类食物的消费存在严格的社会分层差异④。

董豫等对江苏邳州梁王城遗址出土人骨进行了稳定同位素分析，结合考古证据，认为中年女性的社会地位可能较高。例如，随葬品在30件以上的墓葬墓主主要为中年女性，可能有特殊意义的朱砂主要发现于四例中年女性的墓葬，食用更多C_3食物（可能为水稻）和肉类蛋白资源的个体全部为女性，以上均彰显了女性的特殊社会地位⑤。董豫等还对河南新郑地区西亚斯和畅馨苑东周墓地出土人骨进行了稳定同位素和古病理研究，拟通过生物考古学综合研究对先秦时期男尊女卑制度进行考察。研究发现这两个墓地的平民女性可能从幼时就受到父母的较差对待，女性较男性食用更少肉类并食用更多C_3类食物（可能是小麦），且贫血较男性多发，可见不同性别个体的社会地位差异明显⑥。

---

① 周立刚. 信阳城阳城等地东周贵族人骨稳定同位素分析［J］. 华夏考古，2020，139（5）：60-65.

② SHENG P F, ALLEN E, MA T, et al. Human isotopic evidence from the Guanzhong Basin casts light on a century of agricultural and pastoral interactions at medieval metropolitan Chang'an during sixth century AD [J]. Humanities and social sciences communications, 2023 (10): 204.

③ 王洋，南普恒，王晓毅等. 相近社会等级先民的食物结构差异——以山西聂店遗址为例［J］. 人类学学报，2014，33（1）：82-89.

④ HOU L L, SUN Y Z, SUN X F, et al. Social hierarchy of the Peng state in the Western Zhou Dynasty: Stable isotope analysis of animals and humans from the Hengshui Cemetery, Shanxi, China [J]. Journal of archaeological science: reports, 2022 (44): 103522.

⑤ DONG Y, LIN L G, ZHU X T, et al. Mortuary ritual and social identities during the late Dawenkou period in China [J]. Antiquity, 2019, 368 (93): 378-392.

⑥ DONG Y, CHELSEA M, YURII C, et al. Shifting diets and the rise of male-biased inequality on the Central Plains of China during Eastern Zhou [J]. Proceedings of the National Academy of Sciences USA, 2017 (5): 932-937；董豫，PECHENKINA K，樊温泉. 东周时期男尊女卑制度化的生物考古证据［M］//东方考古：第16集. 北京：科学出版社，2019：162-173.

五、家畜驯化、饲喂模式和祭祀行为探讨

家畜起源与人类起源、农业起源等同为考古学热点研究领域。由于家养动物相对野生动物和人的关系更密切，其食物大部分来自于人类饲喂，所以和从自然环境中摄取食物的野生动物相比，其具有迥异的食物结构。因此，稳定同位素分析在一定程度上可以用来区分野生和家养动物，从而为家畜起源研究提供佐证。该方法还可对家畜的饲养方式进行分析，为揭示畜牧业经济面貌提供新视角。

蔡莲珍和仇士华是国内最先对动物骨骼进行稳定同位素分析的学者。他们对山西陶寺遗址出土猪骨进行了碳稳定同位素分析，数据表明猪主要以C_4类植物为食，他们推测这与猪以小米或小米剩余物为食有关①。Pechenkina等对陕西半坡遗址的家猪食谱研究表明，其食物与该遗址的先民类似，具有高的$\delta^{13}C$和$\delta^{15}N$值，反映了其食物主要包括小米和较多的动物蛋白②。吴小红等人对河南新砦遗址出土人骨和猪骨的稳定同位素进行了对比分析，揭示了猪经人工喂养后稳定同位素比值的特征和规律，对于研究家猪起源或其他动物的人工驯养情况具有重要的参考价值③。管理、胡耀武等人通过对吉林通化万发拨子遗址出土猪骨的食物结构分析为探讨家猪和野猪的科学区分以及家猪的起源提供了新的思路④。罗运兵对贾湖遗址出土猪骨进行了包括稳定同位素分析在内的综合研究，证实了贾湖遗址先民已经驯化出了家猪⑤。

侯亮亮等通过稳定同位素分析，结合动物考古学研究证据，认为距今10000年的河北徐水南庄头遗址先民已经驯化了狗，并用栽培农作物来喂养狗，但是该遗址的猪却尚未驯化⑥。

胡耀武和胡松梅等人对陕西泉护村遗址（约5300年前）出土的猫骨进行了动物考古和稳定同位素综合研究，稳定同位素数据显示猫具有和人较为相似的植物类食物结构，即摄取了较多的粟类食物，这可能是猫和人类存在共栖行为，而这很可能是猫被驯化的证据之一。与其他动物如猪、狗等家畜不同，猫的驯化路径可能存在

---

① 蔡莲珍，仇士华．碳十三测定和古代食谱研究［J］．考古，1984（10）：945-955．

② PECHENKINA E A, AMBROSE S H, MA X L, et al. Reconstructing northern Chinese Neolithic subsistence practices by isotopic analysis [J]. Journal of archaeological science, 2005, 32: 1176-1189.

③ 吴小红，肖怀德，魏彩云等．河南新砦遗址人、猪食物结构与农业形态和家猪驯养的稳定同位素证据［M］//科技考古：第二辑．北京：科学出版社，2007：49-58．

④ 管理，胡耀武，汤卓炜等．通化万发拨子遗址猪骨的C、N稳定同位素分析［J］．科学通报，2007，52（14）：1678-1680；胡耀武，栾丰实，王守功等．利用C、N稳定同位素分析法鉴别家猪与野猪的初步尝试［J］．中国科学（D辑：地球科学），2008（6）：693-700．

⑤ 罗运兵．中国古代猪类驯化、饲养与仪式性使用［M］．北京：科学出版社，2012．

⑥ 侯亮亮，李君，邓惠等．河北徐水南庄头遗址动物骨骼的稳定同位素分析［J］．考古，2021（5）：107-114．

不同之处，其对人的依赖没有其他家畜大，所以不能称之为驯化（Domestication），以共生或共栖关系（Commensal Interaction）来表述可能更为准确①。野兔的驯化过程可能也类似，生膨菲等人对陕西地区新石器时代野兔驯化进行了稳定同位素分析。他们认为新石器时代晚期黄土高原的粟作农业发展，吸引了小型哺乳动物（如鼠、兔等）进入农田和定居点。他们对陕西王阳畔和杨界沙新石器时代遗址（约4900年前）出土野兔（*Lepus tolai*）骨骼的稳定同位素分析显示，C_4（粟/黍）食物的历时性增加，暗示了古人与野兔之间的相互作用超越了捕食关系②。该研究揭示了野兔与人类存在共栖行为的直接证据，故而生膨菲等认为这是野兔驯化的标志之一③。

日本学者中村慎一（Masaki Eda）联合浙江省文物考古研究所，对浙江田螺山遗址（约7000年前）出土的鹅骨进行了动物考古和稳定同位素（碳、氮、氧）考古研究。几例幼鹅骨骼的发现，可能是当地培育繁殖的证据，部分成年鹅骨同位素数据也揭示了其为本地人工驯养繁殖的可能性。研究认为田螺山遗址部分鹅为本地驯养，且为该类动物驯化的早期阶段④。这项分析工作为鹅的起源和驯化研究提供了新视角。

胡耀武、陈相龙、戴玲玲等对古代动物饲喂模式和祭祀用牲开展过相关稳定同位素分析工作。例如，胡耀武等对陕西兴乐坊遗址出土动物与人骨开展了碳、氮稳定同位素分析，认为家养动物（猪和狗）饲喂了大量以粟类作物的副产品或者人类的残羹冷炙（粪便），先民的肉食资源应主要源于家猪。此外，家猪的饲养和管理为庙底沟文化的快速发展奠定了深厚的物质和经济基础，其发达的粟作农业还为先民尝试驯养其他野生动物（如鹿）提供了可能⑤。胡松梅和胡耀武等人对唐代贵族妇人墓葬出土的驴骨进行了动物考古和骨骼稳定同位素研究，发现该墓出土的驴可能

---

① HU Y W, HU S M, WANG W L, et al. Earliest evidence for commensal processes of cat domestication [J]. Proceedings of the National Academy of Sciences USA, 2014, 111 (1): 116-120; HU Y, MARSHALL F. Reply to Bar-Oz et al. Commensalism and mutualism as early incentives for cat domestication [J]. Proceedings of the National Academy of Sciences USA, 2014, 111 (10): e877.

② SHENG P F, HU Y W, SUN Z Y, et al. Early commensal interaction between humans and hares in Neolithic northern China [J]. Antiquity, 2020 (94): 622-636; SHENG P F, LIAO J W, ALLEN E, et al. New archaeobotanical evidence for Tolai hare (Lepus tolai) millets-consumption on the Loess Plateau of China [J]. Journal of archaeological science: reports, 2023 (48): 103899.

③ Antiquity期刊论文原文的研究对象为沙漠野兔（Lepus capensis），后修正为普通野兔（Lepus tolai）。SHENG P F, HU Y W, SUN Z Y, et al. Early commensal interaction between humans and hares in Neolithic northern China [J]. Antiquity, 2020 (94): 1395.

④ EDA M, ITAHASHI Y, KIKUCHI H, et al. Multiple lines of evidence of early goose domestication in a 7, 000-y-old rice cultivation village in the lower Yangtze River, China [J]. Proceedings of the national academy of sciences USA, 2022, 119 (12): e2117064119.

⑤ 胡耀武，张昕煜，王婷婷等. 陕西华阴兴乐坊遗址家养动物的饲养模式及对先民肉食资源的贡献［J］. 第四纪研究，2020，40（2）：399-406.

不是用来进行畜力使用，而可能是蹴鞠这一运动项目的骑行对象，即唐代可能存在驴鞠运动①。

陈相龙等对山西襄汾陶寺遗址出土动物进行了碳、氮稳定同位素分析，揭示黄牛、绵羊、猪和狗等动物的不同饲喂模式②。陈相龙等还对湖北郧县青龙泉遗址③、陕西凤翔血池遗址北斗坊地点祭祀坑④、河南偃师二里头遗址1号巨型坑祭祀遗迹⑤、新疆哈巴河县喀拉苏墓地⑥出土的动物骨骼进行了碳、氮稳定同位素分析，揭示了家畜的饲养模式，探讨了动物祭祀行为与动物饮食的关系。戴玲玲等对安徽渠沟遗址出土家猪骨骼进行了稳定同位素分析，研究认为该遗址家猪食谱与野生动物相近，表明该遗址周边自然资源丰富而导致家猪圈养的动力不足，从而先民对其采用的是放养的生计模式⑦。胡佳佳对河南偃师商城出土动物进行了稳定同位素分析，数据分析表明猪牲可能有不同于其他动物的饲养方式，应是人为有意识喂养的结果。作者推测在商代早期，先民可能就开始有意识地专门饲喂祭祀所用的动物⑧。以上相关研究为揭示先民动物饲喂模式等生计方式面貌提供了新视角。

六、中国北部边疆人群生计方式研究

中国北部边疆土地广袤，不同时期的古代人类在此创造了灿烂的文明。汉代甘青丝绸之路和北方草原丝绸之路的贯通，更是为不同人群的交流和融合提供了机会。自古以来，中国北部边疆地区的开拓，离不开这些人群的贡献。因而，对中国北部边疆人群生计方式的揭示，有助于探讨农牧交融和中西文化交流等诸多历史学和考古学学术问题。

---

① HU S M, HU Y W, YANG J K, et al. From pack animals to polo: Donkeys from the ninth-century Tang tomb of an elite lady in Xi'an, China [J]. Antiquity, 2020, 374 (94): 455-472.

② 陈相龙，袁靖，胡耀武等．陶寺遗址家畜饲养策略初探：来自碳、氮稳定同位素的证据［J］．考古，2012（9）：75-82.

③ 陈相龙，罗运兵，胡耀武等．青龙泉遗址随葬猪牲的C、N稳定同位素分析［J］．江汉考古，2015（5）：107-115.

④ 陈相龙，袁靖，杨苗苗等．凤翔血池遗址北斗坊马牲饲养方式及相关问题［J］．考古与文物，2020，242（6）：109-114.

⑤ 陈相龙，李志鹏，赵海涛．河南偃师二里头遗址1号巨型坑祭祀遗迹出土动物的饲养方式［J］．第四纪研究，2020，40（2）：408-410.

⑥ 陈相龙，于建军，尤悦．碳、氮稳定同位素所见新疆喀拉苏墓地的葬马习俗［J］．西域研究，2017，108（4）：89-98.

⑦ 戴玲玲，张义中．稳定同位素视角下淮北地区新石器时代家猪的饲养策略研究——以安徽渠沟遗址的分析为例［J］．第四纪研究，2021，41（5）：1455-1465.

⑧ 胡佳佳．偃师商城祭祀猪牲饲喂方式及来源探讨［D］．浙江大学硕士学位论文，2019.

张雪莲①、张全超②、董广辉③、凌雪④、陈靓⑤、郭怡⑥、陈相龙⑦、屈亚婷⑧、生膨菲⑨、王婷婷⑩、张昕煜⑪、董惟妙⑫、马敏敏⑬等对中国西北地区青铜时代以来先民的食物结

---

① 张雪莲，仇士华，张君等. 新疆多岗墓地出土人骨的碳氮稳定同位素分析［J］. 南方文物，2014（3）：79-91；张雪莲，王金霞，冼自强等. 古人类食物结构研究［J］. 考古，2003（2）：158-171.

② 张全超，常喜恩，刘国瑞. 新疆巴里坤县黑沟梁墓地出土人骨的食性分析［J］. 西域研究，2009（3）：45-49；张全超，张喜恩，刘国瑞. 新疆哈密天山北路墓地出土人骨的稳定同位素分析［J］. 西域研究，2010（2）：38-43；张全超，朱泓. 新疆古墓沟墓地人骨的稳定同位素分析——早期罗布泊先民饮食结构初探［J］. 西域研究，2011（3）：91-96.

③ 董广辉，杨谊时，任乐乐等. 河西走廊地区史前时代生业模式和人与环境相互作用［M］. 北京：科学出版社，2020.

④ 凌雪，陈曦，王建新等. 新疆巴里坤东黑沟遗址出土人骨的碳氮同位素分析［J］. 人类学学报，2013，32（2）：219-225.

⑤ 陈靓，任雪杰，凌雪等. 甘肃省肃北县马鬃山地区先民的生物考古学研究［J］. 第四纪研究，2022，42（4）：1118-1128.

⑥ GUO Y, LUO J, XIE S Y, et al. Isotopic reconstruction of human diet in the Ji'erzankale site, Xinjiang Uyghur Autonomous Region, China [J]. International journal of osteoarchaeology, 2020, 30 (1): 65-72.

⑦ 陈相龙，郭小宁，王炜林等. 陕北神圪垯墚遗址4000a BP前后生业经济的稳定同位素记录［J］. 中国科学：地球科学，2017，47（1）：95-103；陈相龙，郭小宁，胡耀武等. 陕西神木木柱柱梁遗址先民的食谱分析［J］. 考古与文物，2015，（5）：112-117.

⑧ QU Y T, HU Y W, RAO H Y, et al. Diverse lifestyles and populations in the Xiaohe Culture of the Lop Nur region, Xinjiang, China [J]. Archaeological and anthropological sciences, 2018, 10 (8): 2005-2014.

⑨ SHENG P F, STOROZUM M, TIAN X H, et al. Foodways on the Han dynasty's western frontier: Archeobotanical and isotopic investigations at Shichengzi, Xinjiang, China [J]. The Holocene, 2020, 30 (8): 1174-1185; SHENG P F, STOROZUM M, TIAN X H, et al. A military garrison or cultural mixing pot? renewed investigations at Shichengzi, a Han Dynasty settlement in Xinjiang [J]. Antiquity, 2020, 373 (94) , E5.

⑩ WANG T T, WEI D, CHANG X, et al. Tianshanbeilu and the Isotopic Millet Road: Reviewing the late Neolithic/Bronze Age radiation of human millet consumption from north China to Europe [J]. National Science Review, 2017, 6 (5): 1024-1039; WANG T T, FULLER B, WEI D, et al. Investigating dietary patterns with stable isotope ratios of collagen and starch grain analysis of dental calculus at the Iron Age Cemetery site of Heigouliang, Xinjiang, China [J]. International journal of osteoarchaeology. 2016, 26 (4): 693-704; WANG T T, FULLER B, JIANG H, et al. Revealing lost secrets about Yingpan Man and the Silk Road [J]. Scientific reports, 2022 (1): 669.

⑪ 张昕煜，魏东，吴勇等. 新疆下坂地墓地人骨的C、N稳定同位素分析——3500年前东西方文化交流的启示［J］. 科学通报，2016，61（32）：3509-3519；张昕煜，胡耀武，魏东. 公元前1千纪新疆西部穷科克1号墓地的粟黍食用——基于人骨C、N稳定同位素与牙结石淀粉粒的证据［C］. 中国国家博物馆文物保护修复论文集，2019：367-376.

⑫ 董惟妙，安成邦，张铁男等. 骨骼同位素揭示的天山南麓中部地区察吾呼文化人群生业模式——以和静县莫呼查汗遗址为例［J］. 第四纪研究，2022，42（1）：80-91；董惟妙. 哈密盆地史前居民食谱［M］. 上海：复旦大学出版社，2021.

⑬ 马敏敏. 公元前两千纪河湟及其毗邻地区的食谱变化与农业发展—稳定同位素证据［D］. （转下页）

构进行了诸多稳定同位素分析工作，为西北地区先民的生计方式和生存环境研究提供了证据。

张全超①、董豫②、张国文③、刘晓迪④等对中国内蒙古和东北等北方地区先民的生计方式进行了稳定同位素分析，揭示了先民的生业经济状况；周立刚对蒙古国汉代受降城汉族士兵以及匈奴人群的骨骼进行了稳定同位素分析⑤。以上研究丰富了学界对北方长城地带先民经济和社会面貌的认识。

董广辉等通过整合草原之路和绿洲之路沿线地区新石器至早期铁器时代遗址的动/植物考古、同位素考古、DNA考古证据和测年数据，对史前农牧业扩散和人类生计方式变迁的时空过程进行了剖析⑥。孙语泽和侯亮亮结合同位素数据和考古证据，对中国北方长城地带（西段、中段和东段）新石器时代至辽代先民的食物结构和生计方式做了梳理⑦。以上梳理工作，有助于我们充分认识中西文化交流视角下的农业经济交流，以及南北交流融合情境下的农牧经济互动。

七、稳定同位素考古学科建设

对于任何一个新兴学科，其学科理论架构、学科属性辨识等学科建设工作是必不可

（接上页）兰州大学博士学位论文，2013; LI X, LU M X, CUI Y F, et al. The integration of farmers and nomads: Archaeological evidence for the human subsistence strategy in Northwestern China during the Han Dynasty [J]. Acta geologia sinica, 2020, 94 (3): 603-611.

① 张全超，胡延春，魏坚等. 内蒙古巴彦淖尔市纳林套海汉墓出土人骨的稳定同位素分析［J］. 人类学学报，2012，31（4）：407-414；张全超，郭林，朱泓. 内蒙古察右前旗呼和乌素汉代墓地出土人骨的稳定同位素分析［J］. 草原文物，2012，4（2）：99-101.

② 董豫等. 辽宁北票喇嘛洞遗址出土人骨稳定同位素分析［J］. 人类学学报，2007（1）：77-84.

③ 张国文，易冰. 拓跋鲜卑生计方式综合研究［J］. 考古，2022（4）：104-115；张国文，胡耀武，宋国定等. 内蒙古三道湾和叭沟鲜卑墓人和动物骨骼的稳定同位素分析［M］//边疆考古研究：第10辑. 北京：科学出版社，2012：387-397；张国文，陈凤山，孙祖栋. 早期鲜卑人和动物骨骼的稳定同位素分析［J］. 人类学报，2017（1）：110-118.

④ 刘晓迪，魏东，王婷婷等. 内蒙古东南部战国时期的农业经济及人群融合［J］. 人类学学报，2021，40（5）：764-775.

⑤ ZHOU L G, ENKHBAYAR M. Stories behind the fortress: stable isotope analysis and ^{14}C dating of soldiers' remains from the Bayanbulag site, Mongolia [J]. Archaeometry, 2020, 62 (4): 863-874; ZHOU L G, ENKHBAYAR M, ERDENEBAATAR, D, et al. Diet of the Chanyu and his people: Stable isotope analysis of the human remains from Xiongnu burials in western and northern Mongolia [J]. International journal of osteoarchaeology, 2022, 32 (4) , 878-888.

⑥ 董广辉，杜琳垚，杨柳等. 欧亚大陆草原之路——绿洲之路史前农牧业扩散交流与生业模式时空变化［J］. 中国科学：地球科学，2022，52（8）：1476-1498.

⑦ 孙语泽，侯亮亮. 稳定同位素视角下中国北方长城地带先民的食物结构和生业经济［J］. 北方文物，2020，143（3）：46-53.

少的。长期以来，稳定同位素分析作为一个有效的研究方法为学界所熟知。然而，其能否上升到一个具有辨识度的学科层次，目前仍存在一定的问题。这归根到底与学界偏重个案研究、忽视学科理论建设有关，也在一定程度上制约了该研究方法的学科发展。

2019年10月18—19日，学界于浙江大学召开了“继往开来的中国舌尖考古——稳定同位素分析学术会议”，该会议对我国稳定同位素考古的研究现状和存在的问题进行充分的反思，形成了众多共识。会议经充分讨论，提出了《中国稳定同位素考古发展倡议》，在研究目标、研究方法、研究问题、国际合作和人才培养等多方面，为我国稳定同位素考古的学科建设和未来发展指明了方向①。

鉴于同位素分析的重要性以及学科发展的迫切性，胡耀武创造性地将“稳定同位素分析”命名为“稳定同位素生物考古学”（简称为同位素生物考古学），并将其列为广义概念下生物考古学的重要学科分支之一②。

国内外稳定同位素考古研究均缺乏对术语、取样、前处理、数据校正、数据表达和解释、数据制图、数据统计学处理等方面的标准化方案。Patrick Roberts针对以上问题提出了一些建议和要求，这些学术规范和行业标准化工作对我国稳定同位素考古研究和学科建设同样具有重要意义③。山东大学文化遗产研究院稳定同位素考古团队对Patrick Roberts以上工作的翻译和推介，对中国稳定同位素考古学科建设工作也具有积极的推动作用④。

随着骨骼碳、氮稳定同位素分析数据在过去几十年里呈指数级增长，从而为在更大的时空范围探讨先民食物结构和生计方式提供了丰富的资料。法国国家自然历史博物馆张婷婷（Christina Cheung）整合了东亚和东北亚地区距今9000—1000年共136处考古遗址的3304份已发表的人和动物的碳、氮、硫稳定同位素测试数据，并发布在网站上⑤。诸如此类的同位素数据库建设工作，无疑对同位素考古学科建设具有一定的意义，国内相关工作亟须开展起来。

稳定同位素分析长期以来注重个案研究，鲜有基于系统研究而形成的专著出版。可喜的是，2017年以来，陆续有9部稳定同位素研究专著的出版，这对于稳定同位素考古学科发展也具有积极意义。例如，郭怡的《稳定同位素分析方法在探讨稻粟混作

① 郭怡，贺雨飞，蒋璐等．继往开来的中国舌尖考古——稳定同位素分析学术会议顺利召开［J］．人类学学报，2020，39（2）：332．

② 胡耀武．稳定同位素生物考古学的概念、简史、原理和目标［J］．人类学学报，2021，40（3）：526-534．

③ ROBERTS P, FERNANDES R, CRAIG O, et al. Calling all archaeologists: guidelines for terminology, methodology, data handling, and reporting when undertaking and reviewing stable isotope applications in archaeology [J]. Rapid communications in Masspectrometry: RCM, 2018, 32 (5): 361-372.

④ ROBERTS P, FERNANDES R, CRAIG O, et al. 所有考古学者请注意：稳定同位素在考古学中的应用研究和综述研究中相关术语、方法论、数据处理和报告的指导意见［M］//东方考古：第19集．北京：科学出版社，2022：212-232．

⑤ https: //isoarch.eu/.

区先民（动物）食物结构中的运用》是国内最早的一部稳定同位素考古专题研究专著，该书运用碳、氮、硫稳定同位素分析方法对南方以稻作农业为主和北方以粟作农业为主先民的食物结构特点进行分析及总结，并着重探讨了我国稻粟混作区先民的食物结构和生计方式①。2022年，郭怡还出版了《同位素视角下长三角地区先民生业模式与文明化进程》一书，对长江三角洲地区古代先民的食物结构和生计方式进行了综合研究②。魏东的《青铜时代至早期铁器时代新疆哈密地区古代人群的变迁与交流模式研究》一书，以新疆哈密地区天山北路墓地、焉不拉克墓地、五堡墓地、寒气沟墓地、亚尔墓地、拜其尔墓地、黑沟梁墓地等七处古代墓地出土的古代人类人骨资料为基础，分别利用了生物人类学、分子遗传学和稳定同位素古食谱分析等不同学科的理论和研究方法，从不同视角对哈密地区青铜时代和早期铁器时代古代居民的体质特征、遗传结构和生计方式进行了多学科综合研究③。屈亚婷的《稳定同位素食谱分析视角下的考古中国》一书，对目前国内外有关稳定同位素食谱分析的理论、方法与应用进行了深入的探讨，其中对实验流程和研究方法有颇多着墨，是一本兼具理论教学和学术研究属性的综合专著④。董广辉等撰写的《河西走廊地区史前时代生业模式和人与环境相互作用》一书，基于该团队在河西走廊史前遗址开展的植物考古、动物考古、骨骼同位素分析以及系统测年工作，揭示了不同时期先民对植物和动物资源的利用策略，阐释了河西走廊人与环境相互作用变化的过程及其与跨大陆文化互动的关系⑤。周立刚的《举箸观史：东周到汉代中原先民食谱研究》，以人骨和动物骨骼的稳定碳氮同位素数据为基础，结合历史和考古背景材料，对东周到汉代中原地区先民的食谱特征展开综合研究⑥。董惟妙的《哈密盆地史前居民食谱》一书，对哈密盆地青铜时代和早期铁器时代的三个重要遗址开展了同位素食谱分析，揭示了该地区先民的生计方式差异，结合近些年来在本地区开展的植物考古以及其他生计方式相关研究，总结了不同时期和环境下哈密盆地先民的食物利用、生计选择差异，并探讨了其背后的可能原因⑦。侯亮亮的《殷土芒芒——先商文化人群的生业及迁移活动研究》，对豫北、冀南地区多处先商文化时期遗址出土的人和动物骨骼进行了碳、氮、锶、氢稳定同位素分析，揭示了先商

---

① 郭怡．稳定同位素分析方法在探讨稻粟混作区先民（动物）食物结构中的运用［M］．杭州：浙江大学出版社，2013．

② 郭怡．同位素视角下长三角地区先民生业模式与文明化进程［M］．杭州：浙江大学出版社，2022．

③ 魏东．青铜时代至早期铁器时代新疆哈密地区古代人群的变迁与交流模式研究［M］．北京：科学出版社，2017；邵会秋．《青铜时代至早期铁器时代新疆哈密地区古代人群的变迁与交流模式研究》评介［J］．人类学学报，2018，37（3）：496-497．

④ 屈亚婷．稳定同位素食谱分析视角下的考古中国［M］．北京：科学出版社，2019．

⑤ 董广辉，杨谊时，任乐乐等．河西走廊地区史前时代生业模式和人与环境相互作用［M］．北京：科学出版社，2020．

⑥ 周立刚．举箸观史：东周到汉代中原先民食谱研究［M］．北京：科学出版社，2020．

⑦ 董惟妙．哈密盆地史前居民食谱［M］．上海：复旦大学出版社，2021．

先民的家畜饲喂模式，探讨了先商人群的迁徙行为和生计方式[①]。王欣的《黄河中游史前农田管理研究——以植物稳定同位素为视角》，通过植物稳定同位素分析方法揭示了黄河中游地区新石器时代的农田管理策略，为探讨史前农田管理技术的发展、区域特点以及与社会复杂化过程的关系提供了新视角[②]。

八、其　他

稳定同位素分析在中国考古学研究中的应用非常广泛，除了上文总结的几个重要研究领域外，还有研究方法的创新和应用，例如钙元素[③]、硫元素[④]、氧元素[⑤]、氢元素[⑥]、锶元素[⑦]、可溶性骨胶原[⑧]、单体氨基酸[⑨]、头发稳定同位素分析[⑩]等。限于篇幅，本书不再一一列举。

---

① 侯亮亮. 殷土芒芒——先商文化人群的生业及迁移活动研究［M］. 上海：上海古籍出版社，2022.

② 王欣. 黄河中游史前农田管理研究——以植物稳定同位素为视角［M］. 北京：中国社会科学出版社，2023.

③ HU Y, JIANG Q, LIU F, et al. Calcium isotope ecology of early *Gigantopithecus blacki* (～2 Ma) in South China [J]. Earth and planetary science letters, 2022, 584, 117522.

④ 张国文，胡耀武，NEHLICH O等. 关中两汉先民生业模式及与北方游牧民族间差异的稳定同位素分析［J］. 华夏考古，2013（3）：131-141.

⑤ 董宁宁. 动物牙釉质氧同位素分析：一种季节性研究的新方法［J］. 江汉考古，2016（2）：53-61；田晓四，朱诚，水涛等. 江苏省泗洪县顺山集遗址哺乳动物牙釉质C，O稳定同位素记录的食性特征、生态环境和季节变化［J］. 科学通报，2013，58（30）：3062-3069；王宁，李素婷，李宏飞等. 古骨胶原的氧同位素分析及其在先民迁徙研究中的应用［J］. 科学通报，2015，60（9）：838-846；项晨. 环太湖流域新石器时代中晚期人（动物）骨骼的稳定同位素研究［D］. 浙江大学硕士学位论文，2017.

⑥ 司艺，李志鹏，胡耀武等. 河南偃师二里头遗址动物骨胶原的H、O稳定同位素分析［J］. 第四纪研究，2014，34（1）：196-203.

⑦ 吴晓桐，张兴香. 关于锶同位素考古研究的几个问题［J］. 人类学学报，2022，41（3）：535-550；唐自华，王学烨，陈相龙等. 凤翔雍山血池遗址北斗坊地点牛、马牙釉质的锶同位素研究. 考古与文物，2020（6）：122-125；尹若春，张居中. 锶同位素分析技术在考古学中的应用研究［J］. 东南文化，2007（1）：55-60.

⑧ 王宁，胡耀武，侯亮亮等. 古骨可溶性胶原蛋白的提取及其重建古食谱的可行性分析［J］. 中国科学：地球科学，2014，44（8）：1854-1862.

⑨ MA Y, GRIMES V, VAN BIESEN G, et al. Aminoisoscapes and palaeodiet reconstruction: new perspectives on millet-based diets in China using amino acid $\delta^{13}C$ values [J]. Journal of archaeological science, 2021, 125: 105289.

⑩ 屈亚婷，杨益民，胡耀武等. 新疆古墓沟墓地人发角蛋白的提取与C、N稳定同位素分析［J］. 地球化学，2013，42（5）：448-454.

第三章　内蒙古呼伦贝尔地区拓跋鲜卑生计方式

两汉之际，拓跋鲜卑从林海浩渺的大兴安岭地区走向了广袤无垠的呼伦贝尔大草原，在这里他们揭开了文化发展及民族融合的序幕①。内蒙古呼伦贝尔地区陆续发现了东汉时期的早期拓跋鲜卑遗存，也基本证实了史书的记载。

第一节　样品来源与测试分析

一、考古学背景与样品的选择

1. 考古学背景

为揭示呼伦贝尔地区早期拓跋鲜卑先民生计方式，本书选取了扎赉诺尔、团结和东乌珠尔墓群出土的人和动物骨骼作为研究对象。

扎赉诺尔墓群位于满洲里市扎赉诺尔矿区以南7.5千米处的达兰鄂罗木河（圈河）东岸坡地上，共发现约有300余座墓葬。1959—1985年，经过多次发掘，共出土铁器、骨器等文物450余件，随葬有马、羊等动物头骨、蹄骨等，偶见陶器中有部分谷物出土，初步推断此墓群时代约为东汉时期，甚至可以晚至魏晋时期②。

团结墓地位于呼伦贝尔市以东20千米的哈克镇团结村西约0.5千米处的海拉尔河南岸台地上，北距海拉尔河约0.8千米。已清理的多座墓葬均为土坑竖穴墓，随葬品均为生活用品和装饰品，以陶器为主，器型单一，均为手制夹砂黑褐陶罐，无论从陶质、制作方法、形制和纹饰等方面看，都与拉布达林、扎赉诺尔、伊敏河墓地存在较大的一致性；约在一半的墓中出有铁器；殉牲现象比较普遍，约占60%，为马、牛、羊的头骨和牛蹄骨，一般放置于人头顶的二层台上。依据团结墓地的墓葬形制和文化内涵，简报认为团结墓地的年代上限约当东汉中晚期③。

---

① 魏收．魏书［M］．北京：中华书局，1974年．

② 内蒙古文物工作队．内蒙古扎赉诺尔古墓发掘简报［J］．考古，1961（12）：673-680；乔梁，杨晶．早期拓跋鲜卑遗存试析［J］．内蒙古文物考古，2003（2）：51-58．

③ 陈凤山．呼伦贝尔市团结墓地［M］//内蒙古地区鲜卑墓葬的发现与研究．北京：科学出版社，2004：3-15．

东乌珠尔墓群位于呼伦贝尔市陈巴尔虎旗东乌珠尔苏木、海拉尔河右岸台地上。2003年，呼伦贝尔民族博物馆对该墓地进行了抢救性发掘，共清理墓葬8座。墓葬均为土坑竖穴墓，大多数有木棺，木棺形制基本相同，为前宽后窄状，单人葬居多。墓主均仰身直肢，头向北或北偏西。墓葬有殉牲现象，大多为牛、马、羊的头和蹄等部位，多置于墓主人头前。墓中出土遗物的位置较一致，陶器一般置于墓主的头前或两侧。出土器物以陶器为主，铜、铁、木弓较少见。陶器以大口罐类为主，基本为手制夹砂炊具。该墓地时代应为东汉时期①。

2. 样品的选择和测试分析

所选样品分别来自于内蒙古扎赉诺尔、团结和东乌珠尔墓地，如表3.1所示。其中扎赉诺尔墓地人骨样品1个，动物样品（绵羊）1个；团结墓地人骨1个和动物（马）各1个；东乌珠尔墓地人骨4个，动物4个。

表3.1　内蒙古呼伦贝尔地区拓跋鲜卑人和动物骨骼稳定同位素数据

墓地名称	出土单位	种属	取样部位	$\delta^{13}C$/‰	$\delta^{15}N$/‰	$\delta^{34}S$/‰	C含量/%	N含量/%	S含量/%	C/N	C/S	N/S
扎赉诺尔	M北	人	肱骨	−14.5	11.5	5.7	41.7	15.3	0.3	3.2	424.0	155.4
团结	M2	人	肋骨	−12.7	9.7	4.3	41.6	15.3	0.2	3.2	490.4	180.7
东乌珠尔	M1	人	股骨	−12.1	10.2	5.7	41.9	15.2	0.2	3.2	475.8	172.4
东乌珠尔	M2	人	锁骨	−12.6	10.1	5.7	41.3	15.2	0.2	3.2	511.5	188.0
东乌珠尔	M3	人	股骨	−11.9	10.2	5.6	41.7	14.8	0.2	3.3	563.0	200.1
东乌珠尔	M6	人	尺骨	−12.4	11.2	6.2	42.0	15.1	0.3	3.2	437.2	157.5
扎赉诺尔	M南	马	颅骨	−19.9	5.1	5.1	41.0	15.1	0.2	3.2	504.0	185.3
团结	M2	马	颅骨	−18.8	5.0	6.0	40.0	14.0	0.2	3.3	444.9	156.2
东乌珠尔	M3①	马	颅骨	−17.9	7.4	10.2	41.5	15.3	0.3	3.2	378.4	139.6
东乌珠尔	M3②	马	颅骨	−18.3	6.3	5.6	41.7	15.5	0.2	3.1	516.1	191.3
东乌珠尔	M5	马	颅骨	−18.7	7.1	5.8	41.4	15.2	0.2	3.2	514.0	189.5
东乌珠尔	M？	牛	颅骨	−18.1	6.8	5.1	41.9	15.5	0.2	3.2	578.5	213.8

注：M？，墓号未知；M南和M北，同一墓室内分别位于南部和北部的个体，墓号未知

二、测 试 分 析

所有样品均称取约0.5mg骨胶原于元素分析仪联用的稳定同位素质谱仪（Thermo

① 梁云，白劲松．中国古代北方民族史—拓跋鲜卑卷［M］．北京：科学出版社，2021；刘国祥，白劲松，沈睿文．陈巴尔虎旗民族文物考古概述［EB/OL］．中国考古网，2014-1-27．

Finnigan Delta XP with Flash EA 2112）上测试C、N含量及同位素比值，约10mg骨胶原样品于元素分析仪联用的稳定同位素质谱仪（Thermo-Finnigan Delta V with Heka EuroVector）上测试S含量及同位素比值。C、N、S稳定同位素的分析误差分别为±0.1‰、±0.2‰和±0.5‰。C同位素的分析结果以相对V-PDB的δ^{13}C表示，而N同位素的分析结果以相对N_2（气态）的δ^{15}N表示，S同位素的分析结果以相对CDT的δ^{34}S值表示。

三、结果与讨论

（一）污染样品的辨别

衡量骨胶原是否污染的指标有骨胶原中的C、N含量，以及C/N，C/S，N/S摩尔比值。如表3.1所示，样品C含量平均值为41.5%±0.5%（n=12），N含量平均值为15.1%±0.4%（n=12），与现代骨胶原中C（41%）和N含量（15%）非常接近①，表明样品保存良好。另外，DeNiro等认为，C/N摩尔比值在2.9—3.6之间的骨胶原，可基本视为未污染②。由表3.1可见，所有样品的C/N比值全部介于2.9—3.6之间，其平均值为3.2±0.1（n=12）。所有样品C/S和N/S摩尔比值均符合Nehlich和Richards（2009）所建立的分析标准，即600±300（C/S）以及200±100（N/S）③。以上结果表明，本文所有样品的骨胶原保存状况较好，可用作以下分析。

（二）碳、氮、硫稳定同位素分析

对动物的稳定同位素分析能为我们提供更多关于人和动物关系、家畜饲养、当地生态环境以及人的营养级水平等相关信息。以人和动物δ^{13}C和δ^{15}N值做散点图（图3.1）。如表3.1和图3.1所示，早期鲜卑动物样品的δ^{13}C值的范围从−19.9‰到−17.9‰，平均值为−18.6‰±0.7‰（n=6），δ^{15}N值的范围从5‰到7.4‰，平均值为6.3‰±1.0‰（n=6），表明它们具有陆生食草类动物的食物结构，主要以C_3植物为食。

与动物的同位素水平不同，人的δ^{13}C值范围为−14.5‰到−11.9‰，平均值为−12.7‰±0.9‰（n=6），表明人的食物来源兼有C_3和C_4类；δ^{15}N值的范围从9.7‰到11.5‰，平均值为10.5‰±0.7‰（n=6），较高的δ^{15}N值，表明人摄取了较多的肉食资源。

---

① AMBROSE S H. Preparation and characterisation of bone and tooth collagen for stable isotope analysis [J]. Journal of archaeological science, 1990, (17): 431-451.

② DENIRO M J. Post-mortem preservation of alteration of in vivo bone collagen isotope ratios in relation to palaeodietary reconstruction [J]. Nature, 1985, 317: 806-809.

③ NEHLICH O, RICHARDS M P. Establishing collagen quality criteria for sulphur isotope analysis of archaeological bone collagen [J]. Archaeological and anthropological sciences, 2009, 1 (1): 59-75.

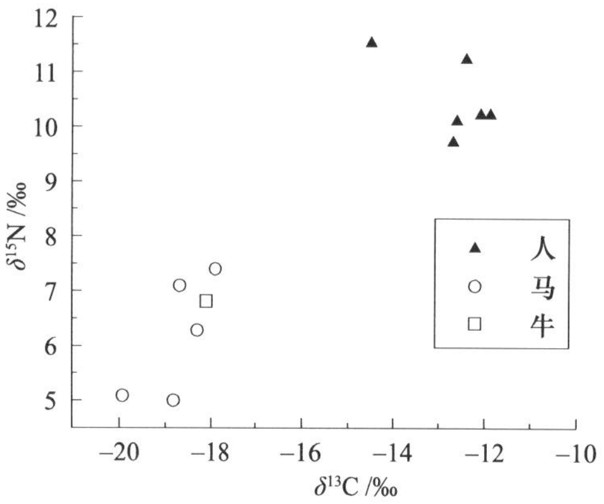

图3.1　内蒙古呼伦贝尔地区拓跋鲜卑人和动物骨骼$\delta^{13}C$和$\delta^{15}N$值的散点图

人和动物的$\delta^{13}C$值差异较大，表明人除了通过食用动物摄取了部分C_3类食物外，还摄取了一定量的C_4类食物，这可能直接来自于C_4类植物（如粟、黍），也可能间接来自于以C_4类植物为食的动物。人和动物的$\delta^{15}N$平均值差异约为4.2‰，处在一个营养级的跃升水平（3‰—5‰），表明这些动物很可能是先民的重要肉食来源。

通过对人和动物的硫（S）同位素进行分析可以为我们提供更多关于先民及动物生前食物来源以及其迁徙行为等信息。另外，在C、N稳定同位素分析的基础上，通过对比S同位素分析结果，也可以更为全面地揭示人和动物食物结构，为探讨人的生计方式和动物的饲养模式奠定基础。以所有人和动物$\delta^{13}C$、$\delta^{15}N$及$\delta^{34}S$值做散点图，分别见图3.2和图3.3。

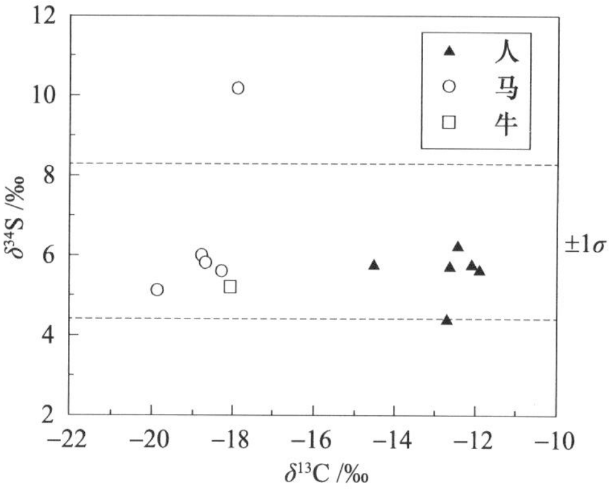

图3.2　内蒙古呼伦贝尔地区拓跋鲜卑人和动物骨骼$\delta^{13}C$和$\delta^{34}S$值的散点图

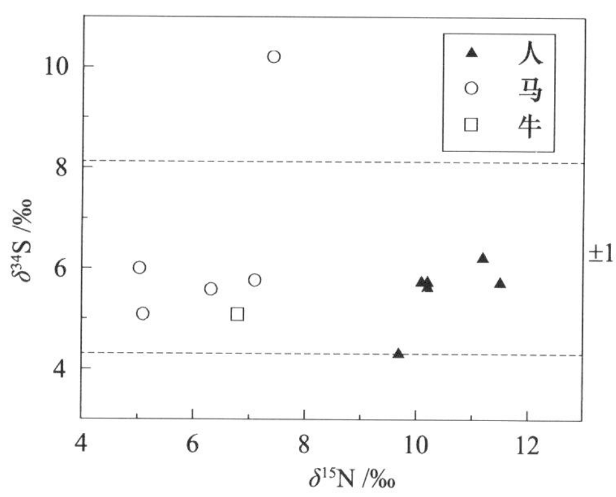

图3.3　内蒙古呼伦贝尔地区拓跋鲜卑人和动物骨骼$\delta^{15}N$和$\delta^{34}S$值的散点图

如图3.2和3.3所示，所有动物的$\delta^{34}S$平均值为6.3‰±1.9‰（n=6），表明动物食物来源以陆生系统为主。其中，动物样品马（DW M3①）具有明显不同于其他样品的异常高的$\delta^{34}S$值（10.2‰），其食物可能来源于当地的淡水系统，当然也可能属于来自于其他地区的“外来者”。人的$\delta^{34}S$值分布较为集中，从4.3‰到6.2‰，平均值为5.5‰±0.6‰（n=6），基本落于动物的$\delta^{34}S$均值范围（以均值一倍误差范围作为当地$\delta^{34}S$值基准值，以“±1σ”来表示），说明人和大部分动物的食物来源相似，均来自于当地陆生系统。

（三）小结

对内蒙古呼伦贝尔地区扎赉诺尔、团结和东乌珠尔拓跋鲜卑墓地出土的人和动物骨骼C、N、S稳定同位素分析，可初步推断动物和先民的食物结构：

（1）动物骨骼$\delta^{13}C$值表明，其食物主要以C_3类植物为主，而其$\delta^{15}N$值落于食草类动物的食物结构范围内；

（2）早期拓跋鲜卑人的食物来源兼具C_3类和C_4类，其中的C_3类食物主要间接来源于草原牧草，C_4类食物很可能主要来自粟作作物；较高的$\delta^{15}N$值及其与动物较大的$\delta^{15}N$差异值，表明先民营养级较高，肉食类食物在食物结构中占据较大比重；

（3）动物和人的S同位素分析，表明马（DW M3①）具有明显不同于其他样品的异常高的$\delta^{34}S$值，说明其食物可能来源于当地的淡水系统，或者此个体也可能属于来自于其他地区的“外来者”；而其他动物和人的食物来源来自于当地的陆生系统。

第二节　呼伦贝尔地区拓跋鲜卑的生计方式

一、嘎仙洞时期

1980年考古学家在大兴安岭北段东麓、嫩江西岸支流甘河上源发现了“嘎仙洞”遗址（内蒙古自治区呼伦贝尔盟鄂伦春自治旗阿里河镇西北10千米），内有北魏太平真君四年（公元443年）石刻，内容为拓跋焘派遣中书侍郎李敞来此祭祀时所刻祝文，确证嘎仙洞即史书所载北魏拓跋鲜卑祖先居住的“旧墟石室”。据米文平先生的记载，挖排水沟时在洞口表土以下0.8米黑色黏砂土层发现手制夹砂灰褐陶片、骨镞、石镞等，在地表以下1.3米的黄色黏沙土中出土打制石器。嘎仙洞内的文化层厚度达1.5米，出土有打制石器、细石器、牙饰、骨器、陶器、青铜器、铁器和大量野生动物骨骼，是一个长期居住人类的洞穴遗址①。据出土的遗存推断，生活在嘎仙洞石室的先民应从事着狩猎经济。值得注意的是，嘎仙洞遗址作为拓跋鲜卑起源地尚存质疑②。因此，生活于大兴安岭森林地区的早期拓跋鲜卑生计方式研究尚需更多新材料的支撑。

二、南迁“大泽”时期

南迁“大泽”途中以及定居“大泽”长达一百年的时间内，拓跋鲜卑遗留下了诸多足迹。在今天的内蒙古呼伦贝尔地区发现了拉布达林墓地、七卡墓地、扎赉诺尔墓地、蘑菇山墓地、伊和乌拉墓地、东乌珠尔墓地、团结墓地、伊敏车站墓地、孟根楚鲁墓群（孟北一号墓和白云乌拉墓）等遗存。另还有新巴尔虎右旗一座鲜卑墓③，墓葬局部被破坏，内置桦树皮棺具，墓主头部覆盖残丝织品，头骨左上方棺具外出土一件

---

① 呼伦贝尔盟文物管理站．鄂伦春自治旗嘎仙洞遗址1980年清理简报［M］//内蒙古文物考古文集：第2辑．北京：中国大百科全书出版社，1997；吉发习．嘎仙洞调查补记［J］．内蒙古师大学报（哲学社会科学版），1985（1）：71-78.

② 刘国祥，倪润安．嘎仙洞遗址的发现及相关问题探讨［J］．文物，2014（11）：53-59.

③ 云薮．内蒙古新巴尔虎右旗发现一座鲜卑墓葬［J］．北方文物，1987（4）：111.

残铁块。初步判断墓主应是3—4岁儿童。墓地北岸为扎赉诺尔东汉时期鲜卑墓群，墓葬形制同于扎赉诺尔，故而时代上应与扎赉诺尔墓群较为接近。

该地区殉牲现象比较普遍，有殉牲的墓葬约占该地区出土墓葬总数的60%，殉牲主要为马、牛、羊的头骨和蹄骨。从拉布达林、扎赉诺尔等墓群出土的大量镞、矛、弓弭、鸣镝等武器，以及随葬的牛、马等家畜，以及野猪、鹿等野生动物来看，先民可能以畜牧/游牧为生，也从事一定狩猎活动。而从蘑菇山出土的铜双鹅纹颈牌饰所反映的文化信息看，似乎已经淡化了森林中具有代表性动物鹿的形象，而对湖泊中具有代表性飞禽类的天鹅加以崇拜①。另外，拉布达林出土了河蚌壳，扎赉诺尔也出土了贝壳、蚌壳和鱼骨等遗存，尤其是1960年发掘的M29出土有鱼肋骨制成的骨簪32根和鱼椎骨钻孔制成的串珠5个，故而推测该地区先民有少量渔猎经济成分的存在。从出土考古遗存状况可以得知，日用品以木器、陶器居多，木器基本均以桦树为材料，可见早期拓跋鲜卑对北方森林地区常见的桦树资源依赖较大，包括墓葬棺木的使用也是以桦树为主，这是拓跋鲜卑从事林业经济的表现，也是其对早期森林环境中生计方式的延续。早期拓跋鲜卑出土的工具/武器类遗物以骨制品居多，比例达55%，这也反映了早期鲜卑对动物资源的依赖程度较高；动物遗存中牛、马、羊数量居多，分别占40%、36%和21%，鹿、野猪以及贝类、禽类等野生资源也有发现，但是数量非常少，这表明早期鲜卑依赖的动物资源主要是陆生动物，且主要为畜牧/游牧所提供的家养动物，而非如早期森林环境中通过渔猎经济获取的野生资源。

拉布达林M6出土陶罐下的小木条上撒有谷粒，扎赉诺尔墓群出土的陶罐中发现谷物和植物根茎，据外壳大小与形态分析，发掘者认为应该是穄子，俗称糜子。但未发现农业生产工具，推测可能存在少量农业经济因素。扎赉诺尔墓群出土四神规矩镜、如意纹织锦等中原输入品，以及明显匈奴风格的动物纹饰牌和铜斧等器物，还有拉布达林墓地出土5枚“大泉五十”等，反映早期拓跋鲜卑与中原及周边民族的经济和文化交流。

该地区拓跋鲜卑动物的$\delta^{13}C$和$\delta^{15}N$值较为集中，且落在了主要以C_3类植物为食的食草动物范畴，可能来自于呼伦贝尔草原地区畜牧/游牧生计的贡献。呼伦贝尔地区拓跋鲜卑人骨$\delta^{13}C$值落在了C_3/C_4混合食物结构范畴，表明其食物来源兼有C_3/C_4类植物或以C_3 /C_4类植物为食的动物。人和动物均有明显的C_3食物贡献，我们认为这主要来自于畜牧业经济。至于先民食谱中的C_4食物来源，则是揭示其食物结构和生计方式关键所在。有学者研究表明，欧亚草原少量的C_4类牧草对古代游牧人群食谱的贡献极少②。呼伦贝尔地区拓跋鲜卑动物非常低的$\delta^{13}C$值，表明本地区牲畜的牧草来源基本以

① 中国社会科学院考古研究所内蒙古工作队，呼伦贝尔民族博物院．满洲里市蘑菇山墓地发掘报告［J］．草原文物，2014（2）：21-35.

② PYANKOV V I, GUNIN P D, TSOOG S, et al. C_4 Plants in the Vegetation of Mongolia: Their Natural Occurrence and Geographical Distribution in Relation to Climate [J]. Oecologia, 2000, 123 (1): 15-31; MAKAREWICZ C, TUROSS N. Foddering by Mongolian pastoralists is recorded in the stable carbon ($\delta^{13}C$) and nitrogen ($\delta^{15}N$) isotopes of caprine dentinal collagen [J]. Journal of archaeological science, 2006 (33): 862-870.

C_3类为主。因此，该地区游牧的拓跋鲜卑人群通过食用牲畜并无法获取到C_4类食物。故而，人食物结构中的C_4部分应主要来源于其他类C_4植物或以C_4植物为食的动物。植物考古和稳定同位素分析表明，中国自新石器时代以来北方人群食谱中的C_4类来源主要是粟类作物或以其为食的动物。因此，结合本时段考古遗址中出土的炭化谷物遗存①以及稳定同位素分析数据，我们推测本地区拓跋人群食谱中的C_4食物来源于粟、黍等作物的可能性较大。因而，我们推测拓跋鲜卑在呼伦贝尔草原地区生活时已经开始从事一定的粟作农业经济。当然，其在经济部门中占据的比重较小，只是畜牧/游牧业经济的补充。此外，从本地区动物骨骼稳定同位素数据来看，动物完全以C_3类植物为食，没有饲喂以粟/黍等作物，可见其动物的饲养策略完全是放养。不过，值得注意的是，本地区目前没有相关植物考古证据，我们无从得知拓跋先民该时期的农业经济结构中除了粟类作物外，有无诸如稻、麦、豆等作物（均为C_3类植物）。故而，目前我们对呼伦贝尔地区拓跋先民家畜饲养策略、先民经济形态等的判断结果，需要未来更多工作来验证。

人骨较高的$\delta^{15}N$值表明其对动物蛋白质依赖度高，可能来自于渔猎或畜牧/游牧经济。该地区墓葬出土的工具/武器类遗物以动物骨质品居多，动物遗存中牛、马、羊数量居多，鹿、野猪以及贝类、禽类等野生资源也有发现，但是数量非常少。以上分析表明，东汉时期活跃于呼伦贝尔地区的拓跋鲜卑主要依赖于畜牧/游牧业经济，并且辅之以渔猎经济。此外，从出土动物遗存的部位来看，大部分以头部和蹄部为主，这表明呼伦贝尔地区拓跋鲜卑有明显的殉牲习俗，且突出表现为“头蹄葬”，可能也从一个侧面反映了拓跋鲜卑刚进入草原地区，畜牧/游牧经济还不够发达，故而选取动物头、蹄等肉量较少的部位代替整牲殉葬②。

拓跋鲜卑的第一次南迁，“反映了早期拓跋鲜卑的经济生产由狩猎向游牧转化的轨迹”③。丁利娜等对从拉布达林墓地和扎赉诺尔墓地的随葬品对比分析研究发现，一些随葬品的比重存在着显著变化：桦皮器、骨镞、弓弭、弓把等减少，野猪、鹿消失；而殉羊的比重增加。这些现象反映的是狩猎经济成分的减弱和游牧经济成分的增长，似乎正体现出早期拓跋鲜卑走出大兴安岭森林环境，南迁到呼伦贝尔草原这一过程④。

---

① 李泳集. 从考古发现看鲜卑族农业［J］. 农业考古，1991（3）：321-323.

② 张国文. 拓跋鲜卑殉牲习俗探讨［J］. 南方文物，2017（2）：212-218.

③ 乔梁，杨晶. 早期拓跋鲜卑遗存试析［J］. 内蒙古文物考古，2003（2）：51-58.

④ 丁利娜. 拉布达林、扎赉诺尔墓地的考古学观察［J］. 北方文物，2008（1）：18-26.

第四章　内蒙古中南部地区拓跋鲜卑和北魏人群生计方式

东汉时期，拓跋鲜卑开始第二次迁徙，到达了史书所记的“匈奴故地”，也即今天的河套东部地区。原来的匈奴残部加上大量乌桓部众和晋人的投靠，使得拓跋部逐渐壮大。公元3世纪中期，拓跋鲜卑取得了部落大联盟的领导权并从河套地区转移到盛乐地区（今内蒙古和林格尔北），至公元398年建立北魏并迁都平城（今山西大同）。在近140年的拓跋鲜卑“盛乐时代”里，以及其后的北魏“平城时代”，旧都盛乐及北方草原地区仍然是北魏的重要活跃区域。

如本书前文所述，内蒙古中南部地区出土有丰富的东汉—魏晋时期鲜卑遗存以及北魏时期遗存。本章研究材料即来源于内蒙古中南部地区，时代范围约为东汉晚期至北魏时期。

第一节　样品来源与测试分析

一、考古学背景与样品的选择

（一）考古学背景

本书选取内蒙古乌兰察布市三道湾、叭沟和锡林郭勒盟伊和淖尔墓群出土人和动物骨骼作为研究对象。此外，将张全超等的内蒙古七郎山墓群骨骼稳定同位素分析数据[①]纳入本章，便于最大程度地揭示本地区先民的食物结构和生计方式。

三道湾墓地位于乌兰察布市察右后旗红格尔图乡光明行政村东北约3千米处，南距旗政府所在地白音查干镇30千米。1983—1984年间，该墓地两次发掘共出土墓葬75座。出土随葬品有陶器、铁器、骨器及金、铜坠饰，还有中原常见的五铢钱以及连弧纹铜镜等。依据墓葬形制和出土遗物，简报推测三道湾墓地的年代约为东汉晚期[②]。

---

① 张全超，朱泓．内蒙古察右中旗七郎山墓地人骨的稳定同位素分析［J］．草原文物，2012（1）：87-89．

② 乌兰察布博物馆．察布后旗三道湾墓地［M］//内蒙古文物考古文集：第1辑．北京：中国大百科全书出版社，1994：407-433．

叭沟墓地位于乌兰察布市兴和县团结乡叭沟村东南约300米的台地上。墓地分布在山间坡地上，东依大青山，西临二道河，西北面为开阔的土地。墓葬均为长方形土坑竖穴墓、略作前宽后窄，有的墓内有木棺。从清理的3座墓葬看，葬式为仰身直肢，随葬品多置于头部和脚部，数量均在3件以上。随葬品陶器有夹砂灰陶和红陶、釉陶器，以及铁棺钉、棺环、磨石等。叭沟墓地的年代应为东汉至北魏时期①。

伊和淖尔墓群位于锡林郭勒盟正镶白旗伊和淖尔苏木宝日陶勒盖嘎查东北5千米处，海拔1260米。墓群地处浑善达克沙地南缘的一处丘陵谷地中，周边为典型的草原地貌环境。内蒙古自治区文物考古研究所等单位于2010年6月、2012年5月和2014年8月至9月对伊和淖尔墓群进行了发掘，三次发掘的墓葬编号分别为M1、M2，以及M4—M6。伊和淖尔墓群地处北魏六镇及北魏长城沿线以北，是目前在国内发现的纬度最北的北魏墓群。这些墓葬分布集中，排列有序，规格较高，显然是一处北魏时期的家族性贵族墓地。从墓葬结构、木棺、陶器等方面看，伊和淖尔北魏墓葬具有鲜明的鲜卑文化特点，但部分遗物又具有异域特色，说明该族群利用草原丝绸之路与中亚、西亚等地建立了一定的商贸联系，或就是由这些地区迁徙而来的②。依据墓葬形制和出土遗物，发掘者认为伊和淖尔墓群的年代在5世纪中后期，约为北魏太和年间。

七郎山墓地位于乌兰察布市察右中旗五号乡东四号村东约1.5千米处，墓地东南距旗政府所在地科布尔镇约36千米。墓地坐落在七郎山山前的缓坡地带，东倚主峰，西邻峰前平原。1995—1996年，内蒙古自治区文物考古研究所、乌兰察布博物馆和察右中旗文物管理所联合对该墓地进行了考古发掘，共出土墓葬20座。根据墓葬形制及随葬品组合关系，简报认为该墓地应为拓跋鲜卑遗存，并将其年代定在定都平城前后，即公元4世纪末至5世纪初③。

（二）样品的选择

该地区所选样品为：三道湾墓地人骨样品6个；叭沟墓地人骨12个，动物骨骼（羊和马）2个；伊和淖尔墓地M1、M2、M5和M6出土人的肢骨、肋骨和牙齿等不同部位样品共计10个。此外，七郎山墓地人骨样品4个④。样品具体情况如表4.1所示。

---

① 乌兰察布盟文物工作站. 内蒙古兴和县叭沟村鲜卑时期墓葬［J］. 考古，1993（3）：284-285.

② 内蒙古自治区文物考古研究所，锡林郭勒盟文物保护管理站，正镶白旗文物管理所. 正镶白旗伊和淖尔墓群M2发掘简报［J］. 草原文物，2016（1）：46-50；中国人民大学，锡林郭勒盟文物保护管理站，正镶白旗文物管理所. 内蒙古正镶白旗伊和淖尔M1发掘简报［J］. 文物，2017(1): 15-342; CHEN Y Z, SONG G D, MA Y. The Results of the Excavation of the Yihe-Nur Cemetery in Zhengxiangbai Banner (2012-2014) [J]. The silk road, 2016 (14): 42-57.

③ 王新宇，魏坚. 察右中旗七郎山墓地［M］// 内蒙古地区鲜卑墓葬的发现与研究. 北京：科学出版社，2004.

④ 张全超，朱泓. 内蒙古察右中旗七郎山墓地人骨的稳定同位素分析［J］. 草原文物，2012（1）：87-89.

表 4.1　内蒙古中南部地区拓跋鲜卑—北魏人和动物骨骼稳定同位素数据

墓地名称	出土单位	种属	取样部位	$\delta^{13}C$/‰	$\delta^{15}N$/‰	C 含量 /%	N 含量 /%	C/N
三道湾Ⅰ期	NSM7	人	肢骨	−15.5	12.3	54.2	17.4	3.6
三道湾Ⅰ期	NSM11	人	肢骨	−13.4	10.9	48.2	16.8	3.3
三道湾Ⅰ期	NSM109	人	肢骨	−15.3	14	44.7	16.2	3.2
三道湾Ⅰ期	NSM122	人	肢骨	−15.1	12.6	45.3	17.0	3.1
三道湾Ⅱ期	NSM103	人	肢骨	−14.3	12.4	48.2	17.1	3.3
三道湾Ⅱ期	NSM117	人	肢骨	−15	12.1	48.1	16.9	3.3
叭沟	NBM2	人	肢骨	−15	11.1	45.6	16.4	3.2
叭沟	NBM3	人	肢骨	−13	11.1	49.5	17.5	3.3
叭沟	NBM4	人	肢骨	−13.4	11.3	44.2	16.3	3.2
叭沟	NBM5	人	肢骨	−14.5	12.5	50.8	17.1	3.5
叭沟	NBM6	人	肢骨	−14.9	11.8	45.9	16.3	3.3
叭沟	NBM7	人	肢骨	−14.3	10.9	48.3	16.3	3.5
叭沟	***NBM8***	***人***	***肢骨***	***−15.3***	***11***	***52.8***	***16.3***	***3.8***
叭沟	NBM10	人	肢骨	−15.1	11.5	45.8	16.8	3.2
叭沟	NBM11	人	肢骨	−16	11.7	47.9	16.8	3.3
叭沟	NBM12	人	肢骨	−14.5	12.4	48.3	17.1	3.3
叭沟	NBM16	人	肢骨	−15.4	11.6	46.5	16.9	3.2
叭沟	***NBM18***	***人***	***肢骨***	***−14.8***	***12.1***	***56.8***	***17.8***	***3.7***
叭沟	NBM5	羊	肢骨	−17.5	6.1	49.2	17.0	3.4
叭沟	NBM8	马	肢骨	−19.4	4.7	50.8	16.4	3.6
七郎山	96ZQM11	人	股骨	−14.6	11.5	38.4	13.8	3.2
七郎山	96ZQM12	人	股骨	−14.7	11.5	38.8	14	3.2
七郎山	96ZQM20	人	股骨	−14.6	11.4	38.7	13.9	3.3
七郎山	96ZQM16	人	股骨	−15.3	10.8	37.3	13.6	3.2
伊和淖尔	M1	人	肢骨	−15.9	10.8	40.5	14.3	3.3
伊和淖尔	M1	人	牙齿	−15.2	10.8	41.5	15.1	3.2
伊和淖尔	M1	人	肋骨	−14.9	11.7	43.9	15.7	3.3
伊和淖尔	M2	人	牙齿	−13.4	11.6	43.7	15.9	3.2
伊和淖尔	M2	人	肢骨	−14.2	10.9	45.6	16.6	3.2
伊和淖尔	M5 墓道	人	肋骨	−15.9	10.6	41.8	15.3	3.2
伊和淖尔	M5 墓室	人	牙齿	−15.6	13.0	43.7	15.7	3.2
伊和淖尔	M6 墓室	人	牙齿	−15.6	10.8	42.0	15.2	3.2
伊和淖尔	M6 墓室	人	肢骨	−15.3	11.1	42.6	15.2	3.3
伊和淖尔	M6 墓室	人	肢骨	−15.8	10.5	42.7	15.5	3.2

注：粗斜体字样品，经污染判定，无法作为有效样品进行后续的分析，加以剔除

二、测 试 分 析

骨胶原中C、N元素含量和C、N稳定同位素的测试分析在中国农业科学院农业环境与可持续发展研究所测试中心进行，测试仪器为配备VARIO EL Ⅲ元素分析仪的稳定

同位素质谱仪（Finnigan MAT Delta Plus）。同时选取部分样品至中国科学院化学研究所Flash 1112元素分析仪进行C、N含量平行校正。C、N均以标定的钢瓶气为标准，即用IAEA-N-1标定氮钢瓶气（以空气为基准），用USGS 24标定碳钢瓶气（以PDB为基准）。C、N稳定同位素测试误差分别为0.1‰和0.2‰。C同位素的分析结果以相对PDB的δ^{13}C表示，而N同位素的分析结果以相对N_2（气态）的δ^{15}N表示，数据见表4.1。

三、结果与讨论

（一）污染样品的辨别

与现代骨胶原中C（41%）和N含量（15%）相较，表4.1中样品C含量平均值为45.6%±4.5%（n=34），N含量的平均值为16.0%±1.1%（n=34），差别不大，表明骨胶原保存状况较好。此外，除样品NBM8和NBM18外，其余样品的C/N摩尔比值全部介于2.9—3.6之间，其平均值为3.3±0.1（n=32），表明这些样品骨胶原基本保存完好，可用作以下分析。

（二）碳、氮稳定同位素分析

一般认为，C_3和C_4植物的δ^{13}C平均值分别为−26.5‰和−12.5‰①，在食物被动物吸收并转变为骨胶原的过程中，其δ^{13}C约富集5‰②。因此，以C_3植物为食的动物，其骨胶原的δ^{13}C值应为−21.5‰左右。食草类动物羊和马，其δ^{13}C值分别为−17.5‰和−19.4‰，表明这两种动物主要以C_3类植物为食。所有人骨样品的δ^{13}C值均落于−16.0‰—−13.0‰范围内，平均值为−14.9‰±0.8‰（n=30），表明总体上先民的食物中兼具C_3类和C_4类。该地区动物δ^{13}C值表明本地植被主要以C_3类为主，先民食谱中的C_3部分主要间接来自于畜牧/游牧经济中的羊、马等牲畜的贡献。如图4.1所示，相比马，羊与人的δ^{13}C值更为接近，揭示出先民的动物蛋白中羊的贡献可能略大于马。三道湾、七郎山等墓群的殉牲大多为羊，也

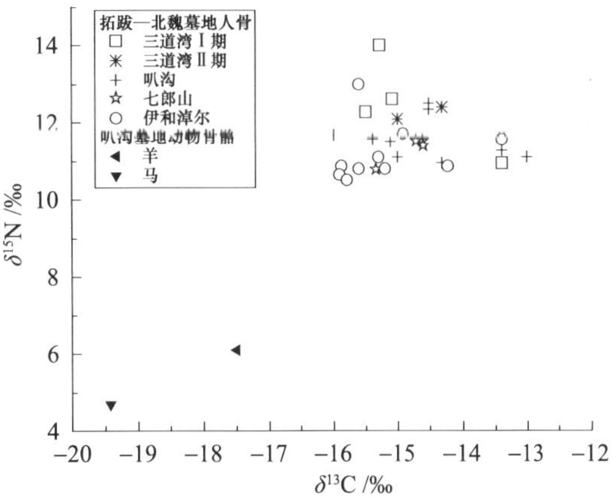

图4.1　内蒙古中南部地区拓跋鲜卑—北魏人和动物骨骼δ^{13}C和δ^{15}N值的散点图

① VAN DER MERWE N J. Carbon isotopes, photosysthesis and archaeology [J]. American scientist, 1982 (70): 596-606.

② DENIRO M J, EPSTEIN S. Influence of diet on the distribution of carbon isotopes in animals [J]. Geochim cosmochim acta, 1978 (42): 495-506.

充分证实了这一点。此外，人的$\delta^{13}C$值体现出C_3类和C_4类混合食物结构，表明人的食物结构中也有明显的C_4食物贡献，推测其来自于粟类作物的贡献，这也表明了本地区拓跋鲜卑和北魏人群也可能从事一定的粟作农业经济。

与C同位素不同，N同位素在营养级间存在明显的分馏，即食草类动物骨胶原的$\delta^{15}N$值，比其食物（植物）约富集3‰—5‰，而食肉类动物又比食草类动物富集3‰—5‰①。羊和马的$\delta^{15}N$值分别为6.1‰和4.7‰，落于食草类动物的$\delta^{15}N$值范围（3‰—7‰）内。先民的$\delta^{15}N$值分布在10.5‰—14.0‰之间，其平均值为11.6‰±0.8‰（n=30），表明先民的食物结构中动物蛋白占据主要的地位。如图4.1所示，人与羊和马的$\delta^{15}N$值差距较大，人骨$\delta^{15}N$平均值（11.6‰±0.8‰，n=30）与食草类动物（羊和马）的平均$\delta^{15}N$值（5.4‰±1.0‰，n=2）差值约为6.2‰，高于N同位素沿营养级上升的分馏值，表明先民的营养级很高，进一步显示出先民摄取了大量动物蛋白资源，可能还包括部分淡水鱼类资源，暗示着畜牧/游牧业经济在其经济生活中占据着重要的地位，并可能辅之以一定量的渔猎经济。

（三）小结

对内蒙古三道湾、叭沟、伊和淖尔出土人骨和动物骨骼的稳定同位素分析，结合七郎山墓群的同位素数据，可初步得出以下结论：

（1）动物骨骼C、N同位素分析表明，其食物主要以C_3类植物为主，其$\delta^{15}N$值落于食草类动物的$\delta^{15}N$值范围内；

（2）人骨C、N同位素分析表明三道湾、叭沟、伊和淖尔和七郎山墓群先民食物来源兼具C_3类和C_4类，其中C_3类食物可能主要间接来自于畜牧/游牧业经济中，而C_4类可能来自于一定量的粟作农业经济的贡献。人具有较高的$\delta^{15}N$值，表明陆生肉食资源在食谱中占据较大比重。此外，人与动物较大的$\delta^{15}N$值差异，表明人的营养级水平较高，可能摄取了少量的陆生淡水动物资源，或许来自渔猎经济的贡献。

第二节　内蒙古中南部地区拓跋鲜卑和北魏人群的生计方式

内蒙古中南部地区部分拓跋鲜卑墓葬出土有炭化植物遗存。例如，百灵庙砂凹地陶壶中发现有较多的稗粒②，这表明草原地区的拓跋鲜卑可能食用甚至栽培少量作物。

本地区墓葬殉牲仍然存在，还出土有马纹、鹿纹等动物风格牌饰。如三道湾墓

① BOCHEREN H, DRUCKER D. Trophic level isotopic enrichment of carbon and nitrogen in bone collagen: case studies from recent and ancient terrestrial ecosystems [J]. International journal of osteoarchaeology, 2003 (13): 46-53; HEDGES R, REYNARD L. Nitrogen isotopes and the trophic level of humans in archaeology [J]. Journal of archaeological science, 2007 (34): 1240-1251.

② 宿白. 东北、内蒙古地区的鲜卑遗迹——鲜卑遗迹辑录之一［J］. 文物，1977（5）：42-54.

地，经发掘的25座墓葬中，有5座有殉牲，多为羊头骨，数量为1—3个，置于人头骨上方近墓壁处；商都县东大井墓地，经发掘的18座墓葬中，7座有殉牲，多为羊的距骨、肩胛骨、肢骨和羊角等，个别墓中有牛肩胛骨，数量1—2件，均置于墓主盆骨及腿部外侧。总体来说，本期拓跋鲜卑墓葬殉牲种类有牛、马、羊、狗，还有诸如鸟等野生资源，数量最多的是羊，其次是马、牛和狗。殉牲仍以动物的头和蹄部为主，与上一期相比，增加了肢骨、肩胛骨和角等部位，预示着随葬动物肉量的增加，同时也可能表明畜牧/游牧业经济比之早期有了一定的发展。同时可以发现，牛、马、羊这三类动物仍然占殉牲的绝大部分比重，但羊在殉牲中所占比重明显增加。北魏平城时期墓葬殉牲数量比上个时期有所上升，这时出现了棺前设奠和壁龛设奠的动物殉葬习俗。棺前设奠一般在棺前部有方形或圆形漆案，上置殉牲，以牛、羊为主。值得注意的是，此阶段还流行随葬陶质动物模型明器，其中以猪、狗、羊等为主，其次还有家禽、马、牛、骆驼等。此外，拓跋鲜卑考古遗存出土的野生动物资源逐渐减少，预示着其渔猎经济比重逐渐降低。头蹄葬转为牲体葬，以及定都平城后大量出现的动物模型明器，尤其是作为传统农业社会常见的猪、狗、鸡等动物模型的随葬，可能与拓跋鲜卑南迁过程受农耕民族影响有关。

值得注意的是本地区先民的δ^{13}C值（−14.9‰±0.8‰，n=30）比呼伦贝尔地区拓跋鲜卑的δ^{13}C值（−12.7‰±0.9‰，n=6）略低，其δ^{15}N值（11.6‰±0.8‰，n=30）比呼伦贝尔地区拓跋鲜卑δ^{15}N值（10.5‰±0.7‰，n=6）略高，表明先民的食物结构中间接来自草原牲畜食物中的C_3食物比重以及动物蛋白摄取量均有了一定程度的提高，加上羊这一游牧色彩较浓动物出土数量的增加，暗示了本地区畜牧/游牧经济较之以往更加发达。当然，先民较高的δ^{15}N值，也可能来自于淡水鱼类资源的贡献，暗示了渔猎经济或许也有所贡献。《魏书》卷二十四《燕凤传》载，拓跋鲜卑居于盛乐之时，“云中川自东山至西河二百里，北山至南山百有余里，每岁孟秋，马常大集，略为满川”，且此阶段拓跋氏对外扩张与战争，需要大量的马，战利品也俘获不少牲畜，游牧生活仍居于重要地位①。本地区发达的畜牧/游牧业经济也为北魏建国及后续统一北方黄河流域奠定了坚实的物质基础。此外，第二次南迁期间的拓跋鲜卑墓葬也出土了五铢钱、漆器、丝织品等，这些中原地区常见物品的出土，反映了拓跋鲜卑于呼伦贝尔地区即已与农业人群有了经济和文化的往来一直延续到本地区，这或许也为该时空框架下拓跋鲜卑和北魏人群农业作物的获取乃至农业经济的发展提供了便利条件。《魏书》卷二《太祖纪》载“幸定襄之盛乐，息众课农”“登国九年三月，北巡，使东平公元仪屯田于河北五原，至于稒阳塞外”，以上文献资料也表明北魏建国前后农业也得到了一定程度的发展。

综上，内蒙古中南部地区拓跋鲜卑和北魏人群的生计方式与呼伦贝尔地区拓跋鲜卑人群大体相似，人和动物的稳定同位素分析数据也显示这两个地区人群的动、植物资源摄取情况相近，即先民主要依赖畜牧业经济，同时少量的渔猎经济和农业经济作为生计方式的重要补充。

---

① 逯耀东．从平城到洛阳［M］．北京：中华书局，2006．

第五章　山西大同地区北魏先民生计方式

北魏自公元398年迁都平城，在今天的山西大同地区定居近百年时间，期间通过大量的迁徙活动，使得大同成为百万人口之巨的大都市，各地人群和文化在此融汇。公元439年，太武帝拓跋焘征服了河西地区，结束了北方的混乱局面，并统一了黄河流域，重新打通了丝绸之路，佛教及玻璃器、金银器等域外文化和商品通过河西走廊来到了北方中国，而平城是其重要的枢纽之一，从而使得其成为一个国际化都城。山西大同地区的考古发现丰富，出土了大量北魏时期墓葬等遗存，为重建北魏居民葬俗、经济、文化以及社会面貌提供了丰富的资料。

第一节　大同南郊墓群出土动物和人骨稳定同位素分析

一、样品来源与测试分析

（一）考古学背景与样品的选择

1. 考古学背景

大同南郊北魏墓群北距大同市区南1千米、东距御河3千米。墓葬分布密集，排列有序，占地约7000多平方米。1988年8—11月，山西大学历史文化学院、山西省考古研究所和大同市博物馆联合组成考古队，对其进行发掘。

大同南郊北魏墓群保存状况良好，仅有的一座砖室墓被盗，其余均完好，出土北魏墓葬167座，遗物1000余件[①]。该墓群根据陶器类型能够确定期段的墓葬有146座，一期3座，二期33座，三期60座，四期41座，五期9座。另有未确定的墓21座，其中有其他随葬器物而无陶器的墓5座，经扰乱的空墓16座。该墓群第1期，为迁都平城之前，即道武帝天兴元年（公元398年）以前的墓葬；第2期，约为迁都平城初期，即道武帝天兴元年（公元398年）至太武帝统一黄河流域之前（公元439年）期间的墓葬；第3期，约为太武帝统一黄河流域之后（公元439年）至太和初年左右期间的墓葬；第4期，约为太和初年至迁洛（公元494年）以前的墓葬；第五期，约为迁洛（公元494年）以后的墓葬。另外有21座墓无陶器，暂时未定期段。

大同南郊北魏墓群所在的晋北地区，位于北方农牧交错带。同时平城也是拓跋鲜

---

① 山西大学历史文化学院，山西省考古研究所，大同市博物馆. 大同南郊北魏墓群［M］. 北京：科学出版社，2006.

卑南下中原、不停迁徙途中的一个重要的“中转站”，拓跋先民与中原汉族及其他族群在这里互相融合，共同创造了灿烂的古代文化。大同南郊北魏墓群的发掘为鲜卑学研究提供了丰富的考古学资料，也为此地区拓跋鲜卑与中原农耕民族融合研究提供了极佳的研究资料。

2. 样品的选择

本研究的动物和人骨样品选自大同南郊北魏墓群五个不同时期，共计26个动物骨和41个人骨样品。其中，动物样品取自1—5期，每期分别取样1、8、11、5和1个；人骨样品取自1—4期，每期分别取样2、10、17和12个，取样部位大部分为保存状况良好的长骨，详细资料如表5.1所示。

（二）测试分析

大同南郊墓群出土骨骼样品稳定同位素测试分析仪器为配备了Flash EA 2112元素分析仪的Delta XP稳定同位素质谱仪（Thermo-Finnigan），δ^{13}C和δ^{15}N值的误差分别为±0.1‰和±0.2‰，C同位素的分析结果以相对PDB的δ^{13}C表示，而N同位素的分析结果以相对N_2（气态）的δ^{15}N表示，数据见表5.1。

表5.1　大同南郊北魏墓群人和动物骨骼稳定同位素数据

实验编号	墓葬编号	分期	种属	取样部位	δ^{13}C/‰	δ^{15}N/‰	δ^{34}S/‰	C含量/%	N含量/%	S含量/%	C/N	C/S	N/S
DT1	M24	1	人	胫骨	−10.2	9.0	5.8	45.4	16.2	0.2	3.3	557.5	199.3
DT2	M73	1	人	胫骨	−8.2	9.4	4.7	45.8	16.3	0.2	3.3	578.5	205.7
DT3	M45	2	人	股骨	−9.1	9.3	5.2	44.2	16.2	0.2	3.2	536.9	196.6
DT4	M54	2	人	股骨	−8.9	8.6	5.4	45.1	16.0	0.2	3.3	539.5	191.1
DT5	M74	2	人	股骨	−8.0	7.1	5.1	46.2	16.8	0.2	3.2	494.3	179.4
DT6	M97	2	人	胫骨	−10.6	11.6	3.2	46.5	17.2	0.2	3.2	553.6	204.6
DT7	M197	2	人	股骨	−13.8	11.7	3.6	45.5	16.6	0.2	3.2	495.6	181.1
DT8	M204	2	人	股骨	−8.4	8.7	5.0	45.3	16.2	0.2	3.3	560.9	200.2
DT9	M206	2	人	股骨	−9.3	8.2	4.9	46.5	16.6	0.2	3.3	545.5	194.1
DT10	M211	2	人	胫骨	−9.1	8.7	3.7	44.9	16.1	0.2	3.2	494.2	177.5
DT11	M230	2	人	胫骨	−9.8	9.1	4.9	43.7	15.6	0.2	3.3	543.1	193.7
DT12	M235	2	人	股骨	−9.5	8.8	6.6	44.4	16.0	0.3	3.2	424.7	152.7
DT13	M3	3	人	股骨	−9.2	9.8	6.1	44.6	15.8	0.2	3.3	568.1	200.9
DT14	M6	3	人	胫骨	−9.5	9.2	4.8	45.1	15.9	0.2	3.3	589.9	208.3
DT15	M8	3	人	胫骨	−10.3	9.9	5.3	44.9	16.3	0.2	3.2	490.4	178.1
DT16	M15	3	人	胫骨	−12.1	10.3	3.2	35.8	12.9	0.2	3.2	449.4	161.7
DT17	M42	3	人	—	−8.1	8.2	6.7	45.7	16.7	0.2	3.2	495.3	181.3
DT18	M43	3	人	股骨	−9.8	8.7	7.3	44.6	16.4	0.2	3.2	521.6	192.1
DT19	M46	3	人	胫骨	−16.2	10.2	7.8	45.4	16.6	0.2	3.2	490.5	179.0

续表

实验编号	墓葬编号	分期	种属	取样部位	$\delta^{13}C$/‰	$\delta^{15}N$/‰	$\delta^{34}S$/‰	C含量/%	N含量/%	S含量/%	C/N	C/S	N/S
DT20	M51	3	人	肱骨	−9.3	9.7	5.8	44.7	16.0	0.2	3.3	552.7	197.8
DT21	M57	3	人	肱骨	−8.9	9.9	5.3	45.3	16.0	0.2	3.3	519.2	183.3
DT22	M66	3	人	股骨	−8.3	8.5	6.6	40.9	15.1	0.3	3.2	431.1	158.5
DT23	M95	3	人	股骨	−8.0	7.6	6.8	43.4	15.8	0.3	3.2	459.1	167.0
DT24	M109	3	人	股骨	−8.8	8.2	5.6	45.0	16.0	0.3	3.3	460.4	163.7
DT25	M126	3	人	股骨	−8.2	8.7	5.6	44.8	16.4	0.2	3.2	495.9	181.3
DT26	M128	3	人	股骨	−8.5	9.7	6.5	44.5	16.0	0.2	3.3	484.7	173.9
DT27	M150	3	人	股骨	−8.6	9.7	6.4	45.1	16.4	0.2	3.2	490.3	178.8
DT28	M157	3	人	胫骨	−10.2	10.0	5.4	46.0	16.4	0.2	3.3	515.5	183.3
DT29	M216	3	人	肱骨	−9.7	8.5	5.8	46.1	16.3	0.3	3.3	467.0	164.5
DT30	M36	4	人	胫骨	−9.8	10.3	5.9	45.8	16.3	0.2	3.3	513.1	182.3
DT31	M40	4	人	股骨	−9.0	9.7	6.3	44.7	15.9	0.2	3.3	478.8	170.9
DT32	M48	4	人	—	−8.5	10.1	6.5	45.2	16.4	0.2	3.2	525.4	190.4
DT33	M53	4	人	胫骨	−7.8	9.4	6.8	44.4	16.3	0.2	3.2	559.8	205.6
DT34	M83	4	人	胫骨	−15.7	10.8	2.6	44.7	16.2	0.3	3.2	468.7	169.4
DT35	M84	4	人	胫骨	−9.0	8.5	5.9	44.9	16.2	0.2	3.2	519.3	187.8
DT36	M85	4	人	肱骨	−8.8	10.8	4.6	43.9	16.2	0.2	3.2	508.3	187.0
DT37	M87	4	人	胫骨	−10.0	9.1	5.4	45.2	16.7	0.2	3.2	542.6	199.9
DT38	M121	4	人	肱骨	−9.7	9.4	5.8	43.7	15.6	0.2	3.3	578.6	206.5
DT39	M137	4	人	股骨	−8.0	8.0	6.8	42.1	15.5	0.2	3.2	511.1	187.9
DT40	M151	4	人	股骨	−8.7	8.6	6.0	44.2	15.7	0.2	3.3	495.7	175.7
DT41	M181	4	人	股骨	−8.2	9.6	6.3	45.1	16.1	0.3	3.3	469.2	167.9
DT42	M28	3	牛	肩胛骨	−11.8	5.7	5.3	40.1	14.8	0.2	3.2	450.3	166.2
DT43	M77：3	5	牛	肩胛骨	−14.8	7.3	7.1	41.5	15.4	0.2	3.2	479.7	177.4
DT44	M78：11	4	牛	肩胛骨	−13.2	6.7	6.8	41.8	15.4	0.2	3.2	488.1	179.7
DT45	M83	4	牛	肩胛骨	−12.8	8	8.1	41.8	15.3	0.2	3.2	482.8	177.4
DT46	M102	3	牛	股骨	−8.6	6.1	6	44.7	16.1	0.3	3.2	394	142
DT47	M126	3	牛	跟骨	−14.2	9.8	11.4	43	15.9	0.2	3.2	535.2	197.7
DT48	M185	2	牛	肩胛骨	−10.1	5.7	4.7	45.2	16.7	0.2	3.2	585.2	216.6
DT49	M195：6	2	牛	胫骨	−19.2	7.2	1.9	44.6	16.5	0.2	3.2	568.5	209.5
DT50	M206：7	2	牛	股骨	−13.9	8.9	7.8	46	16.7	0.3	3.2	469.8	170.8
DT51	M208：15	3	牛	股骨	−9.8	6.6	6.9	44.3	16.1	0.3	3.2	418.2	151.7
DT52	M63	2	马	下颌骨	−15	4.7	N/A	39.8	14.2	N/A	3.3	N/A	N/A
DT53	M74	2	马	颅骨	−18.7	5	3.2	38.8	14.1	0.2	3.2	428.3	155
DT54	M124：7	3	马	股骨	−14.3	5.5	5.6	43.9	16.1	0.2	3.2	580.4	212.7
DT55	M151：3	4	马	肩胛骨	−10.7	5.1	4.5	44.4	16.5	0.2	3.1	604.2	224.2
DT56	M153：9	3	马	胫骨	−16.1	4.5	4.6	43.7	16.1	0.2	3.2	623.8	230.4

续表

实验编号	墓葬编号	分期	种属	取样部位	$\delta^{13}C$/‰	$\delta^{15}N$/‰	$\delta^{34}S$/‰	C含量/%	N含量/%	S含量/%	C/N	C/S	N/S
DT57	M81	3	羊	股骨	−18.3	4.8	7.5	37.9	13.9	0.3	3.2	334.7	122.7
DT58	M101	4	羊	角	−16.5	6.5	4.2	43.6	16	0.2	3.2	563.4	206.4
DT59	M149：8	3	羊	肩胛骨	−16.3	6.1	7.5	43.4	16	0.2	3.2	587.9	216
DT60	M192：1	3	羊	股骨	−18.1	5.4	7.3	44.2	16.2	0.2	3.2	540.6	198.4
DT61	M192：2	3	羊	胫骨	−17.2	5.5	7.7	45.5	16.7	0.2	3.2	531.9	194.9
DT62	M204	2	羊	股骨	−18.3	5.1	5.4	44.4	16.3	0.2	3.2	577.9	212.3
DT63	M205	2	羊	胫骨	−17.5	7	8.1	46	16.9	0.2	3.2	516.6	190.1
DT64	M224	4	羊	股骨	−16.9	5.2	7	44.2	16.2	0.2	3.2	524.5	192.3
DT65	M227	1	羊	肱骨	−18.7	5.3	7.2	43.5	16.1	0.2	3.2	534.1	197.2
DT66	M49	2	鹿	肩胛骨	−19.2	2.5	5.6	41.9	15.4	0.2	3.2	473.4	174.2
DT67	M81	3	狗	下颌骨	−10.7	7.5	5.7	41.8	15.4	0.3	3.2	436.7	160.4

注：? 表示由于骨架的残缺，此个体性别或年龄无法辨识；N/A，表示无相关数据

二、结果与讨论

（一）污染样品的辨别

本文所用样品C平均含量为44.0%±2.1%（n=67），N平均含量为16.0%±0.7%（n=67），所有样品的C/N比值全部介于2.9—3.6之间，其平均值为3.2±0.05（n=67），表明样品中的骨胶原保存状况良好。所有样品C/S和N/S摩尔比值均符合Nehlich和Richards（2009）所建立的分析标准，即600±300（C/S）以及200±100（N/S）[①]。如表5.2所示，骨骼污染判别分析结果表明，大同南郊北魏墓群所取骨样均为有效样品。

表5.2　大同南郊北魏墓群骨样污染指标统计表

	样品数量/个	最小值	最大值	平均值	标准差
C含量/%	67	35.8	46.5	44.0	2.1
N含量/%	67	12.9	17.2	16.0	0.7
S含量/%	66	0.2	0.3	0.22	0.04
C/N（摩尔比）	67	3.1	3.3	3.2	0.05
C/S（摩尔比）	66	334.7	623.8	510.7	54.5
N/S（摩尔比）	66	122.7	230.4	185.4	20. 1

① NEHLICH O, RICHARDS M P. Establishing collagen quality criteria for sulphur isotope analysis of archaeological bone collagen [J]. Archaeological and anthropological sciences, 2009 (1): 59-75.

（二）碳和氮稳定同位素分析

1. 动物的食物结构

对动物的碳、氮稳定同位素分析能为我们提供更多关于人和动物关系、家畜饲养、当地生态环境水平以及人的营养级水平等相关信息。以人和动物 $\delta^{13}C$ 和 $\delta^{15}N$ 值做散点图，见图5.1。

动物可以分为野生（鹿）和家养（马、牛、羊、狗）两种，其中野生动物鹿的 $\delta^{13}C$ 和 $\delta^{15}N$ 分别为−19.2‰和2.5‰，属于典型的以 C_3 类植物为食的野生动物食物结构。而与其相对应的家养动物的食物结构却相对较复杂。

狗的 $\delta^{13}C$ 值为−10.7‰，说明其主要依赖 C_4 类食物，其 $\delta^{15}N$ 值为7.5‰，落于杂食类动物范畴（7‰—9‰）。马除了DT55外，其余 $\delta^{13}C$ 值分布较为分散，从−18.7‰到−14.3‰，平均值为−16.0‰±1.9‰（n=4），表明大部分马具有兼有 C_3 和 C_4 类植物的混合食物结构。DT55马的 $\delta^{13}C$ 值（−10.7‰）明显高于其他马，表明其主要依赖 C_4 类植物为食。

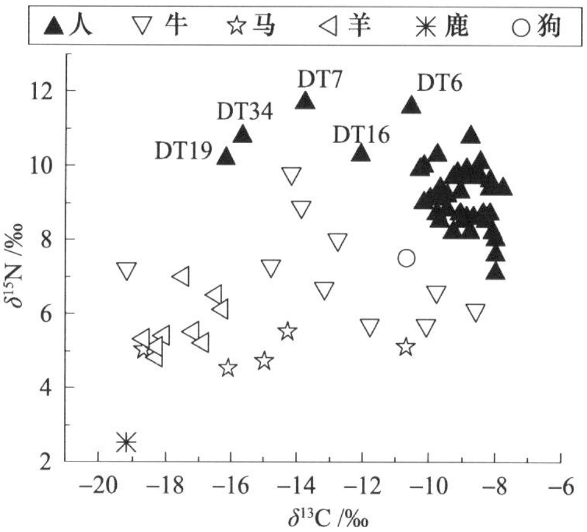

图5.1　大同南郊北魏墓群人和动物骨骼 $\delta^{13}C$ 和 $\delta^{15}N$ 值的散点图

与马不同的是，大同墓地羊的 $\delta^{13}C$ 和 $\delta^{15}N$ 值分布较为集中，其平均值为−17.5‰±0.9‰（n=9），表明大部分羊主要以 C_3 类植物为食。

虽然牛和羊都属于反刍类动物，但是它们的食物结构却有很大差异，牛的 $\delta^{13}C$ 和 $\delta^{15}N$ 值分布与羊相比异常分散，说明牛的食物来源较广泛。如图5.1所示，除了DT46、DT51、DT48和DT49外，大部分牛的 $\delta^{13}C$ 分布范围为−14.8‰到−11.8‰，平均值为−13.5‰±1.1‰（n=6），显示其具有 C_3 和 C_4 类混合食物结构。部分牛较高的 $\delta^{15}N$ 值，可能因为食用了部分 $\delta^{15}N$ 值较高的植物。特殊个体中DT46、DT48和DT51的牛具有较高的 $\delta^{13}C$ 平均值（−9.5‰±0.8‰，n=3），表明它们主要依赖 C_4 类食物，而DT49牛的 $\delta^{13}C$ 值为−19.20‰，表明其主要依赖 C_3 类食物。

为一般来说，由于特殊的消化系统，反刍类动物的 $\delta^{15}N$ 值要高于其他动物[①]。本文

① STEINHOUR W D, STOKES M R, CLARK J H, et al. Estimation of the proportion of non-ammonia-nitrogen reaching the lower gut of the ruminant derived from bacterial and protozoal nitrogen [J]. British journal of nutrition, 1982, 48 (2): 417-431; AMBROSE S H. Effects of diet, climate and physiology on nitrogen isotope abundances in terrestrial foodwebs [J]. Journal of archaeological science, 1991, 18 (3): 293-317.

中反刍类动物牛和羊的$\delta^{15}N$平均值分别为7.2‰±1.4‰（n=10）和5.7‰±0.7‰（n=9），略高于非反刍类动物马的$\delta^{15}N$平均值5.0‰±0.4‰（n=5）。所有食草类动物包括鹿、马、牛和羊的$\delta^{15}N$平均值为6.0‰±1.5‰（n=25），这将作为一个当地同位素基准值，可以用来对人的稳定同位素分析结果进行讨论。

2. 先民的食物结构

所有人的$\delta^{13}C$和$\delta^{15}N$值见表5.2和图5.1。与大部分样品相比，DT6、DT7、DT16、DT19和DT34显示出异常的$\delta^{13}C$与$\delta^{15}N$值。DT6、DT7中等的$\delta^{13}C$（−10.6‰和−13.8‰）值，表明其食物来源兼具C_3和C_4类，其具有最高的$\delta^{15}N$（11.6‰和11.7‰）值，且与食草类动物的$\delta^{15}N$值差异大于达5.5‰，说明其营养级水平很高，可能摄取了较多的淡水肉食类资源①；个体DT16、DT19和DT34具有较低的$\delta^{13}C$值和相对较高的$\delta^{15}N$值，表明其食物大部分来源于以C_3类食物为主的动物资源。

除五个异常个体外，其他所有人的$\delta^{13}C$值均落于−10.3‰—−7.8‰范围之内，平均值为−9.0‰±0.7‰（n=36），表明该墓群大部分先民的食物结构以C_4类为主。大部分人的$\delta^{15}N$值落于7.1‰—10.8‰范围之内，分布比较分散，表明先民在肉食资源的获取上存在较为明显的差异。其中，$\delta^{15}N$值小于9‰的有16个样品，占样品总量的44%，表明近半数的先民的食物主要来源于植物类食物（C_4类）。总体上人的$\delta^{15}N$平均值为9.0‰±0.8‰（n=36），并且与食草类动物的$\delta^{15}N$平均值差异约为3‰，落于N同位素沿营养级上升的富集水平，这表明本文所选取的动物是先民食物结构中蛋白质来源的重要组成部分。

（三）硫稳定同位素分析

本书选取的大同南郊北魏墓群动物个体绝大部分为陆生食草动物，其S同位素值为了解该地区地质环境奠定了背景值。故此，绝大多数的动物S同位素值聚集在一起，作为基准（以动物$\delta^{34}S$均值一倍误差范围作为当地基准值，以“±1σ”表示），可对异常的人和动物个体进行对比分析。通过对人和动物的S同位素值进行分析可以为我们提供可以更多关于先民及动物生前迁徙行为的信息。另外，在C、N稳定同位素分析的基础上，通过对比S同位素分析结果，也可以获得更多食物结构和生计方式等方面的信息。以所有人和动物$\delta^{13}C$、$\delta^{15}N$值与$\delta^{34}S$值做散点图，分别见图5.2和图5.3。

大同南郊北魏墓群所有动物的$\delta^{34}S$平均值为6.0‰±2.2‰（n=26），表明动物的食物来源于陆生系统。如图5.2和图5.3所示，马的$\delta^{34}S$最低，其$\delta^{34}S$平均值为4.5‰±1.0‰（n=4），其中个体DT53的$\delta^{34}S$值（3.2‰）低于动物平均$\delta^{34}S$值，表明其可能为“迁徙者”。野生动物鹿和家养动物中狗的$\delta^{34}S$值较为接近，其$\delta^{34}S$值分别为5.6‰和5.7‰。同为反刍类动物的绵羊和黄牛的$\delta^{34}S$值分布差异较大，其中绵羊的$\delta^{34}S$值分布较为集中

① SCHOENINGER M J, DENIRO M J, TAUBER H. Stable nitrogen isotope ratios of bone collagen reflect marine and terrestrial components of prehistoric human diet [J]. Science, 1983, 220 (4604): 1381-1383.

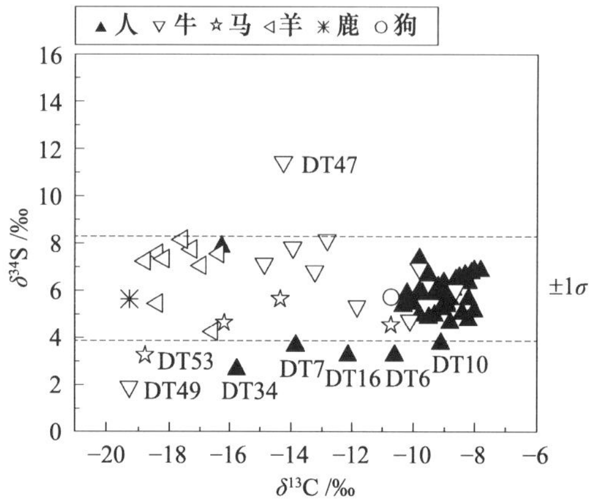

图5.2　大同南郊北魏墓群人和动物骨骼$\delta^{13}C$和$\delta^{34}S$值的散点图

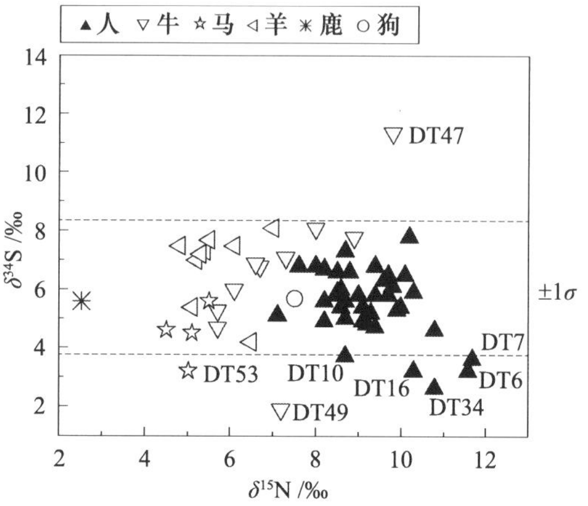

图5.3　大同南郊北魏墓群人和动物骨骼$\delta^{15}N$和$\delta^{34}S$值的散点图

（4.2‰—8.1‰），其平均值为6.9‰±1.3‰（n=9），而黄牛的$\delta^{34}S$值分布非常分散，可见其食物来源差异较大。其中，个体DT47（11.4‰）和DT49（1.9‰）的$\delta^{34}S$值异常，表明其可能属于来自于其他陆生地质环境的“迁徙者”。

如图5.2和图5.3所示，人的$\delta^{34}S$值分布从2.6‰到7.8‰，平均值为5.6‰±1.1‰（n=41），与动物的$\delta^{34}S$平均值（6.0‰±2.2‰，n=26）差距仅为0.4‰左右，总体上落于动物的$\delta^{34}S$值范围之内，说明人和动物的食物来源基本相似，即均来自于当地陆生系统。其中，个体DT6、DT16和DT34落于当地陆生系统同位素值之外，表明其可能为“迁徙者”。根据前文$\delta^{13}C$和$\delta^{15}N$分析结果，人的个体DT7、DT16、DT19、DT34还具有异常的$\delta^{13}C$与$\delta^{15}N$值。因此，结合多元素分析结果，个体DT16和DT34为移民的可能性比较大。

考古资料显示，以上个体所在墓葬的随葬品，与其他墓葬无明显区别，表明其社会等级基本相当。因而，社会等级差异已不足以解释以上样品的同位素差异。这些具有异常同位素比值的样品，可能的解释是，他们非当地居民，而是从其他地区迁徙至此的“移民”。文献资料显示，北魏定都平城之后有大量的人口迁徙活动①。如《魏书·太祖纪》云：“天兴元年（公元398年）春正月，……徙山东六州民吏及徙何、高丽杂夷三十六万,百工伎巧十余万，以充京师。”故此，很有可能以上几个“移民”是由于当时的较为频繁的迁徙活动而到达大同地区的。

本节研究的材料来自于大同南郊北魏墓群的四个不同时期，因此分析他们骨胶原$\delta^{13}C$、$\delta^{15}N$和$\delta^{34}S$值在此四个时期内的变化，可望进一步追踪先民食物结构的变化、探索农耕对其生活方式影响的过程，以大同南郊北魏墓群动物和人的$\delta^{13}C$、$\delta^{15}N$和$\delta^{34}S$值做One-way ANOVA分析，如表5.3所示。

① 魏收．魏书［M］．北京：中华书局，1974；逯耀东．从平城到洛阳——拓跋魏文化转变的历程［M］．北京：中华书局，2006．

表5.3　大同南郊北魏墓群人骨$\delta^{13}C$、$\delta^{15}N$和$\delta^{34}S$值的One-way ANOVA分析

	一期	二期	三期	四期	F值	P值
$\delta^{13}C$/‰	−9.2±1.4	−9.7±1.6	−9.6±2.0	−9.4±2.1	0.05	0.98
$\delta^{15}N$/‰	9.2±0.3	9.2±1.4	9.2±0.8	9.5±0.9	0.28	0.83
$\delta^{34}S$/‰	5.3±0.8	4.8±1.0	5.9±1.1	5.7±1.2	2.75	0.06

注：P值在<0.5水平上有显著差异

从表5.3可以看出，从一期到四期，先民的$\delta^{13}C$、$\delta^{15}N$以及$\delta^{34}S$平均值均无明显差异（P值分别为0.98、0.83和0.06，均大于0.05，表明数值没有统计学意义上的显著性差异），可见先民的食物结构在较长时间内无明显变化。

（四）家畜饲养模式

对当地野生和家养动物，以及人与动物之间进行稳定同位素综合对比分析，可以获取家养动物饲养模式相关信息。如图5.1和图5.4所示，野生鹿科动物的同位素水平提供了当地自然环境背景值，其最低的$\delta^{13}C$值表明C_3植物类食物在其食谱中占据绝对主体地位。绵羊的$\delta^{13}C$和$\delta^{15}N$值较低且较为集中，与鹿科动物相似，而与人的食物结构差异较大，其食物来源主要以C_3类植物为主，表明绵羊的饲养模式很可能为放养。狗具有较高的$\delta^{13}C$和$\delta^{15}N$值，表明其属于C_4杂食类食谱，与人的食物结构最为接近，说明其可能被喂养。如图5.1和图5.4所示，马和黄牛的同位素水平介于人和野生动物之间，且分布较为分散，表明其属于混合食物结构，具体有C_3依赖型、C_3和C_4混合型、C_4依赖型三种，C_3依赖型的食物结构表明这部分黄牛或马的饲养模式可能为放养，而C_4依赖型则为喂养，其食物主要来源于人种植的粟类作物（如谷物或秸秆等副产品），而C_3和C_4混合型，表明这部分黄牛或马属于放养和喂养兼有的混合饲养模式。

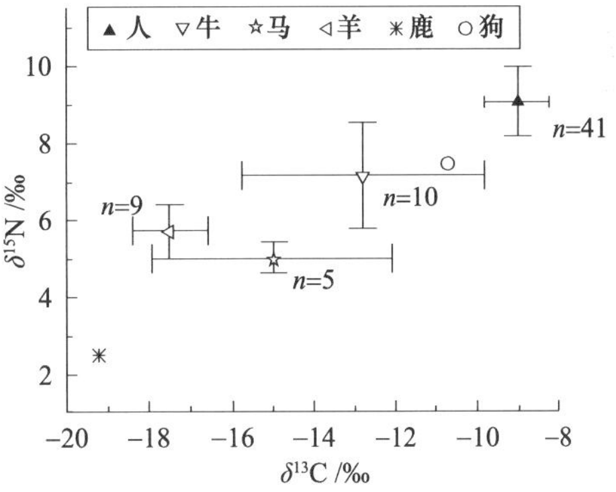

图5.4　大同南郊北魏墓群人和动物骨骼$\delta^{13}C$和$\delta^{15}N$值的误差棒图

三、小　结

本研究对大同南郊北魏墓群出土的动物和人骨进行了碳、氮、硫稳定同位素分析。结果表明，北魏平城的动物食物结构较为复杂，对比人和动物稳定同位素数据，我们推测北魏平城先民的动物饲养模式具有多样化的特征：绵羊可能为放养；狗可能为喂养；马和黄牛的饲养模式较复杂，有放养为主型、喂养为主型，以及放养和喂养兼有的混合饲养型三种。

人的稳定同位素数据表明，除异常个体外，大部分人群摄取了较多的陆生动物蛋白资源，且对粟类作物的依赖也较大。我们推测大同南郊北魏先民主要从事畜牧业经济和粟作农业经济，可能辅之以渔猎经济。不同时期先民的稳定同位素数据无明显变化，表明在较长时间内先民的食物结构基本保持不变。少量个体具有迥异的稳定同位素数据，初步推测可能为移民。

第二节　金茂园墓群出土动物和人骨稳定同位素分析

一、样品来源与测试分析

（一）考古学背景与样品的选择

1. 考古学背景

金茂园墓群地处山西省大同市南郊，御河西岸，十里河东岸，位于开源街与魏都大道交会处东北角。2016 年11 月，大同市考古研究所配合基础设施建设，进行抢救性保护发掘，勘探和发掘北魏墓葬67 座，出土人骨82 例。墓葬形制以单人仰身直肢葬为主，头向有朝西和朝南两种。墓地年代为北魏平城时期（公元398—494年）。

2. 样品的选择

本书共选取86例人骨样品，包括80例人骨和6例牙本质样品，以及4例羊骨样品。所选取样品尽可能选取长骨骨干部分。样品详情见表5.4。

（二）测试分析

金茂园墓群出土骨骼样品稳定同位素分析测试仪器为配备了Europa Scientific Elemental Analyser元素分析仪的Europa Scientific 20-20稳定同位素质谱仪。碳和氮稳定同位素分析所用的标准样品为IA-R068（大豆蛋白，$\delta^{13}C_{PDB}$=−25.22‰，$\delta^{15}N_{air}$=0.99‰）。IA-R068，IA-R038（1-丙氨酸，$\delta^{13}C_{PDB}$=−24.99‰，$\delta^{15}N_{air}$=−0.65‰），IA-R069（金枪鱼蛋白，$\delta^{13}C_{PDB}$=−18.88‰，$\delta^{15}N_{air}$=11.60‰），IAEA-C7（草酸，$\delta^{13}C_{PDB}$=−14.48‰）和IA-R046（硫酸铵，$\delta^{15}N_{air}$=22.04‰）的混合物体在分析胶原蛋白样品时作为质量控制样品。$\delta^{13}C$和$\delta^{15}N$值的误差均小于±0.2‰。所有数据见表5.4。

表5.4　金茂园北魏墓群人和动物骨骼稳定同位素数据

实验编号	墓葬编号	种属	性别	年龄/岁	取样部位	$\delta^{13}C$/‰	$\delta^{15}N$/‰	C含量/%	N含量/%	C/N	胶原产率/%
1464	2016DTJMY1#M2	人	男	25±	桡骨	−17.0	13.4	46.5	17.0	3.2	12.4
1465	2016DTJMY1#M3	人	无法鉴定	成年	腓骨	−15.5	12.8	45.2	16.6	3.2	17.0
1466	2016DTJMY1#M4	人	女	20±	尺骨	−9.6	8.9	45.5	16.6	3.2	12.9

续表

实验编号	墓葬编号	种属	性别	年龄/岁	取样部位	$\delta^{13}C$ /‰	$\delta^{15}N$ /‰	C含量/%	N含量/%	C/N	胶原产率/%
1467	2016DTJMY1#M6	人	女	18±	肱骨	−9.8	9.6	45.6	16.6	3.2	10.5
1468	2016DTJMY1#M7	人	女	25±	腓骨	−12.3	8.9	46.8	17.2	3.2	18.9
1469	2016DTJMY1#M8	人	女	30—35	腓骨	−12.5	10.4	54.3	19.9	3.2	16.4
1470	2016DTJMY1#M9：1	人	无法鉴定	成年	肱骨	−9.7	9.2	40.7	14.8	3.2	4.7
1471	2016DTJMY1#M9：2	人	女	未成年	肱骨	−9.8	9.3	45.7	16.5	3.2	6.7
1472	2016DTJMY1#M10	人	男	45—50	肋骨	−8.9	10.2	48.4	17.7	3.2	17.2
1473	2016DTJMY1#M11：1	人	男	50±	肢骨	−9.3	9.6	42.7	15.3	3.3	6.9
1474	2016DTJMY1#M12	人	无法鉴定	成年	肱骨	N/A	N/A	N/A	N/A	N/A	0
1475	2016DTJMY1#M13	人	男	50—55	股骨	−9.0	9.8	42.5	15.3	3.2	6.3
1476	2016DTJMY1#M14	人	女	20—24	肢骨	−9.5	9.4	45.5	16.6	3.2	15.8
1477	2016DTJMY1#M14	人	女	0.3—10	M_1	−9.1	9.7	62.1	22.7	3.2	15.6
1478	2016DTJMY1#M15	人	无法鉴定	成年	胫骨	−17.6	11.0	36.4	13.2	3.2	4.9
1479	2016DTJMY1#M16	人	女	45±	胫骨	−10.0	9.5	46.6	17.1	3.2	9.0
1480	2016DTJMY1#M17	人	女	20±	腓骨	−10.0	9.9	45.5	17.1	3.1	18.5
1481	2016DTJMY1#M18	人	无法鉴定	无法鉴定	腓骨	−11.2	9.1	46.7	16.8	3.2	6.0
1482	2016DTJMY1#M19	人	男	39—44	腓骨	−9.5	8.4	44.9	16.6	3.2	16.4
1483	2016DTJMY2#M1	人	女	40±	腓骨	−12.1	9.5	47.8	17.5	3.2	15.5
1484	2016DTJMY2#M1	人	女	0.6—8.5	I^1	−18.0	7.1	60.3	21.9	3.2	11.9
1485	2016DTJMY3#M1	人	无法鉴定	50±	股骨	−10.9	9.9	44.4	16.2	3.2	17.3
1486	2016DTJMY11#M11：2	人	无法鉴定	无法鉴定	股骨	−9.3	9.5	54.6	57.2	3.2	5.5
1487	2016DTJMY4#M2	人	无法鉴定	成年	肱骨	−10.5	9.5	54.0	19.2	3.3	5.0
1488	2016DTJMY4#M3	人	女	45—50	胫骨	−10.0	9.7	46.3	16.5	3.3	14.7
1489	2016DTJMY4#M5	人	男	25±	颅骨	−12.1	11.5	42.6	15.3	3.3	4.6
1490	2016DTJMY4#M10	人	女	40—45	肱骨	−10.0	9.7	53.9	19.6	3.2	7.6
1491	2016DTJMY4#M12	人	男	27±	胫骨	−12.4	11.5	48.5	17.6	3.2	16.1
1492	2016DTJMY4#M13	人	无法鉴定	成年	胫骨	−9.8	9.1	39.1	14.1	3.2	9.6
1493	2016DTJMY4#M14：1	人	女	20±	股骨	−8.7	8.8	43.0	15.6	3.2	6.8
1494	2016DTJMY4#M14：2	人	无法鉴定	婴儿	颅骨	−7.9	9.6	45.7	16.4	3.2	15.4
1495	2016DTJMY4#M15：1	人	无法鉴定	未成年	腓骨	−9.0	9.8	46.7	17.1	3.2	14.6
1497	2016DTJMY4#M15：2	人	无法鉴定	未成年	肱骨	−10.0	10.2	44.1	15.8	3.3	3.2
1498	2016DTJMY4#M20	人	男	35±	桡骨	−9.3	8.5	47.7	17.3	3.2	10.8
1499	2016DTJMY4#M21	人	男	22±	肩胛骨	−10.1	9.5	49.0	17.7	3.2	15.2
1500	2016DTJMY4#M22	人	男	23±	肩胛骨	−9.3	8.9	44.4	16.1	3.2	17.6
1501	2016DTJMY4#M23	人	无法鉴定	30±	颅骨	−10.3	10.1	45.5	16.6	3.2	15.2
1502	2016DTJMY 6# M1	人	女	20±	桡骨	−10.0	8.7	43.7	16.1	3.2	12.1
1503	2016DTJMY 6# M2	人	男	20—24	腓骨	−9.5	9.3	46.2	16.5	3.3	11.0

续表

实验编号	墓葬编号	种属	性别	年龄/岁	取样部位	$\delta^{13}C$ /‰	$\delta^{15}N$ /‰	C含量/%	N含量/%	C/N	胶原产率/%
1504	2016DTJMY 6# M3	人	无法鉴定	无法鉴定	颅骨	−9.8	9.4	44.8	16.2	3.2	9.7
1505	2016DTJMY 6# M3	人	无法鉴定	0.3—1.0	M_1	−11.0	9.9	47.2	17.3	3.2	14.1
1506	2016DTJMY 6# M4	人	女	45±	腓骨	−10.7	10.6	49.6	18.2	3.2	11.7
1507	2016DTJMY 6# M5	人	男	44-50	腓骨	−15.3	9.6	60.3	22.3	3.2	12.4
1508	2016DTJMY 6# M6	人	无法鉴定	无法鉴定	胫骨	−9.3	9.9	47.2	17.0	3.2	10.0
1509	2016DTJMY 6# M9	人	无法鉴定	45±	肱骨	−13.7	12.5	45.4	16.5	3.2	12.6
1510	2016DTJMY 6# M10	人	女	未成年	髋骨	−9.5	9.2	41.6	15.2	3.2	10.9
1511	2016DTJMY 6# M11	人	无法鉴定	未成年	胫骨	−10.1	9.5	43.6	15.7	3.2	5.7
1512	2016DTJMY 6# M12	人	男	25±	锁骨	−15.0	10.9	47.1	17.3	3.2	17.3
1513	2016DTJMY 6# M13	人	男	40±	尺骨	−10.1	9.0	44.4	15.5	3.3	8.9
1514	2016DTJMY 6# M15	人	无法鉴定	无法鉴定	股骨	−9.5	8.8	47.1	17.0	3.2	9.2
1515	2016DTJMY 6# M16	人	无法鉴定	未成年	胫骨	−10.1	9.0	53.5	19.2	3.2	6.3
1516	2016DTJMY 6# M18	人	女性	55±	尺骨	−10.0	9.8	45.3	16.5	3.2	18.0
1517	2016DTJMY 6# M19	人	女性	20±	腓骨	−9.5	8.7	45.8	16.7	3.2	19.0
1518	2016DTJMY 6# M21	人	女性	40±	尺骨	−10.5	10.1	43.8	15.8	3.2	13.0
1519	2016DTJMY M4	人	男	32±	尺骨	−10.4	9.4	59.6	21.9	3.2	16.1
1520	2016DTJMY M6	人	无法鉴定	未成年	肱骨	−9.4	9.8	42.2	14.9	3.3	4.5
1521	2016DTJMY M9	人	男	40±	肩胛骨	−8.2	9.1	43.0	15.6	3.2	6.7
1522	2016DTJMY M16	人	女性	45±	腓骨	−9.0	8.7	55.0	20.1	3.2	16.7
1523	2016DTJMY M25	人	无法鉴定	成年	胫骨	−9.3	8.5	89.8	33.2	3.2	7.0
1524	2017DTJMY M25	人	无法鉴定	0.6—8.5	I^1	−8.1	9.0	46.4	17.1	3.2	15.0
1525	2017DTJMY M27	人	无法鉴定	50±	颅骨	−11.3	9.4	52.6	19.3	3.2	9.0
1526	2016DTJMY M27	人	无法鉴定	2.5—15.5	M^2	−10.1	10.3	44.9	16.3	3.2	14.5
1527	2017DTJMY M28	人	女性	45—55	肱骨	−10.0	9.3	74.7	27.5	3.2	15.6
1528	2017DTJMY M31	人	无法鉴定	成年	尺骨	−8.7	8.2	41.7	15.3	3.2	14.5
1529	2016DTJMY M32	人	女性	45±	胫骨	−10.8	9.9	45.7	16.6	3.2	13.6
1530	2017DTJMY M33	人	男	30±	桡骨	−8.8	9.2	45.2	16.7	3.2	2.0
1531	2017DTJMY M33	人	男	2.5—15.5	M^2	−8.2	9.2	55.5	20.4	3.2	13.5
1532	2016DTJMY M34	人	男	50±	腓骨	−10.6	9.3	46.5	17.1	3.2	11.3
1533	2016DTJMY M35	人	无法鉴定	无法鉴定	股骨	−12.3	9.7	43.5	15.1	3.4	3.6
1534	2016DTJMY M37	人	女性	20±	腓骨	−15.3	10.9	45.5	16.9	3.1	18.3
1535	2017DTJMY N M1	人	无法鉴定	成年	股骨	−10.9	9.8	50.8	18.8	3.2	5.9
1536	2017DTJMY N M3：1	人	无法鉴定	成年	肢骨	−10.6	9.2	46.8	16.1	3.4	1.2
1537	2017DTJMY N M3：2	人	无法鉴定	未成年	胫骨	−9.5	9.0	45.3	16.6	3.2	11.0
1538	2017DTJMY N M4	人	女性	30—35	肱骨	−10.8	9.1	47.7	17.3	3.2	13.9
1539	2017DTJMY N M7	人	男	25±	肱骨	−12.1	9.5	48.3	17.4	3.2	9.6

续表

实验编号	墓葬编号	种属	性别	年龄/岁	取样部位	$\delta^{13}C$ /‰	$\delta^{15}N$ /‰	C含量/%	N含量/%	C/N	胶原产率/%
1540	2017DTJMY N M8	人	男	30—35	尺骨	−10.7	10.4	40.7	14.6	3.2	7.5
1541	2017DTJMY N M9	人	男	35—39	腓骨	−17.9	12.0	42.8	15.5	3.2	4.8
1542	2017DTJMY N M10	人	无法鉴定	40±	股骨	−13.7	10.2	51.6	18.6	3.2	14.1
1543	2017DTJMY N M12：1	人	女	25±	腓骨	−10.5	8.6	45.5	16.7	3.2	19.1
1544	2017DTJMY N M12：2	人	无法鉴定	无法鉴定	胫骨	−10.4	9.2	41.9	15.1	3.2	6.3
1545	2017DTJMY N M16：1	人	无法鉴定	未成年	锁骨	N/A	N/A	N/A	N/A	N/A	2.2
1546	2017DTJMY N M16：2	人	无法鉴定	未成年	股骨	−9.0	9.1	41.8	15.2	3.2	3.1
1547	2017DTJMY N M16：2	人	无法鉴定	2.5—15.5	M^2	N/A	N/A	N/A	N/A	N/A	0.0
1548	2017DTJMY N M21：1	人	无法鉴定	未成年	桡骨	−10.5	8.3	53.3	19.3	3.2	11.4
1549	2017DTJMY N M21：2	人	无法鉴定	18±	肱骨	−10.5	8.5	46.6	17.0	3.2	7.0
1550	2017DTJMY N M5	绵羊	N/A	N/A	N/A	−14.9	6.3	45.0	16.4	3.2	16.2
1373	2017JMYM3	绵羊	N/A	N/A	椎骨	−16.8	7.9	50.5	18.9	3.1	17.5
1374	2016JMYM1	绵羊	N/A	N/A	肩胛骨	−14.9	7.7	42.4	15.7	3.2	8.1
1375	2017JMYM7	绵羊	N/A	N/A	椎骨	−15.4	7.3	43.0	16.0	3.1	18.6

注：牙齿样品简写如下：M，臼齿；I，门齿。基于牙本质的人类个体年龄判断依据Beaumont and Montgomery（2015）[①]。N/A，表示无相关信息

二、结果与讨论

（一）污染样品的辨别

与现代骨胶原中C（41%）和N含量（15%）相比，表5.4中样品C含量平均值为47.7%±7.3%（n=86），N含量的平均值为17.8%±5.1%（n=86），二者差别不大。金茂园人和动物骨骼胶原蛋白C/N摩尔比值全部介于2.9—3.6之间，其平均值为3.2±0.05（n=86）。以上数据表明，金茂园样品骨胶原保存状况较好，可用作以下分析。

（二）动物和人的食物结构

以金茂园墓群人和动物$\delta^{13}C$和$\delta^{15}N$数据和周边相邻北魏墓群出土动物同位素数据做散点图，如图5.5所示。

如表5.4和图5.5所示，大同地区北魏时期野生动物鹿的$\delta^{13}C$（−19.2‰）和$\delta^{15}N$（2.5‰）值，表明其属于C_3类陆生食草性动物的食物结构。家畜的$\delta^{13}C$值范围为−19.2‰至−8.6‰（−14.8‰±2.8‰，n=43），其$\delta^{15}N$范围为3.3‰至9.9‰（6.5‰±1.5‰，n=43）。家畜的$\delta^{13}C$和$\delta^{15}N$值范围较大，说明其食物来源广泛，饮食结构复杂，且不同动物之间的食物结构可能存在较大差异。少数动物的食物结构主要以C_3或C_4为主，而大多数

① BEAUMONT J, MONTGOMERY J. Oral histories: a simple method of assigning chronological age to isotopic values from human dentine collagen [J]. Annals of human biology, 2015, 42: 407-414.

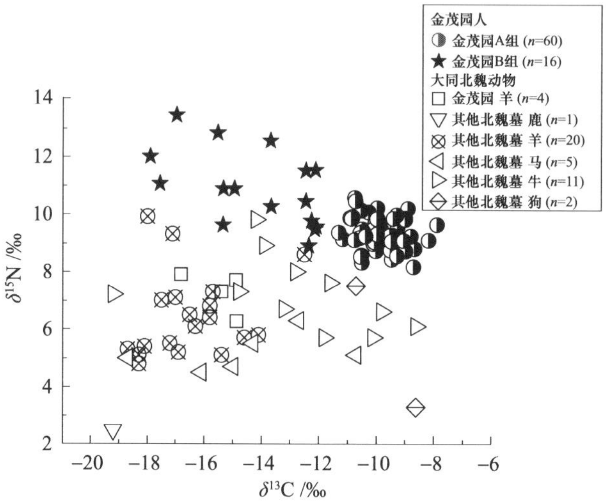

图5.5　金茂园北魏墓群人和动物骨骼$\delta^{13}C$和$\delta^{15}N$值的散点图

注：以其他北魏墓（南郊北魏墓群、金茂府墓群、水泊寺墓群）出土动物骨骼数据作为对比

家畜具有C_3和C_4混合食物结构的特征。金茂园墓群出土绵羊的$\delta^{13}C$和$\delta^{15}N$平均值分别为−15.5‰±0.9‰（n=4）和7.3‰±0.7‰（n=4），表明其和大部分北魏平城地区家畜食物结构相似，即属于C_3和C_4混合食物结构。以上野生动物和家畜的同位素数据，为金茂园先民食物结构和生计方式探讨提供了基准值。

金茂园人群的$\delta^{13}C$（−17.9‰—−7.9‰）和$\delta^{15}N$（8.2‰—13.4‰）值的变化范围很大，表明他们的食物结构较为复杂。如图5.6所示，金茂园人的$\delta^{13}C$和$\delta^{15}N$值聚类为两个不同的组（A组和B组），两组人群之间$\delta^{13}C$和$\delta^{15}N$值的One-way ANOVA分析表明他们的食物结构差异显著（P=0.00＜0.05，n=76）。大部分金茂园人群（n=60）属于A组，其$\delta^{13}C$和$\delta^{15}N$平均值分别为−9.8‰±0.1‰（范围为−11.3‰—−7.9‰）和9.3‰±0.1‰（范围为8.2‰—10.6‰）。A组人群的$\delta^{13}C$值（−9.8‰±0.1‰）较北魏平城所有动物的$\delta^{13}C$平均值（−14.9‰±2.9‰，n=44）明显较高（差值为5.1‰），表明A组人群摄取了较多的C_4类食物。此外，A组人群的$\delta^{15}N$平均值（9.3‰±0.1‰）与北魏平城所有动物的$\delta^{15}N$平均值（6.4‰±1.6‰，n=44）的差值约为2.9‰，表明A组人群的营养级水平较低。因此，A组人群可能主要以粟类作物这一C_4类植物为食。A组人群中也有部分个体均有较高的$\delta^{15}N$，表明A组人群也有少量动物蛋白的摄取，这些动物蛋白来源可能来自于以粟类作物副产品为食的家畜。

金茂园B组人群（n=16）的$\delta^{13}C$平均值为−14.2‰±0.5‰，$\delta^{15}N$平均值为10.9‰±0.3‰。与A组人群相比，B组人的$\delta^{13}C$（范围为−17.9‰—−12.1‰）和$\delta^{15}N$（范围为8.9‰—13.4‰）值的范围略大，他们的食物来源兼有C_3和C_4类，并且摄取了较多的动物蛋白。B组人群的$\delta^{13}C$值（−14.2‰±0.5‰）略高于北魏平城所有动物的$\delta^{13}C$平均值（−14.9‰±2.9‰，n=44），与该地区大部分家畜$\delta^{13}C$值的范围较接近，而B组人群的$\delta^{15}N$平均值（10.9‰±0.3‰）较当地动物的$\delta^{15}N$平均值（6.4‰±1.6‰，n=44）较高，其差值约为4.5‰，落在了一个营养级跃升的范围内。因此，我们推断当地这些具有C_3和C_4混合食物结构的家畜是B组人群的主要食物来源。然而，与B组人群中的大多数个体相比，

B组中的一小部分个体（样本编号为1464、1465、1509和1541）的$\delta^{13}C$值较低，分别为−17.0‰、−15.5‰、−13.7‰和−17.9‰，但其$\delta^{15}N$值相对较高，分别为13.4‰、12.8‰、12.5‰和12.0‰。因此，这些个体食物结构中的动物蛋白可能来自淡水鱼类资源。然而，我们不排除B组人群中的一些个体是移民的可能性。

为了检验金茂园人群的食物结构在不同性别和年龄之间可能存在的差异，这里我们对金茂园人群做了详细的显著性差异分析（表5.5）。金茂园人群男性和女性的$\delta^{13}C$值（男：−11.2‰±7.9‰，$n=21$；女：−10.5‰±2.0‰，$n=24$）和$\delta^{15}N$值（男：10.0‰±1.6‰，$n=21$；女：9.5‰±0.4‰，$n=24$）的One-way ANOVA分析数据（男：$P=0.26>0.05$；女：$P=0.1>0.05$）表明不同性别的$\delta^{13}C$和$\delta^{15}N$值之间没有显著性差异。如表5.5所示，One-way ANOVA分析发现，与15—25岁、25—35岁和35—45岁年龄组相比，15岁以下未成年个体的$\delta^{15}N$值没有显著差异（P值分别为0.46、0.18和0.15），但他们的$\delta^{13}C$值却明显较高，与以上三个年龄组之间存在显著性差异（P值分别为0.04、0.03和0.04）。可见，金茂园未成年人比以上三个年龄组人群摄入了更多的C_4类食物。故而，本文认为北魏平城儿童与成人食物结构较大的差异，可能预示着存在特定的儿童养育策略。

表5.5　金茂园北魏墓群人骨$\delta^{13}C$和$\delta^{15}N$值的One-way ANOVA分析

	数量/个	$\delta^{13}C$均值/‰	P值	$\delta^{15}N$均值/‰	P值
性别组					
男	21	−11.2±7.9	0.26	10.0±1.6	0.1
女	24	−10.5±2.0		9.5±0.4	
年龄组（单位/岁）					
<15	11	−9.5±0.2	—	9.4±0.2	—
15—25	18	−11.2±0.6	***0.04***	9.7±0.3	0.46
25—35	8	−10.6±0.5	***0.03***	9.8±0.3	0.18
35—45	13	−11.3±0.7	***0.04***	9.9±0.3	0.15
45—55	10	−10.5±0.6	0.11	9.7±0.1	0.11

注：P值在<0.05水平上有显著性差异，并以粗斜体表示；年龄组中，基于未成年人与其他各年龄组人群进行One-way ANOVA检测

（三）人骨和牙齿的稳定同位素对比分析

对人骨胶原蛋白$\delta^{13}C$和$\delta^{15}N$分析显示的是一个个体生命最后十几年的饮食结构，而牙本质胶原蛋白$\delta^{13}C$和$\delta^{15}N$分析揭示的是个体童年阶段的饮食结构。本研究对6个金茂园个体的骨骼和牙本质胶原蛋白进行了$\delta^{13}C$和$\delta^{15}N$稳定同位素分析（表5.6）。骨骼和牙本质胶原蛋白的$\delta^{13}C$和$\delta^{15}N$值分别以$\delta^{13}C_{bone}$、$\delta^{13}C_{dentine}$、$\delta^{15}N_{bone}$、$\delta^{15}N_{dentine}$表达，以上稳定同位素数据和二者之间的$\delta^{13}C$和$\delta^{15}N$差值如表5.6所示，并基于以上数据绘制图5.6、图5.7。如表5.6和图5.6、图5.7所示，除一个个体（1483）同位素值异常外（下文将详细分析），其他大多数个体的$\delta^{13}C_{bone}$和$\delta^{13}C_{dentine}$分别为−10.1‰±0.5‰和−10.8‰±1.5‰，$\delta^{15}N_{bone}$和$\delta^{15}N_{dentine}$分别为9.2‰±0.2‰和9.2‰±0.5‰。我们认为，这些个体的食物结构以C_4类为主，并食用了一定量的陆生动物蛋白质。One-way ANOVA

单因素方差分析比较两种组织（骨骼和牙本质）的稳定同位素水平，$\delta^{13}C_{bone}$与$\delta^{13}C_{dentine}$（$P=0.71>0.05$，$n=5$）以及$\delta^{15}N_{bone}$与$\delta^{15}N_{dentine}$（$P=0.94>0.05$，$n=5$）均无显著性差异。骨骼和牙本质胶原蛋白的$\delta^{13}C$和$\delta^{15}N$值相近并无显著差异，表明这五个个体在童年和成年时期的食物结构相似。虽然骨骼和牙本质稳定同位素数据没有显著差异，但这几个个体的牙本质$\delta^{13}C$值都相对高于骨骼。这也同时表明，这些个体的儿童时期可能与成年后有相对不同的食物来源，他们儿童时期摄取了相对较多的C_4类食物，这也与前文对不同年龄组个体间稳定同位素数据对比分析的结果相符，即儿童时期具有和成年不同的食物结构并且暗示存在特殊的儿童养育策略。

表5.6　金茂园北魏墓群部分个体骨骼和牙本质稳定同位素数据对比分析

实验编号	墓葬编号	取样部位	死亡年龄/岁	$\delta^{13}C_{dentine}$/‰	$\delta^{13}C_{bone}$/‰	$\delta^{13}C_{dentine\text{-}bone}$/‰	$\delta^{15}N_{dentine}$/‰	$\delta^{15}N_{bone}$/‰	$\delta^{15}N_{dentine\text{-}bone}$/‰	牙齿形成年龄/岁
1476	2016DTJMY1#M14	肋骨/M_1	20—24	−9.1	−9.5	0.4	9.7	9.4	0.3	0.3—10
1483	2016DTJMY2#M1	腓骨/I^1	40±	−18	−12.1	−5.9	7.1	9.5	−2.4	0.6—8.5
1504	2016DTJMY 6# M3	颅骨/M_1	无法鉴定	−11	−9.8	−1.2	9.9	9.4	0.5	0.3—10
1523	2016DTJMY M25	尺骨/I^1	成年	−8.1	−9.3	1.2	9	8.5	0.5	0.6—8.5
1525	2017DTJMY M27	颅骨/M^2	50±	−10.1	−11.3	1.2	10.3	9.4	0.9	2.5—15.5
1530	2017DTJMY M33	胫骨/M^2	30±	−8.2	−8.8	0.6	9.2	9.2	0	2.5—15.5

与上述五例个体相比，个体1483的$\delta^{13}C_{bone}$（−12.1‰）和$\delta^{13}C_{dentine}$（−18‰）、$\delta^{15}N_{bone}$（9.5‰）和$\delta^{15}N_{dentine}$（7.1‰）同位素值存在显著差异（表5.6和图5.6）。该个体较高的$\delta^{13}C_{bone}$和$\delta^{15}N_{bone}$值表明这位成年女性在生命的最后十几年依赖C_3/C_4混合食物和陆生动物蛋白的摄入，其中C_4类食物的比重还比较高。然而，该个体$\delta^{13}C_{dentine}$和$\delta^{15}N_{dentine}$值极低，表明她的童年主要依赖C_3植物性食物，推测其可能依赖于麦、稻等

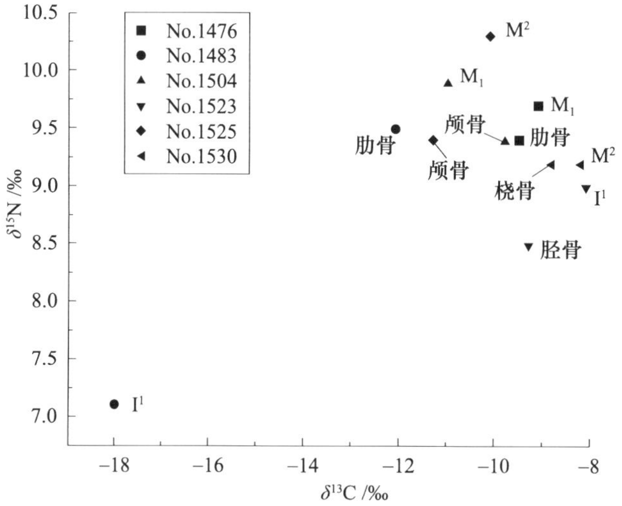

图5.6　金茂园北魏墓群人骨和牙本质$\delta^{13}C$和$\delta^{15}N$值的散点图

农业经济或者采集经济。当然，骨骼和牙本质胶原蛋白$\delta^{13}C$和$\delta^{15}N$值的显著差异，也有可能表明她是一个移民。

（四）合葬人群的食物结构

合葬是将夫妻或其他家庭成员葬在同一个墓穴（或同域）的埋葬方式①。根据考古学出土资料和体质人类学鉴定结果，大同地区北魏墓葬中的合葬墓数量较多②。此外，这些合葬墓的墓主大部分为夫妻关系，也有些是成年人和未成年人的合葬，或者均为未成年人的合葬。合葬作为一种家庭或家族成员间特殊的丧葬习俗，能够反映一段时间内的宗族制度、丧葬礼俗、家庭关系和社会组织等诸多学术问题。学者们分别从葬俗、史籍、墓铭等资料入手，对北魏合葬墓进行了探讨。《大同南郊北魏墓群》对大同南郊北魏墓群合葬墓有明确判定和分析③。齐东方在《祔葬墓与古代家庭》一文中探讨了北魏平城司马金龙夫妇合葬葬俗④。王银田和倪润安分析了丹阳王刘昶及其妻子的合葬情况⑤。朱存世对固塬的汉唐墓地中几座北朝墓和早期鲜卑的合葬墓及合葬习俗做了探讨⑥。韦正等探讨了北魏平城时代中期开始流行聚族而葬的平民族坟墓，且认为其存在由双人单棺向双人双棺的变迁；韦正还在其新著中对北魏平城单棺合葬进行了梳理⑦。张承宗依据史书和墓志资料，分析了北朝时期启墓合葬与移葬、迁葬等现象，着重探讨了北魏夫妻合葬葬俗⑧。安剑华基于考古和文献证据认为北朝夫妻合葬习俗盛行可能与佛教和儒家思想的影响有关⑨。值得注意的是，体质人类学研究也为北魏合葬墓研究提供了新视角。张全超等对大同七里村（碧桂园S2）北魏夫妻合葬墓M831墓主体质人类学研究，认为夫妻二人的特殊合葬也即拥抱葬可能是爱情的象征⑩。

---

① 齐东方. 三国两晋南北朝时期祔的葬墓［J］. 考古，1991（10）：943-949；韩国河. 试论汉晋时期合葬礼俗的渊源及发展［J］. 考古，1999（10）：69-78.

② 张国文，谷天旸. 山西大同地区北魏合葬墓研究［J］. 考古，2023（9）：100—114.

③ 山西大学历史文化学院，山西省考古研究所，大同市博物馆. 大同南郊北魏墓群［M］. 北京：科学出版社，2006.

④ 齐东方. 祔葬墓与古代家庭［J］. 故宫博物院院刊，2006（5）：26-51.

⑤ 王银田. 丹阳王墓主考［J］. 文物，2010（5）：44-50；倪润安. 怀仁丹阳王墓补考［J］. 考古与文物，2021（1）：62-67.

⑥ 朱存世. 固原南塬汉唐墓地中的几座北朝墓［M］//边疆考古研究：第15辑. 北京：科学出版社，2014：163-170.

⑦ 韦正，吴娇. 从平城到邺城——聚焦于墓葬文化的变迁［J］. 故宫博物院院刊，2021（1）：4-26；韦正. 南北朝墓葬礼制研究［M］. 上海：上海古籍出版社，2022.

⑧ 张承宗. 魏晋南北朝夫妇合葬习俗考［J］. 扬州大学学报（人文社会科学版），2010，14（1）：87-95.

⑨ 安剑华. 浅谈北朝夫妻合葬墓［J］. 四川大学学报（哲学社会科学版），2004（S1）：21-23.

⑩ ZHANG Q C, HOU X G, YANG S Y, et al. Eternal love locked in an embrace and sealed with a ring: a Xianbei couple's joint burial in North Wei era, China (386-534 CE) [J]. International journal of osteoarcheology, 2021 (31): 966-974.

表5.7　金茂园与其他北魏合葬墓人骨的$\delta^{13}C$和$\delta^{15}N$值

墓葬编号	实验编号	个体编号	性别	年龄/岁	$\delta^{13}C$/‰	$\delta^{15}N$/‰	墓主关系
JMY-M9①	1470	2016DTJMY1#M9：1	无法鉴定	成年	−9.7	9.2	无法判断
	1471	2016DTJMY1#M9：2	女	＜15	−9.8	9.3	
JMY-M11①	1473	2016DTJMY1#M11：1	男	50±	−9.3	9.6	无法判断
	1486	2016DTJMY1#M11：2	无法鉴定	无法鉴定	−9.3	9.5	
JMY-M14①	1493	2016DTJMY4#M14：1	女	20±	−8.7	8.8	母亲
	1494	2016DTJMY4#M14：2	无法鉴定	婴儿	−7.9	9.6	婴儿
JMY-M15①	1495	2016DTJMY4#M15：1	无法鉴定	＜15	−9.0	9.8	无法判断
	1497	2016DTJMY4#M15：2	无法鉴定	＜15	−10.0	10.2	
JMY-M3①	1536	2017DTJMY北M3：1	无法鉴定	成年	−10.6	9.2	无法判断
	1537	2017DTJMY北M3：2	无法鉴定	＜15	−9.5	9.0	
JMY-M12①	1543	2017DTJMY北M12：1	女	25±	−10.5	8.6	无法判断
	1544	2017DTJMY北M12：2	无法鉴定	无法鉴定	−10.4	9.2	
JMY-M21①	1548	2017DTJMY北M21：1	无法鉴定	＜15	−10.5	8.3	无法判断
	1549	2017DTJMY北M21：2	无法鉴定	18±	−10.5	8.5	
SBS-M9②	AIL0332	M9西	女	35±	***−16.5***	8.8	妻
	AIL0331	M9东	男	35—40	***−5.2***	8.1	夫
SBS-M30②	AIL0339	M30西	女	20—25	***−11.0***	9.6	母亲
	AIL0338	M30东	无法鉴定	2±	***−5.5***	10.0	婴儿
SBS-M96②	AIL0357	M96西	无法鉴定	0.5±	−5.0	9.3	婴儿
	AIL0356	M96东	女	30±	−8.4	9.0	母亲
DXGC-M138③	N/A	13DDYM138：1	N/A	N/A	−9.0	9.3	无法判断
	N/A	13DDYM138：2	N/A	N/A	−10.3	9.4	
HYGC-M7③	N/A	14DTHYM7：1	男	N/A	−9.7	10.2	无法判断
	N/A	14DTHYM7：2	女	N/A	−9.7	10.0	

① ZHANG G W, HOU X G, LI S Y, et al. Agriculturalization of the Nomad-Dominated Empires of the Northern Wei Dynasty in Pingcheng city (398-494AD): A stable isotopic study on animal and human bones from the Jinmaoyuan cemetery, China[J]. International journal of osteoarchaeology, 2021(31): 38-53.

② 侯亮亮，古顺芳，苏俊吉等．大同水泊寺北魏墓群人和动物骨骼的稳定同位素——试析北魏女性的地位［M］//.边疆考古研究：第26辑．北京：科学出版社，2019:279-295.

③ 侯亮亮，古顺芳．大同地区北魏居民生业经济的考古学观察［J］．郑州大学学报（哲学社会科学版），2018（6）：115-118.

续表

墓葬编号	实验编号	个体编号	性别	年龄/岁	$\delta^{13}C$/‰	$\delta^{15}N$/‰	墓主关系
HYGC-M32[1]	N/A	14DTHYM32：1	N/A	N/A	−9.0	10.3	无法判断
	N/A	14DTHYM32：2	N/A	N/A	−9.2	9.9	
DTNJ-M126[2]	DT-M126a	M126：a	男	＞56	−8.1	9.5	夫
	DT-M126b	M126：b	女	35-40	−8.6	8.6	妻
DTNJ-M83/84[2]	DT-M83	M83	无法鉴定	无法鉴定	***−15.8***	11.5	无法判断
	DT-M84	M84	女	成年	***−8.7***	9.4	

注：N/A，无相关信息。简写：JMY，金茂园墓群；SBS，水泊寺墓群；DXGC，东信广场墓群；HYGC，华宇广场墓群；DTNJ，大同南郊墓群。稳定同位素数据差异显著的以粗斜体表示

大部分合葬墓主共用墓穴和葬具，即同穴单棺合葬墓。但是大同南郊北魏墓群合葬墓NJ-M83/84的两个个体是同穴异棺合葬；依据考古发掘基础资料和体质人类学鉴定结果，我们对大同北魏墓群合葬墓墓主关系做了初步推测，但是更准确的判断需要未来古DNA等多学科方法的介入

对北魏平城合葬墓个体的食物结构分析，有助于揭示家庭成员的经济和社会状况，对研究北魏丧葬习俗也具有一定的参考意义。之前虽然有对北魏平城墓葬出土人骨的稳定同位素分析，但对合葬墓个体的食物结构、生业经济和家庭状况等潜在尚未全面揭示。本节对大同金茂园北魏墓葬中的合葬墓个体进行稳定同位素分析，并对已发表的其他北魏平城墓葬出土人骨同位素分析中的合葬墓个体数据进行梳理，相关数据见表5.7和图5.7。

如表5.7和图5.7所示，合葬墓大多数个体的$\delta^{13}C$和$\delta^{15}N$值非常相似，表明这些家庭成员之间的食物结构高度一致，这也符合基本常识。然而，大同水泊寺北魏墓群合葬墓SBS-M9、SBS-M30和大同南郊北魏墓群合葬墓DTNJ-M83/84个体间的$\delta^{13}C$值存在显著差异，但SBS-M9和SBS-M30合葬墓主间的$\delta^{15}N$值基本相同，而且NJ-M83/84合葬墓主间的$\delta^{15}N$值差异也较小。虽然以上两组合葬墓墓主的$\delta^{15}N$值相近，表明其动物蛋白摄取情况类似，但是其$\delta^{13}C$值差异较大，表明一个家庭成员主要依赖于以C_4类食物（可能是粟类作物和/或以粟类作物副产品为饲料的家畜），而另一个家庭成员则依赖于C_3和C_4混合食物来源，可见这些家庭成员间的食物结构和生活方式存在显著差异。

现代实验和古代人骨样品的稳定同位素分析表明，哺乳期的母亲和婴幼儿之间的$\delta^{13}C$和$\delta^{15}N$值差异显著。由于婴幼儿在哺乳期内食物主要来源于母乳，故而其要比母亲高一个营养级。随着断奶过程的开始，婴幼儿的$\delta^{13}C$和$\delta^{15}N$值会随着辅食或者和成人

① 侯亮亮，古顺芳．大同地区北魏居民生业经济的考古学观察［J］．郑州大学学报（哲学社会科学版），2018（6）：115-118.

② ZHANG G W, HU Y W, et al. A paleodietary and subsistence strategy investigation of the Iron Age Tuoba Xianbei site by stable isotopic analysis: a preliminary study of the role of agriculture played in pastoral nomad societies in northern China[J]. Journal of archaeological science: reports, 2015(2): 699-707.

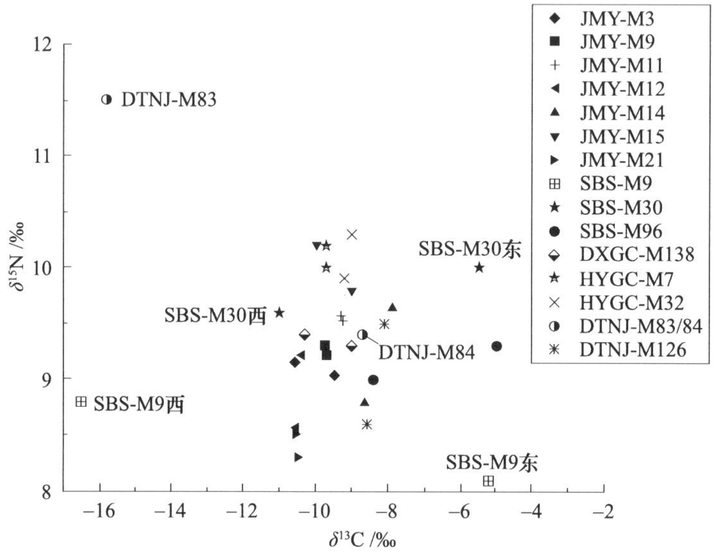

图5.7　金茂园与其他北魏合葬墓人骨$\delta^{13}C$和$\delta^{15}N$值的散点图

注：墓葬简写参见表5.7

相同食物的持续摄入而逐渐接近成年人。一旦婴幼儿完全断奶，随着母乳喂养的终止，他们的$\delta^{13}C$和$\delta^{15}N$值会几乎与他们的母亲相同①。金茂园合葬墓中母亲的$\delta^{13}C$（−8.7‰）和$\delta^{15}N$（8.8‰）值表明，她主要依赖C_4植物性食物，可能为粟类食物，同一合葬墓中婴儿个体$\delta^{13}C$（−7.9‰）和$\delta^{15}N$（9.6‰）值仅比母亲的同位素值略高（$\delta^{13}C$和$\delta^{15}N$均高0.8‰），这表明婴儿已经断奶或在开始母乳喂养前已死亡。大同水泊寺北魏合葬墓SBS-M30和SBS-M96中两个女性成年个体的$\delta^{13}C$值较高，$\delta^{15}N$值几乎相同，表明她们以粟类作物为食，并摄取了一定比例的动物蛋白。而SBS-M30和SBS-M96中另一个合葬的婴儿个体（分别为2±和0.5±岁）的$\delta^{13}C$值明显高于各自的母亲，表明这两个合葬墓中的婴儿食用了更多的粟类食物。SBS-M30和SBS-M96的婴儿与母亲$\delta^{13}C$值差异较大（分别为5.5‰和3.4‰），$\delta^{15}N$值差异较小（分别为0.4‰和0.3‰），说明婴儿可能没有摄入母乳。结合婴儿的年龄，推测2±岁个体婴儿可能已经结束哺乳期，并被喂养了较多的粟类食物。另一个0.5±岁的婴儿个体则可能是尚未进入哺乳期就已经死亡，故而展现了以上的稳定同位素状况。

根据这些婴儿比母亲相对较高的$\delta^{13}C$和$\delta^{15}N$值，我们推测他们在断奶后或开始母乳喂养之前，由粟类食物和乳制品喂养，乳制品可能可能来自牛、马或羊等的奶制品。贾思勰的《齐民要术》记载了北方黄河流域先民有牛奶和奶酪等乳制品的加工和食用

① FULLER B T, FULLER J L, HARRIS D A, et al. Detection of breastfeeding and weaning in modern human infants with carbon and nitrogen stable isotope ratios [J]. American journal of physical anthropology, 2006, 129: 279-293.

的生活习惯①。不过，该书没有任何关于婴儿喂养乳制品的记录。因此，以上的结论仍然需要更多的证据来验证。

三、小　结

通过对大同金茂园北魏墓群出土动物和人骨/牙本质的碳、氮稳定同位素分析，本节对金茂园北魏人群的食物结构和生计方式进行了揭示。

金茂园出土绵羊的稳定同位素分析，表明其主要依赖C_3和C_4混合食物。金茂园大多数人的$\delta^{13}C$和$\delta^{15}N$值较高，表明他们的植物类食物来源于粟类作物，并同时摄入了较多的陆生动物蛋白资源。同时，部分金茂园个体同时具有较低的$\delta^{13}C$值和较高的$\delta^{15}N$值，表明他们的食物来源兼有C_3和C_4类，动物蛋白摄取也较多，除了主要来源于陆生系统外，可能也有部分的淡水鱼类资源。以上研究表明，金茂园人群的生计方式兼有粟类经济、畜牧业经济和渔猎经济，生计方式均有复杂化的特征。与此同时，我们不排除其中一些同位素异常个体也可能是移民的可能性，特别是有历史证据表明北魏平城时期都城有大量的移民活动②。金茂园墓群不同性别和大部分年龄组间人群的$\delta^{13}C$和$\delta^{15}N$值无显著差异。然而，金茂园未成年个体与其他年龄段个体的$\delta^{13}C$值差异显著，$\delta^{15}N$值也普遍略高，这表明了金茂园人群可能存在着特殊的儿童养育策略，从而导致未成年和成年人之间出现食物结构差异显著的结果。

本节还对6例金茂园个体的骨骼和牙本质胶原蛋白进行了碳、氮稳定同位素分析。5例个体的骨骼和牙本质之间的$\delta^{13}C$和$\delta^{15}N$值相近，表明他们在整个生命周期中食物结构宏观上来看比较一致，即主要来源于粟类作物并摄取了一定量的陆生动物蛋白。然而，这5例个体的牙本质$\delta^{13}C$值都相对高于骨骼。这表明，这些个体的儿童时期可能与成年后有相对不同的食物来源，他们的儿童时期摄取了相对较多的粟类食物，这也与前文对不同年龄组个体间稳定同位素数据对比分析的结果相符，即儿童时期具有和成年略微不同的食物结构。此外，另一例成年女性个体的骨骼和牙本质之间的$\delta^{13}C$和$\delta^{15}N$值有显著差异，这表明她的童年和成年期间食物结构差异显著，因此推断她可能是移民。

金茂园和其他相邻北魏合葬墓个体的稳定同位素研究表明，北魏平城合葬墓中的大多数人的$\delta^{13}C$和$\delta^{15}N$值几乎相同，这表明同一家庭成员间的食物结构高度一致。然而，少数家庭成员间的食物结构有显著差异，这表明这些家庭成员的生活方式不同。北魏平城合葬墓中婴儿与母亲的$\delta^{13}C$和$\delta^{15}N$值对比分析，表明两例婴儿个体均未处于哺乳期，年长的婴儿个体可能已经断奶，而年幼的婴儿个体则可能夭折从而没有进入母乳喂养期。此外，这些婴儿相比母亲较高的$\delta^{13}C$和$\delta^{15}N$值，表明他们被更多的粟类食物和乳制品喂养，也从另一个角度表明北魏平城可能存在特殊的儿童养育策略。

---

① 贾思勰．齐民要术［M］．北京：中华书局，2009．

② 魏收．魏书［M］．北京：中华书局，1974．

第三节　星港城墓群出土人骨稳定同位素分析

一、样品来源与测试分析

（一）考古学背景与样品的选择

1. 考古学背景

星港城墓群位于山西大同市御东新区，东临方特游乐园，北临南环东路。2017年5—6月，大同市考古研究所配合基本建设共发掘北魏平城时期墓葬44座。其中M13形制独特，内涵丰富，墓志纪年明确，是此次发掘的重要收获之一[①]。星港城墓群未受扰动，大部分墓葬保存完好，除M13外其他墓葬人骨的保存状况也比较好。该墓群出土陪葬品较少，且多有相似之处，主要有陶质生活器皿、陶俑、青铜器和少量玻璃器皿。值得注意的是，星港城墓群M13为贾宝夫妇合葬墓，该墓出土墓志详细记录了贾宝其人的出生地（凉州，现甘肃武威市）、埋葬地点（平城，现山西大同）和时间（公元477年），并记录了贾宝从河西走廊到首都平城的迁移行为。该出土资料为星港城墓群的年代和族属，以及北魏平城时代的迁徙行为提供了直接的证据。星港城墓群为进一步了解北魏平城时期民族融合、迁徙活动乃至北魏先民的丧葬习俗提供了新素材，也为研究北魏都城居民的饮食习惯和社会组织提供了新材料。

多学科方法已被证明在古代社会组织研究中是行之有效的[②]。Carr强调社会组织是决定丧葬习俗的主要因素之一[③]。因此，丧葬行为可以被用来揭示社会互动和文化关系。此外，因为人体组织的稳定同位素组成来自于人们消费的食物资源[④]。因此，稳定同位素分析自20世纪70年代以来被广泛运用到考古学研究中来，以探索先民的食物结构、生计方式、迁徙行为、社会地位等考古学问题。食物资源的获取往往与人群内部的社会组织密切相关，并可受各种具体因素影响，包括丧葬习俗、性别、年龄、社会地位

---

① 大同市考古研究所．山西大同北魏贾宝墓发掘简报［J］．文物，2021（6）：23-37；张海蛟，侯晓刚．山西大同北魏贾宝墓（M13）相关问题的初步研究［J］．云冈研究，2021，1（4）：39-46.

② LINDERHOLM, JONSON C H, SVENSK O, et al. Diet and status in Birka: stable isotopes and grave goods compared [J]. Antiquity, 2008 (82): 446-61; DONG Y, LIN L G, ZHU X T, et al. Mortuary ritual and social identities during the late Dawenkou period in China [J]. Antiquity, 2019, 368 (93): 378-92; FOWLER, C, OLALDE I, CUMMINGS V, et al. A high-resolution picture of kinship practices in an Early Neolithic tomb [J]. Nature, 2022, 601: 584-87.

③ CARR C. Mortuary practices: Their social, philosophical-religious, circumstantial, and physical determinants [J]. Journal of archaeological method and theory, 1995 (2): 105-200.

④ LEE-THORP J A. On isotopes and old bones [J]. Archaeometry, 2008 (50): 925-950.

和亲属关系等①。因此，结合葬式、墓向、体质人类学信息等相关考古学基础信息，骨骼稳定同位素分析可以提供一种有效的社会组织分析手段②。

古代丧葬习俗与生计方式、社会组织等密切相关，三者结合有助于全面复原古人的社会和文化面貌。然而，目前学界对北魏平城的丧葬习俗与饮食以及社会组织之间的关系仍然知之甚少。本节结合考古学、体质人类学以及稳定同位素分析方法，尝试探讨星港城北魏先民食物结构与丧葬习俗、社会组织中的身份认同（包括性别、年龄、族属、亲缘关系等）之间的内在关联。

2. 样品的选择

本节选取大同星港城北魏墓群32个墓葬出土的44例人骨样品进行碳、氮稳定同位素分析，墓主性别、年龄、取样部位以及稳定同位素数据等具体信息，如表5.8所示。星港城墓群中较为重要的贾宝墓（M13）由于人骨保存状况不佳，故本文未能收集到贾宝夫妇的人骨材料。此外，NKU35、NKU 36、NKU39、NKU 40和NKU41这5例样品取自明代墓葬，虽然不属于本研究的时间范畴，但是依然保留下来并略作探讨，为学界探讨本地区明代先民生计方式和葬俗等提供基础资料。

为了建立本地稳定同位素基准值，为探讨先民的食物结构和生计方式提供参考数据，本节纳入了44例已发表的北魏墓群出土动物骨骼稳定同位素数据，作为对比分析资料③。

① TWISS K. The archaeology of food and social diversity [J]. Journal of archaeological research, 2012 (20): 357-395; CUTET L A, PESTLE W J. Identifying high-status foods in the archeological record [J]. Journal of anthropological archaeology, 2010 (29): 413-431; BENTLEY R A, PRADIER B, KYAW A A, et al. Kinship and migration in prehistoric mainland Southeast Asia: An overview of isotopic evidence [J]. Archaeological research in Asia, 2021, 366 (25): 100260.

② LINDERHOLM, JONSON C H, SVENSK O, et al. Diet and status in Birka: stable isotopes and grave goods compared [J]. Antiquity, 2008 (82): 446-461; DONG Y, LIN L G, ZHU X T, et al. Mortuary ritual and social identities during the late Dawenkou period in China [J]. Antiquity, 2019, 368 (93): 378-92.

③ ZHANG G W, HOU X G, LI S Y, et al. Agriculturalization of the Nomad-Dominated Empires of the Northern Wei Dynasty in Pingcheng city (398-494AD): a stable isotopic study on animal and human bones from the Jinmaoyuan cemetery, China [J]. International journal of osteoarchaeology, 2021 (31): 38-53; ZHANG G W, HU Y W, et al., A paleodietary and subsistence strategy investigation of the Iron Age Tuoba Xianbei site by stable isotopic analysis: a preliminary study of the role of agriculture played in pastoral nomad societies in northern China [J]. Journal of archaeological science: reports, 2015 (2): 699-707；侯亮亮，古顺芳，苏俊吉等．大同水泊寺北魏墓群人和动物骨骼的稳定同位素——试析北魏女性的地位［M］//边疆考古研究：第26辑．北京：科学出版社,2019：279-295；侯亮亮，古顺芳．大同地区北魏时期居民食物结构的转变［M］//边疆考古研究：第23辑．北京：科学出版社，2018：297-313.

（二）测试分析

星港城墓群出土人骨样品的稳定同位素测试仪器为配备元素分析仪（vario PYRO cube，德国Elementar公司）的稳定同位素质谱仪（Isoprime100，英国Isoprime公司）。每隔12个样品放实验室标准样品一个（$\delta^{13}C_{PDB}$=−14.7‰，$\delta^{15}N_{air}$=7.1‰），用于测定结果的质量控制。结果采用两点校正，即用USGS40（$\delta^{13}C_{PDB}$=−26.39‰，$\delta^{15}N_{air}$=−4.52‰）和USGS41a（$\delta^{13}C_{PDB}$=36.55‰，$\delta^{15}N_{air}$=47.55‰）对碳、氮测定结果进行校正。$\delta^{13}C$和$\delta^{15}N$值的误差均小于±0.2‰。

表5.8　星港城北魏墓群人骨稳定同位素数据

实验编号	墓葬编号	墓向	墓葬形制	性别	年龄/岁	取样部位	$\delta^{13}C$/‰	$\delta^{15}N$/‰	C含量/%	N含量/%	C/N	胶原产率/%
NKU1	XGCM1	南北	砖室墓	不详	12—13	肱骨	−10.2	9.1	43.4	15.7	3.2	14.4
NKU2	XGCM2	南北	砖室墓	男	成年	股骨	−10.8	9.8	44.8	16.1	3.2	13.3
NKU3	XGCM3-1	南北	土质墓	男	35—40	髂骨	−11.2	10.2	45.1	16.2	3.2	9.9
NKU4	XGCM3-2	南北	土质墓	女	30—35	髂骨	−10.8	10.2	43.9	15.8	3.2	15.7
NKU5	XGCM4	南北	土质墓	男	成年	桡骨	−13.3	8.4	44.0	15.8	3.3	6.4
NKU6	XGCM5	南北	土质墓	女	25—30	股骨	−9.2	10.0	43.1	15.6	3.2	16.2
NKU7	XGCM6	南北	土质墓	女	33	股骨	−9.6	9.4	44.0	15.8	3.2	2.9
NKU8	XGCM8-1	南北	砖室墓	男	成年	肋骨	−10.8	10.4	46.1	16.6	3.2	16.5
NKU9	XGCM8-2	南北	砖室墓	男	18—20	肋骨	−10.3	9.5	44.2	15.4	3.3	15.7
NKU10	XGCM9	南北	土质墓	女	40—45	腓骨	−9.3	9.1	43.5	15.8	3.2	7.7
NKU11	XGCM10	东西	土质墓	女	30—35	桡骨	−9.4	9.2	45.2	16.2	3.3	9.9
NKU12	XGCM11	南北	砖室墓	不详	成年	颅骨	−9.5	10.4	42.7	15.3	3.2	3.9
NKU13	XGCM12	南北	土质墓	不详	成年	腓骨	−9.4	9.8	42.9	15.4	3.2	14.1
NKU14	XGCM14	东西	土质墓	男	35—45	尺骨	−10.0	10.5	44.5	15.9	3.3	10.4
NKU15	XGCM15	东西	砖室墓	男	成年	股骨	−9.4	9.6	44.0	15.9	3.2	16.0
NKU16	XGCM16-1	南北	土质墓	女	30±	尺骨	−10.0	9.2	45.2	16.2	3.3	3.6
NKU17	XGCM16-2	南北	土质墓	男	30—35	肋骨	−10.6	10.5	41.4	14.9	3.2	6.2
NKU18	XGCM17	东西	土质墓	女	18—30	桡骨	−12.2	11.6	44.5	16.0	3.2	12.5
NKU19	XGCM20	东西	土质墓	男	21—46	颅骨	−10.8	10.9	44.6	15.4	3.4	3.0
NKU20	XGCM21	南北	土质墓	男	40—45	肋骨	−11.1	9.7	45.2	16.3	3.2	11.0
NKU21	XGCM22	南北	土质墓	男	20—30	腓骨	−10.1	9.7	42.8	15.4	3.2	3.9
NKU22	XGCM24	南北	土质墓	女	成年	股骨	−10.1	9.7	43.2	15.5	3.2	2.9
NKU23	XGCM25	南北	砖室墓	女	成年	股骨	−9.4	10.0	43.3	15.6	3.2	5.4
NKU24	XGCM27-1	南北	土质墓	男	30—35	肱骨	−11.0	9.3	44.2	15.7	3.3	4.1

续表

实验编号	墓葬编号	墓向	墓葬形制	性别	年龄/岁	取样部位	$\delta^{13}C$ /‰	$\delta^{15}N$ /‰	C含量/%	N含量/%	C/N	胶原产率/%
NKU25	XGCM27-2	南北	土质墓	女	30—35	股骨	−9.9	9.6	43.4	15.5	3.3	2.2
NKU26	XGCM28	南北	砖室墓	不详	成年	股骨	−9.9	10.1	45.4	16.3	3.2	6.1
NKU27	XGCM29-1	南北	砖室墓	不详	成年	肋骨	−8.6	7.3	44.8	16.0	3.3	9.5
NKU28	XGCM29-2	南北	砖室墓	男	25—30	肱骨	−13.3	7.5	43.8	15.7	3.3	3.5
NKU29	XGCM30-1	南北	土质墓	男	40—45	跖骨	−10.4	9.2	42.7	15.6	3.2	17.9
NKU30	XGCM30-2	南北	土质墓	女	20—25	股骨	−10.6	9.5	43.4	15.8	3.2	18.0
NKU31	XGCM30-3	南北	土质墓	女	30—45	肩胛骨	−10.2	9.4	44.4	16.1	3.2	8.7
NKU32	XGCM33	南北	土质墓	不	幼儿	肢骨	−15.8	7.7	43.7	15.7	3.2	16.3
NKU33	XGCM38-1	南北	土质墓	不详	成年	胫骨	−10.0	9.3	45.1	16.0	3.3	11.8
NKU34	XGCM38-2	南北	土质墓	不详	成年	胫骨	−8.5	8.7	45.2	16.1	3.3	11.0
NKU35	***XGCM41-1***	***东西***	***土质墓***	***男***	***35—50***	***颞骨***	***−15.9***	***11.6***	***44.3***	***16.1***	***3.2***	***17.3***
NKU36	***XGCM41-2***	***东西***	***土质墓***	***男***	***成年***	***尺骨***	***−15.9***	***11.1***	***44.3***	***16.1***	***3.2***	***17.3***
NKU37	XGCM42-1	南北	土质墓	男	40—45	腓骨	***−9.9***	8.8	43.7	15.8	3.2	15.7
NKU38	XGCM42-2	南北	土质墓	女	成年	颞骨	***−8.3***	9.0	45.5	16.2	3.3	8.2
NKU39	***XGCM43-1***	***东西***	***土质墓***	***女***	***成年***	***股骨***	***−15.0***	***13.1***	***44.3***	***15.8***	***3.3***	***19.2***
NKU40	***XGCM43-2***	***东西***	***土质墓***	***不详***	***成年***	***颞骨***	***−14.2***	***10.9***	***44.6***	***16.0***	***3.3***	***18.3***
NKU41	XGCM43-3	东西	土质墓	男	成年	腓骨	−15.2	13.1	44.7	16.3	3.2	9.1
NKU42	XGCM44-1	东西	砖室墓	女	20±	肱骨	−15.0	11.0	43.2	15.4	3.3	2.5
NKU43	XGCM45	南北	土质墓	女	18—32	尺骨	−10.0	9.4	45.4	16.4	3.2	13.2
NKU44	XGCM46	南北	土质墓	女	35—40	颅骨	−11.0	9.8	43.9	15.7	3.3	4.9

注：样品NKU35-36和NKU39-41取自明代墓葬，以斜体表示。同一墓号用1和2来区别个体的，如XGCM29-1和XGCM29-2，表明二者为合葬墓内的不同个体

二、葬俗分析

基于以往的分析，古代葬俗研究可以从多个方面进行，如墓葬空间布局（如墓葬方向、间距、位置等）、墓葬形制、墓式、随葬品组合等①。在本研究中，葬俗分析的内容主要包括墓葬空间布局、墓葬形制和葬式。

① BINFORD L R. Mortuary practices: their study and their potential [J]. Memories of the Society for Amrican Archaeology, 1971 (25): 6-29; MILLAIRE J F. The Manipulation of human remains in Moche Society: delayed burials, grave reopening, and secondary offerings of human bones on the Peruvian North Coast [J]. Latin american antiquity, 2004 (15): 371-89.

（一）墓葬空间布局

如图5.8所示，星港城墓群出土墓葬的方向大致可分为南北（86.4%）和东西（13.6%）向。从各自占比看，南北向墓葬数量占据绝大多数。除土质墓外，南北向和东西向墓葬的墓室大多分别位于各自墓道的北面和东面。其中，M33（婴儿个体）虽然是南北方向，但其墓室位于墓道的南面，所以与其他墓葬不同，可能预示着这个婴儿个体与其他大部分人群不一样的葬俗。东西向墓葬数量较少，且分布分散，这可能表明这些死者具有和大部分南北向人群不一样的社会关系，如他们可能属于同一社会亚群。星港城墓群多呈南北向排列，其中最大的墓葬为M13和M30，分布在墓群的东部，且周围的墓葬数量少而稀疏，可见这几个墓葬享用的墓地空间最大，可能具有较高的家族或社会等级。如图5.8所示，婴儿（M33）和青少年个体（M1）的单独埋葬并被安排在墓地的最外围，这意味着他们处在这个族群的核心家庭或家族之外。然而，这可能也表明存在一种特殊的儿童丧葬习俗。这两个未成年个体的墓葬分别与相邻的M2和M32平行，距离也非常近，这表明他们可能是被用来祔葬长辈的。

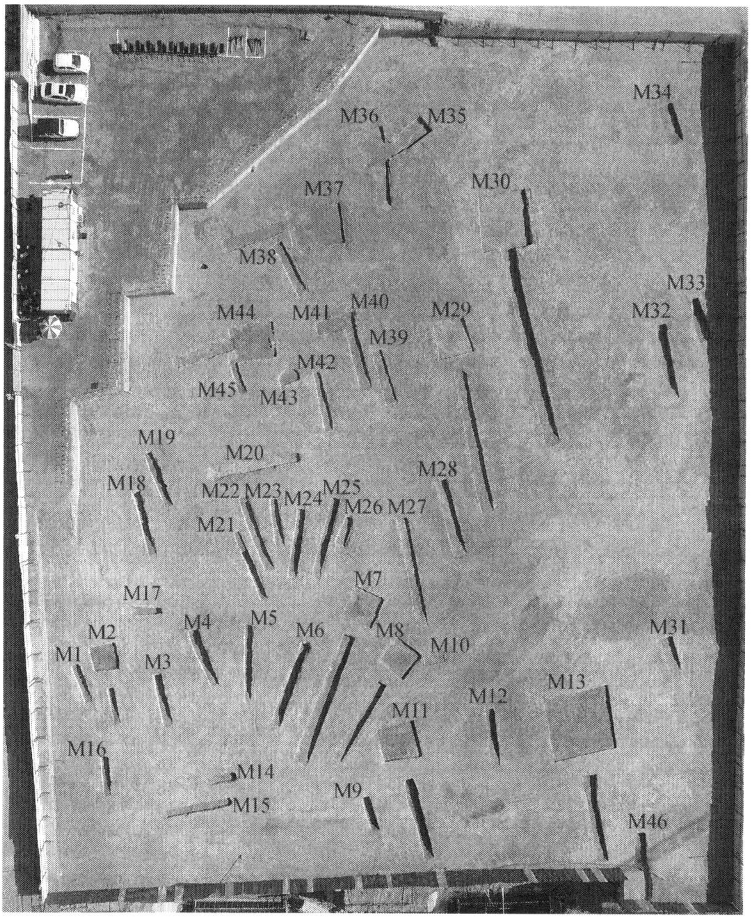

图5.8　星港城北魏墓群墓葬分布图
（大同市考古研究所侯晓刚供图）

根据此前对北魏平城墓葬的考古学研究，不同的墓葬方向可能代表着不同的丧葬习俗、族属抑或社会地位①。在北魏平城，东西向墓葬所代表的族属可能是拓跋族鲜卑或其他游牧民族，而南北向墓葬所代表的族属则可能是受汉人或受中原农耕文化影响的其他北方民族②。北魏皇帝在平城保持着传统的拓跋先祖丧葬习俗，在埋葬当天举行仪式向西方神灵祈祷③。此外，北魏皇帝还在平城西郊举行国家祭祀仪式④。故而，东西向墓葬的先民可能是北方游牧民族（如拓跋鲜卑）或移民。值得注意的是，北魏平城移民人口众多，人群和文化的融合较为频繁，可能会给丧葬习俗和族属的判定带来困难。因此，我们也不排除一些南北向墓葬所属个体也是游牧民族的可能性。

（二）墓葬形制

根据墓葬结构，星港城北魏墓葬可分为长方形土坑竖穴墓（6.8%）、带长斜坡墓道的土洞墓（68.2%）和带长斜坡墓道的方形砖室墓（25%）三大类。如图5.8所示，基于社会地位和经济实力的角度考虑，墓室较大且墓道较长的墓葬（如M8、M11、M13、M29、M30和M44）所属的个体可能比其他个体具有更高的社会和经济地位⑤。所有土质墓和大部分砖室墓都使用木棺。有一些砖室墓，例如M2和M25，死者的尸体可能是直接放置于砖质棺床上，而不再放置木棺。这种丧葬方式并不多见，主要流行于平城中后期⑥。

北魏时期，受河西（公元304—439年）和中原（公元前202—316年）汉晋文化的影响，北方宗族关系日益密切，出现了大量的家族墓葬和合葬墓⑦。双人葬和多人葬可能是如夫妇和子女、子女之间、其他家庭或宗族成员之间的合葬习俗。在星港城墓群共发现有13组合葬墓，其中M3、M16、M27、M42等合葬墓可能多为夫妻关系。然而，M8中合葬的两个个体均为成年男性，可能具有血亲关系。从整体上看，星港城墓群先民的社会关系主要体现出姻缘关系而非血缘关系。然而，以上关于合葬墓先民家庭和社会关系，尤其是亲缘关系的探讨，需要未来通过分子生物学等方法来进行验证。

（三）葬式

星港城墓群的单人土质墓，墓主的葬式均为仰身直肢（图5.9）。单人和多人砖室

---

① 山西大学历史文化学院，山西省考古研究所，大同市博物馆．大同南郊北魏墓群［M］．北京：科学出版社，2006．

② 曹臣明．平城附近鲜卑及北魏墓葬分布规律考［J］．文物，2016（5）：61-69．

③ 魏收．魏书［M］．北京：中华书局，1974．

④ 杨永俊．论拓跋鲜卑的西郊祭天［J］．民族研究，2002（2）：44-53．

⑤ PEARSON R, LEE J W, KOH W Y, et al. Social ranking in the Kingdom of Old Silla, Korea: analysis of burials [J]. Journal of anthropological archaeology, 1989 (8): 1-50.

⑥ 倪润安．光宅中原——拓跋至北魏的墓葬文化与社会演进［M］．上海：上海古籍出版社，2017．

⑦ 倪润安．光宅中原——拓跋至北魏的墓葬文化与社会演进［M］．上海：上海古籍出版社，2017．

图5.9　星港城北魏墓群出土的单人葬墓和合葬墓
（大同市考古研究所侯晓刚供图）

墓葬的人骨大多散乱，可能为二次葬。在双人合葬土质墓（M3、M16、M18、M27和M31）中，均埋葬有两个成年个体，经鉴定为一男一女，推测应为夫妻。如图5.10所示，土质墓的男女个体均被安置在一个木棺里，葬式特殊，呈现面对面相向而葬的姿势，部分双人合葬墓的人骨呈现拥抱的姿态，这表明死者间有着亲密的关系，同时表现出相对平等的家庭和社会地位，可能为爱情的象征①。然而，这种单棺夫妻双人相拥合葬，也可能是拓跋鲜卑早期殉人习俗的延续，是一种旧俗的表现，这种残酷的葬俗在北魏平城后期逐渐减少，至北魏洛阳时期几乎不见②。

星港城墓群还发现有砖室多人合葬墓，一般埋葬有三至四人。如M44，为长斜坡方形大砖室墓，葬有四个个体。其中，可以鉴定出两个年轻女性（M44-1，20±岁；M44-2，25—30岁），其他两个个体由于骨骼散乱且保存较差，性别和年龄无法鉴定。由于大部分砖室墓的人骨散乱且保存相对较差，姓名和年龄等信息不明，故而较难确定死者的葬式和亲缘关系。

① ZHANG Q C, HOU X G, YANG S Y, et al. Eternal love locked in an embrace and sealed with a ring: A Xianbei couple's joint burial in North Wei era, China (386-534 CE) [J]. International journal of osteoarcheology, 2021 (31): 966-974.

② 张国文，谷天旸. 山西大同北魏合葬墓研究［J］. 考古，2023（9）：100—114.

三、骨骼稳定同位素分析

（一）污染样品的辨别

与现代骨胶原中C（41%）和N含量（15%）相较，表5.8中样品C含量平均值为44.1%±0.9%（n=44），N含量的平均值为15.8%±0.3%（n=44），与现代骨骼样品差别不大。此外，星港城墓群先民骨骼胶原蛋白C/N摩尔比值全部介于2.9—3.6之间，其平均值为3.2%±0.05（n=44）。再次，所有样品的骨胶原产率平均值为10.4%±5.4%（n=44）。以上结果表明，本研究所选取样品的胶原蛋白保存状况较好，可用作相关稳定同位素分析。

（二）先民的食物结构和生计方式

动物骨骼的δ^{13}C和δ^{15}N值，可以建立当地稳定同位素分析基准值，为我们提供先民营养级水平、家畜饲养方式以及生存环境等相关信息。本研究没有提取到星港城墓群出土的动物骨骼样品，故而这里以相邻北魏墓群出土动物骨骼的δ^{13}C和δ^{15}N值作为对比数据。以星港城墓群先民与相邻北魏墓群出土动物骨骼的δ^{13}C和δ^{15}N值做散点图（图5.10）。

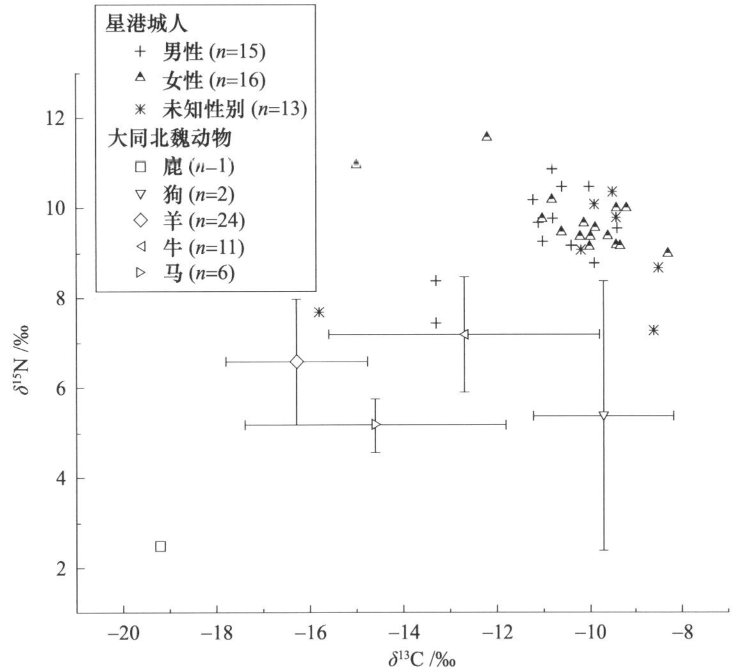

图5.10　星港城北魏墓群人骨δ^{13}C和δ^{15}N值的散点图

注：以其他北魏墓（南郊北魏墓群、金茂园墓群、金茂府墓群、水泊寺墓群）出土动物骨骼数据作为对比，以误差棒显示

如图5.10所示，星港城墓群先民$\delta^{13}C$值分布于−15.9‰—−8.3‰范围之内，表明人群的植物类食物资源摄取范围较广。先民较高的$\delta^{13}C$平均值（−11‰±2.1‰，n=44），表明大部分人群主要依赖C_4类食物，推测直接来自粟类作物，或者间接来自于以粟类资源为食的家畜，这表明星港城先民对粟作农业经济的依赖较大。星港城少数人群依赖C_3和C_4混合食物资源，表明除了粟类食物外，还有一些C_3食物的摄取，如来自C_3类谷物（稻、麦、豆），或者间接来自于以C_3和C_4混合资源为食的家畜。星港城墓群先民的$\delta^{15}N$值分布于7.2‰—13‰范围之内，分布也比较分散，表明先民食物中在肉食资源的获取上存在较大的差异。总体上，先民$\delta^{15}N$平均值为9.8‰±1.2‰（n=44），略高于北魏时期当地动物的$\delta^{15}N$平均值（6.4‰±1.6‰，n=44），表明大部分人群摄取了较多的肉食资源，可能来自于畜牧业的贡献。而个体NKU39和NKU41具有较高的$\delta^{15}N$值，表明其也可能摄取了部分淡水鱼类资源。另外，个体NKU5、NKU27、NKU28、NKU32具有较低的$\delta^{15}N$值，表明相比其他个体其摄取了较多的植物类食物资源。

然而，我们不排除另一种可能性，即这些$\delta^{15}N$值相对较高的个体仍然是以植物资源为食。但是这样植物类资源尤其是粮食作物可能在种植期间经历过施肥，从而使这些植物具有较高的$\delta^{15}N$值①。北魏农书《齐民要术》记载了中国北方农作物种植中使用动物骨汤和粪便作为肥料的耕作经验②。本文关于施肥的推测有待于未来通过对动物骨骼和谷物遗存的碳、氮同位素分析来验证。刘珊等对北魏平城太官仓储遗址出土的炭化粟稳定同位素分析，即发现了对这些作物可能有施肥行为③。然而，也不排除另一种可能性，即$\delta^{13}C$值较低而$\delta^{15}N$值较高的星港城个体（不包括婴儿个体NKU32）是移民。不过，利用碳、氮稳定同位素分析对北魏平城北魏先民迁徙行为的判断还存在不少问题，尚需要更多方法和证据的支撑。

为了检验不同性别和年龄星港城先民间是否存在食物结构和生计方式的差异，本文对星港城人骨$\delta^{13}C$和$\delta^{15}N$值进行了Kruskal-Wallis检验。如表5.9所示，不同性别组间$\delta^{13}C$（P=0.045）和$\delta^{15}N$（P=0.936）值对比分析表明，男女间植物类食物摄取情况差异显著，但蛋白资源摄取情况无显著差异。未成年组与15—30岁组、15—30岁组与30—45岁组的$\delta^{13}C$和$\delta^{15}N$值无显著性差异。但未成年组与30—45岁组的$\delta^{15}N$值（P=0.043＜0.05）差异显著。由此推测，与30—45岁组先民相比，星港城未成年人的肉食资源摄入量明显较少。婴儿个体（NKU32）的墓道较长，墓室也相对较大，这可能意味着其在家庭或家族中具有某种特殊的经济和社会地位。结合该个体相对较低的$\delta^{13}C$（−15.8‰）和$\delta^{15}N$（7.7‰）值，我们认为星港城先民可能存在特定的育儿策略和丧葬习俗。与星港城未成年个体同位素数据不同的是，大同金茂园墓群未成年个体的

---

① BOGAARD A, HEATON T H, POULTON P R, et al. The impact of manuring on nitrogen isotope ratios in cereals: archaeological implications for reconstruction of diet and crop management practices [J]. Journal of archaeological science, 2007 (340): 335-343.

② 贾思勰. 齐民要术［M］. 北京：中华书局，2009.

③ 刘珊，弓月，张国文等. 丝绸之路东端大都会粮仓中的谷物：大同操场城北魏太官粮储遗址炭化粟的C、N稳定同位素分析［J］. 第四纪研究，2022，42（1）：144-157.

稳定同位素分析，表明金茂园儿童摄取了较多的粟类食物和动物蛋白①。两个墓群儿童食物结构差异较大，表明北魏平城先民的儿童抚育策略具有多样化的特征。

表5.9　星港城北魏墓群人骨$\delta^{13}C$和$\delta^{15}N$值的Kruskal-Wallis检验

		数量/个	$\delta^{13}C$均值/‰	*P*值		$\delta^{15}N$均值/‰	*P*值	
性别	男	15	−10.9±1.1	***0.045***		9.6±0.9	0.936	
	女	16	−10.3±1.5			9.8±0.7		
年龄	＜15	2	−13.0±4.0	—	—	8.4±0.9	—	—
	15—30	9	−11.2±1.9	0.344	—	9.7±1.2	0.098	—
	30—45	15	−10.3±0.6	0.550	0.331	9.7±0.6	0.811	***0.043***
墓向	南北	33	−10.4±1.4	0.612		9.4±0.8	***0.017***	
	东西	6	−11.1±2.2			10.5±0.9		
墓葬形制	砖室墓vs土质墓	11	−10.7±1.9	0.881		9.5±1.2	0.344	
		28	−10.5±1.5			9.6±0.8		
	大墓室/长斜坡墓道vs其他	10	−11.0±1.9	0.214		9.4±1.2	0.948	
		29	−10.4±1.5			9.6±0.8		

注：*P*值在＜0.05水平具有显著性差异，以粗斜体表示

为了检验与墓葬方向相关的先民食物结构存在差异的可能性，表5.9比较了不同墓葬方向的星港城先民的$\delta^{13}C$和$\delta^{15}N$值。南北向和东西向墓葬的$\delta^{13}C$值（分别为−10.4‰±1.4‰和−11.1‰±2.2‰）没有显著差异（P=0.612），表明这两种墓向的先民的植物类食物来源较为相似。不过，他们的$\delta^{15}N$值差异显著（P=0.017＜0.05），表明东西向先民比南北向摄取了更多的动物蛋白，当然也不排除东西向先民是来自外地的移民。如表5.9所示，土质墓与砖室墓、长斜坡墓道大砖室墓葬与其他墓葬类型相比，先民的$\delta^{13}C$和$\delta^{15}N$值没有显著差异，表明这些墓葬先民的食物结构和生计方式相对一致。

如表5.10所示，大部分星港城合葬墓先民的$\delta^{13}C$和$\delta^{15}N$值几乎相同，这表明这些家庭或家族成员之间的食物结构高度一致，经济和社会地位可能比较相似。其中有个例外，即M29两个合葬者的$\delta^{15}N$值相近，但$\delta^{13}C$值差异显著。M29合葬者中的一个个体XGCM29-2具有以C_3和C_4为基础的混合食物结构，而另一个个体XGCM29-1则完全依赖C_4类食物，与当地大部分北魏人群的食物结构相似。本文推测XGCM29-2可能为移民。此外，合葬墓M29和M42的两个个体、合葬墓M38其中一个个体M38-2等先民的$\delta^{15}N$值相对较低，表明动物蛋白的摄取较少。总的来说，合葬墓所代表的大多数家庭成员依赖于粟作经济和畜牧业经济，粟类食物和动物蛋白的摄取较多。同一家庭或家族的少数成员，如XGCM29-2与大部分人群迥异的食物结构，表明其可能为移民。

① ZHANG G W, HOU X G, LI S Y, et al. Agriculturalization of the Nomad-Dominated Empires of the Northern Wei Dynasty in Pingcheng city (398-494 AD): a stable isotopic study on animal and human bones from the Jinmaoyuan cemetery, China [J]. International journal of osteoarchaeology, 2021 (31): 38-53.

星港城M13为贾宝夫妻合葬墓，虽然没有稳定同位素分析数据，但该墓出土的墓志明确记载了墓主是来自甘肃武威的移民，可能是随着北魏拓跋焘征服西凉后的大规模移民活动而来到平城。贾宝墓的墓葬形制、墓向和墓葬空间布局，表明其在星港城墓群中属于家族或社会地位较高的家庭，该墓群也有可能是贾宝及其族群的家族墓地①。因而，本节通过稳定同位素分析所揭示的星港城存在的移民现象，是与史书和出土文献所记载的北魏平城移民活动相契合的。

表5.10　星港城合葬墓人骨的$\delta^{13}C$和$\delta^{15}N$值

墓葬编号	实验编号	个体编号	性别	年龄/岁	$\delta^{13}C$/‰	$\delta^{15}N$/‰
XGC-M3	NKU3	XGCM3-1	男	35—40	−11.2	10.2
	NKU4	XGCM3-2	女	30—35	−10.8	10.2
XGC-M8	NKU8	XGCM8-1	男	成年	−10.8	10.4
	NKU9	XGCM8-2	男	18—20	−10.3	9.5
XGC-M16	NKU16	XGCM16-1	女	30±	−10.0	9.2
	NKU17	XGCM16-2	男	30—35	−10.6	10.5
XGC-M27	NKU24	XGCM27-1	男	30—35	−11.0	9.3
	NKU25	XGCM27-2	女	30—35	−9.9	9.6
XGC-M29	NKU27	XGCM29-1	未知	成年	***−8.6***	7.3
	NKU28	XGCM29-2	男	25—30	***−13.3***	7.5
XGC-M30	NKU29	XGCM30-1	男	40—45	−10.4	9.2
	NKU30	XGCM30-2	女	20—25	−10.6	9.5
	NKU31	XGCM30-3	女	30—45	−10.2	9.4
XGC-M38	NKU33	XGCM38-1	未知	成年	−10.0	9.3
	NKU34	XGCM38-2	未知	成年	−8.5	8.7
XGC-M42	NKU37	XGCM42-1	男	40—45	−9.9	8.8
	NKU38	XGCM42-2	女	成年	−8.3	9.0

注：粗斜体，表示个体间同位素差异显著

星港城墓群部分双人单棺合葬墓中的男女墓主相向或相拥而葬，例如NKU3-NKU4、NKU16-NKU17、NKU24-NKU25、NKU37-NKU38，本文对这一特殊葬俗的先民进行了稳定同位素数据对比分析。结果显示，这些可能为夫妻的家庭成员间的$\delta^{13}C$和$\delta^{15}N$值非常接近甚至相同。此外，星港城墓群M30为一男二女的三人（NKU29-NKU30-NKU31）合葬，可能为一夫二妻，或者一夫一妻一妾，这一家庭三人之间的$\delta^{13}C$和$\delta^{15}N$值也非常接近。以上家庭或家族成员间较为相似或相同的$\delta^{13}C$和$\delta^{15}N$值，表明他们的食物结构和生计方式高度一致。

① 大同市考古研究所. 山西大同北魏贾宝墓发掘简报［J］. 文物，2021（6）：23-37；张海蛟，侯晓刚. 山西大同北魏贾宝墓（M13）相关问题的初步研究［J］. 云冈研究，2021，1（4）：39-46.

星港城明代墓葬M41和M43均为双人土质合葬墓。其中M41为两位成年男性合葬，M43为一女性与另一位性别不明者合葬，均为双棺合葬。M41和M43出土人骨稳定同位素分析表明，合葬者之间食物结构类似，生计方式相同，反映家庭或家族成员间经济形态和社会地位相似。然而，M41和M43明代个体与星港城北魏人群相比，其食谱中C_3食物摄取明显较多，可能稻、麦农业经济或者畜牧经济贡献有明显提升。此外，明代人群动物蛋白摄取总体较多，也表明先民对畜牧业的依赖依然较大。

四、小　　结

本节结合大同星港城墓群的墓葬空间布置、墓葬形制、葬式等考古学信息，以及人骨的碳、氮稳定同位素分析数据，对星港城北魏先民的生计方式、家庭状况和社会组织等进行尝试性探讨。

星港城墓群出土墓葬的空间布局、形制、葬式等均比较有规律，随葬品组合简单和相似。墓葬间很少有叠压打破关系，这意味着这些墓葬几乎是同时代的。以上信息表明星港城墓群是一个经过人为刻意规划的家庭或家族墓地。星港城墓群出土人骨稳定同位素分析表明，星港城北魏先民主要依赖畜牧业经济和粟类农业经济，少数个体可能从事渔猎经济，或者可能为移民。总体来说，星港城北魏人群的家庭和社会组织体现出相对平等的特征，先民的食物结构和生计方式也体现出较为一致的特征。同时，星港城墓群也有少数个体可能具有和大部分人群不同的族属、生计方式和移民行为。

第四节　金港园墓群出土人骨稳定同位素分析

一、样品来源与测试分析

（一）考古学背景与样品的选择

1. 考古学背景

金港园墓群处于大同市南郊，北魏明堂遗址西南3千米处，其南临大同南郊北魏墓群，北为云波里路北魏壁画墓、华宇广场北魏墓群，东临东信广场北魏墓群。大同市考古研究所于2017年对该墓群进行钻探和发掘，共发掘墓葬89座。依据墓葬形制、随葬品及其组合判断该墓群是一处北魏平城时期的墓地。

2. 样品的选择

本节用于碳、氮稳定同位素分析的金港园北魏墓群样品，大部分为保存状况较好的长骨[①]。测试样品共计17例，具体信息见表5.11。

① 赵聆亦. 大同金港园墓地人骨C、N稳定同位素分析［D］. 南开大学硕士学位论文，2020.

（二）测试分析

金港园人骨样品在Iso-Analytical公司进行碳、氮稳定同位素测试，测试仪器为配备了Europa Scientific Elemental Analyser元素分析仪的Europa Scientific 20-20稳定同位素质谱仪。碳、氮稳定同位素分析所用的标准样品为IA-R068（大豆蛋白，$\delta^{13}C_{PDB}$=−25.22‰，$\delta^{15}N_{air}$=0.99‰）。IA-R068，IA-R038（l-丙氨酸，$\delta^{13}C_{PDB}$=−24.99‰，$\delta^{15}N_{air}$=−0.65‰），IA-R069（金枪鱼蛋白，$\delta^{13}C_{PDB}$=−18.88‰，$\delta^{15}N_{air}$=11.60‰）、IAEA-C7（草酸，$\delta^{13}C_{PDB}$=−14.48‰）和IA-R046（硫酸铵，$\delta^{15}N_{air}$=22.04‰）混合物在分析胶原蛋白样品时作为控制样品。$\delta^{13}C$和$\delta^{15}N$值的误差均小于±0.2‰。测试数据见表5.11。

表5.11　金港园北魏墓群人骨稳定同位素数据

实验编号	墓葬编号	墓向	墓葬形制	性别	年龄/岁	取样部位	$\delta^{13}C$/‰	$\delta^{15}N$/‰	C含量/%	N含量/%	C/N	骨胶原产率/%
JGY1	M2-1	西向	窄室墓	未成年	15	胫骨	−10.5	11.3	40.9	14.9	3.2	10.9
JGY2	M2-2	西向	窄室墓	未成年	12	胫骨	−10.7	11.3	42.7	15.9	3.1	12.6
JGY3	M4	西向	窄室墓	不明	成年	胫骨	−9.9	10.4	41.2	14.8	3.2	5.9
JGY4	M7	西向	窄室墓	男	40—47	股骨	−9.3	9.5	41.2	15.2	3.2	10.9
JGY5	M11	南向	窄室墓	男	40—45	股骨	−10.1	9.6	42.8	15.7	3.2	10.5
JGY6	M22	南向	窄室墓	男	22—35	颅骨	−9.6	10.2	43.7	16.1	3.2	13.1
JGY7	M28	南向	窄室墓	女	50—55	股骨	−8.9	9.3	41.7	15.3	3.2	18.5
JGY8	M33-1	南向	刀形墓	男	40—45	桡骨	−10.9	10.0	43.1	15.8	3.2	12.6
JGY9	M40	西向	窄室墓	女	24—30	胫骨	−9.6	11.3	40.8	15	3.2	7.7
JGY10	M41	南向	刀形墓	男	35—40	桡骨	−15.0	11.7	46.1	17.1	3.1	17.2
JGY11	M46	南向	方室墓	男	50±	腓骨	−15.2	12.2	42.8	15.6	3.2	10.2
JGY12	M57	南向	窄室墓	女	40—45	桡骨	−8.6	9.0	40.8	14.9	3.2	10.5
JGY13	M77-1	南向	刀形墓	男	20—25	锁骨	−9.1	9.4	39.4	14.4	3.2	22.8
JGY14	M77-2	南向	刀形墓	女	成年	腓骨	−8.9	9.9	41.0	14.8	3.2	7.4
JGY15	M80	南向	刀形墓	男	35—40	腓骨	−9.6	9.4	40.6	14.8	3.2	6.2
JGY16	M85	南向	窄室墓	女	30±	腓骨	−10.6	10.1	41.3	15.0	3.2	5.2
JGY17	M99	南向	窄室墓	女	20±	尺骨	−14.5	13.2	43.3	15.8	3.2	18.8

二、骨骼稳定同位素分析

（一）污染样品的辨别

金港园墓群人骨样品C含量为42.0%±1.6%（n=17），N含量为15.4%±0.7%（n=17），均与现代骨骼样品C、N含量相近，表明样品骨胶原保存状况良好。金港园墓群人骨样品C/N摩尔比值在3.1—3.2之间，其平均值为3.2±0.03（n=17），也表明所有样品保存状况良好，可用作以下的分析。

（二）先民的食物结构和生计方式

由于没有提取到金港园墓群动物骨骼样品，故而这里以相邻北魏墓群出土动物骨骼的$\delta^{13}C$和$\delta^{15}N$值作为对比，以建立金港园先民稳定同位素分析基准值。以金港园墓群与相邻北魏墓群出土动物骨骼的$\delta^{13}C$和$\delta^{15}N$值做散点图（图5.11）。

由图5.11可见，金港园北魏墓群出土人骨的$\delta^{13}C$和$\delta^{15}N$值分布分散，表明先民食物结构存在一定的差异。总体来说，金港园北魏先民的$\delta^{13}C$值的范围为−15.2‰—−8.6‰，均值为−10.6‰±2.1‰（n=17），表明他们主要依赖C_4类食物。先民的$\delta^{15}N$值的范围为9‰—13.2‰，均值为10.5‰±1.2‰（n=17），表明他们摄取了较多的动物蛋白资源。

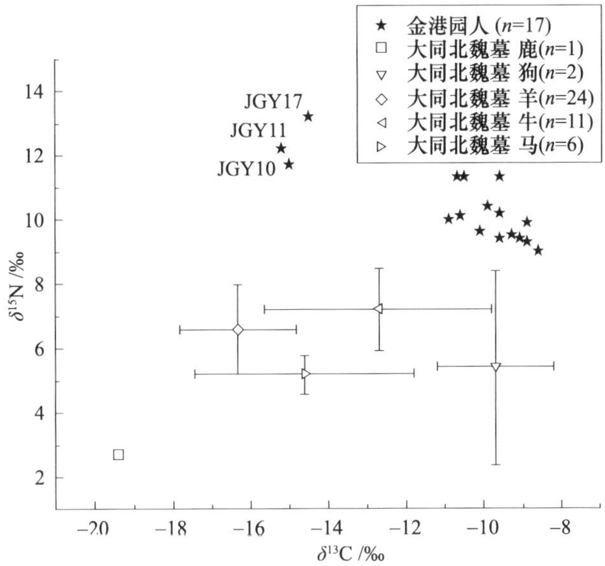

图5.11　金港园北魏墓群人骨$\delta^{13}C$和$\delta^{15}N$值的散点图

注：其他北魏墓（南郊北魏墓群、金茂园墓群、金茂府墓群、水泊寺墓群）出土动物骨骼数据作为对比，以误差棒显示

与大部分样品相比，编号JGY10、JGY11、JGY17的三个个体具有相对较低的$\delta^{13}C$值与较高的$\delta^{15}N$值。三者的$\delta^{13}C$均值为−14.9‰±0.4‰，表明其具有C_3/C_4混合食物结构。以上三个个体食物中的C_4部分，推测仍然为粟类作物或者以其为食的动物。但是他们食谱中的C_3部分，可能部分间接来自于当地以C_3植物为食的动物，即畜牧业经济所提供的家畜肉食资源。从图5.11中可以看出北魏平城家畜的食物结构复杂，具有C_3及C_3/C_4混合来源这一食物结构的动物不在少数，具有此类食物结构的家畜或野生动物很可能是这三例特殊个体的食物来源之一。三例特殊个体的$\delta^{15}N$均值为12.4‰±0.8‰，表明他们摄入了更多的动物蛋白资源。他们相比平城动物的$\delta^{15}N$均值（6.4‰±1.6‰）高6‰，超出了一个营养级（3‰—5‰）的范围，可见其营养级较高，其食谱中可能有少量淡水鱼类资源的贡献。故而，本文推测以上三个北魏先民依赖的经济形态可能有畜牧业经济或渔猎经济等，抑或兼而有之。同时，因为迥异的稳定同位素值，我们也

不排除这三例个体是移民的可能性。

除以上三例特殊个体外，其他大部分金港园先民的δ^{13}C和δ^{15}N值较为集中，说明其食物结构和生计方式较为相似。这个人群的δ^{13}C值落于−10.9‰—−8.6‰范围内，平均值为−9.7‰±0.7‰，表明其主要依赖C_4类食物，推测主要来自于粟类作物，或者以其为食的家畜。金港园主人群的δ^{15}N值分布在9.0‰—11.3‰之间，平均值为10.1‰±0.8‰，表明大部分金港园先民对肉食资源的依赖也较大，可能主要来自于畜牧业经济的贡献。金港园主人群与平城动物的δ^{15}N均值（6.4‰±1.6‰，n=44）相比，其差值约为3.7‰，落于N同位素沿营养级上升的富集值范围内（3‰—5‰），表明此类陆生动物可能是金港园先民的主要肉食来源。

金港园北魏墓群出土有几个合葬墓，例如M2和M77。合葬墓M2为两位未成年人的合葬，而M77为两位成年男女的合葬。M2和M77出土合葬个体的稳定同位素值相近，表明家庭成员间的食物结构和生计方式非常相似。

金港园先民龋齿发病率为3.93%，属于半农半牧文化人群范围。水平状、倾斜状牙齿磨耗均存在，但倾斜状牙齿磨耗更多，樊欣认为这有可能与当时农业经济和狩猎采集经济共存条件下产生的特殊饮食结构有一定关系①。JGY11的病理检测表明其牙齿磨损严重，属于异常个体。同时，该个体的δ^{13}C和δ^{15}N值也与主人群不一样。金港园墓群四例个体出现骨性疾病，JGY5男性个体胸骨柄与右侧锁骨近端相融合、胸椎椎体两处关节面相融合；JGY8男性个体椎体边缘出现骨赘，腰椎处尤其严重；JGY10男性个体第五腰椎与骶椎完全融合；JGY17女性个体骶椎腰化，第一骶骨向腰椎移行。由上文分析可知，在金港园墓群三个δ^{13}C和δ^{15}N异常值个体中，JGY10与JGY17个体均出现骨性疾病，JGY11的牙齿磨损也异常严重，可见古病理学分析所揭示的异常个体与同位素分析所揭露的特殊饮食个体间存在一定关联。

经过比较和分析，金港园先民在性别、年龄、健康状况、墓葬形制和墓向等多方面因素中并未有稳定同位素值的显著性差异。可见，金港园墓群大部分先民的食物结构、生计方式比较一致。

三、小　　结

本节对大同金港园北魏墓群17例人骨样品进行的碳、氮稳定同位素分析，对金港园北魏先民的食物结构和生计方式进行了揭示。

金港园墓群大部分人群具有较高的δ^{13}C和δ^{15}N值，表明先民主要依赖C_4类食物并且摄取了较多的动物蛋白资源，这些C_4类食物可能直接来源于粟作农业所生产的粟/黍等谷物，抑或以其副产品为食的家畜，畜牧业经济和粟作农业是先民的主要生计方式。金港园少数个体具有较低的δ^{13}C值，表明其食物中除了北方传统的粟类食物外，还明显摄取了部分C_3类食物，即其具有C_3/C_4混合食物结构特征。这部分C_3食物，我们初步推测可能间接来自于当地以C_3植物为食的动物，即畜牧业经济中的家畜。此外，这

① 樊欣. 山西大同金港园墓地人骨研究［D］. 郑州大学硕士学位论文，2020.

几个金港园个体还具有明显较高的$\delta^{15}N$值，表明其摄入了较多的肉食资源，可能主要来源于畜牧业经济所提供的家畜，或者部分来源于淡水鱼类资源。当然，不排除这几个特殊个体是移民的可能性。

第五节　其他大同北魏遗存稳定同位素分析

除了前文所述的笔者对大同地区北魏墓葬稳定同位素分析工作外①，侯亮亮等也对该地区北魏遗存（大同太官粮储遗址）出土植物以及墓葬（大同东信广场、华宇广场、御昌佳园、水泊寺、金茂府、大同二中）出土的人和动物骨骼进行了稳定同位素分析工作（数据见附表二），丰富了我们对北魏平城先民经济和社会面貌的认识。

东信广场北魏墓群位于山西省大同市南环路南侧、魏都大道东侧。2013 年，为了配合大同东信广场的建设，大同市考古研究所对该区域进行了钻探和发掘。依据墓葬形制和随葬品特征，发掘者判断该墓群的时代为北魏早中期。总体而言，该墓群墓葬形制比较一致，随葬品也没有明显差异，因此应为社会等级相近的北魏平民墓群。大同东信广场北魏墓群26例人骨的碳、氮稳定同位素分析，显示该墓群先民的食物结构差异较大，以C_3类食物为主的先民主要从事畜牧业或者渔猎经济，以C_4类食物为主的先民主要从事粟作农业经济和畜牧业。故而，侯亮亮等推断大同东信广场北魏墓群先民存在着两种不同的生计方式②。

御昌佳园北魏墓群位于山西省大同市御东新区恒安街北侧，鸿雁路西侧。2013年，为了配合大同御昌佳园住宅区的建设，大同市考古研究所对该区域进行了钻探和发掘。根据墓葬形制和随葬品特征，该墓群的时代应为北魏中期。华宇广场北魏墓群位于山西省大同市南环路南侧、魏都大道东侧，富临宝城南。2014年，为了配合大同华宇广场的建设，大同市考古研究所对该区域进行了钻探和发掘。根据墓葬形制和随葬品特征，该墓群的时代应为北魏中晚期。侯亮亮等选取了御昌佳园和华宇广场北魏墓群共计50例人骨进行了碳、氮稳定同位素分析，有效数据为37例。结果显示这两处墓群先民的食物结构相对一致，大多数居民的食物结构和大同东信广场第一组居民（北魏早中期）的食物结构相似，说明他们主要从事粟作农业和畜牧业，并以粟类作物的副产品喂养家畜。和北魏早中期居民的食物结构相比，北魏中晚期居民的食物结构更加相似。该研究认为大同地区北魏时期居民在不同阶段的食物结构发生了变化，并认为这应该和他们的生业经济转变密切相关，即“畜牧迁徙，射猎为业”的生业经济逐步萎缩，农耕经济的地位得以逐步提升③。

---

① 金港园北魏墓群人骨稳定同位素分析，为笔者和本人指导的研究生共同研究成果。

② 侯亮亮，古顺芳，张昕煜等．农业区游牧民族饮食文化的滞后性——基于大同东信广场北魏墓群人骨的稳定同位素研究［J］．人类学学报，2017，36（3）：359-369．

③ 侯亮亮，古顺芳．大同地区北魏时期居民食物结构的转变［M］//边疆考古研究：第23辑．北京：科学出版社，2018：297-313；侯亮亮，古顺芳．大同地区北魏居民生业经济的考古学观察［J］．郑州大学学报（哲学社会科学版），2018，51（6）：115-118．

水泊寺北魏墓群位于大同市御东新区，东临鸿雁路，西临水泊寺乡福严寺，南侧为天泰路，北靠御府小区。2014年，为了配合大同市政府保障性住房的建设，大同市文物考古研究所对该区域进行了钻探。2015年，大同市文物考古研究所对该墓群进行了部分发掘，发掘面积达4万平方米。水泊寺墓地的墓葬形制、随葬品及其组合，表明该墓群时代为北魏时期。大同水泊寺北魏墓群女性墓葬多为斜坡墓道土洞墓，而男性墓葬则多为土坑竖穴墓和竖井墓道土洞墓。同时，女性墓中的随葬品相对丰富，而男性墓葬的随葬品相对较少。而且，部分女性墓葬随葬动物遗存，但几乎所有的男性的墓葬中则无相关的动物遗存。显然，大同水泊寺北魏墓群女性墓葬不论是在形制和规格上，还是在随葬品及其组合上都与男性墓葬差别较大。苏俊吉和侯亮亮等对大同水泊寺北魏墓群人和动物骨骼进行了碳、氮稳定同位素分析①。结果显示，水泊寺北魏先民基本都以C_4类食物（粟类谷物或者以其副产品为食的家畜）为主，并包含一定比例的动物蛋白。此外，与之前发现的水泊寺墓群男、女墓葬形制和葬俗差异较大不同的是，不同性别的食物结构不存在显著性差异，可见水泊寺墓群先民的经济地位较为一致，这种生计方式和丧葬习俗的不一致，作者认为这与北魏平城时期粟黍农业的大发展导致先民生业经济的趋同密切相关。

金茂府北魏墓群位于大同市御河东岸、十里河北岸，平城区魏都大道与源兴街交会处西南角。2019年，为了配合金茂府住宅区的建设，大同考古研究所对该区域进行了勘查和挖掘，发掘38座北魏墓。墓葬分布集中，排列有序，大多为南北向。其中，双人合葬13座，多为侧身屈肢葬；单人墓18座，并多为仰身直肢葬。根据墓葬形制可以分为长斜坡墓道土坑墓、土洞墓和砖室墓，有的墓葬还有二层台。随葬品有陶罐、青铜器、镇墓兽等，还随葬鱼、羊、牛等动物骨骼。值得一提的是，M9、M10和M11的棺前设祭奠，即置方形或圆形漆案，案上有鱼骨和羊的肢骨、肩胛骨、脊椎骨、肋骨等。周丽琴等对大同金茂府北魏墓群人骨（27例长骨、32例肋骨）、人牙（11例）和动物骨骼（8例）进行了碳、氮稳定同位素分析②。结果显示，羊主要以C_3类植物为主，牛则主要以C_4类植物为食，可见二者具有显著不同的饲养模式。金茂府33例先民个体不同部位组织（长骨、肋骨和牙本质）总的稳定同位素数据显示，先民主要依赖C_4类食物，包含粟类谷物或者以其副产品为食的家畜。金茂府不同性别和年龄人群之间的碳、氮稳定同位素值无显著性差异。同时，同组织的稳定同位素值进行整体比较，发现其值基本一致，说明大部分先民在整个生命过程中其饮食结构较为稳定。

大同二中（南校区）北魏墓群位于山西省大同市御东新区恒源路东侧，东至御河二干渠，南至御龙庭三期北侧道路。2019年，为了配合大同二中南校区建设，大同市

① 苏俊吉. 大同水泊寺北魏墓群人和动物骨骼的C、N稳定同位素分析［D］. 山西大学硕士学位论文，2018；侯亮亮，古顺芳，苏俊吉等. 大同水泊寺北魏墓群人和动物骨骼的稳定同位素：试析北魏女性的地位［M］//边疆考古研究：第24辑. 北京：科学出版社，2019：279-295.

② 周丽琴，吕晓晶，崔贺勋等. 北魏平城地区的农耕化：山西大同金茂府北魏墓群人和动物的C、N稳定同位素分析［J］. 第四纪研究，2022（6）：1749-1763.

考古研究所对该区域进行了钻探和发掘，出土北魏墓葬53座。墓葬形制有斜坡墓道偏洞室墓、斜坡墓道方室砖墓、斜坡墓道窄室墓、斜坡墓道方室土洞墓和土坑竖穴墓。随葬器物有长颈瓶、陶盆、陶罐、陶灯碗、石灯等，也有少量铁制品、铜制品和玛瑙珠等，个别墓葬中随葬有动物骨骼。葬式以仰身直肢为主，也有个别侧身葬。大同二中北魏墓群以一次葬为主，仅有少量的二次葬，墓向有北南和东西向两种。侯亮亮等选取大同二中南校区北魏墓群55例人骨样品进行了碳、氮稳定同位素分析①。大同二中北魏先民的δ^{13}C和δ^{15}N值的分布总体上看较为分散，表明这些人群的食物来源较为广泛。大部分先民具有较高的δ^{13}C和δ^{15}N值，表明人群主要以C_4类食物为生，且摄取了较多的动物资源，也揭示了大部分先民对粟作农业和畜牧业经济的依赖。同时，也有部分个体具有较低的δ^{13}C值和较高的δ^{15}N值，说明他们依赖的是C_3和C_4类混合食物，且摄取了更多的动物蛋白，可能包含有部分淡水鱼类资源，这表明渔猎经济可能也是大同二中部分北魏先民的生计方式之一。

北魏太官仓储遗址位于山西省大同市操场城街东部，考古发掘揭露了圆缸形粮窖5座，其中L201、L202、L203和L204呈东西向连续排列，L205位于L204的北部，但已被破坏。五座粮窖规格大致相近，部分粮窖壁面用土坯和砖块垒砌，木板铺底及挂贴壁面，底部木板上铺设秸秆草垫，秸秆上铺有一层苇席，席上堆放谷物。其中，L201和L204内均发现了炭化粟②。刘珊等对北魏太官粮储遗址中出土的炭化植物（炭化粟和杂草）进行了^{14}C加速器质谱测年和碳、氮稳定同位素分析，并结合临近地区现代植物的碳、氮稳定同位素值，对北魏平城先民施肥等农田管理手段进行了探讨③。研究表明，该粮储遗址整体处于北魏晚期，遗址出土的炭化粟及杂草的δ^{13}C和δ^{15}N值分布相对较集中，明显高于现生粟和狗尾草的同位素水平；现生的以施农家肥为主的粟和施化肥为主的粟δ^{13}C值接近，但δ^{15}N值差异明显，前者远高于后者。同时，现代野生狗尾草的δ^{15}N值介于施农家肥为主的粟和施化肥为主的粟之间，说明施用农家肥会使粟的δ^{15}N值明显提升。该研究还显示，北魏炭化粟的δ^{15}N值远高于当时野生植被的相应值，说明该粮储遗址出土的炭化粟可能被施用大量农家肥。北魏炭化粟和北魏总体人群的δ^{13}C和δ^{15}N值差异均在碳、氮稳定同位素沿营养级上升时同位素值的变化范围内，说明粟类作物是北魏平城地区大部分先民的主要食物来源，这是该地区粟作农业发达程度的体现，尤其是农作物施肥技术的应用。

---

① HOU L L, LI S Y, BAI H M, et al. The subsistence economy in the Pingcheng Area during the Northern Wei Dynasty: Stable isotope analysis of human bones obtained from the Datong Erzhong Cemetery in Shanxi, China [J]. Journal of archaeological science: reports. 2023 (49): 103946.

② 山西省考古研究所、大同市考古研究所. 山西大同操场城北魏二号遗址发掘简报［J］. 文物，2016（4）：4-25.

③ 刘珊，弓月，张国文等. 丝绸之路东端大都会粮仓中的谷物：大同操场城北魏太官粮储遗址炭化粟的C、N稳定同位素分析［J］. 第四纪研究，2022，42（1）：144-157.

第六节　大同地区北魏先民的生计方式

通过对大同地区北魏墓葬出土人和动物骨骼稳定同位素分析，结合文献资料证据和考古出土相关遗存，本节对北魏平城居民的生计方式进行系统梳理。目前，大同地区开展过稳定同位素分析的有大同南郊、东信广场、御昌佳园、华宇广场、水泊寺、金港园、金茂园、星港城、大同二中和金茂府等墓群，此外还在大同操场城北魏太官粮储遗址进行了炭化粟的稳定同位素分析。将以上所有动植物和人骨的碳、氮稳定同位素数据做散点图和误差棒图（图5.12）。

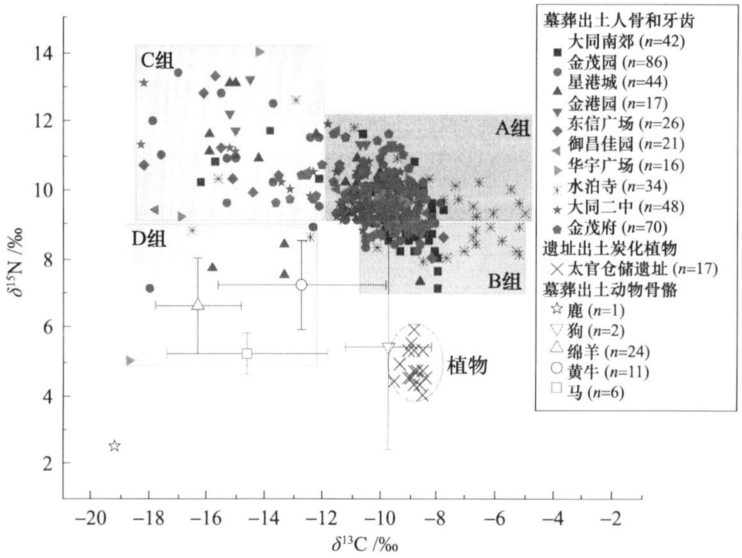

图5.12　大同地区北魏遗存出土生物遗骸δ^{13}C和δ^{15}N值的散点图和误差棒图

注：数据统计时间截至2023年5月

大同地区北魏墓葬出土的野生动物仅仅一例鹿科动物，其δ^{13}C和δ^{15}N值分别为−19.2‰和2.5‰，属于C_3类草食性的食物结构，也表明该地区北魏时期的野生植被背景为C_3类，这建立了当地野生生态系统的稳定同位素基准值。其他出土的动物均为家畜，其δ^{13}C和δ^{15}N值的范围为−19.2‰—−8.6‰（平均值：−14.8‰±2.8‰，n=43）和3.3‰—9.9‰（平均值：6.5‰±1.5‰，n=43）。家畜的δ^{13}C和δ^{15}N值分布范围较大，表明了它们的食物来源较为多样，同时也表明北魏平城的家畜饲养模式具有多样化的特征，可能兼有喂养、放养以及二者兼有的混合饲养等多种模式。大同北魏仓储遗址出土的炭化粟和杂草的δ^{13}C和δ^{15}N平均值为−8.8‰±0.3‰和4.8‰±0.5‰（n=17），建立了当地植物的稳定同位素基准值。

大同地区北魏墓葬出土人骨和牙本质胶原蛋白δ^{13}C和δ^{15}N值的范围为−18.7‰—−5‰（平均值为−10.3‰±2.3‰，n=399）和5‰—14‰（平均值为9.7‰±1.0‰，n=

399)。先民较高的$\delta^{13}C$和$\delta^{15}N$值表明大部分人群对粟作经济和畜牧业经济的依赖较大。然而，平城北魏先民$\delta^{13}C$和$\delta^{15}N$值的分布范围较大，表明先民的食谱结构较为复杂，也暗示了多元生计方式的存在，同时也存在诸多个体间差异的可能性，这需要我们对这些繁杂的数据进行细致分析和归类。

如图5.12所示，人骨/牙本质的$\delta^{13}C$和$\delta^{15}N$值聚为四个不同的小组（A、B、C、D组）。大多数平城北魏人群的$\delta^{13}C$和$\delta^{15}N$值较高也较为集中，他们聚类在图5.12中A组的范围，这些人群的食物可能主要来源于畜牧业和粟作农业经济。图5.12中B组人群的$\delta^{13}C$值与A组人群相似，但是其$\delta^{15}N$值相对较低，表明其完全依赖粟作农业经济，食谱中没有畜牧业经济的贡献。C组和D组人群相比前两组具有明显较低的$\delta^{13}C$值，这是这两组人群的共同点，表明这些人群对粟类食物的摄取明显减少，在摄取了一些粟类食物的同时还摄取了较多C_3类食物。C、D这两组人群之间的差异在于，C组人群的$\delta^{15}N$值较高，表明其依赖于畜牧业经济从而摄取了较多的动物蛋白，而且C组中还有部分个体的$\delta^{15}N$值高达13‰—14‰，他们还可能摄取了一些淡水鱼类资源，推测有来自于渔猎经济的贡献。A组和C组人群均共同表现出了对畜牧业经济较高的依赖，但是二者之间的区别在于，两组人群畜牧业经济中的家畜食物来源有差异，A组人群的家畜可能完全以粟类谷物或其副产品喂养，而C组人群的家畜除了喂养了部分粟类食物外，还可能食用了部分C_3谷物或其副产品，如稻、麦、豆等，表明C组人群也可能从事了一定的C_3类农业经济。据《魏书》记载，“今秋谷悬黄，麻菽布野，猪鹿窃食……”，秋季人们种植的麻和豆类等作物成熟后，被野猪和鹿偷吃了不少。大同南郊北魏墓群出土的鹿和家猪的食物来源中也具有明显的C_3特征，不排除具有和文献记载现象相似的可能性。当然，也有可能C组人群的家畜以放养的方式获取了一些野生C_3食物，与鹿科动物的食物来源类似。此外，还有一种可能，C组人群的生计方式为狩猎经济，其动物蛋白来自于陆生系统的野生动物。D组人群相比C组，其植物类食物来源相似，均具有C_3和C_4混合食物结构的特征，因为D组人群$\delta^{15}N$值低，故而D组人群可能主要依赖于稻类、麦类或豆类等农业作物。

除了以上的判断，因为北魏平城时期有大量的移民活动，故而不排除以上人群中（尤其是C组和D组）少数个体是移民的可能性，这些移民具有和当地主流人群不一样的食物结构和生计方式。此外，对于A组和C组人群具有较高的$\delta^{15}N$值，还有一种可能性，即他们的食物来源依然是农业经济而不是渔猎或畜牧业经济提供的动物蛋白，之所以具有较高的$\delta^{15}N$值，可能是因为其所食用的作物在种植时曾被施肥，大同北魏墓葬出土的部分草食性家畜（绵羊和黄牛）也具有较高的$\delta^{15}N$值，也可能是间接受到了施肥活动的影响。根据《齐民要术》记载，北魏时期以骨汤和粪便为基础的作物施肥技术就已经非常发达。固然，家畜食用施肥后的作物/副产品可能会导致较高的$\delta^{15}N$值。此外还有一种可能性，国外相关研究表明，牧场中长期放养动物，这些动物粪便也有可能会提升牧草的$\delta^{15}N$值，故而导致在此活动的动物也具有相对较高的$\delta^{15}N$值①。

① HEATON T H E. Isotopic studies of nitrogen pollution in the hydrosphere and atmosphere: a review [J]. Chemical geology, 1986 (59): 87-102.

在某些干旱环境系统中，土壤、植物以及动物的$\delta^{15}N$值也相对较高①。对于哺乳动物来说，一种合理的解释为，在干旱环境中由于缺水的缘故，导致其生理机制和其他环境不同，主要体现为尿素排放速率的降低，从而增加了其$\delta^{15}N$值②。基于这样的假设，大同地区北魏人和动物部分具有较高$\delta^{15}N$值的个体也可能是来自其他干旱地区的“外来者”。

① AMBROSE S H. Stable carbon and nitrogen analysis of human diet in Africa [J]. Journal of human evolution, 1986 (15): 707-731.

② AMBROSE S H. Effects of diet, climate and physiology on nitrogen isotope abundances in terrestrial foodwebs [J]. Journal of archaeological science, 1991 (18): 293-317.

第六章　陕西西安地区北魏先民生计方式

陕西西安地区近五十年来，发掘出土的北魏遗存较少，以墓葬为主，总数也仅20余座，集中于西安地区。此外，在靖边统万城、咸阳、延安和华阴也有少量发现，年代主要集中于公元6世纪前后①。因此，陕西地区尤其是关中地区北魏先民生计方式等考古学信息较为缺乏。本章尝试通过对西安地区北魏墓葬出土骨骼的稳定同位素分析，对该地区北魏先民的生计方式乃至社会状况等考古学问题进行探讨。

第一节　样品来源与测试分析

一、考古学背景与样品的选择

1. 考古学背景

郭家村北魏墓群位于陕西省西安市未央区汉城街道办事处郭家村，西临朱宏路，北临西安市自来水总公司，东临西部超导材料科技股份有限公司，南临凤城二路。2019年1—2月，为配合基建工作，西安市文物保护考古研究院等单位对西安郭家村墓群做出抢救性发掘，共出土4座汉墓和19座北魏墓葬（图6.1）。

郭家村北魏墓群墓葬形制较为一致，以斜坡墓道土洞方室墓为主，南北向，墓室在北，墓道在南，部分配置有耳室。大部分墓葬为多人合葬墓，其中棺床上人骨摆放整齐，葬式主要为仰身直肢。墓室棺床外的人骨摆放较乱，部分墓门有二次砌筑痕迹，可能存在二次葬。郭家村北魏墓群随葬品较为简单，主要为陶器，少量为漆器与铜器。其中，在M8 的木棺北西部发现一块铭文砖，上用楷书阴刻“皇兴二年二月廿二日梁张世兴铭”，皇兴二年即公元468 年，为北魏平城时代中期，该铭文砖的发现为断定郭家村北魏墓群的年代提供了直接的证据，也为关中地区北魏墓葬断代提供了标尺。

---

① 陕西省考古研究院隋唐考古研究部．陕西南北朝隋唐及宋元明清考古五十年综述［J］．考古与文物，2008（6）：161-197；刘呆运，邢福来，田有前等．2008—2017年陕西三国隋唐宋元明清考古综述［J］．考古与文物，2018（5）：111-147.

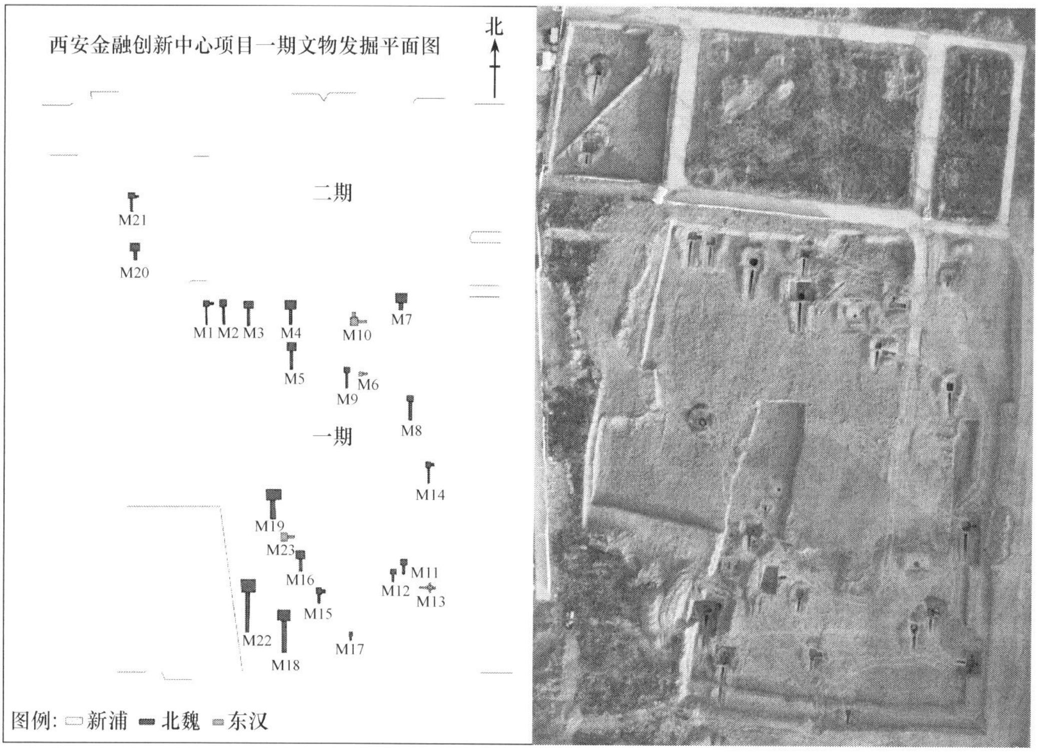

图6.1　郭家村北魏墓群平面图及航拍图①
（西安市文物保护考古研究院供图）

2. 样品的选择

人骨样品选取自郭家村北魏墓群，共计20个个体，骨骼均选取保存较好的肢骨骨干部分，如表6.1所示。

表6.1　郭家村北魏墓群人骨稳定同位素数据

实验编号	墓葬编号	性别	年龄/岁	取样部位	δ^{13}C/‰	δ^{15}N/‰	C含量/%	N含量/%	C/N	胶原产率/%
NKU1067	M11：2	男	20—25	桡骨	−13.4	9.5	39.3	14.4	3.2	7.1
NKU1068	M11：4-1	女	20—23	股骨	−12.7	9.3	36.1	13.1	3.2	4
NKU1069	M2：5	女	40—45	肱骨	−10.8	8.7	35.9	13.2	3.2	3.9
NKU1070	M2：6-2	男	39—43	胫骨	−9.2	8.3	22.4	8.2	3.2	4.9
NKU1071	M3个体1	不详	不详	股骨	−12.8	10.4	38.3	13.9	3.2	4.6
NKU1072	M3个体2	不详	不详	股骨	−12.2	10.1	40.1	14.7	3.2	5.1
NKU1073	M1：5	男	20—25	股骨	−13.1	9.0	40.3	14.8	3.2	6.2
NKU1074	M2：4-2	不详	成年	肱骨	−11.3	9.5	39.8	14.6	3.2	10.8
NKU1075	M2：3-1	女	不详	桡骨	−11.1	9.3	43.9	16.3	3.1	13.5
NKU1076	M2：3-2	女	成年	尺骨	−10.9	9.1	38.3	14.1	3.2	10.3

① 笔者略做修改。

续表

实验编号	墓葬编号	性别	年龄/岁	取样部位	$\delta^{13}C$/‰	$\delta^{15}N$/‰	C含量/%	N含量/%	C/N	胶原产率/%
NKU1077	M2：4-1	不详	成年	肱骨	−10.9	9.2	43.9	16.3	3.1	15.6
NKU1078	M1：3-1	男	35—40	股骨	−12.6	10.8	28.2	10.3	3.2	4.5
NKU1079	M1：1	男	20—25	桡骨	−19.0	8.6	13.0	4.7	3.2	5.1
NKU1080	M2：1-2	不详	成年	肱骨	−12.5	8.6	41.2	15.3	3.1	10.3
NKU1081	M8	不详	成年	股骨	−12.4	9.3	41.7	15.5	3.1	12.9
NKU1082	M1个体2	女	30—35	胫骨	−13.3	9.6	37.0	13.4	3.2	5.2
NKU1083	M1：2	女	25—30	胫骨	−14.6	7.6	29.8	10.7	3.3	3
NKU1084	M12：3	女	45—50	腓骨	−12.8	9.2	40.6	14.9	3.2	6.9
NKU1085	M11：1-1	女	22—23	胫骨	−12.4	9.1	37.0	13.8	3.1	12.1
NKU1087	M4：1	女	25—30	桡骨	−11.8	10.3	35.8	13.2	3.2	6.2

二、结果与讨论

1. 污染样品的辨别

郭家村北魏墓群人骨样品C含量为36.1%±7.6%（n=20），N含量为13.3%±2.8%（n=20），骨胶原产率均值为7.6%±3.8%（n=20），人骨样品C/N摩尔比值为3.2±0.1（n=20），以上数据表明样品保存状况良好，可用作以下分析。

2. 先民的食物结构

以郭家村北魏墓群人骨$\delta^{13}C$和$\delta^{15}N$值做散点图（图6.2）。如表6.1和图6.2所示，郭家村北魏墓群人骨$\delta^{13}C$值的范围为−19‰—−9.2‰，均值为−12.5‰±1.9‰（n=20），

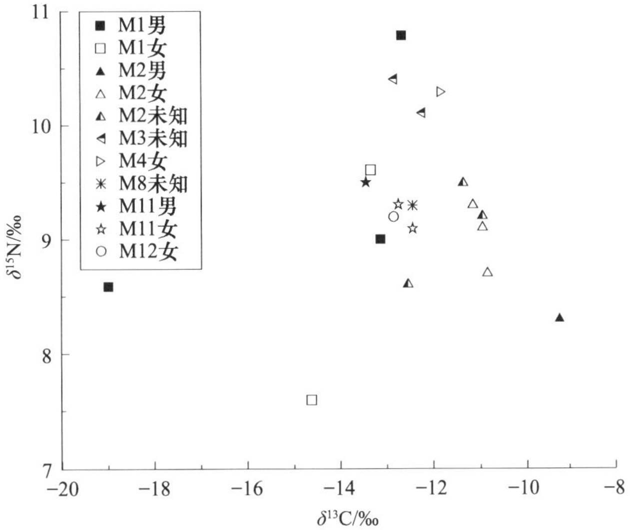

图6.2　郭家村北魏墓群人骨$\delta^{13}C$和$\delta^{15}N$值的散点图

表明郭家村先民的食物来源较为广泛，虽然有少量个体摄取了一些C_3类食物，但总体上来说以C_4类食物为主。这些C_4类食物，可能直接来自粟类作物，或间接来自以粟类作物/副产品为食的家畜。郭家村北魏墓群人骨$\delta^{15}N$值的范围为7.6‰至10.8‰，均值为9.3‰±0.7‰（n=20），表明郭家村人群之间食谱中的蛋白摄取情况有一定的差异，兼有以肉食为主的个体和以杂食为主的个体，不过总体来说郭家村先民整体上表现出了依赖陆生动物蛋白资源的食物结构，推测可能来自于畜牧业经济的贡献。综上可见，郭家村北魏先民主要依赖畜牧业经济和粟作农业经济，二者在郭家村北魏先民的生计方式中都占据了重要的地位。

此外，郭家村部分个体表现出与主人群差异较大的$\delta^{13}C$和$\delta^{15}N$值，表明他们可能具有不同的食物结构和生计方式。并且，郭家村墓群出土墓葬形制较为一致，布局较为规律，且大部分是合葬墓，因此该墓群很可能是一处家族墓地。本研究所提取的样品主要来源于M1、M2、M3、M4、M8、M11和M12，这些墓葬的墓向、随葬品和墓葬规格大体一致，因此这些家族和家庭成员间可能具有较为相似的经济和社会等级。但是，个体NKU1079（M1：1，男）和其他人群包括M1合葬墓中的其他个体$\delta^{13}C$值差异显著，其完全依赖C_3类食物，并具有杂食食物结构的特征，表明其对肉食资源和植物资源的摄取较为平衡。个体NKU1079的植物类食物来源特殊，可能直接来源于稻、麦、豆等作物，或者少量以其为食的家畜，也有间接来源于野生动物的可能性。当然，我们也不排除这个个体是个移民的可能性。个体NKU1083（M1：2，女）具有较低的$\delta^{13}C$值和最低的$\delta^{15}N$值，表明其完全依赖于植物类食物，且相比其他个体（NKU1079除外）其食物结构中有一定的C_3类食物的摄取。M1中有两例$\delta^{13}C$和$\delta^{15}N$值较为异常的个体，表明该墓葬合葬个体之间食谱和生计具有差异性，或许有移民存在的可能性。

第二节 西安地区北魏先民的生计方式

限于目前西安地区北魏遗存发现较少，无法通过分析考古出土遗物对西安地区先民生计方式进行揭示。因而，本节仅根据郭家村北魏墓地出土人骨稳定同位素数据，对西安地区北魏先民的生计方式做一尝试性探讨。

郭家村墓群出土人骨的稳定同位素分析表明，该墓群大部分先民对畜牧业和粟作农业经济的依赖较大，这是郭家村北魏先民主要的生计方式。同时，少量个体异常的稳定同位素数据，表明该地区存在多种生业经济的可能，如稻、麦、豆等经济。此外，这些个体还属于合葬墓中的不同家庭或家族成员，也表明同一家庭或家族内部存在食物结构和生计方式较大的差异。除了本地区存在不同生业经济外，这些同位素水平异常的个体也可能是来自外地的移民，故而食物结构和生业经济和本地人有较大的差异。

第七章　拓跋鲜卑—北魏先民生计方式

第一节　植物资源的利用

本节所谓的植物资源，包括考古出土的炭化植物、丝/麻/木制品等，以及文献和考古出土图像资料（如壁画、棺椁画、漆皮画等）中涉及的植物。为探讨拓跋鲜卑—北魏先民对植物资源的利用情况，本节将出土的植物遗存进行了梳理。

一、植物资源出土和利用概况

拓跋鲜卑获取的野生植物资源主要为桦木和桦皮。桦树是我国北方寒温带地区常见乔木，以桦树皮和桦木为原材料制成的狩猎工具和日用品，如桦树皮弓和弓囊、箭袋、筒、篓、碗、盒、盘、壶、梳、箱、圆牌、器盖、器底等，在呼伦贝尔草原地区拓跋鲜卑墓葬中很常见。扎赉诺尔墓群出土的桦树资源器型多样，种类繁多，蘑菇山、克尔伦、拉布达林、七卡等早期拓跋鲜卑遗存也出土有一定数量的桦树资源。而到了内蒙古中南部地区，拓跋鲜卑—北魏墓葬中出土的桦树资源开始减少，有察右后旗三道湾①、商都县东大井②、兴和县叭沟③、察右中旗七郎山墓地④等多处墓群，共出土桦树资源20余件。北魏平城和洛阳地区墓葬中桦树资源就已经很少见了。综上可见，对桦树资源的利用是拓跋鲜卑生计方式的一大特色。

除了狩猎工具和日用品，呼伦贝尔和乌兰察布草原地区拓跋鲜卑墓葬中常见的平面呈梯形或长方形的棺木也多为桦木所制，少量墓葬（扎赉诺尔墓群M29）甚至以桦树枝上下铺垫作为葬具⑤。《魏书·礼志》记载有北魏中书侍郎李敞刊祝文于魏先祖石室（嘎仙洞遗址），“……敞等既祭，斩桦木立之，以置牲醴而还。后所立桦木生长成林，

---

① 乌兰察布博物馆．察布后旗三道湾墓地［M］//内蒙古文物考古文集：第1辑．北京：中国大百科全书出版社，1994：407-433.

② 李兴盛，魏坚．商都县东大井墓地［M］//内蒙古地区鲜卑墓葬的发现与研究．北京：科学出版社，2004.

③ 崔利明，郝晓菲，魏坚．兴和县叭沟墓地［M］//内蒙古地区鲜卑墓葬的发现与研究．北京：科学出版社，2004.

④ 王新宇，魏坚．察右中旗七郎山墓地［M］//内蒙古地区鲜卑墓葬的发现与研究．北京：科学出版社，2004.

⑤ 内蒙古文物工作队．内蒙古扎赉诺尔古墓群发掘简报［J］．考古，1961（12）：673-680.

其民益神奉之，咸谓魏国感灵神之应也……”。嘎仙洞遗址是否为拓跋鲜卑起源地虽存在争议，但《魏书 · 礼志》的论述一定程度上体现了拓跋鲜卑对桦木资源的利用可能还有宗教和祭祀的用途。

北魏时期桦木资源利用减少，代之以松木或柏木，如内蒙古呼和浩特美岱村北魏墓①、正镶白旗伊和淖尔M1②，山西大同雁北师院等北魏墓群③、沙岭新村北魏墓群④、湖东北魏墓群⑤、智家堡北魏墓⑥、云波里路北魏壁画墓（M1）⑦、迎宾大道北魏墓群⑧、陈庄北魏墓⑨的棺木大都为松木所制。大同石家寨北魏司马金龙墓用的是柏木棺⑩。大同七里村北魏墓M29出土有保存完好的漆木棺⑪（图7.1），不过棺木材质不明，还出土有铭旌杆两件及幡杆一件，可能与丧葬活动有关。平城地区北魏砖室墓还发现有设置木堂和木榻作为葬具替代木棺，如贾宝北魏墓即置木堂和木榻等。部分墓葬还在葬具附近搭建帷帐，如田村北魏墓出土有三段绘有环状忍冬纹带的木杆，可能即为支撑幔帐之用⑫（图7.2）。北魏皇室的西郊祭天活动中，核心环节是面向祭天方坛上所立的木杆

图7.1　七里村北魏墓M29出土的木棺

① 内蒙古文物工作队．内蒙古呼和浩特美岱村北魏墓［J］．文物，1962（2）：86-87.

② 中国人民大学文博系、锡林郭勒盟文物保护管理站、正镶白旗文物管理所．内蒙古正镶白旗伊和淖尔M1发掘简报［J］．文物，2017（1）：15-34.

③ 大同市考古研究所．大同雁北师院北魏墓群［M］．北京：文物出版社，2008.

④ 大同市考古研究所．山西大同沙岭新村北魏墓地发掘简报［J］．文物，2014（4）：4-15.

⑤ 大同市考古研究所．大同湖东北魏一号墓［J］．文物，2004（12）：26-34；山西省考古研究所，大同市考古研究所．山西大同湖东北魏墓群发掘简报［J］．中国国家博物馆馆刊，2018（2）：47-79.

⑥ 大同市考古研究所．大同智家堡北魏墓棺板画［J］．文物，2004（12）：35-47.

⑦ 大同市考古研究所．山西大同云波里路北魏壁画墓发掘简报［J］．文物，2011（12）：13-25.

⑧ 大同市考古研究所．山西大同迎宾大道北魏墓群［J］．文物，2006（10）：50-71.

⑨ 大同市考古研究所．山西大同市大同县陈庄北魏墓发掘简报［J］．文物，2011（12）：37-46.

⑩ 山西省大同市博物馆，山西省文物工作委员会．山西大同石家寨北魏司马金龙墓［J］．文物，1972（3）：20-33.

⑪ 大同市考古研究所．山西大同七里村北魏墓群M29发掘简报［J］．文物，2023（1）：33-57.

⑫ 大同市考古研究所．山西大同南郊区田村北魏墓发掘简报［J］．文物，2010（5）：4-18.

进行祝祷。以上作为丧葬礼俗或祭祀所用的木材也是先民植物资源利用的一种体现。

图7.2　田村北魏墓出土的木杆

拓跋鲜卑遗存中农作物也有少量发现。例如，拉布达林M6出土陶罐下的小木条上撒有谷粒，扎赉诺尔墓群出土的陶罐中发现黍及其根、茎[①]，这表明草原地区的拓跋鲜卑可能就已经食用甚至栽培少量粟类作物。

文献和考古出土资料表明北魏先民也有粮食作物的利用。《魏书·世祖纪》载："始光二年（公元425年）五月，昭天下十家发大牛一头，运粟塞上。"可见，北魏统治者曾令关内诸州郡用牛车运粟到平城地区，以充实都城粮食供给。在操场城北魏太官粮储遗址出土的粮窖中，也发现有大量炭化粟的堆积[②]。所以，粟不仅仅是北魏平城时期重要的粮食作物，也是官方储备粮。大同地区大量北魏墓葬出土有石磨、陶磨、陶碓等各类农产品加工工具[③]。大同沙岭北魏壁画墓、大同七里村北魏墓M29出土的壁画资料中，绘制有粮仓或谷物加工/备食等场景[④]（图7.3）。同时，大同北魏太官粮储遗址发现五座圆缸形粮窖，出土大量的炭化粟[⑤]。大同南郊北魏墓群M253陶罐中出土数量约1.5升的黍[⑥]。大同全家湾北魏墓发现有

① 赵越. 内蒙古额右旗拉布达林发现鲜卑墓［J］. 考古，1990（10）：890-893；郑隆. 内蒙古扎赉诺尔古墓群调查记［J］. 文物，1961（9）：16-19；内蒙古文物工作队. 内蒙古札赉诺尔古墓群发掘简报［J］. 考古，1961（12）：673-680；呼盟文物工作站. 扎赉诺尔圈河古墓清理简报［J］. 北方文物，1987（3）：21-24；内蒙古文物考古研究所. 札赉诺尔古墓群1986年清理发掘报告［M］// 内蒙古文物考古文集：第1辑. 北京：中国大百科全书出版社，1994；郑隆. 扎赉诺尔古墓群［M］// 内蒙古文物资料选辑. 呼和浩特：内蒙古人民出版社，1964.

② 山西省考古研究所. 大同操场城北魏太官粮储遗址初探［J］. 文物，2010（4）：53-58.

③ 大同市考古研究所. 山西大同沙岭北魏壁画墓发掘简报［J］. 文物，2006（10）：4-24；大同市考古研究所. 山西大同云波路北魏墓（M10）发掘简报［J］. 文物，2017（11）：4-21；山西省考古研究所，山西省大同市考古研究所. 山西大同湖东北魏墓群发掘简报［J］. 中国国家博物馆馆刊，2018（2）：47-79；山西省考古研究所，大同市博物馆. 大同南郊北魏墓群发掘简报［J］. 文物，1992（8）：1-11；大同市考古研究所. 山西大同文瀛路北魏壁画墓发掘简报［J］. 文物，2011（12）：26-36；山西大学历史文化学院，山西省考古研究所，大同市博物馆. 大同南郊北魏墓群［M］. 北京：科学出版社，2006：581-588.

④ 大同市考古研究所. 山西大同七里村北魏墓群M29发掘简报［J］. 文物，2023（1）：33-57.

⑤ 山西省考古研究所，大同市考古研究所. 山西大同操场城北魏二号遗址发掘简报［J］. 文物，2016（4）：4-25.

⑥ 山西大学历史文化学院，山西省考古研究所，大同市博物馆. 大同南郊北魏墓群［M］. 北京：科学出版社，2006：581-588.

图7.3　七里村北魏墓M29墓室西壁中部壁画

粟①。齐家坡北魏墓棺内东侧发现有炭化谷子②。大同七里村北魏墓群M29棺内底板下的隔箱中发现了大量的黍③（图7.4）。

除了以上粮食作物，拓跋鲜卑—北魏先民还有一些经济作物或野生植物的利用。例如，拉布达林墓群出土有核桃，是否栽培品种尚无证据④。大同南郊北魏墓群M107出土了枣、长棉核桃、扁桃核的果实及果肉，经鉴定均为栽培品种⑤。大同七里村北魏墓M29出土有酸枣和榛子等⑥（图7.4）。

诸多北魏墓葬出土的墓砖、棺木、石棺床、陶器、壁画上雕刻或绘制有忍冬、莲花等植物风格纹样，这是北魏时期佛教文化对丧葬习俗的影响，也反映了丝绸之路的畅通使得北魏时期中西文化交流更加频繁。

至于其他植物资源，如拉布达林墓地出土的芦苇和柳树枝，元淑墓出土的竹，以及拓跋鲜卑—北魏墓葬出土的其他种属不明植物，因数量有限，保存状况不佳，目前尚无法准确判断其使用功能。此外，还有一些零星植物遗存出土。例如，拉布达林、蘑菇山、三道湾、七郎山、伊和淖尔、雁北师院、七里村（图7.5）等墓群均出土有少量纺织品，蘑菇山墓群出土有植物茎秆，元淑墓出土有灌木枝条，贾宝墓出土有木质

① 山西省考古研究所，大同市考古研究所．山西大同南郊仝家湾北魏墓（M7、M9）发掘简报［J］．文物，2015（12）：4-22.

② 大同市博物馆．大同市齐家坡北魏墓发掘简报［J］．文物季刊，1995（1）：14-18.

③ 大同市考古研究所．山西大同七里村北魏墓群M29发掘简报［J］．文物，2023 (1):33-57; ZHANG G W, HOU X G, TAO D W, et al. The living past: A mural tomb of nomadic elite in the capital Pingcheng of the northern Wei empire (398–494 CE) [J]. Archaeological research in Asia, 2023 (33): 100419.

④ 赵越．内蒙古额右旗拉布达林发现鲜卑墓［J］．考古，1990（10）：890-893.

⑤ 山西大学历史文化学院，山西省考古研究所，大同市博物馆．大同南郊北魏墓群［M］．北京：科学出版社，2006.

⑥ 大同市考古研究所．山西大同七里村北魏墓群M29发掘简报［J］．文物，2023（1）：33-57.

图7.4　七里村北魏墓M29棺内出土的植物遗存

注：a、c、d黍；b、g榛子；e、f酸枣；h黍的特写

镇墓兽和镇墓俑等。另外，诸如雁北师院北魏墓群等用颗粒状或粉末状木炭铺于棺底防潮[1]。不过，由于目前缺乏深入研究，暂无法得知以上遗存由何种植物加工而成，故而本文暂不做讨论，寄希望于未来开展相关植物考古学研究。

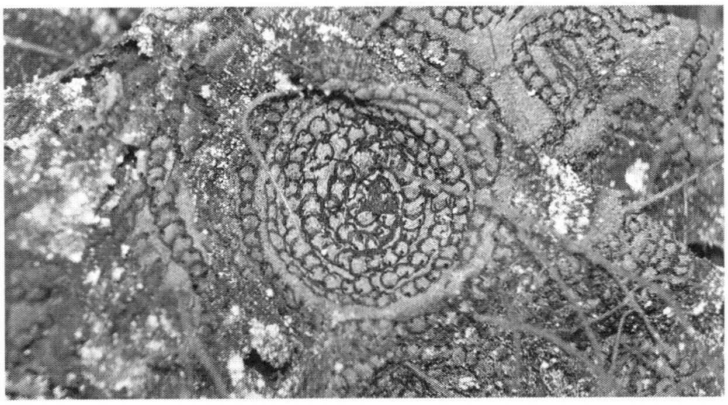

图7.5　七里村北魏墓M29棺内出土的纺织品遗存[2]

① 大同市考古研究所. 大同雁北师院北魏墓群［M］. 北京：文物出版社，2008.

② 大同市考古研究所. 山西大同七里村北魏墓群M29发掘简报［J］. 文物，2023（1）：33-57.

二、植物资源利用所反映的经济形态

（一）农业经济

如前文所述，内蒙古呼伦贝尔和中南部地区拓跋鲜卑—北魏先民骨骼的$\delta^{13}C$值落在了C_3/C_4混合食物结构范畴，表明其食物来源兼有C_3/C_4类植物或以C_3 /C_4类植物为食的动物。结合两地区动物主要依赖C_3类植物的结果，以及本时段考古遗址中出土有炭化谷物遗存，我们推测内蒙古草原地区拓跋—北魏先民食谱中的C_4食物来源于粟、黍等粮食作物的可能性较大。因此，早期拓跋鲜卑和北魏早期先民可能从事一定量的粟作农业经济，只是相对畜牧业经济其在经济部门中占据的比重较低。

北魏定都平城后，和农耕区汉民族之间的相互交流越来越频繁。迁都之后，为了解决人烟稀少，劳动力不足的问题，北魏政权向雁北进行了大规模的移民。仅仅在天兴元年（公元389年）攻破中山之后，道武帝就“徙山东六州民吏及徒何、高丽杂夷三十六万,百工伎巧十万余口，以充京师”。然而日益增加的人口以及不断的自然灾害，使得拓跋鲜卑早期所从事的传统畜牧业经济无法满足平城地区军民的粮食需求，发展农耕经济顺理成章。北魏初期实施了“离散部落，分土定居”“计口授田”“解田禁”等有利于农耕发展的经济政策。农耕经济的发展使得北魏先民食谱中北方常见的粟和黍等旱地农作物比重越来越大。北魏农耕经济的发展除了会使土地、劳动力等对畜牧业投入的适量减少外，也使得他们的饮食习惯有所改变，减少了对畜牧业的依赖，这就一定程度上影响了北魏先民对肉食资源的摄取比例。对大同地区北魏墓葬出土人和动物骨骼的稳定同位素分析，显示绝大部分先民具有较高的$\delta^{13}C$值，说明粟类作物可能在其食物结构中占据主要地位，这从另一个方面印证了北魏平城粟作农业的发展。其次，相比内蒙古草原地区的拓跋先民，北魏平城先民的$\delta^{15}N$值较低，反映了北魏先民对动物资源的依赖减少，也从一个侧面表明了这时畜牧业经济在经济部门中的占比有所降低。另外，大同地区北魏墓葬出土动物和人的$\delta^{13}C$和$\delta^{15}N$值对比分析，表明粟类作物不但是人的食物来源之一，而且也可能作为动物饲料成为动物食谱的重要组成部分。可见，北魏平城农业经济的发展，除了为先民提供了丰富的食物外，也为畜牧业发展提供了重要的物质基础。

值得注意的是，北魏平城少数动物和先民个体具有较低的$\delta^{13}C$值，这表明这些动物和先民摄取了较多的C_3食物，这些C_3食物来源较为复杂，可能来自于人类直接食用的C_3作物或C_3野生植物，或者间接来自于以C_3资源为食的家畜或野生动物。其他粮食作物如豆、麦、麻和稻（均为C_3类植物）等可能是北魏先民重要的食物补充，这也从一个侧面反映了豆、麦、麻和稻等农业经济对北魏先民的贡献。虽然，考古发掘工作中暂时并未发现以上C_3类作物遗存，但是《齐民要术》记载有黄河流域北魏先民对豆、麦、稻等C_3作物的利用。因此，我们推断北魏平城先民从事的农业经济以粟作农业为主，可能辅之以豆、麦、麻和稻等其他经济形态。大同地区北魏墓葬出土家畜的稳定同位素分析表明其食物来源多样，暗示了家畜多元饲养策略的存在，这可能与北魏平城农业经济结构的多样性相关。

（二）采集经济

如前文所述，北魏平城少数动物和先民个体具有较低的δ^{13}C值，表明其摄取了较多的C_3食物，除了来自于豆、麦、麻和稻等C_3类作物外，也不排除这部分C_3食物来自于先民采集的野生植物资源。大同七里村北魏墓M29棺内出土有榛子、酸枣等植物，表明北魏先民仍可能有一定的采集行为的存在，至于规模如何，能否支撑为一个经济部门，尚不得而知，需要未来更多证据的支撑。

（三）林业经济

拓跋鲜卑早期桦树资源利用程度很高，从葬具到武器、工具、日常生活用品等均有桦树制品。在逐渐南迁的过程中，拓跋鲜卑对桦树资源的依赖逐渐降低，使用桦树资源的方式也由生活用具转为葬具。北魏平城墓葬中虽暂未发现拓跋鲜卑早期常见的桦树制品，但是松木、柏木等材质的棺木时有发现。此外，大同地区北魏墓葬还出土有其他木质遗存，如大同贾宝北魏墓出土有木雕镇墓俑和镇墓兽①；大同田村北魏墓出土有三段彩绘木杖杆②；大同司马金龙墓出土木材制品遗存丰富，如栏杆、伞顶、枕、盆架、圆圈、兽头、胡俑、马、竹杆、木板（漆画）等③。不过，由于目前缺乏深入研究，暂无法得知以上遗存由何种植物加工而成，寄希望于未来开展相关植物考古学研究。《齐民要术》记载，北魏时期北方先民有从事种树（桑、榆、柏、杨、棠、槐、柳等）、伐木等生计形态。基于以上证据，我们推测拓跋鲜卑—北魏先民的生计方式中应该还有林业经济。

第二节　动物资源的利用

对不同时空框架下拓跋鲜卑—北魏墓葬出土的动物资源进行综合分析，揭示其对动物资源的利用方式，有助于我们深入了解其殉葬习俗、食物来源、经济形态等信息。本节的研究对象主要为墓葬出土的动物骨骼等生物遗骸，也包括部分动物主题遗物，如动物风格牌饰、陶质模型明器、骨器等，还有以动物为题材的壁画、彩绘棺板等图像资料。本节将拓跋鲜卑—北魏考古出土的上述遗存加以梳理，见表7.1。

---

① 大同市考古研究所．山西大同北魏贾宝墓发掘简报［J］．文物，2021（6）：23-37.

② 大同市考古研究所．山西大同南郊区田村北魏墓发掘简报［J］．文物，2010（5）：4-18.

③ 山西省大同市博物馆，山西省文物工作委员会．大同石家寨北魏司马金龙墓［J］．文物，1972（3）：20-33.

表 7.1　拓跋鲜卑—北魏遗址出土动物骨骼、骨器和动物风格器物（单位/个）

时代	墓地	家畜	野生动物	骨器	其他
南迁“大泽”时期	内蒙古呼伦贝尔扎赉诺尔墓群（前后共5次发掘）	1959年发掘的墓葬大部分木棺东西两侧殉葬有牛头骨或马头骨；1960年发掘的31座墓葬均以大量的牛、马、羊殉葬；1984发掘5座墓葬，仅1座墓保存较好，且发现有殉牲；1986年发掘的15座墓葬几乎各墓中都殉葬牛、马的蹄骨，还有部分牛、马的头骨；1994年发掘的3座墓葬，2座有殉牲，发现牛头1，牛蹄2、马蹄骨1。五次发掘共出土羊距骨44个	鹿角2，贝壳2	镞113、簪35（32件为鱼骨制作成），镳2，带扣/扣10，鸣响13，衔5，锥5，弓弭4，弓把1，板1，饰21（串饰5为鱼骨制成），片55，刀1，长方形角器7，条形骨器2，弧形器1	鹿纹金牌饰1，鹿纹铜牌饰4，三鹿纹铜牌饰1，飞马铜牌2，马纹铜牌1，动物纠斗形象石质透雕牌饰1，羊形饰牌1，骨饰板1（猎人射鹿形象）
	内蒙古呼伦贝尔蘑菇山墓群（2011和2012年两次发掘）	牛蹄骨41，马蹄骨25，羊蹄骨14、距骨1	无	镞2，环2，弓弭3	金马饰1，铜双禽绞颈牌饰1
	内蒙古呼伦贝尔克尔伦墓地	马、羊残骸若干	无	无	无
	内蒙古呼伦贝尔拉布达林墓群（1987和1992年两次发掘）	牛头骨大于13、蹄骨大于12、距骨3，马头骨2、蹄骨4，羊头骨1、距骨4	野猪头骨3、蹄骨若干，鹿和狍蹄骨若干	镞34，弓弭26，弓把10，扣2，锥6，鸣镝6，刀把10，簪1，钻孔骨板3，弧形角器1，骨饰10，骨片28，河蚌壳若干	兽皮1，毛毡1
	内蒙古呼伦贝尔团结墓地	牛头骨2、蹄骨2，马头骨1，羊头骨1	无	无	无
	内蒙古呼伦贝尔伊敏车站鲜卑墓	马头骨2、蹄骨8，羊头骨3、距骨4，狗头1、趾骨1	无	无	无
	内蒙古呼伦贝尔孟根楚鲁墓地	牛头骨大于3、蹄骨大于6、距骨2，马头骨大于6、蹄骨大于1，羊头骨大于1	无	镞11	无

续表

时代	墓地	家畜	野生动物	骨器	其他
南迁“大泽”时期	内蒙古呼伦贝尔伊和乌拉墓地	牛头骨和蹄骨各2，马头骨1	无	无	无
	内蒙古呼伦贝尔东乌珠尔墓地	牛头骨1，马头骨10，未知动物头骨1	无	镞8，弓弭2，坠1	无
	内蒙古呼伦贝尔七卡墓地	马蹄骨4	无	镞2，鸣镝3，扣1，坠1	无
南迁“匈奴故地”时期	内蒙古林西苏泗汰墓地	无	无	无	三鹿纹金牌饰1
	内蒙古察右后旗三道湾墓群	5座墓有殉牲，多为羊头骨，数量多为1-3个	无	弓弭14，牌饰11，弧形片状器5，管状器5，角形器1，纺轮1，铃舌1，锥1，珠饰4	牛皮制品若干，双马纹铜牌饰1，双马纹金牌饰2，单马纹金牌饰1，三鹿纹金牌饰1，双鹿纹金牌饰1，单鹿纹金牌饰2，驼形金牌饰2
	内蒙古巴林左旗南杨家营子墓群	羊头3、肩胛骨1、肢骨15、距骨5；牛头骨2；马头骨2、蹄1个；狗下颌骨1	鸟、兽类若干	镞11，纺轮3，弧形器2	无
	内蒙古呼和浩特郝家窑墓地	动物脊椎骨1处	无	无	无
	内蒙古通辽市南宝力皋吐墓地	无	无	骨锥、骨刀，以及蚌环、蚌珠若干	无
	内蒙古商都东大井墓群	牛肩胛骨1，羊肩胛骨1、距骨4、角2、肢骨1、羊骨（无法判断部位）1	无	弓弭8，哨1，珠饰2，骨器1	双马纹金牌饰1，皮制品1
	内蒙古开鲁县福兴地墓地	无	无	无	子母马形金牌饰1

续表

时代	墓地	家畜	野生动物	骨器	其他
南迁“匈奴故地”时期	内蒙古察右前旗旗杆山墓群	牛、马、羊头骨若干	无	骨器、贝壳若干	无
	山西右玉善家堡墓地	M9羊距骨1，M15羊（鹿？［简报文图不对应］）距骨1，M2出土其他不明动物骨骼少许，M16鹿距骨1，M3动物骨骼若干	蚌珠若干	铲形器1件（饰虎纹），舟形器2件（鹿角制成），圈点纹骨饰2件，弧形器4件，针1件，柳叶状饰3件，管状器1件，长条形器2件，羊角饰1件，菱形饰2件，弧形饰1件，饼状饰3件，羊距骨6件，鹿角饰3件，觿1件骨（角）器41	鹿头形铜饰1、鹿形金牌饰1，马形金饰1，无法判断动物种属金牌饰1
拓跋一代/北魏盛乐时代	内蒙古察右中旗七郎山墓群	羊肩胛骨1、肢骨1	无	无	兽面铜牌饰1，毛毡、皮囊若干
	内蒙古兴和叭沟墓群	马头骨1，羊肩胛骨1	无	无	无
	内蒙古和林格尔西沟子村北魏墓	羊肢骨1	无	无	无
	山西大同南郊墓群M24，M73和M227	M237棺前漆案上置绵羊肩胛骨、肋骨和肢骨若干，初步推测为一个动物个体的不同部位	无	无	无
北魏平城时代	内蒙古伊和淖尔墓群M3	殉牲若干	无	无	皮革靴子2
	内蒙古伊和淖尔墓群M5	扰坑有马、牛和羊骨，墓室发现有整羊2、羊腿3、马后腿2	无	无	毛毡1

续表

时代	墓地	家畜	野生动物	骨器	其他
北魏平城时代	内蒙古坝顶祭天遗址	马12，羊2，主要为头骨和肢骨等部位	无	无	无
	陕西西头遗址上庙地点北魏墓M39	墓道有完整马骨1，围墓沟有牛下颌骨、肋骨、肩胛骨、下肢骨若干	无	骨器2	皮革1，马具若干
	宁夏固原南郊墓群M1	完整马骨和山羊骨各1具	无	管1	无
	山西大同方山永固陵	无	无	簪4，盖1	铜马腿1
	山西大同方山思远佛寺遗址	僧房炕洞南侧发现狗獾头骨1，肢骨、脊椎骨等若干，可能为一例狗獾个体，肢骨上有砸击、切割痕迹，可能为食用该动物所致	无	无	无
	大同操场城北魏太官粮储遗址	粮窖L201出土有动物骨骼；灰坑H252出土有较多动物骨骼，部分有火烧痕迹	无	无	无
	山西大同七里村M29	牛骨1，羊骨2	无	无	壁画绘制有守犬（1）形象、喂猪（2）、牛（2）车出行场景
	山西大同云波里路壁画墓	3副羊肢骨、脊椎骨和肋骨	无	骨饰1	墓室南壁壁画狩猎图中有三只小鹿，以及四个置地的马鞍和三匹光背马
	山西大同沙岭壁画墓	牛腿骨2	无	无	漆皮二的庖厨场景，绘制有鱼等食材；墓室南壁壁画绘制有杀羊场面；西壁绘制的步障内和毡帐前各有一条狗；车马出行图和宴饮场景中也有各类牛、马的形象
	山西大同湖东一号墓	2件漆盘内均放置有羊肋骨和肢骨	无	弓弭4	无

续表

时代	墓地	家畜	野生动物	骨器	其他
北魏平城时代	山西大同湖东北魏墓群	羊脊椎骨和肋骨各1，牛肩胛骨1，未知动物肩胛骨1和肢骨2，其他未知动物若干	无	乐器1，串饰1	陶质动物俑，牛1、猪2、狗2、羊2
	山西大同迎宾大道墓群	羊脊椎骨2处、鸡1、其他部位和数量不详动物1处、不明动物脊椎骨和肋骨1处	无	弓弭2，梳1，环1、饰件1	龙纹金牌饰1
	山西大同南郊墓群（不包括M24、M73、M227、M39、M77、M117、M146）	大都置于棺外前部漆案上，随葬动物种属数量依次为牛、羊、马、狗、猪，此外还有家禽鸡。殉牲部位以牛肢骨、动物肩胛骨、脊柱骨、肋骨居多，也有少量牛、马、羊和狗的头骨及羊蹄骨随葬。殉牲数量多，殉牲墓葬比例高。	鹿1	弓弭1，骨饰6，簪1，笄1	无
	山西大同二电厂墓群	羊肋骨若干，无法鉴定动物肋骨和其他部位若干；盘内多置猪骨和羊骨，耳杯、碗和钵内多置鸡骨	无	无	陶质动物俑6件，有猪2、狗2、羊2
	山西大同雁北师院墓群	动物腿骨1，其他动物骨骼2处	无	簪1，尺1	陶质动物俑100件，有马77、牛9、驴3、骆驼3、羊3、狗3、猪2
	山西大同贾宝墓	羊肩胛骨1	无	无	无
	山西大同616厂北魏墓	狗头骨1	无	无	陶质动物俑1（陶鸡）
	山西大同金属镁厂北魏墓群	M9出土兽骨若干	无	无	无
	山西大同金茂府墓群	M9漆案置鱼骨和鱼鳞，M10漆盘置动物肢骨和肩胛骨	无	无	无
	山西大同金茂园墓群	羊和猪骨，4—5个	无	无	无

续表

时代	墓地	家畜	野生动物	骨器	其他
北魏平城时代	山西大同御昌佳园墓群	少量动物骨骼	无	无	陶质动物俑8件，其中牛1、猪2、鸡2、狗2、羊1
	山西大同御府墓群	羊等动物骨骼	无	无	无
	山西大同阳高尉迟定州墓	马头骨2，羊头骨4，狗头骨4，牛头骨6、蹄骨4	无	无	无
北魏洛阳时代	宁夏固原南郊墓群M2	甬道发现山羊骨骼1	无	无	无
	内蒙古包头姚齐姬墓	牛头骨1、蹄骨1，马头骨和肢骨若干	无	无	无
	山西大同南郊北魏墓群M39，M77，M117，M146	M39棺前漆盘发现有动物脊椎骨和肋骨若干；M77棺前发现有牛肩胛骨1，羊头骨1；M117棺前发现有动物肢骨1；M146壁龛发现有动物脊椎骨1	无	无	无
	河南侯马虒祁裴经墓	1副狗肩胛骨、肢骨和肋骨	无	无	无
	河南洛阳元祉墓	无	无	坠1	无

一、动物资源出土概况

（一）南迁“大泽”时期

本期拓跋鲜卑墓葬殉牲现象较为普及，几乎所有墓葬都有殉牲，往往是以牲畜的头、蹄和距骨等部位代替全牲殉葬，另外还随葬有动物题材的铜牌饰等遗物。殉牲种类有牛、马、羊和部分野生动物，如野猪、鹿科动物和贝类等。殉牲数量以马、牛为最，羊其次，野生动物最少。殉牲摆放的位置也有规律，有二层台、头龛的墓葬，把殉牲放置其上；有葬具的墓葬，殉牲摆放在葬具顶盖上；无葬具的墓葬，多将殉牲放置于墓主人身体一侧或头前，殉牲吻部摆放方向与墓主人头向一致。扎赉诺尔和拉布达林墓地的殉牲多置于木棺上面，孟根楚鲁和团结墓地的殉牲多置于头龛，蘑菇山墓地殉牲多发现于二层台上，东乌珠尔墓地殉牲多置于墓主头前。

本期墓葬中出土的羊距骨因有人为加工痕迹，故而其作为殉牲还是饰品，目前尚有争议。如扎赉诺尔墓地随葬羊距骨就比较普遍，其皆置于墓主棺内，有的在一角钻孔，显系随身佩带之物①。羊距骨俗称“嘎拉哈”，辽金元三代墓葬或遗址中常见，因其容易保存，造型规整，且六面各不相同，成为草原民族喜好收集的玩物。因此，有学者认为早期鲜卑墓葬出土羊距骨不具备殉牲的意义，而很可能是饰品或玩具，故不将羊距骨归入殉牲，而视为骨制品②。固然如此，羊距骨不论是作为财富象征还是墓主死后精神寄托，其作为殉牲的作用与其他动物尚有共通之处，因而本书暂将羊距骨计入殉牲之列。

（二）南迁“匈奴故地”时期

本期墓葬殉牲仍然较为普遍，还出土有马纹、驼纹、鹿纹等动物风格牌饰。如三道湾墓地，经发掘的25座墓葬中，有5座有殉牲，多为羊头骨，数量为1—3个，置于人头骨上方近墓壁处。商都县东大井墓地，经发掘的18座墓葬中，7座有殉牲，多为羊的距骨、肩胛骨、肢骨和羊角等，个别墓中有牛肩胛骨，数量1—2件，均置于墓主盆骨及腿部外侧。总体来说，本期拓跋鲜卑墓葬殉牲种类有牛、马、羊、狗，还有诸如鸟等野生动物，数量最多的是羊，其次是马、牛和狗。殉牲仍以动物的头骨和蹄骨为主，与上一期相比，增加了肢骨、肩胛骨和角等部位。同时可以发现，牛、马、羊这三类动物仍然占殉牲的绝大部分比重，但羊在殉牲中所占比重明显增加，从之前的21%增加到58%。

（三）拓跋鲜卑—代/北魏盛乐时代

本期内蒙古地区拓跋鲜卑—代/魏时代墓葬如七郎山、叭沟、西沟子村均出土有少

---

① 内蒙古文物考古研究所．扎赉诺尔古墓群1986年清理发掘报告［M］//内蒙古文物考古文集：第1辑．北京：中国大百科全书出版社，1994.

② 吴松岩．早期鲜卑墓葬研究［D］．吉林大学博士学位论文，2010.

量羊骨。此外，叭沟墓地还出土有马头骨1例。山西大同南郊北魏墓群迁都平城前的墓葬有M24、M73、M227，其中M24无殉牲，M73棺外后部置牛肩胛骨1例，M227棺外前部漆案上置动物肩胛骨、肋骨和肢骨若干。棺外殉葬牛肩胛骨应该是延续了早期拓跋鲜卑的殉牲习俗。值得注意的是，本时期新出现了棺外前部漆案上放置殉牲的葬俗，可以说是拓跋鲜卑殉牲习俗的较大变革。

（四）北魏平城时代

从近些年的考古发现来看，北魏平城墓葬出土动物骨骼频率也不小，反映出北魏先民对动物资源的利用策略依然有早期习俗的延续，只是相比墓葬总数来说，动物骨骼出土数量相对较少。

内蒙古坝顶北魏祭天遗址可能跨越北魏建国前后至北魏晚期六镇起义，主要使用时期应属于北魏平城时代，该遗址出土马、羊的头骨和肢骨，初步鉴定有12匹马和2只羊的个体[①]。固原南郊北魏墓M1（北魏太和年间）墓室西南发现完整马骨1具[②]。大同七里村M29墓室漆盘里发现牛骨和羊骨[③]。大同迎宾大道北魏墓的M15棺内墓主头骨下枕羊脊椎骨，M37棺内漆盘、耳杯内置鸡、羊骨骼[④]。大同云波里路壁画墓棺内底部放置3只羊的肢骨、脊椎骨和肋骨[⑤]。大同沙岭壁画墓M7墓室东部出土2个牛肢骨[⑥]。大同贾宝北魏墓出土羊肩胛骨1例[⑦]。大同阳高尉迟定州北魏墓出土马头骨2个、牛头骨6个、羊头骨4个、狗头骨4个、牛蹄骨4个[⑧]。大同二电厂北魏墓出土马头骨3个、蹄骨1个，狗头骨1个，羊肋骨若干，无法鉴定动物肋骨和其他部位若干[⑨]。大同雁北师院墓群出土动物肢骨1，其他兽骨若干[⑩]。大同湖东北魏墓群M4棺前漆盘上置有羊脊椎骨和肋骨（图7.6），M13棺前出土有牛肩胛骨1件。此外，简

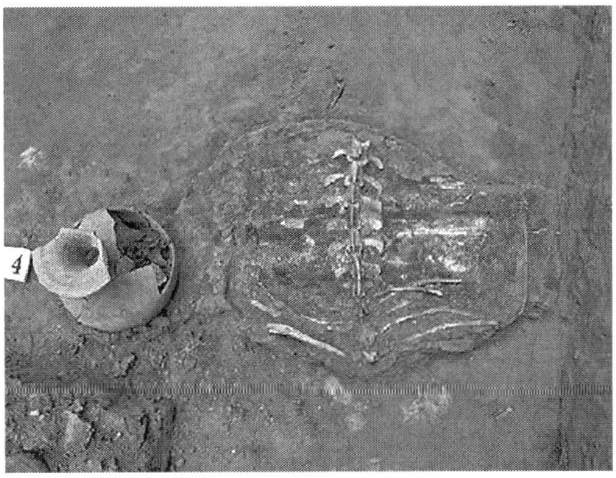

图7.6　湖东北魏墓群M4棺前漆盘中放置的羊脊椎骨和肋骨

① 张文平，丹达尔. 内蒙古武川坝顶北魏阴山皇家祭天遗址［J］. 大众考古，2021（1）：16-17.
② 宁夏文物考古研究所. 固原南郊北魏墓发掘简报［J］. 中原文物，2020（5）：21-30.
③ 大同市考古研究所. 山西大同七里村北魏墓群M29发掘简报［J］. 文物，2023（1）：33-57.
④ 大同市考古研究所. 山西大同迎宾大道北魏墓群［J］. 文物，2006（10）：50-71.
⑤ 大同市考古研究所. 山西大同云波里路北魏壁画墓发掘简报［J］. 文物，2011（12）：13-25.
⑥ 大同市考古研究所. 山西大同沙岭北魏壁画墓发掘简报［J］. 文物，2006（10）：4-24.
⑦ 大同市考古研究所. 山西大同北魏贾宝墓发掘简报［J］. 文物，2021（6）：23-37.
⑧ 大同市考古研究所. 山西大同阳高北魏尉迟定州墓发掘简报［J］. 文物，2011（12）：4-12.
⑨ 大同市考古研究所. 山西大同二电厂北魏墓群发掘简报［J］. 文物，2019（8）：15-37.
⑩ 大同市考古研究所. 大同雁北师院北魏墓群［M］. 文物出版社，2008.

报虽然没有提供相关信息，但是从墓葬图片看，似乎湖东北魏墓群M15棺前也置有动物骨骼，初步观察有肩胛骨1个、肢骨2个（图7.7）[①]。

1

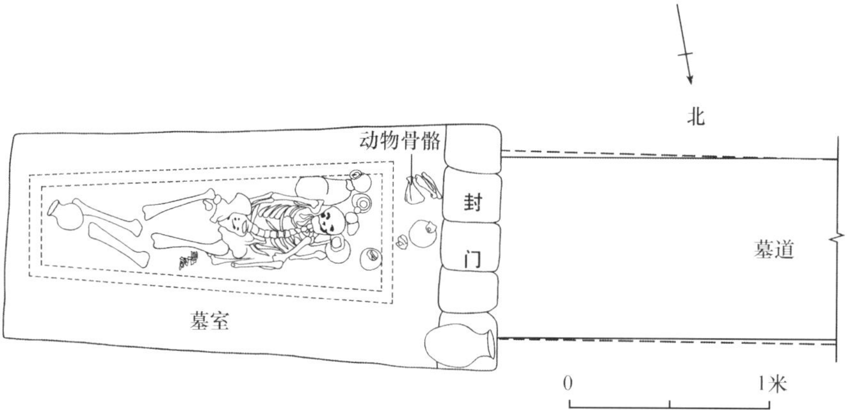

2

图7.7　湖东北魏墓群M15

1. M15墓室照片；2. M15平面图（张国文改绘）

注：动物骨骼放置于棺前器物附近

大同地区北魏墓葬出土动物数量以大同南郊北魏墓群为多，且其殉牲习俗相比早期拓跋鲜卑有了显著的改变。大同南郊北魏墓群迁都平城后至迁都洛阳早期的墓葬，其动物殉葬习俗主要有两种，即棺前设奠和壁龛设奠[②]。棺前设奠一般在棺前部有方形

① 山西省考古研究所，大同市考古研究所．山西大同湖东北魏墓群发掘简报［J］．中国国家博物馆馆刊，2018（2）：47-79.

② 山西大学历史文化学院，山西省考古研究所，大同市博物馆．大同南郊北魏墓群［M］．北京：科学出版社，2006：487.

或圆形漆案，上置殉牲，以牛、羊为主，如M39棺外前部漆案上有动物脊椎骨和肋骨，M57棺外前部漆案上置牛肩胛骨1个，M14棺外前部漆案上置羊肩胛骨、肢骨若干，M22棺外前部漆案上置羊肢骨和肋骨若干，M23棺外前部漆案上置羊肩胛骨和肋骨若干，等等。棺前设奠的墓葬共计41座，占全部墓葬的24.6%；壁龛设奠，将动物同样置于漆器之上或者直接置于龛内，这样的墓葬有17座，占墓葬总数的10.2%，殉葬动物部位以脊椎骨和肋骨为主，也有肩胛骨和肢骨等，如M7壁龛器物上置有动物脊椎骨和肋骨，M1、M49和M75壁龛内各置有1个牛肩胛骨，等等。殉牲位置除了棺外前部和壁龛，还有棺内和墓道，如M17、M95和M235等15座墓葬于棺内随葬动物，以此种殉牲方式的墓葬占全部墓葬的9%，而M50和M53等墓葬于墓道填土中随葬动物，这样的殉牲方式较少，占全部墓葬总数的3%。整个墓群有殉牲的墓葬共75座，占全部墓葬的44.6%，殉牲动物以牛、羊为主，马、狗、猪其次，也有少量的禽类和鹿科动物，如M95棺内墓主头部位置和M214棺外前部漆案上均置有禽类骨骼。

与前几期相比，以大同南郊北魏墓群为代表的北魏殉牲习俗已有了较大变化，如棺前设奠这一行为就受到汉魏以来中原葬俗的影响，只是殉牲体型较大，也较为简单[①]。此外，前两期常见的动物头、蹄葬的行为，本期较少（仅阳高尉迟定州墓和大同二电厂北魏墓），取而代之以动物脊椎骨、肋骨、肩胛骨和肢骨等牲体葬，整牲葬也不多，仅宁夏地区北魏墓发现有整马和羊的殉葬。另外，早期墓葬常见的羊距骨随葬，大同南郊北魏墓群仅见一例（M35棺内墓主头骨旁有发现羊距骨1个）。

值得注意的是，此阶段还流行随葬大量陶质动物模型明器，其中以猪、狗、羊等为主，其次还有家禽、马、牛、骆驼等。如呼和浩特大学路北魏墓出土动物模型计10件，其中马1件、驼1件、羊2件、猪2件、狗2件、鸡2件，另有牛车1辆，车前有陶牛1头，牛车与中原地区常见牛车形制基本相似[②]；大同七里村北魏墓出土动物模型4件，其中猪、狗各2件[③]；大同下深井墓群出土动物模型5件，其中猪2件、羊2件、狗1件[④]；大同湖东北魏墓出土动物模型7件，其中牛1件、猪2件、狗2件、羊2件[⑤]；大同南郊区田村北魏墓出土动物模型2件，其中狗、骆驼各1件，另有陶牛车1组[⑥]；大同御东新区御昌佳园北魏墓M113出土陶狗2件、羊1件、鸡2件、猪2件、牛1件[⑦]，等等。

头蹄葬转为牲体葬，以及迁都平城后大量出现的动物模型明器，尤其是作为定居

---

① 山西大学历史文化学院，山西省考古研究所，大同市博物馆．大同南郊北魏墓群［M］．北京：科学出版社，2006：487.

② 郭素新．内蒙古呼和浩特北魏墓［J］．文物，1977（5）：38-41.

③ 大同市考古研究所．山西大同七里村北魏墓群发掘简报［J］．文物，2006（10）：25-49.

④ 大同市考古研究所．山西大同下深井北魏墓发掘简报［J］．文物，2004（6）：29-34.

⑤ 山西省考古研究所，大同市考古研究所．山西大同县湖东北魏墓（M11）发掘简报［J］．文物，2014（1）：28-36.

⑥ 大同市考古研究所．山西大同南郊区田村北魏墓发掘简报［J］．文物，2010（5）：4-18.

⑦ 大同市考古研究所．山西大同御东新区御昌佳园北魏墓M113发掘简报［J］．考古与文物，2021（4）：39-51.

农业典型家畜和家禽的家猪和家鸡的随葬，可能与拓跋鲜卑南迁中原后受农耕民族影响有关，在鲜汉融合过程中拓跋鲜卑的葬俗也在一定程度上与中原文化趋同。

（五）北魏洛阳时代

北魏洛阳时代墓葬较少发现殉牲。内蒙古包头姚齐姬墓出土牛头骨和蹄骨各1例，以及数量不明的马头骨和肢骨①。固原南郊北魏墓M2（北魏永平三年后，即公元510年后）甬道中部出土山羊骨骼1具②。山西侯马虒祁北魏裴经墓（M1007）墓室漆盘内发现动物骨骼，为狗的肩胛骨、肢骨和肋骨③。然而，其他北魏墓葬基本全部以陶质动物模型代替动物殉牲。如，洛阳孟津邙山西晋北魏墓出土陶质动物模型马和猪各1件④，洛阳孟津北陈村北魏壁画墓出土牛、羊、驼各1件⑤，洛阳纱厂西路北魏HM555出土骆驼、马、牛各1件，猪、狗、鸡各2件⑥，洛阳北魏元邵墓出土猪2件，马、驴、骆驼、牛各1件，还出土有陶牛车一组⑦，河南偃师县杏园村四座北魏墓出土马2件，驼、鸡、狗各1件⑧等。此外，山西曲沃县秦村北魏墓出土猪、狗、牛、羊、马、鸡等形象的砖雕⑨，似为建筑装饰物，但实为殉葬用的明器。

二、动物资源利用概况

（一）殉牲和祭祀

殉牲是拓跋鲜卑对动物资源利用的重要内容之一，也是“事死如事生”观念的体现。本书将拓跋鲜卑—北魏遗址中出土殉牲遗存进行整理（表7.2），以探究其殉牲习俗的变迁。如表7.2所示，呼伦贝尔地区拓跋鲜卑墓葬殉牲非常普遍，几乎所有墓葬都有殉牲，主要为牛、马和羊等家畜。此外，也随葬有少量野生动物，如野猪、鹿科动物、贝类和鱼类等。早期拓跋鲜卑殉牲数量以马、牛为最，羊其次，野生动物最少。该时段发现殉牲基本为牲畜的头、蹄和距骨等部位⑩。这可能是因为拓跋鲜卑刚进入草原地区，畜牧业发展刚起步，故而选择头、蹄和距骨等肉量少的部位代替全牲来殉葬。

---

① 郑隆．内蒙古包头市北魏姚齐姬墓［J］．考古，1988（9）：856-857.

② 宁夏文物考古研究所．固原南郊北魏墓发掘简报［J］．中原文物，2020（5）：21-30.

③ 山西省考古研究院．山西侯马虒祁北魏墓（M1007）发掘简报［J］．文物，2021（2）：16-21.

④ 310国道孟津考古队．洛阳孟津邙山西晋北魏墓［J］．华夏考古，1993（2）：42-51.

⑤ 洛阳市文物工作队．洛阳孟津北陈村北魏壁画墓［J］．文物，1995（8）：26-35.

⑥ 洛阳市第二文物工作队．洛阳纱厂西路北魏HM555［J］．文物，2002（9）：9-20.

⑦ 洛阳博物馆．洛阳北魏元邵墓［J］．考古，1993（4）：218-224.

⑧ 中国社会科学院考古研究所河南二队．河南偃师县杏园村的四座北魏墓［J］．考古，1991（9）：818-831.

⑨ 杨富斗．山西曲沃县秦村发现的北魏墓［J］．考古，1959（1）：43-44.

⑩ 张国文．拓跋鲜卑殉牲习俗探讨［J］．南方文物，2017（2）：212-218.

表7.2　拓跋鲜卑—北魏殉牲习俗变迁

时期	殉牲种类		殉牲数量	殉牲部位	摆放位置	殉牲特征
	动物	动物模型明器				
南迁“大泽”时期	马、牛、羊、野生动物	无	马、牛最多，其后为羊，野生动物次之	头、蹄骨，距骨	二层台、头龛、葬具上及墓主身体一侧	殉牲非常普遍
南迁“匈奴故地”时期	羊、马、牛、狗、野生动物	无	羊最多，马、牛、狗次之	头、蹄骨，肢骨，肩胛骨，角，胸骨等	墓室	殉牲较普遍
拓跋一代/北魏盛乐时代	羊、马	无	不详	肩胛骨等	墓室棺外后部、棺前漆案	殉牲较少
北魏平城时代	牛、马、羊、狗、猪等家畜，禽类（鸡等），野生动物	陶质动物模型	牛、羊为主，马、狗、猪其次，禽类和野生动物最少	肢骨、脊椎骨、肋骨、头骨、肩胛骨等	棺外后部、棺外前部漆案、壁龛、墓道、棺内	殉牲较普遍，除去头蹄的肢体葬多见，甚至有整牲殉葬；出现陶质动物模型明器
北魏洛阳时代	牛、马、羊、狗	陶牛、马、羊、狗、猪、鸡、骆驼、鹦鹉等动物模型	动物殉牲少；陶猪、狗、鸡最多，牛、羊、马、驼等次之	肩胛骨、肢骨和肋骨	墓室、甬道、壁龛	真牲少；陶质动物模型明器盛行，动物种属多样

第二次南迁途中及定居“匈奴故地”时的拓跋鲜卑墓葬出土的动物骨骼除了早期的头、蹄和距骨等部位外，还出现了肢骨、肩胛骨、肋骨等部位，预示着随葬动物肉量的增加，同时也可能表明畜牧业经济比之早期有了一定的发展。牛、马、羊这三类动物仍属殉牲大宗，但羊在殉牲中所占比重明显增加。

拓跋鲜卑一代/魏盛乐时代遗存殉牲频率低、数量少，殉牲的动物主要为羊、马，一般放置于墓室棺外后部及棺前漆案。

北魏定都平城之后，其殉牲数量高于前一期，但是比早期拓跋鲜卑要少。殉牲出现的频率不低，但是和大同地区数量庞大的北魏墓葬总数比，其殉牲比重就显得较低。这时出现了棺前设奠和壁龛设奠的动物殉葬习俗①。一般在棺前部有方形或圆形漆案，上置殉牲，以牛、羊、马等家畜为主，也有鱼等野生动物资源。殉牲部位头、蹄较少，除去头、蹄的肢体葬较多，甚至出现多处整牲殉葬，如内蒙古伊和淖尔墓群M5墓室发现有整羊2具，陕西西头遗址上庙地点北魏墓道发现有完整马骨1具，宁夏固原北魏墓发现有整马和整羊殉葬。山西大同方山思远佛寺遗址僧房炕洞南侧发现狗獾头骨1例，此外还发现有狗獾的肢骨、脊椎骨等若干，可能为一例狗獾个体（图7.8）②。狗獾肢骨上有砸击、切割痕迹，可能是食用该个体所致。狗獾附近即为灶台，保存有大量火烧后留下的灰烬和烧灼痕迹的土坯，表明该处可能为厨房和卧室。于此外发现食用动物的证据，是否意味着该寺居住于此的僧侣食荤？当然，以上推测还需更多证据来验证。

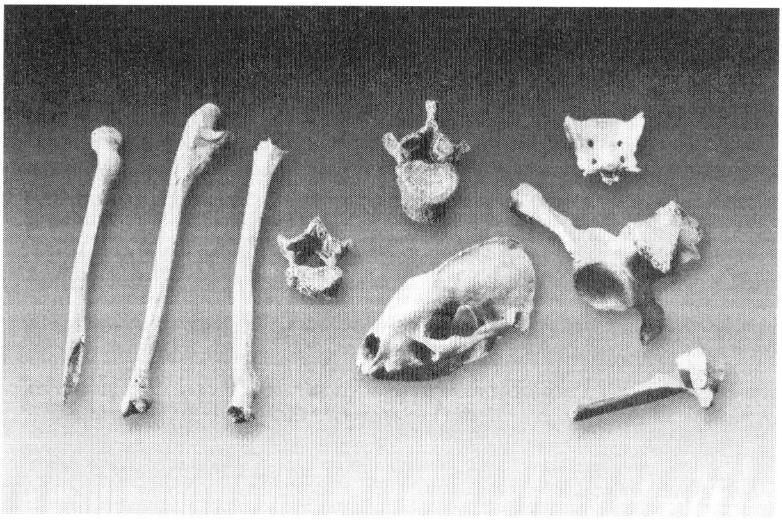

图7.8　大同方山思远佛寺遗址僧房炕洞南侧发现的骨骼

① 张国文．拓跋鲜卑殉牲习俗探讨［J］．南方文物，2017（2）：212-218．

② 思远佛寺遗址原始报告提到的动物骨骼中，笔者从报告图中观察可知，其中部分骨骼可能为人骨（1例尺骨和2例桡骨）。如确为人骨，则此处僧房也可能废弃后兼具居址葬的功能。

值得注意的是，北魏平城时代墓葬还流行随葬陶质动物模型明器，其中以猪、狗、羊等为主，其次还有家禽、马、牛、骆驼等。北魏洛阳时代墓葬中殉牲少见，仅侯马虒祁裴经墓、固原南郊墓群M2、包头姚齐姬墓、洛阳元祉墓、山西大同南郊北魏墓群（M39、M77、M117和M146）有发现。北魏洛阳时代墓葬中各类陶质动物模型明器的随葬非常普遍。虽然陶质动物模型明器并不能称之为殉牲，但是一定程度上也起到了殉牲的作用，也是先民对动物资源的利用方式之一。定都平城和洛阳后大量随葬的动物模型明器，尤其是作为传统农业社会常见的猪、狗、鸡等动物模型的随葬，可能与农耕文化的影响有关。

拓跋鲜卑—北魏考古遗存出土的野生动物资源逐渐减少，预示人群的渔猎经济比重逐渐降低。此外，头蹄葬逐渐减少，肢体葬日趋增加，表明殉葬动物肉量逐渐增加。这可能和北魏先民的经济和生活水平提升有较大关系，北魏多元经济结构使得北魏先民食物来源富足，因而其在进行丧葬礼仪活动中对殉牲肉量的投入显得更为宽裕。

除了殉牲[①]，北魏社会对动物资源的利用还有祭祀。史籍有载，北魏盛行四月四日西郊祭天，杀牲祭祀[②]。《魏书·礼志》记载："（道武帝）天赐二年夏四月，复祀天于西郊，为方坛一，置木主七于上。东为二陛，无等。周垣四门，门各依其方色为名。牲用白犊、黄驹、白羊各一……廪牺令掌牲，陈于坛前……拜讫，乃杀牲。"《魏书·礼志》还记载："又置献明以上所立天神四十所，岁二祭，亦以八月、十月。神尊者以马，次以牛，小以羊，皆女巫行事。又于云中及盛乐神元旧都祀神元以下七帝，岁三祭，正、冬、腊，用马牛各一，祀官侍祀。"[③]由《魏书》可见，北魏皇家祭祀用牲一般选用活的马、牛、羊，其中以马为尊，牛、羊其次，祭祀后杀牲。大同地区暂未发现北魏平城皇家祭祀用牲的证据。但是，内蒙古呼和浩特市武川县新发现有北魏皇家祭天遗址，出土了用于祭祀的动物骨骼，主要是马、羊的头骨和肢骨，初步鉴定有12匹马和2只羊的个体（图7.9）[④]。可见，考古证据也表明了马是北魏国家祭祀的主要用牲。

此外，《南齐书》记载："蜡日逐除，岁尽，城门磔雄鸡，苇索桃梗，如汉仪。"可见，日常生活中，也有用动物（如鸡等）作为祭祀或者节日习俗的载体。

---

① 当然，棺前设奠和壁龛设奠的殉牲也具有祭祀的功能，为"墓祭"，与下文的天地、宗庙、社稷、节日祭祀略有不同。

② 罗新．拓跋祭天方坛上的木杆［J］．云冈研究，2021，1（2）：56-68；秦红发，孙险峰．论北魏西郊祭天［J］．中州学刊，2018（2）：111-117．

③ 魏收．魏书·礼志［M］．北京：中华书局，1974．

④ 张文平，丹达尔．内蒙古武川坝顶北魏阴山皇家祭天遗址［J］．大众考古，2021（1）：16-17．不过李零先生提出不同意见。参阅，李零．"北魏皇帝祭天遗址"献疑［J］．读书，2022（2）：21．

图7.9　呼和浩特武川县坝顶北魏祭天遗址及其出土的动物骨骼[①]

1. 遗址航拍；2. 内环壕出土的动物骨骼

（二）动物类（肉和奶）食物

关于拓跋鲜卑建国前的动物类食物资源，文献记载极少。据《魏书·序纪》记载，拓跋鲜卑早期“统幽都之北，广漠之野，畜牧迁徙，射猎为业”，表明其通过畜牧业和渔猎经济获取的各类动物是其主要的食物来源之一[②]。结合考古出土的动物骨骼可知，该时段拓跋先民动物类食物来源有常见的马、牛、羊等牲畜，还有少量的野生动物资源，如鹿、野猪、鸟类和一些水生资源（贝类和鱼类）。

考古出土资料也为了解北魏先民动物类食物资源提供了确凿证据。在大同南郊北魏墓群多个墓葬和大同迎宾大道北魏墓群M37中，发现有羊骨盛放于漆盘、耳杯等食器内[③]。大同沙岭北魏墓壁画庖厨图中有杀羊备食的场景[④]。可见平城先民食羊之风在随

① 张文平，丹达尔．内蒙古武川坝顶北魏阴山皇家祭天遗址［J］．大众考古，2021（1）：16-17.

② 魏收．魏书［M］．北京：中华书局，1974.

③ 大同市考古研究所．山西大同迎宾大道北魏墓群［J］．文物，2006（10）：50-71.

④ 大同市考古研究所．山西大同沙岭北魏壁画墓发掘简报［J］．文物，2006（10）：4-24.

葬品和壁画中也有着直观的表现。牛和马的骨骼在平城北魏墓葬也有出土，表明其也是北魏先民食谱中的重要肉食来源。大同南郊北魏墓群 M214发现有鸡骨置于漆碗[①]，大同迎宾大道北魏墓群M37发现有鸡骨置于漆盘、耳杯[②]。可见鸡也是平城居民食谱中肉食来源之一。迁都平城前的拓跋鲜卑墓葬鲜有随葬猪、狗，表明其较少食用它们。而北魏平城和洛阳时代墓葬中，猪和狗骨骼虽少见，但相关陶质模型明器却不少，如雁北师院北魏墓群、司马金龙墓、下深井北魏墓等均出土有陶猪和陶狗，表明它们可能也是北魏居民的食物来源之一[③]。文献中有北魏宫中养猪的记载，如《南齐书》记载："婢使千余人，织绫锦贩卖，酤酒，养猪羊，牧牛马，种菜逐利。"[④]大同七里村北魏墓M29壁画中绘有一位仕女端坐食槽前喂猪的场景（图7.10）[⑤]，鉴于M29墓主很可能为一位拓跋鲜卑贵族，我们推测拓跋鲜卑部分人群可能已不排斥食用猪肉。此外，其他普通北魏平城居民食用猪肉也是很有可能的。

图7.10　七里村北魏墓M29墓室西壁北侧壁画

① 山西大学历史文化学院，山西省考古研究所，大同市博物馆. 大同南郊北魏墓群［M］. 北京：科学出版社，2006.

② 大同市考古研究所. 山西大同迎宾大道北魏墓群［J］. 文物，2006（10）：50-71.

③ 大同市考古研究所. 大同雁北师院北魏墓群［M］. 北京：文物出版社，2008；山西省大同市博物馆，山西省文物工作委员会. 大同石家寨北魏司马金龙墓［J］. 文物，1972（3）：20-33；大同市考古研究所. 山西大同下深井北魏墓发掘简报［J］. 文物，2004（6）：29-34.

④ 萧子显. 南齐书［M］. 北京：中华书局，1972.

⑤ 大同市考古研究所. 山西大同七里村北魏墓群M29发掘简报［J］. 文物，2023（1）：33-57.

大同南郊北魏墓群M49出土有鹿的骨骼①。大同金茂府墓群M9漆案上发现有鱼骨和鱼鳞（图7.11）②。可见，除了前文所述的家畜和家禽外，鱼和鹿等野生动物资源也可能是北魏先民肉食来源之一。前文大同地区北魏墓葬出土人和动物骨骼稳定同位素分析，揭示了北魏平城居民对畜牧业经济的依赖以及对肉食资源的摄取，其中部分个体具有较高的δ^{15}N值，推测也可能食用了部分淡水鱼类资源，这与金茂府墓群鱼类遗存的出土相印证。

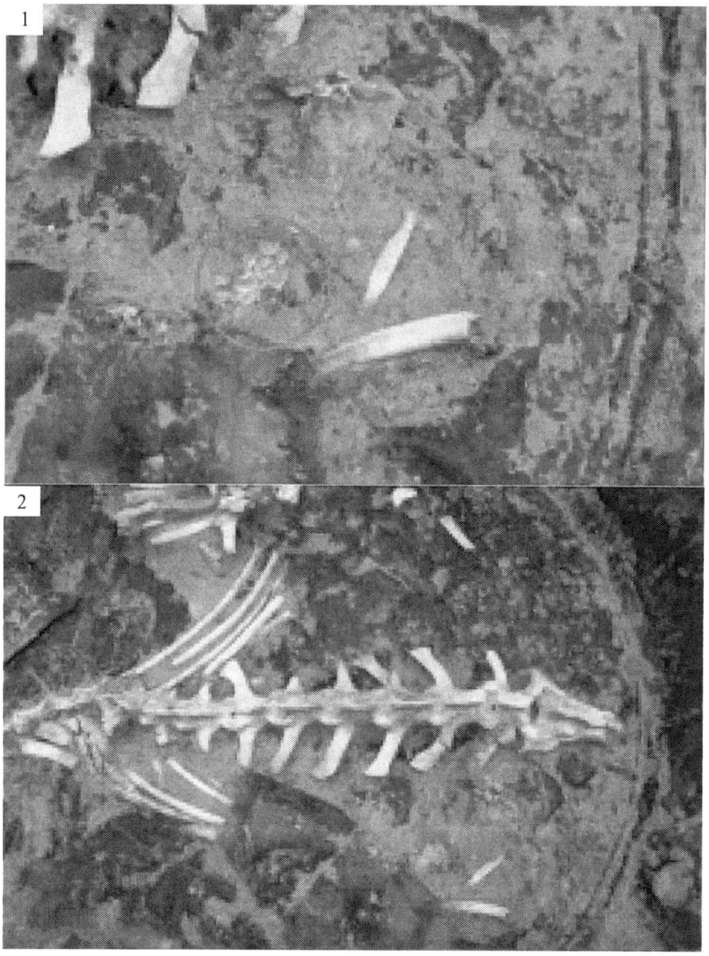

图7.11　金茂府北魏墓群M9漆案上的鱼类遗存

1. 鱼鳞（画圈处）；2. 鱼骨

① 山西大学历史文化学院，山西省考古研究所，大同市博物馆．大同南郊北魏墓群［M］．北京：科学出版社，2006：44．发掘报告记录M49出土的动物骨骼为牛肩胛骨，笔者委托中国社会科学院考古研究所吕鹏博士对其种属重新进行鉴定，认为应是鹿科动物。

② 发掘报告暂未出版，资料见：周丽琴，吕晓晶，崔贺勋等．北魏平城地区的农耕化：山西大同金茂府北魏墓群人和动物的C、N稳定同位素分析［J］．第四纪研究，2022，42（6）：1749-1763.

除了上述考古出土的野生动物遗骸外，北魏墓葬出土的壁画、棺板画等图像资料中的狩猎场景也往往绘制有野生动物形象。例如，宁夏固原北魏漆棺画墓（鹿、野猪）、内蒙古和林格尔榆树梁北魏壁画墓（鹿）、大同仝家湾北魏壁画墓M9（猎犬辅助主人骑马狩猎，狩猎对象有鹿、兔、狐、虎、豹）、大同迎宾大道北魏壁画墓M16（飞雁、野兔、野猪、虎、鹿）、大同云波里路北魏壁画墓（鹿）、大同智家堡石椁壁画墓（大雁、野兔、野猪）、大同南郊北魏墓群棺板画墓M229（鸟、羊、虎、豹）等①。此外，部分北魏壁画图像资料的庖厨场景中还绘制有野生动物食材，如大同沙岭壁画墓漆皮二的庖厨场景中有用鱼作为食材②。综上，通过渔猎活动捕获的野生动物可能也是北魏先民重要的肉食来源之一。

此外，前文的稳定同位素分析还揭示了金茂园北魏墓群儿童个体可能被喂养了部分动物奶制品。《齐民要术》也记载有北魏时期黄河流域北方先民已经会制作和食用酸奶和奶酪的事实③。《魏书》记载，平城发生饥荒而打算迁都，崔浩上书制止此事，理由是“至春草生，乳酪将出，兼有菜果，足接来秋，若得中熟，事则济矣”④。可见，除了肉食，动物奶制品也是北魏先民的重要食物来源之一。

（三）手工业制品

通过对拓跋鲜卑—北魏不同时期遗存出土的各类骨质工具、武器、饰品以及各类材质的动物风格牌饰等手工业制品的分析，也可以从另一个角度揭示其动物资源利用状况。以上骨质手工业制品以早期拓跋鲜卑墓葬出土为多，尚无法判断由何种动物骨骼制作而成，器型有镞、衔、锥、鸣镝、弓弭、弓把、刀等，基本以渔猎工具为主，辅之以少量生产/生活用具。此外，还有部分装饰品，如以鱼骨制成的簪和串珠⑤，以及以羊、鹿、马及禽类为题材的各类牌饰，分别反映了拓跋鲜卑对淡水资源的利用以及动物崇拜的风俗。如表7.1所示，随着拓跋鲜卑的南迁，渔猎类骨制工具数量逐渐减少，一定程度上反映了拓跋鲜卑至北魏人群对于渔猎经济的依赖程度有一个从高到低的转变过程。

（四）军事或畜力用途

家畜，除了作为食物资源，也是用作日常畜力（如货物运输、交通工具、辅助狩猎、看家护院等）和战争物资的重要对象。在北魏初期频繁的战争中，动辄获得“马

① 狩猎场景中仅仅列出简报识别出的野生动物，其他狩猎对象，因动物种属未知，本书暂不做讨论。

② 山西大学历史文化学院，山西省考古研究所，大同市博物馆. 大同南郊北魏墓群[M]. 北京：科学出版社，2006年；大同市考古研究所. 山西大同沙岭北魏壁画墓发掘简报[J]. 文物，2006（10）：4-24.

③ 贾思勰. 齐民要术[M]. 北京：中华书局，2009.

④ 魏收. 魏书·崔浩传[M]. 北京：中华书局，1974.

⑤ 扎赉诺尔墓群1960年发掘的M29，出土有鱼肋骨制成的骨簪32根，鱼椎骨钻孔制成的串珠5个。

牛羊数百万头"[①]。此外，北魏的国营及民营牧场较为盛行[②]。以上为北魏军事及日常畜力利用提供了充足的动物资源。到目前为止，平城地区墓葬出土陶马上百个，约占动物俑总出土数量的70%左右，可见马在平城时期拥有较高的地位。平城时期出土马俑的形象大都鞍辔齐备，应主要被作为征战和交通的工具。此外，大同雁北师院、智家堡北魏墓和沙岭北魏壁画墓发现有战马、驮粮马及日常用马等艺术形象[③]。可见，平城时期马的畜养超越了"食肉饮酪"的功能，而被赋予了更多的社会、军事意义。牛的养殖数量巨大、畜养地位较高，与羊、马一同构成北魏畜牧业的三大畜种。牛是北魏时期重要的农业畜力来源，如《魏书·太祖纪》记载"二月，诏给内徙新民耕牛"。平城时期用于拉车畜力是养殖牛的目的之一。《魏书·世祖纪》载"诏天下十家发大牛一头，运粟塞上"。牛车的形象在平城墓葬中也有着生动的刻画。在大同智家堡北魏墓棺板画中，主牛车在导从仪仗、舞乐杂技的簇拥下出行，另有通幰牛车随行，展示了雄健有力的畜力牛形象[④]。狗虽然退出主要家畜行列，但是在拓跋魏日常生活中仍然具有一定的作用。在大同南郊仝家湾北魏墓M9东壁壁画的狩猎画面中，猎犬身姿矫健，配合着猎手围猎[⑤]。除了辅助狩猎，此时的狗还应有看家护院的功能，平城的一些墓葬出土的陶狗生动地展现了"守犬"形象。例如，大同雁北师院北魏墓群M2出土的陶狗，前腿弯曲、后肢屈于腹下，引颈昂首，警惕性十足[⑥]。此外，大同石家寨北魏司马金龙墓、大同县陈庄北魏墓等，都出土了蹲卧的"守犬"形象陶俑[⑦]。骡、驴和骆驼等动物虽未见骨骼出土，但平城时期墓葬出土了一些陶俑。例如，雁北师院M5和陈庄M1等出土的陶驴俑，均有货物搭于背上；大同田村北魏墓M1同时出土有胡商和骆驼俑；文瀛路北魏壁画墓北侧棺床立面绘有胡商牵驼图等[⑧]。骆驼来源于西域，应和骡、驴等动物一样，在北魏主要被作为畜力而加以使用。

---

① 魏收．魏书·太祖纪［M］．北京：中华书局，1974．

② 王利华．中古时期北方地区畜牧业的变动［J］．历史研究，2001（4）：33-47．

③ 大同市考古研究所．大同雁北师院北魏墓群［M］．北京：文物出版社，2008；王银田，刘俊喜．大同智家堡北魏墓石椁壁画［J］．文物，2001（7）：40-51；大同市考古研究所．山西大同沙岭北魏壁画墓发掘简报［J］．文物，2006（10）：4-24．

④ 王银田，刘俊喜．大同智家堡北魏墓石椁壁画［J］．文物，2001（7）：40-51．

⑤ 山西省考古研究所，大同市考古研究所．山西大同南郊仝家湾北魏墓（M7、M9）发掘简报［J］．文物，2015（12）：4-22．

⑥ 大同市考古研究所．大同雁北师院北魏墓群［M］．文物出版社，2008．

⑦ 山西省大同市博物馆，山西省文物工作委员会．山西大同石家寨北魏司马金龙墓［J］．文物，1972（3）：20-33；山西省考古研究所，大同市考古研究所．山西大同市大同县陈庄北魏墓发掘简报［J］．文物，2011（12）：37-46．

⑧ 大同市考古研究所．大同雁北师院北魏墓群［M］．文物出版社，2008；山西省考古研究所，大同市考古研究所．山西大同市大同县陈庄北魏墓发掘简报［J］．文物，2011（12）：37-46；大同市考古研究所．山西大同南郊区田村北魏墓发掘简报［J］．文物，2010（5）：4-18；大同市考古研究所．山西大同文瀛路北魏壁画墓发掘简报［J］．文物，2011（12）：26-36．

三、动物资源利用所反映的经济形态

（一）畜牧业经济

前文对于内蒙古东北部和中南部地区拓跋—北魏先民的稳定同位素分析，结果显示他们具有高的δ^{15}N值，这表明他们摄取了较多的动物蛋白资源，表明畜牧/游牧业经济贡献较大，这与文献和考古证据也较为符合。本书将不同时期人的δ^{15}N值进行纵向对比，来考察长时段下的拓跋—北魏先民动物蛋白资源摄取情况及其畜牧/游牧业经济发展状况。

拓跋鲜卑从内蒙古东北部迁徙到中南部地区后其δ^{15}N值略有增加，表明内蒙古中南部地区拓跋鲜卑比早期获取了较多的肉类资源，畜牧/游牧业经济也相对较为发达。拓跋鲜卑南迁“匈奴故地”后，接纳了匈奴留下了大量的人口和畜牧财产，极大促进了拓跋鲜卑畜牧/游牧业经济的发展。我们推断，内蒙古中南部地区发达的畜牧业为拓跋鲜卑提供了大量的肉食资源，这也解释了该地区拓跋—北魏先民具有的较高δ^{15}N值。

大同地区北魏墓葬出土人骨的稳定同位素分析表明，相比早期拓跋和北魏先民，北魏平城居民具有明显较低的δ^{15}N值，可见其摄取的肉食资源比以前明显减少，肉类蛋白在食物结构中占据的比例也显著降低。我们推测这很可能是因为受到北方农耕民族粟作农业经济的影响，导致粟、黍等C_4类食物在人的食物结构中开始占据较重要的地位，从而一定程度上减少了对肉食资源的依赖。

虽然稳定同位素分析揭示了农耕经济对北魏居民的贡献，但是不可否认的是，畜牧业经济仍是北魏平城居民的主要生计方式之一。可见，虽然拓跋鲜卑建立了北魏政权并定居于平城，并且与中原农耕民族逐渐融合，但是其传统的生活习俗和生计方式仍然在北魏平城时期得到了一定程度的保留。只是相比内蒙古草原地区，平城畜牧经济中的游牧色彩不如从前。北魏太武帝拓跋焘统一黄河流域后，政权趋于稳定，畜牧业经济得到了很大的发展①。另外，对外掠夺战争也是其畜牧业经济获得发展的重要原因之一。例如，太祖拓跋珪天兴元年（公元399年）二月，大破高车，掠获牲畜近二百万；拓跋焘在公元429年北征蠕蠕，连带征伐高车，“获马牛羊亦百万余”，仅高车一部的贡献就使得国家“马及牛羊遂至于贱”②。拓跋焘还征占了西北，拥有了河西牧区③。随着北魏对其他北方民族的征伐和兼并，得到了大量的牲畜补充。此外，北

① 张维训．论鲜卑拓跋由游牧社会走向农业社会的历史转变［J］．中国社会经济史研究，1985（3）：7-18．

② 魏收．魏书·高车传［M］．北京：中华书局，1974．

③ 魏收．魏书·崔浩传［M］．北京：中华书局，1974；魏收．魏书·食货志［M］．北京：中华书局，1974；魏收．魏书·太祖纪［M］．北京：中华书局，1974；魏收．魏书·太宗纪［M］．北京：中华书局，1974．

魏的国营及民营牧场也较为盛行[①]。以上都极大促进了北魏畜牧业经济的发展。

以不同时期和地区拓跋鲜卑—北魏遗址出土动物骨骼的$\delta^{13}C$和$\delta^{15}N$值做散点图，如图7.12所示。内蒙古呼伦贝尔地区和内蒙古中南部地区的动物（马，牛和羊）同位素值分布较为集中，说明其食物结构较为相似，其较低的$\delta^{13}C$和$\delta^{15}N$值表明其主要依赖C_3类植物，可能主要来自于天然牧草。随着拓跋鲜卑的南迁，相比草原地区，北魏平城地区动物骨骼稳定同位素数据有较为明显的变化。北魏平城地区动物的稳定同位素值分布较为分散，预示着其有着多样化食物结构，以及可能存在着多种饲养模式。狗与大部分北魏人群的稳定同位素数据接近，表明其食物来源与人类相似，或许来自于人类喂养的富余食物，从而体现出较明显的C_4食物特征。而牛在家畜中对C_4食物的摄取是仅次于狗的，但同时也摄取了一些C_3食物，具有C_3/ C_4混合食物结构特征，因此预示黄牛存在着多元饲养模式。相反，绵羊虽然也是C_3/C_4混合食物结构，但其在家畜中对C_3食物的摄取比重是最高的。《齐民要术 · 养羊篇》中对养羊有专门的描述："种大豆一顷杂谷，并草留之，不须锄治，八九月中，刈作青茭。"[②]可见羊的青贮饲料主要来自种植的大豆（C_3），辅以一些杂谷（粟/黍，C_4）和野草（C_3），与稳定同位素分析结果比较吻合。马的也是C_3/ C_4混合食物结构，但其C_3和C_4比重均衡，介乎牛、羊之间。至于大同南郊的一例猪的个体，其食谱特征是以C_3类为主，可能是来自于北魏平城D组人群的C_3类作物或其副产品喂养，抑或是采用了放养的方式从而获取了较多野生C_3食物。未来如果有北魏祭天遗址出土动物（马、牛、羊）骨骼的稳定同位素数据，或许可以揭示国家祭祀用牲的食物来源和饲养策略。

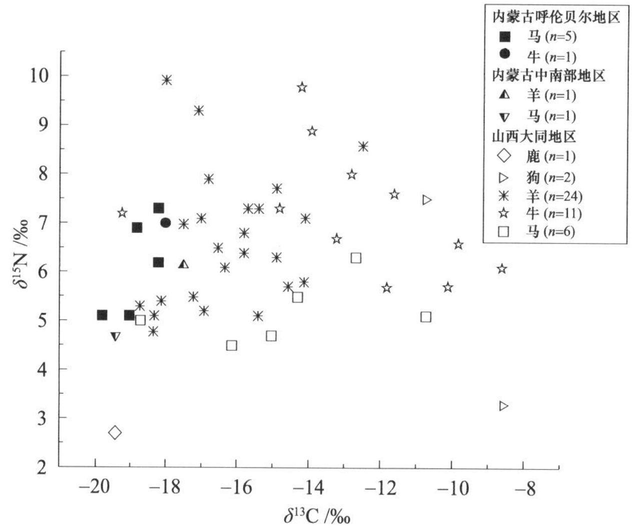

图7.12　拓跋鲜卑—北魏动物骨骼$\delta^{13}C$和$\delta^{15}N$值的散点图

① 王利华. 中古时期北方地区畜牧业的变动［J］. 历史研究，2001（4）：33-47.

② 贾思勰. 齐民要术［M］. 北京：中华书局，2009.

综上可见，拓跋鲜卑—北魏人群在南迁过程中，其畜牧业经济结构有一定的变化，动物的饲养策略也有明显的转变，尤其是北魏平城地区显示出多样化的动物饲养策略。

（二）渔猎经济

前文对拓跋鲜卑—北魏人群的稳定同位素分析表明，先民具有较高的$\delta^{15}N$值，这除了可能来自于畜牧业经济所提供的家畜外，也不排除渔猎经济所提供的野生动物资源。早期拓跋鲜卑遗存中常见的各类狩猎工具和野生动物骨骼也充分表明狩猎经济是其经济部门的重要组成之一。此外，少数先民个体具有较高的$\delta^{15}N$值，不排除这些个体的肉食来源于渔猎经济所捕获的陆生淡水资源的可能性。《三国志·魏书·乌丸鲜卑东夷传》裴松之注引《魏书》曰："后檀石槐乃案行乌侯秦水（今内蒙古辽河上游老哈河），广袤数百里，淳不流，中有鱼而不能得。闻汗人善捕鱼，于是檀石槐东击汗国，得千余家，徙置乌侯秦水上，使捕鱼以助粮。"这里的"中有鱼而不能得"形象地揭示了作为游牧民族的早期鲜卑人群渔猎行为并不擅长，而"捕鱼以助粮"则揭示了早期鲜卑人群对食物资源获取的迫切以及渔猎经济是其重要的辅助经济。

北魏平城发展有畜牧业和农业经济，学界对此都有较为普遍的共识，文献和考古证据也较为丰富。然而，学界对北魏平城先民野生动、植物资源利用情况的认识却不够全面。黎虎认为北魏的农业经济有了长足的发展，但是传统的畜牧业经济和渔猎经济并未退出经济领域①。在北魏前期，渔猎仍然作为一个经济部门而存在着。拓跋鲜卑在平城虽然"分土定居"下来，但是作为传统游牧民族，北魏王室和贵族对狩猎活动依然非常热衷。如《北史·本纪》载，明元帝于永兴五年（公元413年）"西幸五原，校猎于骨罗山，获兽十万"。《魏书·古弼传》记载，太武帝曾"后车驾畋于山北，大获麋鹿数千头，诏尚书发车牛五百乘以运之"。《魏书·食货志》载"又于岁时取鸟兽之登于俎用者以牣膳府"，《魏书·长孙嵩》载"多杀禽兽，皮肉筋角，以充军实"。以上文献记载表明，北魏皇家的狩猎活动除了具有游乐性质之外，应该还具有一定的经济和军用意义。北魏前期除了狩猎活动外，还同时存在渔业资源的利用。在兴建野生动物苑囿供娱乐消遣之外，北魏前期还兴建了一些鱼池以供捕捞，如天兴三年（公元400年），道武帝"穿城南渠通于城内，作东西鱼池"；永兴五年（公元413年），明元帝"穿鱼池于北苑"。北魏除了皇族喜好渔猎活动外，民间渔猎之风也颇为盛行，冀州刺史元坦"性好畋渔，无日不出，秋冬猎雉兔，春夏捕鱼蟹，鹰犬常数百头"。然而，随着北魏农业经济的发展以及国家推行的汉化改革，退苑还田是大势所趋，因而渔猎活动逐渐退出经济领域，孝文帝通过罢黜狩猎机构和官员、罢苑囿、罢"诸州禽兽之贡"，之后"狩猎之事悉止"②。

除了以上的稳定同位素分析数据和文献资料外，考古出土的实物遗存也为北魏平城渔猎经济活动提供了相关证据。例如，大同南郊北魏墓群出土有鹿科动物的骨骼；北魏平城墓葬部分棺板画和壁画中绘制有狩猎场景；大同沙岭壁画墓漆皮画的庖厨场

① 黎虎. 北魏前期的狩猎经济［J］. 历史研究，1992（1）：106-118. 该文中所谓的狩猎经济，也包含渔业资源的利用，故而本文在转述其研究内容时，以"渔猎经济"代替"狩猎经济"。

② 黎虎. 北魏前期的狩猎经济［J］. 历史研究，1992（1）：106-118.

景中有用鱼作为食材；大同金茂府墓群M9漆案上甚至发现有鱼骨和鱼鳞等。渔猎经济为北魏先民提供了淡水鱼类和鹿科等野生动物资源。当然，不排除部分渔猎活动是贵族为了娱乐而进行。

第三节　拓跋鲜卑—北魏先民生计方式及其转变

本节梳理了拓跋鲜卑—北魏人和动物骨骼及北魏平城植物遗存的$\delta^{13}C$和$\delta^{15}N$数据（表7.3、表7.4），并以其做散点图和误差棒图（图7.13、图7.14），并结合考古和文献资料，对不同时空框架下的拓跋鲜卑—北魏先民生计方式面貌及其变迁状况进行考察。为表述方便，本节将不同地区的考古遗存划分为早期、中期和晚期三大时段，大致对应内蒙古呼伦贝尔地区、内蒙古中南部地区和山西大同、陕西西安地区的拓跋鲜卑—北魏考古学文化，如表7.3所示。

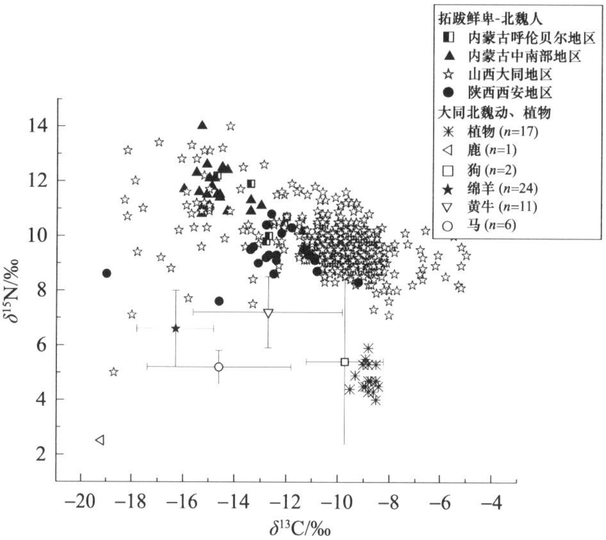

图7.13　拓跋鲜卑—北魏人、动物和植物稳定同位素数据对比分析图

表7.3　拓跋鲜卑—北魏人、动物和植物稳定同位素数据

遗址名称	种属	时间	$\delta^{13}C$ 均值/‰	$\delta^{15}N$ 均值/‰	样品数/个
扎赉诺尔、东乌珠尔、团结墓群①	人	早期	−12.7±1.1	10.7±0.9	7
三道湾和叭沟墓群①	人	中期	−14.7±0.8	11.9±0.8	18

① ZHANG G W, HU Y W, WANG L M, et al. A paleodietary and subsistence strategy investigation of the Iron Age Tuoba Xianbei site by stable isotopic analysis: A preliminary study of the role of agriculture played in pastoral nomad societies in northern China [J]. Journal of archaeological science: reports, 2015 (2): 699-707.

续表

遗址名称	种属	时间	$\delta^{13}C$ 均值/‰	$\delta^{15}N$ 均值/‰	样品数/个
七郎山墓群①	人	中期	−14.8±0.3	11.3±0.3	4
伊和淖尔②	人	晚期	−15.2±0.8	11.2±0.8	10
南郊北魏墓群③	人		−9.6±2.0	9.8±1.0	41
金茂园墓群④			−10.7±2.1	9.7±1.0	76
水泊寺墓群⑤			−8.2±2.9	9.3±1.1	34
东信广场墓群⑥			−11.5±2.7	9.8±1.2	26
御昌佳园墓群⑥			−10.0±1.1	9.6±0.7	20
华宇广场墓群⑥			−9.5±0.7	9.7±0.5	13
大同二中墓群⑦	人		−11.1±2.0	9.9±0.8	48
金港园墓群⑧	人		−10.6±2.1	10.5±1.2	17
星港城墓群⑨	人		−11±2.1	9.8±1.2	44
郭家村墓群⑩	人		−12.5±1.9	9.3±0.7	20

① 张全超，朱泓. 内蒙古察右中旗七郎山墓地人骨的稳定同位素分析［J］. 草原文物，2012（1）: 87-89.

② 张国文等，待刊.

③ ZHANG G W, HU Y W, WANG L M, et al. A paleodietary and subsistence strategy investigation of the Iron Age Tuoba Xianbei site by stable isotopic analysis: A preliminary study of the role of agriculture played in pastoral nomad societies in northern China [J]. Journal of archaeological science: reports, 2015 (2): 699-707.

④ ZHANG G W, HOU X G, LI S Y, et al. Agriculturalization of the nomad-dominated empires of the Northern Wei Dynasty in Pingcheng city (398-494AD): a stable isotopic study on animal and human bones from the Jinmaoyuan cemetery, China [J]. International journal of osteoarchaeology, 2021 (31): 38-53.

⑤ 侯亮亮，古顺芳，苏俊吉等. 大同水泊寺北魏墓群人和动物骨骼的稳定同位素：试析北魏女性的地位［M］//边疆考古研究：第26辑. 2019：279-295.

⑥ 侯亮亮，古顺芳. 大同地区北魏居民生业经济的考古学观察［J］. 郑州大学学报（哲学社会科学版），2018（6）：115-118.

⑦ HOU L L, LI S Y, BAI H M, et al. The subsistence economy in the Pingcheng Area during the Northern Wei Dynasty: Stable isotope analysis of human bones obtained from the Datong Erzhong Cemetery in Shanxi, China [J]. Journal of archaeological science: reports. 2023 (49): 103946.

⑧ 张国文等，待刊.

⑨ ZHANG G W, HOU X G, LI C R, et al. Foodways and social organisation in a Northern Wei dynasty (398-494 CE) cemetery in Pingcheng: comparison of stable isotopes and mortuary practices [J]. Journal of archaeological science: reports, 2022 (46): 1031718.

⑩ 张国文等，待刊.

续表

遗址名称	种属	时间	$\delta^{13}C$ 均值/‰	$\delta^{15}N$ 均值/‰	样品数/个
金茂府墓群①	人	晚期	−9.8±1.1	9.9±0.8	70
扎赉诺尔、东乌珠尔、团结墓群②	马	早期	−18.8±0.7	6.1±1.0	5
东乌珠尔墓群②	牛	早期	−18.0	7.0	1
叭沟墓群②	羊	中期	−17.5	6.1	1
叭沟墓群②	马	中期	−19.4	4.7	1
南郊墓群②	羊	晚期	−17.5±0.9	5.7±0.7	9
南郊墓群②	马	晚期	−15.0±2.9	5.0±0.4	5
南郊墓群②	牛	晚期	−12.8±3.0	7.2±1.4	10
南郊墓群②	狗	晚期	−10.7	7.5	1
南郊墓群②	鹿	晚期	−19.2	2.5	1
金茂园墓群③	羊	晚期	−15.5±0.9	7.3±0.7	4
水泊寺墓群④	羊	晚期	−14.2±1.2	6.3±1.6	4
水泊寺墓群④	马	晚期	−12.7	6.3	1
水泊寺墓群④	狗	晚期	−8.6	3.3	1
金茂府墓群⑤	牛	晚期	−11.6	7.6	1
金茂府墓群⑤	羊	晚期	−16.4±0.9	7.7±1.2	7
太官仓储遗址⑥	植物	晚期	−8.9±0.3	4.8±0.5	17

注：分析数据统计截至2023年5月

① 周丽琴，吕晓晶，崔贺勋等. 北魏平城地区的农耕化：山西大同金茂府北魏墓群人和动物的C、N稳定同位素分析［J］. 第四纪研究，2022（6）：1749-1763.

② ZHANG G W, HU Y W, WANG L M, et al. A paleodietary and subsistence strategy investigation of the Iron Age Tuoba Xianbei site by stable isotopic analysis: A preliminary study of the role of agriculture played in pastoral nomad societies in northern China [J]. Journal of archaeological science: reports, 2015 (2): 699-707.

③ ZHANG G W, HOU X G, LI S Y, et al. Agriculturalization of the nomad-dominated empires of the Northern Wei Dynasty in Pingcheng city (398-494AD): a stable isotopic study on animal and human bones from the Jinmaoyuan cemetery, China [J]. International journal of osteoarchaeology, 2021 (31): 38-53.

④ 侯亮亮，古顺芳，苏俊吉等. 大同水泊寺北魏墓群人和动物骨骼的稳定同位素：试析北魏女性的地位［M］//边疆考古研究：第26辑. 2019：279-295.

⑤ 周丽琴，吕晓晶，崔贺勋等. 北魏平城地区的农耕化：山西大同金茂府北魏墓群人和动物的C、N稳定同位素分析［J］. 第四纪研究，2022（6）：1749-1763.

⑥ 刘珊，弓月，张国文等. 丝绸之路东端大都会粮仓中的谷物：大同操场城北魏太官粮储遗址炭化粟的C、N稳定同位素分析［J］. 第四纪研究，2022，42（1）：144-157.

表7.4　拓跋鲜卑—北魏人和动物骨骼稳定同位素数据

区域	种属	$\delta^{13}C$ 均值/‰	$\delta^{15}N$ 均值/‰	样品数/个
内蒙古呼伦贝尔地区	动物	−18.7±0.7	6.3±1.0	6
	人	−12.7±1.1	10.7±0.9	7
内蒙古中南部地区	动物	−18.5±1.3	5.4±1.0	2
	人	−14.7±0.7	11.8±0.8	22
山西大同和/西安地区	动物	−14.9±2.9	6.4±1.6	44
	人	−10.4±2.3	9.7±1.0	409

嘎仙洞遗址作为拓跋鲜卑起源地尚存质疑①，故而生活于森林环境中的早期拓跋鲜卑生计方式研究尚需更多新材料的支撑。经过第一次迁徙，拓跋鲜卑走出了森林环境并进入呼伦贝尔草原地区，也即史书所记载的“大泽”。从呼伦贝尔地区拉布达林、扎赉诺尔等早期拓跋鲜卑墓葬出土的大量骨质镞、矛、弓弭、鸣镝等器具，羊形、三鹿纹牌饰，大量牛、马等动物的头蹄葬，还有少量野猪、鹿、贝类、鱼类等野生资源来看，先民对动物资源的依赖程度较高，该地区先民和动物骨骼的稳定同位素数据也表明先民动物蛋白资源摄取较多，以上证据表明该地区先主要从事着畜牧/游牧业经济，辅之以渔猎经济。这个时期的拓跋鲜卑可能也从事一定的林业经济，如对野生桦树资源的普遍利用。此外，结合考古出土的炭化农作物遗存，以及稳定同位素分析显示先民少量粟、黍等作物的摄取，我们认为此时期的拓跋鲜卑可能还存在一些粟作农业经济因素。

拓跋鲜卑经历第二次南迁，从呼伦贝尔地区迁徙到内蒙古中南部地区，也即史书记载的“匈奴故地”。这一阶段至拓跋鲜卑建国，其生计方式与迁居“大泽”时期大体相似，人和动物的稳定同位素分析数据也显示这两个地区人群的动、植物资源摄取情况及家畜饲养策略相近，即均主要从事着畜牧/游牧业经济并辅之以渔猎和粟作农业经济。扎赉诺尔墓群出土了四神规矩镜、如意纹织锦，拉布达林墓地出土了“大泉五十”，第二次南迁期间的拓跋鲜卑墓葬也出土了五铢钱、漆器、丝织品等，这些中原地区常见物品的出土，反映了拓跋鲜卑在进入农耕区之前即已与农业人群有了经济和文化的往来，这或许为以上两个地区拓跋鲜卑粟类作物获取乃至农业经济发展提供了便利条件。不过，如表7.4和图7.14所示，内蒙古中南部地区拓跋鲜卑和北魏人群的$\delta^{13}C$值比呼伦贝尔地区低，表明第二次迁徙后，拓跋鲜卑摄取了更多的C_3食物。此外，内蒙古中南部地区拓跋鲜卑和北魏人群的$\delta^{15}N$值比呼伦贝尔地区高，表明前者摄取了较多的动物蛋白，暗示了畜牧/游牧业经济水平比后者略高，这也导致了先民间接通过食用大量牲畜而摄取了较多的C_3食物。基于本地区动物骨骼同位素数据，我们认为这些C_3食物大部分来源于当地牧草。

如表7.3和图7.13所示，平城地区的北魏先民$\delta^{13}C$和$\delta^{15}N$值的分布范围较广，表明先民的食谱结构较为复杂。我们早期对北魏平城墓葬开展过少量的稳定同位素分析，数

① 刘国祥，倪润安．嘎仙洞遗址的发现及相关问题探讨［J］．文物，2014（11）：53-59．

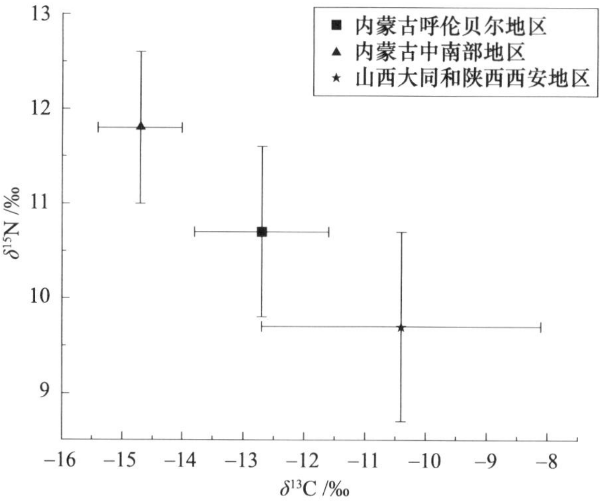

图7.14　拓跋鲜卑—北魏人骨δ^{13}C和δ^{15}N值的误差棒图

据显示少量个体的同位素数据与主人群差异明显，他们一般具有较低的δ^{13}C值和较高的δ^{15}N值，往往推测其为迁徙个体①。然而，随着大同地区北魏墓葬出土人和动物骨骼稳定同位素数据的逐渐增多，我们发现这些具有较低δ^{13}C值和较高δ^{15}N值的人群数量有明显递增，我们依然不排除其为迁徙者的可能性（当然也需要锶同位素分析等更多研究方法的印证），但是需要我们对这些数据进行更加细致的分析。按照前文对大同地区北魏墓葬人骨同位素数据进行的四类分组，我们认为大同北魏居民具有多样化的生计方式，基于粟类作物的C_4型畜牧业经济和粟作农业经济是北魏平城的主要生计方式，C_3型畜牧业经济（基于部分稻、豆、麦等C_3作物的喂养式畜牧业；基于C_3野生植被的放养式畜牧业）是北魏平城居民的重要辅助生计方式。此外，稻、豆、麦等C_3型农业经济以及少量的渔猎经济也是北魏先民重要的生计方式之一。此外，可能存在的作物施肥也是农业经济的表现之一。多元混合生计方式的存在，为北魏平城居民提供了多样化的食物选择和供给，这也是北魏初迁新都后社会稳定和经济发展的重要保障。北魏初期有大量人口迁徙活动，不同文化背景和生活习俗的人群汇集于平城，加上拓跋统治者开放包容的态度，这些来自不同地区的移民所带来的各种饮食习惯和经济形态也得以在平城保留下来，这可能也是北魏平城居民生计方式呈现多元化特征的原因之一。

如表7.4和图7.14所示，大同地区北魏墓葬出土人和动物骨骼的稳定同位素分析数据显示此时人及畜群对于粟类作物的摄取比例较之早期拓跋鲜卑有了明显增加。《魏书·太祖纪》“幸定襄之盛乐，息众课农”，表明拓跋魏定都盛乐期间即已开始发展农业经济。北魏太和九年（公元485年）开始推行均田制。公元494年，北魏迁都洛阳后，孝文帝汉化改革更是加速了鲜汉融合。一系列有利于农业发展的政治、经济和文

① 张国文，胡耀武，裴德明等. 大同南郊北魏墓群人骨的稳定同位素分析［J］. 南方文物，2010（1）：127-131.

化政策的推行，极大促进了拓跋魏的农业经济发展①。除了粟作农业经济，北魏平城的畜牧业经济也较为发达。北魏建国初期战事频繁，需要大量的牲畜作为物资和畜力。此外，战争俘获的牲畜数量也是可观的。大同地区墓葬出土的动物骨骼虽然不多，但是人骨稳定同位素数据显示北魏平城居民仍然具有较高的δ^{15}N值，可见其动物资源的利用依然存在，只是相比草原地区的早期拓跋鲜卑其动物资源摄取比例有了较为明显的降低（图7.14）。值得注意的是，虽然拓跋鲜卑对畜牧业经济的依赖有明显的减少，但其畜牧业经济在北魏平城的经济部门中仍然占据着重要的地位，粟作农业经济的发展并没有改变畜牧业经济的主导地位。

北魏平城和洛阳地区墓葬出土的野生动物骨骼和渔猎相关工具数量极少。可见，随着拓跋鲜卑的南迁，其对于狩猎经济的依赖有一个从高到低的转变过程。黎虎认为，北魏前期的狩猎经济除了具有军事和游乐的目的之外，还具有经济的意义，仍然是当时社会经济生活中一个必要的组成部分。不过它毕竟是在拓跋魏进入农耕—畜牧社会之后残存的一种经济形态，其性质与原始的狩猎经济已不可同日而语，它只是当时农业和畜牧业经济的一种补充，孝文帝以后狩猎经济终于退出了拓跋魏的社会生活领域②。

陕西西安地区北魏墓葬出土资料较少，该地区北魏先民生计方式面貌不清。前文对西安郭家村墓群出土人骨进行了碳、氮稳定同位素分析，数据结果表明该墓群大部分先民对畜牧业和粟作农业经济的依赖较大，这是郭家村北魏先民的主要生业经济形态。同时，少量个体异常的稳定同位素数据，表明该地区存在多种生业经济的可能，如稻、麦、豆等经济。如图7.13所示，陕西西安地区北魏先民δ^{15}N值与平城地区北魏先民，较为接近，表明两地区的畜牧业发展水平可能比较相似，不过，陕西西安地区北魏先民的δ^{13}C值略低，表明其C_3类食物的摄取比重相对大些，可能稻、麦、豆等C_3类型农业经济比重比平城地区略高。

第四节　拓跋鲜卑—北魏先民生计方式转变的原因

游牧于内蒙古东北部和中南部草原上的拓跋鲜卑生计方式面貌较为相似。随着北魏迁都平城，北魏先民的生计方式呈现多样化的特征，这一生计方式的显著转变可能是政治、文化、经济和环境多方面因素共同催动的结果。

一、政治和文化因素

迁都平城和洛阳是北魏乃至中国古代历史的重要转折点。在其南迁过程中，拓跋魏对于农耕经济和农耕文明的接纳程度日益加深。拓跋魏逐渐摆脱游牧文化影响，更深入地进入农业文明的腹地，而且在政治和文化方面更加突出自己作为中原华夏文明

① 王仲荦．魏晋南北朝史［M］．北京：人民出版社，2003．

② 黎虎．北魏前期的狩猎经济［J］．历史研究，1992（1）：106-118．

“继承者”的角色，是为了便于加强对北方黄河流域的统治。政治因素的催动，经济基础也随之调整以适应政治需求。伴随着拓跋鲜卑的统治区域由草原牧区转向农耕区，其经济结构和饮食风俗也随之改变是必然趋势。

此外，北魏初期开放、包容的政策，使得平城先民从事各类经济活动成为可能。《魏书·食货志》记载，太武帝拓跋焘“开拓四海，以五方之民各有其性，故修其教而不改其俗，齐其政而不易其宜，纳其方供以充食廪，收其货物以实库藏……”①。“纳其方供以充食廪”，表明允许被征服者进献传统的贡赋物资；“修其教而不改其俗，齐其政而不易其宜”，表明遵从被征服地区或民族原有的制度和习俗②。

北魏初期无暇顾及西域。然而公元435年后，北魏陆续遣使西域。公元439年，拓跋焘征服北凉，完成了北方黄河流域的统一，之后北魏与西域诸国交往更趋频繁，十六国战乱以来拥塞的绿洲丝路再次打通③。北魏墓葬出土的各类异域风格器物，如大同北魏墓葬出土的萨珊波斯风格玻璃碗和鎏金錾花银碗、胡商和骆驼俑，洛阳北魏墓葬出土的罗马金币，以及平城和洛阳各类考古遗存上的佛教因素等，表明北魏与域外文明存在着深入的交流④。拓跋鲜卑—北魏政权在不停迁徙和征战过程中，还接纳了一些其他北方民族诸如匈奴和鲜卑其他族群，加上农耕和异域文化，使得北魏时期的文化构成具有多元性与复杂性的特征。同时，伴随着建设新都这一政治需求，北魏政权大量移民活动使得都城形成了复杂的人口结构，各种不同经济和文化背景的人口得以在大同盆地聚族而居，农业、畜牧业以及渔猎经济等多样化的生计方式得以共存。以上政治和文化因素可能是北魏迁都平城后拓跋-北魏人群生计方式发生较大改变的内在动因之一。

二、经 济 因 素

多样化的生计方式面貌，一方面与规模巨大的人口数量有关，各类人群聚集，加上北魏初期休养生息、基于发展新都的迫切动力，多样化的经济结构必然比单一的畜牧业经济更适合大同盆地。平城经历汉末至十六国的战乱，已经凋敝不堪，拓跋部决心在此建设新国家。在北魏平城时代初期，对有利于社会发展的、能养活各类人群的、各类人群又比较习惯的经济方式和生活习俗共存采取包容的心态是可以理解的。

拓跋统治者基于以上原因，实施了很多有利于农业经济发展的措施。太祖拓跋珪建国初期，即注重发展农业，“登国初，太祖散诸部落，始同为编民。”解散部落为拓跋鲜卑走向定居奠定基础。北魏还沿袭前朝，实行屯田政策。但是拓跋鲜卑农业的

---

① 魏收. 魏书·食货志［M］. 北京：中华书局，1974.

② 蒋福亚. 魏晋南北朝社会经济史［M］. 天津：天津古籍出版社，2005：150-151.

③ 王银田. 丝绸之路与北魏平城［J］. 暨南学报（哲学社会科学版），2014（1）：139-150.

④ 夏鼐. 北魏封和突墓出土萨珊银盘考［J］. 文物，1983（8）：5-7；王银田. 萨珊波斯与北魏平城［J］. 敦煌研究，2005（2）：52-57；张志忠. 大同北魏墓葬胡俑的粟特人象征［J］. 文物世界，2005（6）：30-32；洛阳市文物考古研究院. 洛阳市涧西区衡山路北魏墓发掘简报［J］. 文物，2016（7）：4-14.

更大发展是从俘掠后燕大批农业人口、实行“计口受田”开始的，例如《魏书·太祖纪》记载：“天兴元年（公元398年）春正月，……徙山东六州民吏及徙何、高丽杂夷三十六万，百工伎巧十余万，以充京师。……二月，诏给内徙新民耕牛，计口受田。”迁都平城后，北魏在京畿地区组织农业生产，如《魏书·食货志》记载：“即定中山，分徙吏民及徙何种人、工伎巧十万余家以充京都，各给耕牛，计口受田。天兴初，制定京邑……劝课农桑，量校收入，以为殿最。”

北魏时期农业经济的发展是显而易见的，然而正如本书前文对北魏时期生计方式的总结，虽然农业经济在北魏得到了极大的发展，但是畜牧业经济仍是北魏的重要经济内容。农业经济是基础，也是重要且稳定的物质保障；畜牧业经济则是北方民族传统习俗的延续，当然也是重要的经济来源和战略物资。二者的共存，是北魏多样化生计方式的重要表现，也是北魏社会稳定的经济基础。

三、自然因素

这里的自然因素有两层内涵。第一层内涵指的是，拓跋鲜卑等北方民族的南迁中原行为受到了气候环境等自然因素的影响，如历史地理学和环境史研究表明，魏晋南北朝时期中国北方经历了一次明显的降温事件，愈加寒冷干旱的气候对游牧经济造成较大冲击，游牧民族因而南迁中原温暖湿润之地来维持生计[①]。

第二层内涵指的是，可能受气候变迁的影响，拓跋鲜卑从大兴安岭森林环境走出，进入开阔环境下的欧亚大草原，最后进入北方黄河流域并于农耕区定居。气候变迁引发的南迁行为，使得拓跋鲜卑生存的地理环境发生了显著变化。所谓“一方水土养一方人”“靠山吃山，靠水吃水”，古人对自然资源的利用，对周边环境和资源的依赖很大。拓跋—北魏人群生存环境的改变，会使其可利用的自然资源有所变化，从而在一定程度上会影响到拓跋鲜卑的生计方式。例如，草原地区的拓跋鲜卑对马、牛和羊等游牧牲畜的依赖，迁居平城和洛阳后，对猪、狗一类农耕民族常见动物的利用；又如，森林草原环境下的桦树资源的利用，定居平城后桦树利用减少，代之以松柏资源；骨骼稳定同位素分析视角下，早期拓跋先民依赖于C_3/C_4混合资源，但到平城后的北魏先民则转变为对C_4资源的依赖，等等。从拓跋鲜卑至北魏的殉牲习俗、植物资源利用方式、食物结构等多方面的转变，均在一定程度上有着自然因素的影响。

---

① 竺可桢. 中国近五千年来气候变迁的初步研究［J］. 考古学报，1972（1）：15-38；张利. 气候变迁与我国古代北方民族的南下［J］. 许昌师专学报，1997（4）：84-88；胡阿祥. 魏晋南北朝时期的生态环境［J］. 南京晓庄学院学报，2001（3）：45-52.

第八章　两汉至北朝时期其他北方人群生计方式

众所周知，农耕经济和畜牧业经济是中国古代北方先民的重要生计方式。在北方农牧文化的碰撞和融合过程中，两种截然不同的生活方式也相互产生了深刻的影响。显然，系统探索北方人群在生计方式上的差异及演变过程，对于揭示北方民族融合以及中华民族的形成和发展至关重要。

本章研究的时间范畴涵盖两汉至北朝时期，空间范围为中国北方地区，包括西北、东北和内蒙古地区，以及秦岭—淮河一线以北的关中、中原、华北等地区。研究对象为以上时空框架下的北方人群，包括汉民族和其他各类族属的人群。此外，本章还对匈奴和月氏等与拓跋鲜卑在时空上有一定交叉的北方游牧民族的生计方式进行了梳理，其空间分别范围延伸到蒙古国和中亚地区。

第一节　汉　民　族

自秦汉起，汉民族已经是一个相当稳定的人群共同体，汉民族逐渐形成[①]。在以汉族为主体的汉王朝不断发展壮大的同时，中国北方地区的游牧民族，如匈奴、乌桓、鲜卑等，也纷纷建立了自己的政权，与汉王朝对峙。尤其是鲜卑民族在长期的战争、碰撞、交流和融合中，逐渐与汉族融为一体。鲜汉民族融合是魏晋南北朝时期民族大融合潮流中的主要一环，为中华民族的形成奠定了重要基础。

本节梳理中国关中、中原、华北、东北地区，以及蒙古国汉墓出土人骨的稳定同位素数据，对北方汉民族的生计方式进行探讨。

一、关 中 地 区

为揭示关中地区汉民族的食物结构和生计方式，笔者对陕西光明、官道和机场等关中地区汉墓出土的人和动物骨骼进行了碳、氮、硫稳定同位素分析。

官道墓地位于陕西省三原县新兴镇官道村东南350米处，地处丰原之上，西邻清峪河，与嵯峨山隔河相望。墓地共出土陶、铜、铁、玉石质文物500余件（组），其中陶

---

① 范文澜. 试论中国自秦汉时成为统一国家的原因［J］. 历史研究，1954（3）：15-25.

器有鼎、壶、罐、盆、奁、仓、灶、盘及陶塑动物猪、狗等，根据随葬器物组合初步判断其时代为西汉中期到东汉晚期。

光明墓地位于陕西省高陵县泾河工业园区泾渭南路西段北侧，西邻西黄高速公路，地处汉景帝阳陵东区陪葬墓范围内，根据出土随葬品判断其时代为西汉。

机场墓地位于西安咸阳国际机场二期扩建工程征地区域，大致范围为咸阳市渭城区北杜镇、底张镇和周陵镇，分布在西安咸阳国际机场南侧、西侧和东侧，截至目前，已发掘墓葬231座，陶窑19座，灰坑46个，出土文物近三千件，根据随葬器物组合初步判断其时代为东汉。

本节研究的样品即选取自以上三处墓地，其中官道墓地人骨样品5个，动物样品（绵羊）1个；光明墓地人骨7个，动物（马）2个；机场墓地人骨30个，动物（猪）1个。样品详情见表8.1。

表8.1　关中地区汉墓人和动物骨骼稳定同位素数据

实验编号	墓葬编号	种属	$\delta^{13}C$/‰	$\delta^{15}N$/‰	$\delta^{34}S$/‰	C含量/%	N含量/%	S含量/%	C/N	C/S	N/S
1	GD M12	人	−11.9	10.5	5.5	39.7	14.3	0.2	3.2	552.7	170.7
2	GD M14	人	−10.3	10.4	5.7	42.5	15.6	0.2	3.2	496.4	156.0
3	GD M30	人	−10.7	10.7	4.4	42.9	15.9	0.2	3.2	490.1	155.3
4	GD M49	人	−9.8	10.1	5.7	42.7	15.7	0.3	3.2	447.1	140.8
5	GD Mx	人	−11.0	10.1	6.4	43.7	15.6	0.2	3.3	481.3	147.0
6	GM M3	人	−8.6	10.3	6.7	42.2	15.6	0.3	3.1	443.7	140.9
7	GM M74	人	−9.6	10.7	5.5	44.0	16.3	0.2	3.2	544.7	172.8
8	GM M89	人	−9.1	10.9	5.3	41.3	15.2	0.2	3.2	514.1	162.4
9	GM M516	人	−11.0	10.0	5.0	41.3	15.0	0.2	3.2	497.1	154.8
10	GM M763	人	−10.8	11.6	4.6	43.4	15.5	0.2	3.3	501.6	153.8
11	GM M720	人	−10.0	10.9	7.1	44.2	16.1	0.3	3.2	460.4	143.5
12	GM M740	人	−9.7	12.5	6.0	41.8	15.3	0.2	3.2	476.2	149.3
13	JC M10	人	−11.5	9.0	6.2	42.4	15.8	0.2	3.1	538.6	172.0
14	JC M10	人	−12.3	8.4	5.4	43.0	16.0	0.2	3.1	547.4	174.3
15	JC M25	人	−11.7	8.9	5.9	30.5	11.4	0.2	3.1	535.6	171.7
16	JC M25	人	−11.7	8.6	5.8	40.1	15.1	0.2	3.1	567.1	182.6
17	JC M31	人	−11.9	9.1	5.5	37.6	14.1	0.2	3.1	536.4	172.2
18	JC M31	人	−12.1	9.7	4.8	45.2	16.8	0.2	3.1	575.0	183.7
19	JC M31	人	−12.5	10.0	5.0	41.2	15.5	0.2	3.1	563.4	182.0
20	JC M40	人	−15.7	10.8	3.7	42.2	15.4	0.2	3.2	543.9	170.5
21	JC M41	人	−12.2	8.8	5.1	42.8	16.1	0.2	3.1	557.7	179.5
22	JC M43	人	−11.6	10.2	5.1	41.4	15.2	0.2	3.2	529.5	166.2

续表

实验编号	墓葬编号	种属	$\delta^{13}C$ /‰	$\delta^{15}N$ /‰	$\delta^{34}S$ /‰	C含量 /%	N含量 /%	S含量 /%	C/N	C/S	N/S
23	JC M43	人	−12.6	8.2	5.4	28.2	10.4	0.1	3.2	568.3	179.7
24	JC M43	人	−10.5	9.2	5.3	37.8	13.9	0.2	3.2	619.5	195.6
25	JC M43	人	−13.2	10.2	4.7	22.7	8.3	0.1	3.2	466.9	146.6
26	JC M43	人	−12.0	8.4	5.7	44.2	16.2	0.2	3.2	483.0	151.5
27	JC M43	人	−11.2	10.1	5.2	39.0	14.3	0.2	3.2	489.1	154.0
28	JC M44	人	−10.6	7.1	N/A	12.5	4.8	N/A	3.1	N/A	N/A
29	JC M44	人	−10.6	9.1	4.7	21.8	8.0	0.1	3.2	409.0	129.3
30	JC M46	人	−10.4	7.8	6.0	29.8	11.0	0.2	3.2	418.5	132.5
31	JC M46	人	−11.4	9.7	5.8	33.0	12.1	0.2	3.2	470.9	147.5
32	JC M50	人	−10.8	8.8	N/A	25.9	9.7	N/A	3.1	N/A	N/A
33	JC M50	人	−11.3	8.2	8.6	20.5	7.5	0.1	3.2	456.2	143.5
34	JC M51	人	−12.1	8.6	6.1	36.7	13.9	0.2	3.1	478.0	155.5
35	JC M51	人	−12.1	8.8	5.5	43.1	16.0	0.2	3.1	524.0	166.9
36	JC M51	人	−12.3	8.8	6.2	44.0	16.2	0.2	3.2	480.4	151.6
37	JC M51	人	−12.8	8.4	5.5	44.7	16.5	0.2	3.2	569.4	180.5
38	JC M81	人	−15.1	7.3	5.6	38.2	14.1	0.2	3.2	517.5	164.1
39	JC M155	人	−13.3	10.0	5.5	45.9	16.9	0.2	3.2	528.7	166.5
40	JC M160	人	−10.7	9.1	6.6	42.7	15.7	0.2	3.2	486.8	153.3
41	JC M160	人	−11.1	8.7	N/A	20.0	7.5	N/A	3.1	N/A	N/A
42	JC M208	人	−11.9	9.0	5.2	32.4	12.0	0.1	3.2	606.7	191.9
45	GD M93	羊	−19.0	7.5	5.7	44.3	16.3	0.2	3.2	562.0	177.5
46	GM M740-1	马	−14.9	6.5	8.9	31.7	11.5	0.2	3.2	482.5	150.3
47	GM M740-2	马	−12.3	8.2	5.0	40.8	14.9	0.2	3.2	515.1	161.3
48	JC M12	猪	−14.4	7.1	5.1	37.1	13.5	0.2	3.2	435.7	136.3

注：GD，官道墓地；GM，光明墓地；JC，机场墓地；N/A，无数据

与现代骨胶原中C（41%）和N含量（15%）相较，关中地区汉代人群骨骼C含量平均值为37.8%±8.0%，N含量的平均值为14%±2.9%，二者差别不大。人骨样品的C/N比值介于2.9—3.6之间，其平均值为3.2±0.1（n=48）。所有样品C/S和N/S摩尔比值均符合Nehlich和Richards（2009）所建立的分析标准，即600±300（C/S）以及200±100（N/S）[①]。以上结果表明，所有关中地区汉墓样品的骨胶原保存状况较好，可用作以下分析。

以不同汉墓出土人和动物骨骼$\delta^{13}C$和$\delta^{15}N$值做散点图（图8.1）。

① NEHLICH O, RICHARDS M P. Establishing collagen quality criteria for sulphur isotope analysis of archaeological bone collagen [J]. Archaeological and anthropological sciences, 2009, 1 (1): 59-75.

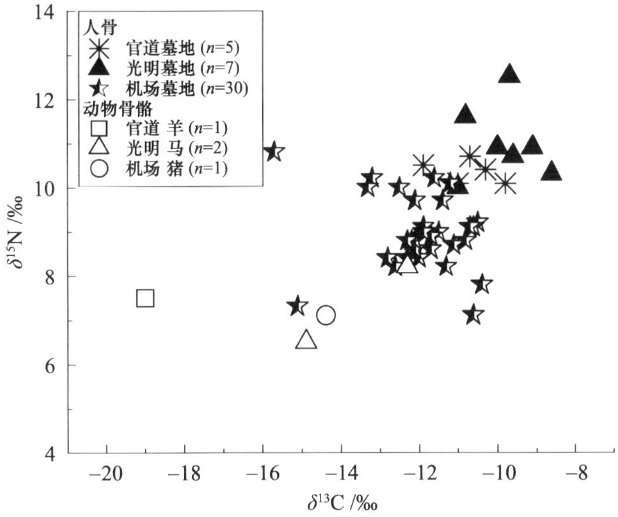

图8.1　关中地区汉墓人和动物骨骼$\delta^{13}C$和$\delta^{15}N$值的散点图

如图8.1所示，关中汉墓出土动物的$\delta^{15}N$值较为接近，但是$\delta^{13}C$值差异较大，表明它们的植物类食物来源差异较大。光明墓地的马和机场墓地的猪具有较低的$\delta^{13}C$值（−14.9‰）和$\delta^{15}N$值（6.5‰），说明其属于具有C_3、C_4混合食物结构。相比马和猪，官道墓地出土的羊具有较低的$\delta^{13}C$(−19.0‰）值，属于典型的以C_3类植物为食的动物。

如图8.1所示，除了机场墓地2个人的样品（JCM40和JCM81）具有异常的同位素值外，其他人的$\delta^{13}C$值分布范围从−13.3‰到−8.6‰，平均值为−11.3‰±1.1‰（n=40），表明先民食物来源主要以C_4类为主，兼有少量的C_3类；而$\delta^{15}N$值变化范围较大，从7.1‰到12.5‰，说明人的肉食来源差别较大，尤其是光明墓地先民的$\delta^{15}N$平均值达11.0‰±0.8‰，可能其摄取了相对较多的肉食资源，而机场墓地有很多个体的$\delta^{15}N$值低于9‰，说明他们的肉食来源较少。总体上两汉时期先民具有较高的$\delta^{15}N$平均值（9.5‰±1.1‰，n=40），说明肉食资源在关中地区汉代先民的食物结构中有重要的地位。

异常个体JCM40和JCM81的$\delta^{13}C$值分别为−15.7‰和−15.1‰，与其他个体相比，他们较低的$\delta^{13}C$值可能是由于摄入了较多的C_3类食物，因此具有C_3/C_4混合食物结构，抑或他们是“移民”，因而具有不同的食物结构。

汉代由于政治、经济及修建帝陵等社会原因在关中和关东地区有着频繁的移民活动①。因此，通过对人和动物的硫同位素进行分析可以为我们提供可以更多关于汉代先民及随葬动物生前迁徙行为的信息。另外，在碳、氮稳定同位素分析的基础上，通过对比硫同位素分析结果，也可以获得更多汉代先民及随葬动物生前食物结构和生计方式的信息。以所有人和动物的$\delta^{13}C$和$\delta^{15}N$值与其$\delta^{34}S$值做散点图，分别见图8.2和图8.3。

① 张国雄．中国历史上移民的主要流向和分期［J］．北京大学学报（哲学社会科学版），1996（2）：98-107.

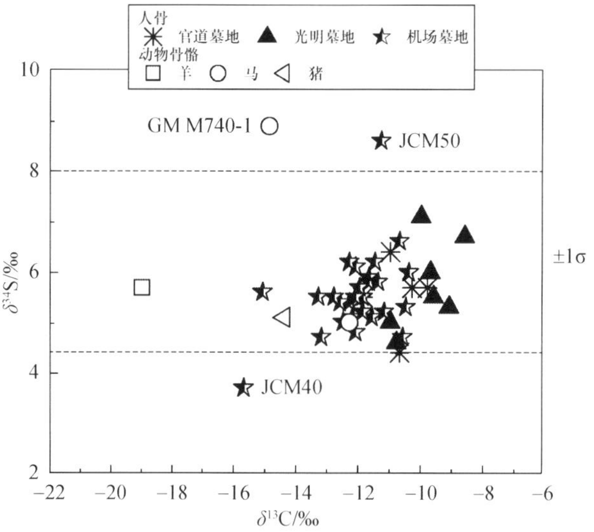

图8.2　关中地区汉墓人和动物骨骼$\delta^{13}C$和$\delta^{34}S$值的散点图

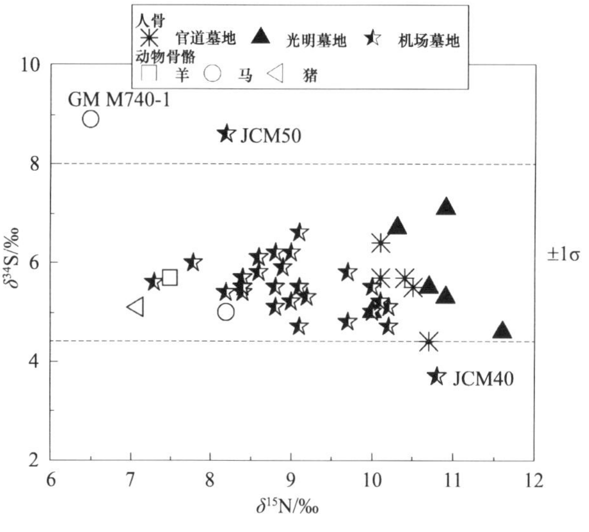

图8.3　关中地区汉墓人和动物骨骼$\delta^{15}N$和$\delta^{34}S$值的散点图

动物样品的$\delta^{34}S$均值为6.2‰±1.8‰（1σ，n=4），表明动物的食物主要来源于陆生系统。光明墓地马（M740-1）迥异的$\delta^{34}S$值（8.9‰），暗示其可能来自于其他地区。其他动物的$\delta^{34}S$值较为相似，分布范围从5.0‰到5.7‰，表明其食物来源基本都来自于陆生系统。以所有动物的$\delta^{34}S$值一倍误差值作为当地$\delta^{34}S$基准值，便于接下来对人骨的$\delta^{34}S$值进行分析，如图8.2和图8.3所示。

人的$\delta^{34}S$分析结果显示，机场墓地两个个体JCM50和JCM40分别具有最高（8.6‰）和最低（3.7‰）的$\delta^{34}S$值，推测也可能为移民，尤其是样品JCM40，结合之前碳、氮稳定同位素分析结果，其为移民的可能性非常大。除去以上两个疑似移民个体外，所有人的δ^{34}S值分布范围从4.4‰到7.0‰，平均值为5.6‰±0.6‰（n=37），表明他们的食物基本来自于当地陆生系统。

光明、官道和机场墓地先民分别属于西汉、两汉之间以及东汉三个不同时期，通过对比不同时期先民稳定同位素水平，可以为我们提供更多有关先民食物结构和经济模式及其变化等考古学信息。不同时期汉代先民稳定同位素统计分析结果见表8.2。以三个墓地人骨的δ^{13}C和δ^{15}N值做One-way ANOVA统计学检验，结果显示δ^{13}C（P=0.00＜0.05）和δ^{15}N（P=0.00＜0.05）值差异显著（见表8.2），即从早起到晚期，δ^{13}C值明显逐渐降低，表明虽然C_4食物在先民食物结构长期中占据主要地位，但是C_3类食物在人的食物结构中比重也逐渐增加；从早期到晚期，先民δ^{15}N值明显降低，表明人的肉食摄取明显减少。

表8.2　关中地区汉墓人骨δ^{13}C、δ^{15}N和δ^{34}S值的One-way ANOVA分析

	光明墓地	官道墓地	机场墓地	F	p
样品量/个	7	5	30	/	/
δ^{13}C/‰	−9.8±0.9	−10.7±0.8	−12.0±1.2	11.4	0.00
δ^{15}N/‰	11.0±0.8	10.4±0.3	9.0±0.9	20.1	0.00
δ^{34}S/‰	5.7±0.9	5.5±0.7	5.6±0.8	0.1	0.87

以三个墓地人骨的δ^{34}S值做One-way ANOVA统计学检验，结果显示（P=0.87＞0.05）其差异不显著，表明不同墓地人群之间S同位素水平基本相似，并且人的食物来源主要都来自于陆生系统。

二、中原地区

1. 湖北郧县龙门堂汉墓

龙门堂墓群，位于湖北省郧县安阳镇党小河村一组的五谷庙岭，西距县城约40千米，处在丹江北岸。2011年11月—2012年6月，为配合南水北调中线丹江口水利枢纽加高工程的建设，根据国家文物局和湖北省文物局南水北调文物保护办公室的统一安排，受湖北省文物考古研究所委托，南开大学考古学与博物馆学系对龙门堂墓地进行了抢救性考古发掘，共清理墓葬77座，其中两汉时期墓葬共71座①。笔者对该墓群出土人骨进行了碳、氮稳定同位素分析，数据见表8.3和图8.4。

龙门堂墓群出土人骨保存状况较差，部分样品骨胶原流失严重，依据骨骼稳定同位素分析污染判断标准，将无效的稳定同位素数据剔除。龙门堂墓群出土汉代人骨的δ^{13}C值范围为−15.3‰至−10.7‰，均值为−13.1‰±1.7‰（n=10），人骨δ^{15}N值的范围为6.3‰至9.1‰，均值为8.2‰±0.9‰（n=10），以上数据表明汉代龙门堂先民属

① 南开大学考古学与博物馆学系，湖北省文物局南水北调文物保护办公室．湖北郧县龙门堂墓地战国及秦代墓葬［J］．考古，2017（3）：37-49．

于C_3/C_4混合食物结构，且动物蛋白的摄取较少，具有杂食的食谱特征。该墓群两例家猪的$\delta^{13}C$均值为−19.3‰±0.3‰，$\delta^{15}N$均值为5.3‰±0.3‰，表明家猪主要依赖于C_3植物类食物。

表 8.3　龙门堂汉代墓群人骨稳定同位素数据

墓葬编号	种属	$\delta^{13}C$/‰	$\delta^{15}N$/‰	C含量/%	N含量/%	C/N
LMTM15	人	***−24.20***	***5.57***	***34.91***	***0.67***	***60.5***
LMTM18	人	−15.3	8.7	7.8	2.6	3.5
LMTM28	人	***−15.77***	***3.87***	***1.06***	***0.63***	***2.0***
LMTM30	人	***−16.70***	***6.34***	***4.54***	***1.25***	***4.2***
LMTM31	人	***−14.00***	***−0.57***	***4.36***	***1.00***	***5.1***
LMTM35	人	***−19.50***	***7.40***	***3.74***	***0.93***	***4.7***
LMTM38	人	***−17.20***	***4.11***	***3.62***	***0.83***	***5.1***
LMTM39	人	***−14.69***	***8.45***	***4.94***	***1.41***	***4.1***
LMTM40	人	−11.6	8.8	40.0	14.4	3.3
LMTM42	人	−15.3	6.9	2.6	0.9	3.5
LMTM43	人	***−19.41***	***0.24***	***3.44***	***1.32***	***3.0***
LMTM45	人	−12.6	8.0	19.1	7.1	3.2
LMTM46	人	−12.6	8.3	15.0	5.0	3.5
LMTM49	人	−13.7	9.1	39.2	14.2	3.2
LMTM50	人	−12.0	8.7	30.3	10.8	3.3
LMTM53	人	−10.7	8.3	16.9	6.1	3.2
LMTM54	人	***−21.29***	***2.14***	***0.15***	***0.30***	***0.6***
LMTM58	人	***−20.19***	***−0.95***	***0.48***	***0.31***	***1.8***
LMTM61	人	−13.5	6.3	29.5	10.6	3.2
LMTM63	人	***−19.39***	***1.68***	***0.45***	***0.28***	***1.9***
LMTM66	人	−15.3	8.4	9.3	3.0	3.6
LMTM32	猪	−19.2	5.1	39.6	13.8	3.3
LMTM57	猪	−19.5	5.5	34.1	11.5	3.5

注：斜体表示样品已被污染，无法进行稳定同位素分析，下文分析时将其剔除

2. 河南淅川申明铺遗址

申明铺遗址，位于河南省南阳市淅川县滔河乡申明铺村北，河南省文物考古研究院和中国科学院研究生院科技史与科技考古系组成联合考古队，于2007—2009年对该遗址进行了调查和发掘，出土遗存以战国至两汉时期的墓葬为主[①]。侯亮亮等对申明铺

① 中国科学院大学. 淅川申明铺2007—2009年度发掘报告［M］. 北京：科学出版社，2022.

遗址出土战国至两汉时期墓葬出土的人和动物骨骼进行了碳、氮稳定同位素分析①。河南淅川申明铺汉墓群与湖北郧县龙门堂墓地均为丹江口水库和汉水流域汉代遗存，文化面貌和时代接近，故而本书将两处墓群人和动物骨骼稳定同位素数据汇总到一起进行对比分析（图8.4）。

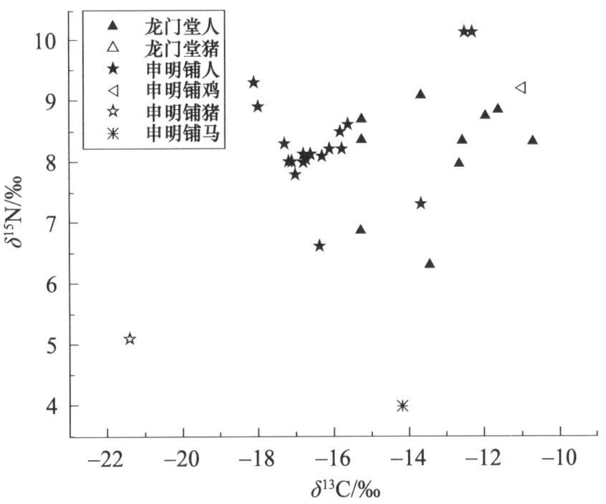

图8.4　龙门堂和申明铺汉代墓群人和动物骨骼δ^{13}C和δ^{15}N值的散点图

由图8.4可见，申明铺动物和人的δ^{13}C和δ^{15}N值均较为离散，表明动物和先民内部的食物结构均存在一定的差异。马的δ^{13}C和δ^{15}N值值分别为−14.2‰和4.0‰，表明其食物来源以C_3类和C_4类植物为主。猪的δ^{13}C和δ^{15}N值为−21.4‰和5.1‰，表明其食物来源主要为C_3类植物。在所有动物中，鸡具有最高的δ^{13}C和δ^{15}N值（分别为−10.9‰和9.2‰），表明其食物主要以C_4类为主，且摄取了较多的动物蛋白。因为鸡为家禽，其蛋白来源于动物的可能性不大，因此推测其可能摄取了以粟/黍为食的米虫等食物。

申明铺汉代人群中，分布范围较大的δ^{13}C和δ^{15}N值表明他们的食物来源和食物结构差异较大，有以C_3或C_4食物为主的个体，也有食物结构兼有C_3和C_4类的个体。总体来看，先民的动物蛋白摄取不多，以杂食为主。申明铺遗址植物考古工作表明，龙山及春秋时期，粟均为申明铺先民最重要的农作物，但小麦的地位也在逐渐提高。至战国时期，小麦已与粟并列，成为申明铺先民的主要作物之一②。结合稳定同位素数据，我们认为申明铺汉代先民的作物可能也具有多样化的特征，即包含粟/黍、稻、豆、麦等。虽然临近的湖北郧县龙门堂墓群没有出土植物遗存，但是结合两处墓地稳定同位素数据和申明铺出土炭化植物遗存证据，我们推测丹江口水库地区汉代先民从事着粟/

① 侯亮亮，王宁，吕鹏等．申明铺遗址战国至两汉先民食物结构和农业经济的转变［J］．中国科学：地球科学，2012，42（7）：1018-1025．

② 刘焕，宋国定，龚一闻等．河南淅川申明铺遗址出土植物遗存的初步分析［J］．华夏考古，2017（1）：54-61．

黍、稻、豆、麦等多元农业经济方式，且对动物蛋白资源的摄取较少，均有着杂食的食谱特征。

3. 河南博爱西金城遗址

西金城遗址，位于河南省博爱县金城乡驻地西金城村，西北距县城75千米，北距太行山脉10千米，属于地势比较平缓的山前平原地带，海拔高度107—108米，运粮河、勒马河分别从遗址西南侧和北面流过，南水北调中线干渠穿过遗址东部①。该遗址开展了浮选工作，不过出土的汉代样品较少，农作物以大豆为主，其次还有小麦和豇豆属等，不见粟、黍。该遗址汉代遗存出土的动物以牛、狗为主。杨凡等对西金城遗址汉代墓葬出土人骨（1例）和动物骨（牛、狗，共5例）进行了碳、氮稳定同位素分析。分析结果显示，仅有的一例人骨样品，依据骨胶原稳定同位素污染判断指标，其$\delta^{13}C$和$\delta^{15}N$数据无法使用。该遗址汉代牛和狗的$\delta^{13}C$和$\delta^{15}N$值，表明该遗址汉代家畜均具属于C_3和C_4兼有的混合食物结构，且具有杂食特征。

4. 河南荥阳薛村遗址

薛村遗址，位于荥阳市王村镇薛村北。2005年4—12月，河南省文物考古研究所配合南水北调中线工程对该遗址进行了发掘，发现了早至二里头文化、晚至元/明时期的考古学文化遗存。其中，汉代遗存以墓葬为主②。周立刚等对薛村遗址出土的53例汉代人骨进行了碳、氮稳定同位素分析。分析结果显示，薛村遗址汉代先民的$\delta^{13}C$值为$-13.7‰\pm1.2‰$，$\delta^{15}N$值为$10.6‰\pm1.2‰$，表明薛村汉代先民属于C_3和C_4兼有的混合食物结构，且摄取了较多的动物蛋白资源③。

5. 河南新郑龙湖国棉一厂墓地

龙湖国棉一厂墓地，位于河南省新郑市，北距郑韩故城30多千米，时代从东周延续到汉代。杨博闻等对墓地17例汉代人骨进行了碳、氮稳定同位素分析。分析结果显示，汉代先民的$\delta^{13}C$值为$-15.2‰\pm1.3‰$，表明其食谱中C_3和C_4食物均有摄取，其$\delta^{15}N$值为$8.8‰\pm0.9‰$，表明先民属于杂食食物结构。男性和女性的$\delta^{13}C$和$\delta^{15}N$值没有显著性差异，表明其食物结构相似④。

---

① 杨凡，王青，王芬．河南博爱西金城遗址人和动物骨的碳氮稳定同位素分析［J］．第四纪研究，2020，40（2）：418-427；河南省文物管理局南水北调文物保护办公室，山东大学考古系．河南博爱县西金城龙山文化城址发掘简报［J］．考古，2010（6）：22-35．

② 河南省文物考古研究所．河南荥阳市薛村遗址2005年度发掘简报［J］．华夏考古，2007（3）：3-21．

③ 周立刚．举箸观史——东周到汉代中原先民食谱研究［M］．北京：科学出版社，2020．

④ 杨博闻，樊温泉，MICCER M J等．河南龙湖国棉一厂遗址东周到两汉先民食谱的转变［J］．第四纪研究，2022，42（6）：1737-1748．

三、华 北 地 区

1. 北京延庆西屯墓地

西屯墓地，位于北京延庆城西约2千米延庆镇西屯村西南约200米①。该墓地北靠燕山余脉冠帽山，南临妫水河，以欢呼路为界，分为西区（Ⅰ区）和东区（Ⅱ区）。2009年，北京市文物研究所对这该墓地490座墓葬进行了考古发掘。墓葬数量以汉代为最多，魏晋北朝和明清时期次之。朱思媚等选取了汉代和北朝人骨各10例进行了碳、氮稳定同位素分析。分析数据显示，汉代先民的$\delta^{13}C$和$\delta^{15}N$值分别为$-10.3‰\pm1.4‰$和$8.0‰\pm0.8‰$，表明其主要依赖C_4类食物，且食物结构具有一定的杂食特征。

2. 山西屯留余吾汉墓

余吾墓地，位于山西省长治市屯留县余吾镇。为配合当地基本建设工程，山西省考古研究所于2006—2007年对其进行了勘探和发掘，共清理战国至明清墓葬208座，其中秦-西汉墓葬63座，东汉墓葬56座。薛鹏锦等对该墓地两汉墓葬出土的15例个体进行了碳、氮稳定同位素分析②。分析结果显示，西汉时期两例个体的$\delta^{13}C$和$\delta^{15}N$值分别为$-8.7‰$（二者相同）和$8.8‰\pm0.2‰$，表明西汉先民主要依赖C_4类食物，可能为粟或黍，此外其还具有杂食性食谱特征。13例东汉先民的$\delta^{13}C$和$\delta^{15}N$值分别为$-10.6‰\pm1.2‰$和$9.1‰\pm1.6‰$。总体来说，余吾墓地东汉先民比西汉先民摄取了相对较多的C_3类食物和动物蛋白，不过两批人群均以C_4类食物为食，可能来自于粟/黍，或者以其为食的家畜。

四、东 北 地 区

1. 辽宁营口天瑞水泥厂汉代墓群

天瑞水泥厂汉代墓群，位于辽宁省营口市鲅鱼圈区芦屯镇路安工业园区天瑞水泥厂院内。2008年8—11月，辽宁省文物考古研究所对其进行了抢救性发掘，共清理墓葬38座，其中贝壳墓34座③。张全超等对该墓地出土的12例人骨和6例动物（狗和

---

① 北京市文物研究所．北京市延庆县西屯墓地西区（1区）考古发掘简报［M］//北京文博．北京：燕山出版社，2012；朱思媚，周亚威，朱泓等．华北民族融合进程中人群生存方式及对健康的影响——以北京延庆西屯村墓地为例［J］．人类学学报，2020，39（1）：127-134.

② 薛鹏锦．屯留余吾战国至两汉时期人骨的C、N稳定同位素分析［D］．山西大学硕士学位论文，2015；侯亮亮，薛鹏锦，王晓毅等．东周至两汉时期小麦在山西的推广：以屯留余吾墓地人骨的稳定同位素分析为例［M］//边疆考古研究：第28辑．北京：科学出版社，2020（2）：455-471.

③ 赵少军，徐韶钢，高振海．辽宁营口鲅鱼圈汉代贝壳墓［J］．考古学报，2017（1）：119-154.

牛各3例）骨骼样本进行了碳、氮稳定同位素分析①。分析结果显示，狗的δ^{13}C和δ^{15}N值分别为−10.8‰±0.5‰和7.2‰±0.4‰，牛的δ^{13}C和δ^{15}N值分别为−11.0‰±1.7‰和6.5‰±0.4‰，二者均依赖C_4类食物，其中狗具有杂食性食谱特征，而牛则落在食草类动物同位素值的范畴。该墓地人的δ^{13}C和δ^{15}N值分别为−11.0‰±1.0‰和8.1‰±0.6‰，表明汉代先民以C_4类食物为食，食物结构还具有杂食的特征，表明其食物来源于C_4类植物（如粟/黍）或者少量以其为食的动物。虽然是沿海贝丘遗址，出土了较多的海洋贝类和鱼骨遗存，但该墓群先民的稳定同位素数据并未揭示出先民对海洋动物蛋白的摄取。

2. 吉林通化万发拨子遗址

万发拨子遗址，位于吉林通化金厂镇。该遗址年代跨度大，跨越了新石器、商周、春秋战国、西汉、魏晋等时代。管理等对该遗址商周、春秋/战国、两汉至魏晋等不同时期出土的猪骨进行了碳、氮稳定同位素分析②。其中，两汉时期家猪骨骼稳定同位素数据分析显示，家猪的δ^{13}C（−21.2‰±1.1‰，$n=6$）和δ^{15}N（4.8‰±0.4‰，$n=6$）值较低，表明其主要以C_3类植物为食，这可能来源于人类饲喂的麦、豆、稻等C_3作物，或者这些家猪属于放养的饲养策略，从而摄取了较多的野生C_3植物资源。

五、蒙古国巴彦布拉格（Bayanbulag）遗址

巴彦布拉格遗址位于蒙古国南戈壁省诺姆贡苏木南约26千米，俄蒙学者根据考古和文献资料认为该遗址即为公元前105年所建的西汉受降城。城墙东侧约400米的位置，发掘出土一个直径约7米、深约1.3米的不规则埋藏坑，共发现20具相对完整的人骨和33件不同部位的人骨残部。该遗址还出土有中原汉代考古出土遗物中常见的铁戟和铁镞等兵器。此外，出土的大部分人骨上都能观察到暴力肢解或者锐器砍杀留下的痕迹。以上证据表明他们很可能是在汉朝与匈奴战争中阵亡的汉朝士兵③。马鹏程等人对该遗址出土人骨进行了生物考古学综合分析，运用了锶、氧稳定同位素分析和全染色体分析方法分别对其迁徙行为、生存环境和人群族属进行了探讨，研究结果表明该遗址14例个体并非匈奴人，而是来自黄河流域的中原汉民族④。周立刚等对蒙古国

---

① 张全超，韩涛，张群等．辽宁营口鲅鱼圈汉代贝壳墓出土人骨的稳定同位素分析［M］//边疆考古研究：第24辑．北京：科学出版社，2018：341-347.

② 管理，胡耀武，汤卓炜等．通化万发拨子遗址猪骨的C、N稳定同位素分析［J］．科学通报，2007（14）：1678-1680.

③ A. A. 科瓦列夫，权乾坤．蒙古国南戈壁省巴彦布拉格要塞遗址（汉受降城）的考古发掘及西汉时期外部防御相关问题研究［J］．草原文物，2015（2）：91-99.

④ MA P C, MA M M, SUN B, et al. Investigate the 2000-year-old han-xiongnu war through the mass grave in Bayanbulag site from a bioarchaeological perspective [J]. Social science research network, 2023.

巴彦布拉格城出土的人骨进行了碳、氮稳定同位素分析[①]。结果表明，巴彦布拉格城出土人骨所属个体的食谱特征差异明显。人骨的$\delta^{13}C$和$\delta^{15}N$值分别为$-14.1‰\pm3.2‰$和$9.8‰\pm1.3‰$，表明该人群的食物结构中C_3和C_4食物均占据较为重要的地位，属于混合食物结构，且大部分人群的动物蛋白摄取较高，可能来自畜牧业经济的贡献。因为没有动物骨骼稳定同位素数据，我们无法判断其食物的具体来源。但从已有的数据来看，其食物结构中有一定比重的C_4食物，可能主要来自粟类作物。而其C_3部分的食物，可能部分间接来自放牧的畜群，也可能直接来自先民所食用的麦、豆等作物。因此，该人群可能对农业和畜牧业经济均有一定的依赖。该遗址出土人骨中，不同埋葬方式的个体也显示出食物结构的差异。随机挑选的两个个体的^{14}C测年结果分别为公元前190年和公元前107年，均早于受降城建造年代。同时，这两个个体的死亡年代差距近百年，二者的稳定同位素值差异也较大，以上数据表明这些个体可能属于不同时期的军队，可能存在多次迁葬的可能。

六、北方汉民族生计方式

1. 农业经济

粟、黍等C_4植物作为典型的旱地农作物，在汉代北方先民的食物结构中扮演着重要的角色[②]。汉代的农作物品种繁多，粮食作物以所谓的“五谷”或“九谷”为主。五谷依《淮南子·修务训》有黍、稷、菽、麦、稻等，九谷按《周礼·大宰》有黍、稷、秫、稻、麻、大小豆、大小麦等；陕西西安南郊汉墓出土的木牍也记载了关中地区粟是人们所食用的五谷之一。汉代的京畿即关中地区先民（光明、官道和机场墓地）的食谱以C_4类食物为主，可见先民的经济方式主要为粟作农业，只是到了东汉时期C_3类食物摄取比重稍微增加，可能是麦类作物于此时在关中的传播有关。华北地区（西屯和余吾遗址）和东北地区汉代先民以C_4食物为食，表明粟作农业经济是这些地区汉代先民主要的生计方式。

入汉以后，随着铁器和牛耕的广泛运用，北方农业经济得到了巨大的发展，C_3类作物如豆、麦、稻等的种植逐渐增多，如洛阳烧沟汉墓发现西汉中期墓葬中许多陶仓出土时发现大量黍、稻、大豆的遗存，有些仓壁写有“大豆万石”“大麦万石”“稻种万石”等文字[③]，这可以看出此时诸如稻和大豆等C_3类作物在人们食谱中的重要性。另外，陕西西安南郊汉墓出土的木牍也记载了西汉关中地区豆、麦和稻等均与粟一起同

① ZHOU L G, ENKHBAYAR M. Stories behind the fortress: Stable isotope analysis and ^{14}C dating of soldiers' remains from the Bayanbulag site, Mongolia [J]. Archaeometry, 2020, 62 (4): 863-874.

② 许倬云．汉代农业：早期中国农业经济的形成［M］．南京：江苏人民出版社，1998：1-12；张波，樊志民．中国农业通史：战国秦汉卷［M］．北京：中国农业出版社，2007：1-173；贺官保．洛阳老城西郊81号汉墓［J］．考古，1964（8）：403-406.

③ 中国科学院考古研究所．洛阳烧沟汉墓［M］．北京：科学出版社，1959.

为人们所食用的五谷之一。西汉中期，汉武帝接受董仲舒的建议，开始在关中地区大力推广冬麦种植①。西汉晚期，尤其是东汉时期麦类种植在关中平原逐渐兴盛②。可能正是由于麦、稻等作物在北方地区的逐渐普及使得人们食谱中的C_3食物比例有所增加，陕西关中地区的机场墓地部分汉代先民具有较低的$\delta^{13}C$值也许正是由于摄取了少量的麦、稻或大豆等C_3作物。丹江流域以北的湖北郧县龙门堂和河南淅川申明铺先民以及河南北部地区的中原汉代先民的食谱则是以C_3/C_4混合食物结构为主，先民的经济方式可能兼有粟作农业和稻、麦农业，并从事少量的畜牧业经济。河南西金城汉代先民的$\delta^{13}C$和$\delta^{15}N$值均较小，表明先民主要依赖C_3植物类食物，动物蛋白摄取极少，推测其主要依赖稻作或者麦作农业经济，对动物蛋白的摄取极少。至于蒙古国巴彦布拉格城，可能属于西汉所建立的城堡，该地区人群的食物结构显示出C_3和C_4混合的特征，可能粟、黍、麦、豆等作物对先民的食物结构均有一定的贡献。

此外考古出土植物遗存也为北方地区汉代先民的农业发展状况提供了证据。例如，河南登封南洼遗址、博爱西金城遗址、淅川沟湾遗址、陕西蓝田新街遗址、汉阳陵外藏坑、齐故城遗址、邹城邾国故城遗址、辽宁大连王家村遗址、山东章丘黄桑园遗址等③。

陕西蓝田新街遗址出土了4粒粟、3粒黍、1粒水稻和少量紫苏遗存。陕西汉阳陵外藏坑遗址中发现汉代植物遗存十分丰富，有粟、黍、稻、藜科四种。

河南博爱西金城遗址出土有19粒小麦、80粒大豆，并有豇豆属、黍亚科、藜科、蓼属植物遗存的发现。河南三杨庄西汉遗址出土有粟、小麦、薏苡以及豆类，研究表明该遗址显示出了多样化农业经济结构④。河南登封南洼遗址两汉时期地层出土1213粒炭化种子。其中，农作物869粒，非农作物343粒，农作物有粟、大豆、藜科三种，另见18粒疑似豇豆属红豆，表明其可能引入了一种新作物。南洼遗址二里头、殷墟和汉代地层均集中发现有一定量的藜属植物种子，其中带种皮者多圆鼓饱满，直径在1mm左右，从形态上判断已经呈现一定的驯化特征，因此吴文婉推测该遗址先民可能已经开始利用藜属植物作为食物⑤。

山东齐故城阚家寨遗址出土大量西汉时期农作物，其中以粟占据绝对优势，另有黍、大豆、小麦、狗尾草属、豆科等常见田间杂草⑥。山东邾国故城是汉代时期植物遗

① 班固. 汉书·食货志［M］. 北京：中华书局，1962.

② 惠富平. 汉代麦作推广因素探讨——以东海郡与关中地区为例［J］. 南京农业大学学报（社会科学版），2001（4）：63-66.

③ 郑晓蕖. 秦汉时期的植物考古学观察［J］. 南方文物，2021（4）：154-159.

④ QIN Z, STOROZUM M, ZHAO H, et al. Cereals, soils and iron at Sanyangzhuang: Western Han agricultural production in the Central Plains [J]. Antiquity, 2019, 369 (93): 685-701；赵昊. 汉代黄河下游粟麦轮作的植物考古学分析——以河南内黄三杨庄遗址为例［J］. 郑州大学学报（哲学社会科学版），2020，53（5）：107-111.

⑤ 吴文婉，张继华，靳桂云. 河南登封南洼遗址二里头到汉代聚落农业的植物考古证据［J］. 中原文物，2014（1）：109-117.

⑥ 陈雪香，马方青，徐龙国等. 山东临淄齐故城阚家寨遗址B区第Ⅰ地点植物遗存浮选结果及初步分析［J］. 中国农史，2018（2）：15-25.

存发现最丰富的遗址，有197个遗迹的土样经过浮选，发现万余粒植物种子，包含有大量的农作物，其中以小麦占据绝对优势，其次为粟及少量黍、大豆、小豆、水稻、大麻等。杂草数量相对较多，多藜科、茄科、禾本科等①。大连王家村遗址的汉代植物遗存较少，仅有少量黍亚科、黄耆属、藜属、蓼属、酸浆属遗存。山东黄桑院遗址中汉代植物遗存以粟和黍为主，亦见少量小麦、大豆和豇豆属②。

2. 畜牧业经济

汉代除了发达的农耕经济，畜牧业也有不同程度的发展，尤其在陕西关中地区，农牧兼营的状况一度存在③。据《盐铁论·盐不足》记载："古者庶人粝食藜藿，非乡饮酒、膢腊、祭祀无酒肉。故诸侯无故不杀牛羊，大夫无故不杀犬豕。今闾巷县佰，阡陌屠沽，无故烹杀，相聚野外，负粟而往，挈肉而归"。汉代社会家庭条件中者"屠羊杀狗"，贫者也有"鸡豕五芳"。另外，关中桥姚"有马千匹，牛倍之，羊万头，粟以万钟计"④；马援"在上林苑，因处田牧，至有牛马羊数千头，谷数万斛"⑤等都反映了关中地区畜牧业的发达。关中地区（机场等墓地）、华北地区（余吾遗址）、中原地区（薛村遗址）出土人骨的稳定同位素分析结果表明，这些地区的汉代先民曾获取了较多的肉类蛋白，而这很有可能来自于当时发达的畜牧业经济。

东汉时期，由于匈奴等外患对汉王朝北部地区的威胁大为缓解，因而政府对畜牧业的重视程度远不如西汉。东汉元初，曾一度下令将西汉在北方地区设置的国营牧场"牧师苑"裁撤⑥。另一方面，东汉农业规模的扩大和农业经济的发达使得先民获得了比以往更多的农作物，间接地使得他们减少了对肉食的摄取。东汉时的铁犁牛耕应用更为广泛，北方出土的铁农具如镬、锸、锄、镰、铧等比西汉大大增多，这是当时农业生产向前发展的一个重要标志⑦。洛阳烧沟汉墓发现西汉中期墓葬普遍随葬陶仓模型，但到了晚期陶仓模型数量大增；到了东汉，仓不但非常常见，而且出现了结构复杂的仓楼模型⑧。以上考古发现从一个侧面证明从西汉到东汉农业经济的发展。畜牧业的衰落，农耕经济的发展，使得汉代先民肉食资源的摄取减少，这也解释了从早期到晚期光明、官道和机场三个墓地δ^{15}N值逐渐降低的现象。

① 马方青，陈雪香，路国权等．山东邹城邾国故城遗址2015年发掘出土植物大遗存分析——兼议古代城市管理视角中的人与植物［J］．东南文化，2019（3）：57-69.

② 马永超，吴文婉，王强等．大连王家村遗址炭化植物遗存研究［J］．北方文物，2015（2）：39-43.

③ 马新．历史气候与两汉农业的发展［J］．文史哲，2002（5）：128-133.

④ 司马迁．史记·货殖列传［M］．北京：中华书局，1982.

⑤ 范晔．后汉书·马援列传［M］．北京：中华书局，1965.

⑥ 梁向明．汉代畜牧业概述［J］．固原师专学报，1990（3）：73-77.

⑦ 复旦大学-上海财经大学．中国古代经济简史［M］．上海：上海人民出版社，1982.

⑧ 刘兴林．汉代农业考古的回顾与展望［C］//汉代考古与汉文化国际学术研讨会论文集．济南：齐鲁书社，2004；江亚冰．考古资料所见汉代河洛地区的农具［J］．河南科技大学学报（社会科学版），2010（1）：9-12.

第二节 匈　奴

一、中　国

黑沟梁墓地和东黑沟遗址均位于新疆巴里坤县，属同一时期遗存，二者的考古学内涵非常相似，根据出土遗物可推知其时代约在西汉前期，文化属性兼有本地土著文化和匈奴文化[①]。张全超和凌雪等对这两处墓地出土人和动物骨骼开展了碳、氮稳定同位素分析，具体数据见表8.4、附表四和附表五。

新疆黑沟梁墓地出土的9例人骨样品碳、氮稳定同位素分析数据显示，其$\delta^{13}C$值在−17.6‰和−18.6‰之间，表明黑沟梁先民的植物类食物主要来源于C_3类。人骨$\delta^{15}N$值在12.6‰和13.5‰之间，表明先民食物结构中动物蛋白占据较为重要的地位。本地区普遍出土有小麦植物遗存，故而先民食谱中的C_3特征可能来源于麦作农业。从遗址出土的羊、牛和马的骨骼，结合稳定同位素数据，可推测先民对畜牧业经济的依赖较大[②]。

新疆东黑沟遗址出土的13例人骨样品以及53例动物样品（包括马、牛、羊、狗、骆驼、鹿）的碳、氮稳定同位素分析数据显示，所有动物样品的$\delta^{13}C$值均较低，表明动物主要依赖C_3食物。动物的$\delta^{15}N$值普遍较高，食肉动物可能因为摄取了部分动物蛋白，而食草动物可能因为干旱的自然环境和较快的新陈代谢。人骨的$\delta^{13}C$值分布在−17.74‰和−18.96‰范围内，表明东黑沟先民的植物性食物以C_3类植物为主；人骨的$\delta^{15}N$值均较高，分布在12.64‰—14.33‰之间，表明先民摄取了较多的动物蛋白。不同时期东黑沟遗址先民之间的食物结构基本一致，男性和女性之间也未见明显差异，表明先民的饮食结构个体间的差异不大[③]。东黑沟遗址出土了大量的马、牛、羊、鹿等动物骨骼，并发现有大麦、小麦等炭化植物遗存，以上动、植物资源应为东黑沟遗址先民提供了比较稳定的肉类和植物类食物来源，也表明东黑沟先民可能从事着畜牧业经济和麦作农业经济。

二、蒙　古　国

Egiin Gol墓地位于蒙古国北部埃金戈尔山谷，Baga Gazaryn Chuluu墓地位于蒙

---

① 任萌. 从黑沟梁墓地、东黑沟遗址看西汉前期东天山地区匈奴文化［M］//西部考古：第5辑. 西安：三秦出版社，2011：252-290.

② 张全超，常喜恩，刘国瑞. 新疆巴里坤县黑沟梁墓地出土人骨的食性分析［J］. 西域研究，2009（3）：45-49.

③ 凌雪，陈曦，王建新等. 新疆巴里坤东黑沟遗址出土人骨的碳氮同位素分析［J］. 人类学学报，2013，32（2）：219-225；凌雪，兰栋，陈曦等. 新疆巴里坤东黑沟遗址出土动物骨骼的碳氮同位素分析［M］//西部考古：第11辑. 北京：科学出版社，2016：289-299.

古国邓德戈维省西北部草原，Shombuuzin Belchir墓地位于蒙古国阿尔泰山口谷地中。Machicek对以上三处匈奴墓地出土的人和动物骨骼进行了碳、氮稳定同位素分析①。具体数据见表8.4、附表四和附表五。

Egiin Gol、Baga Gazaryn Chuluu和Shombuuzin Belchir三个匈奴墓地出土的动物$\delta^{13}C$和$\delta^{15}N$值的分布总体上来看比较集中，这表明这些动物食物结构大体相似。不过，Baga Gazaryn Chuluu有一例羊的个体，具有和其他动物相比较高的$\delta^{13}C$和$\delta^{15}N$值，表明它摄取了较多的C_4食物，而其他大部分动物则依赖于C_3食物。此外，所有动物均具有较高的$\delta^{15}N$值，这可能是由于其所处的环境较为干旱，或者这些食草动物所食用的牧草由于动物粪便的影响而具有较高的$\delta^{15}N$值，故而这些动物也相应具有较高的$\delta^{15}N$值。

总体来看，三个墓地人骨$\delta^{13}C$值的范围在−17.5‰和−13.8‰之间（均值为−15.98‰±1.0‰，n=52），$\delta^{15}N$值的范围在10.9‰和15.5‰之间（均值为12.9‰±1.2‰，n=52）。人骨的$\delta^{13}C$值分布范围较大，表明这些匈奴先民的植物类食物来源较为广泛，但总体来看具有C_3和C_4混合食谱特征。其中，Baga Gazaryn Chuluu（−15.6‰±0.5‰，n=21）墓地，相比Egiin Gol（−16.1‰±0.9‰，n=27）和Shombuuzin Belchir（−17.4‰±0.1，n=4）墓地人骨，具有较高的$\delta^{13}C$值，表明Baga Gazaryn Chuluu先民摄取相对较多的C_4类食物，可能为粟类作物。人和动物$\delta^{13}C$值的较大差异，表明人的食物来源中除了通过以上动物获取了部分C_3食物外，还通过其他渠道获得了一定量的C_4食物，比如通过粟作农业经济获取并食用了一些粟或黍等作物。人和动物的$\delta^{15}N$值差异介于3‰—5‰之间，落于一个营养级的跃升范围，表明牛和羊等陆生动物可能是先民的主要肉食来源。

Makarewicz对蒙古国Baga Gazaryn Chuluu匈奴墓地出土家畜的第二臼齿牙本质序列样品也进行了碳、氮稳定同位素分析②。该研究揭示了家畜牙本质序列样品稳定同位素值的变化，其$\delta^{13}C$值显示部分个体属于C_3和C_4混合食物结构，表明动物在冬季的饲料来源中包括一些C_4植物，较高的$\delta^{15}N$值表明其可能在动物粪便肥力影响下的冬季牧场放牧，二者有机结合可能有效地抵御冬季恶劣气候对游牧经济的损害。动物个体内部牙本质序列样品的$\delta^{13}C$和$\delta^{15}N$值曲线变化，表明动物个体间存在食物结构的差异，也揭示了匈奴牧民对不同动物进行饲料供应和冬季放牧的时间和强度存在差异。可见，游牧的匈奴民族采用了旨在提高牲畜存活率的放牧方式（包括冬季放牧和喂养之前储备的饲料，放牧和饲喂两种畜牧策略的利用时间和强度也有差异），以度过严冬。

Gol Mod 2（高勒毛都2号）墓地位于蒙古西部的后杭爱省，属于规模较大的匈奴贵族墓地之一。2001年以来多国学者先后在此发掘了4座规模不同的甲字形积石墓和

① MICHELLE L, MACHICEK. Reconstructing diet, health and activity patternsin early nomadic pastoralist Communities of Inner Asia [D]. Department of Archaeology, University of Sheffield, 2011.

② MAKAREWICZ C A. Winter is coming: Seasonality of ancient pastoral nomadic practices revealed in the carbon ($\delta^{13}C$) and nitrogen ($\delta^{15}N$) isotopic record of Xiongnu caprines [J]. Archaeological and anthropological sciences, 2017, 9 (3): 405-418.

42座圆形积石陪葬墓[①]。Ereen Hailaas墓地位于蒙古国布尔干省，Salkhitiin Am墓地位于蒙古国库苏古尔省，两者均为配合基本建设项目发掘的遗址，所发现的匈奴时期墓葬均为圆形积石墓葬，属于平民墓葬。周立刚等对蒙古国Gol Mod 2墓地出土人和动物骨骼（羊1、马2）、Salkhitiin Am和Ereen Hailaas墓地出土的人骨开展了碳、氮稳定同位素分析[②]。Gol Mod 2墓地出土动物骨骼δ^{13}C值和δ^{15}N值（−19.5%±0.9%，6.1±1.0，n=3）表明其主要依赖C_3植物类食物，可能为草原牧草。Gol Mod 2墓地的贵族和陪葬者的δ^{13}C值都在−16‰左右，具有C_3和C_4混合食物结构特征，C_3食物占据主要地位。然而，其食谱中的C_4食物部分，可能表明粟类食物在他们的生活中占有一定比重。Gol Mod 2墓地人骨的δ^{15}N值都偏高（13‰左右），表明动物蛋白摄取较多，可能来自于畜牧业经济的贡献。该墓地匈奴贵族和平民这两个不同阶层人群的δ^{13}C和δ^{15}N值十分相近，说明他们的食物结构不存在显著差异。Ereen Hailaas墓地匈奴平民的δ^{13}C和δ^{15}N值与Gol Mod 2墓地的贵族和陪葬者群体都十分接近。但是Salkhitiin Am墓地群体的δ^{13}C和δ^{15}N值（−18.3‰±0.4‰；10.9‰±0.6‰）要明显低于前述三个群体，表明这个群体的食谱中C_4食物比重和动物蛋白摄取的比重要明显低于其他群体，尤其是其δ^{15}N值是目前已有的蒙古国境内匈奴人群中δ^{15}N数据中最低的，甚至接近同时期中国中原地区农业人群的水平。

三、匈奴生计方式

乌恩认为长期以来学者们对匈奴发达的畜牧业经济已经有了充分的认识，然而随着考古资料的日益丰富，匈奴民族的农业和手工业也需要重视起来[③]。《史记·卫将军列传》记载，“逐至窴颜山赵信城，得匈奴积粟食军”[④]。《汉书·匈奴传》也记载，漠北“连雨雪数日，谷稼不孰”[⑤]。可见，文献也记载有匈奴从事农业的事实。匈奴遗存中出土的农业工具也间接印证了其可能从事一定的农业经济[⑥]。匈奴考古出土的植物遗存不多，但对于研究其生计方式至关重要。例如，蒙古国高勒毛都2号（Gol Mod 2）墓地M189棺内底部先铺一层织物，其上铺一层带壳的黍，并夹杂少量的藜，上部再铺织

---

① 周立刚，蓝万里，刘斌等．蒙古国后杭爱省高勒毛都2号墓地2017—2019年考古发掘简报［J］．华夏考古，2021（6）：39-53；周立刚，周润山，聂凡等．蒙古国后杭爱省高勒毛都2号墓地M189陪葬墓发掘简报［J］．华夏考古，2018（2）：34-44．

② ZHOU L G, ENKHBAYAR M, DIIMAAJAV E, et al. Diet of the Chanyu and his people: Stable isotope analysis of the human remains from Xiongnu burials in western and northern Mongolia [J]. International journal of osteoarchaeology, 2022, 32 (4): 878-888

③ 乌恩．论匈奴考古研究中的几个问题［J］．考古学报，1990（4）：409-437．

④ 司马迁．史记·卫将军列传［M］．北京：中华书局，1982．

⑤ 班固．汉书·匈奴传［M］．北京：中华书局，1962．

⑥ 乌恩．论匈奴考古研究中的几个问题［J］．考古学报，1990（4）：409-437．

物，复加一层带壳的黍和大量木屑，并混杂炭屑和藜[①]。1956—1957年，蒙古国学者考察呼尼河流域高勒毛都地区时发现26座匈奴墓地，其中第14号墓随葬陶器中发现有黍的遗存[②]。此外，伊沃尔加城址、都列尼村等匈奴遗址中都发现有余粮储存，切列姆霍夫墓地中发现有大量的黍、稷，诺彦乌拉M12和M23均发现有谷物，等等[③]。

表8.4　匈奴人和动物骨骼/牙本质稳定同位素数据

遗址名称	种属	$\delta^{13}C$均值/‰	$\delta^{15}N$均值/‰	样品数/个
东黑沟[④]	动物	−19.2±0.9	7.6±1.5	53
Gol Mod 2（GM）[⑤]	动物	−19.5±0.9	6.1±1.0	3
Egiin Gol（EG）[⑥]	动物	−18.2±0.6	8.3±0.7	13
Baga Gazaryn Chuluu（BGC）[⑥]	动物	−15.8±1.5	11.2±1.1	6
Shombuuzin Belchir（SBR）[⑥]	动物	−17.4±0.4	9.9±0.6	5
Baga Gazaryn Chuluu（BGC）128（牙本质）[⑦]	绵羊	−16.9±0.8	11.2±0.4	11
	羊	−15.8±0.7	11.3±0.2	12
	绵羊	−16.7±0.4	11.0±0.6	14
	羊	−16.4±0.5	11.3±0.3	17
Baga Gazaryn Chuluu（BGC）576（牙本质）[⑦]	山羊	−18.1±0.5	9.1±0.4	10
	羊	−16.2±0.1	10.2±0.3	13
	绵羊	−16.9±1.0	9.5±1.3	11
	羊	−17.3±0.4	7.3±1.0	11
东黑沟[⑧]	人	−18.4±0.4	13.3±0.6	11

① 周立刚，周润山，聂凡等. 蒙古国后杭爱省高勒毛都2号墓地M189陪葬墓发掘简报［J］. 华夏考古，2018（2）：34-44。

② 朝·道尔吉苏荣. 蒙古呼尼河畔诺音乌拉山匈奴墓发掘记（1954—1957年）［M］//蒙古高原考古研究. 呼和浩特：内蒙古人民出版社，2016：85-96.

③ 李晨然. 匈奴生业经济研究［D］. 南开大学硕士学位论文，2021.

④ 凌雪，兰栋，陈曦等. 新疆巴里坤东黑沟遗址出土动物骨骼的碳氮同位素分析［M］// 西部考古：第11辑. 北京：科学出版社，2016：289-299.

⑤ ZHOU L G, ENKHBAYAR M, DIIMAAJAV E, et al. Diet of the Chanyu and his people: Stable isotope analysis of the human remains from Xiongnu burials in western and northern Mongolia [J]. International journal of osteoarchaeology, 2022, 32 (4) , 878-888.

⑥ MICHELLE L, MACHICEK. Reconstructing diet, health and activity patternsin early nomadic pastoralist Communities of Inner Asia [D]. Department of Archaeology, University of Sheffield, 2011.

⑦ MAKAREWICZ C A. Winter is coming: Seasonality of ancient pastoral nomadic practices revealed in the carbon ($\delta^{13}C$) and nitrogen ($\delta^{15}N$) isotopic record of Xiongnu caprines [J]. Archaeological and anthropological sciences, 2017, 9 (3): 405-418.

⑧ 凌雪，兰栋，陈曦等. 新疆巴里坤东黑沟遗址出土动物骨骼的碳氮同位素分析［M］// 西部考古：第11辑. 北京：科学出版社，2016：219-225.

续表

遗址名称	种属	$\delta^{13}C$均值/‰	$\delta^{15}N$均值/‰	样品数/个
黑沟梁①	人	-18.3 ± 0.3	13.0 ± 0.4	9
Gol Mod 2（GM）②	人	-16.7 ± 0.9	13.0 ± 0.7	15
Salkhitiin Am（SA）②	人	-18.4 ± 0.6	10.6 ± 1.4	14
Ereen Hailaas（EH）②	人	-16.9 ± 1.2	13.3 ± 1.1	3
Egiin Gol（EG）③	人	-16.1 ± 0.9	12.1 ± 0.8	27
Baga Gazaryn Chuluu（BGC）③	人	-15.6 ± 0.9	13.7 ± 0.8	21
Shombuuzin Belchir（SBR）③	人	-17.4 ± 0.1	14.5 ± 0.3	4

基于表8.4、附表四和附表五中的稳定同位素数据，结合考古出土资料，本书对匈奴民族的生计方式进行探讨。蒙古国Gol Mod 2墓地的贵族和陪葬者、Ereen Hailaas墓地的平民，以及此前已发表的蒙古国其他地区匈奴平民群体（Egiin Gol、Baga Gazaryn Chuluu和Shombuuzin Belchir），其$\delta^{13}C$和$\delta^{15}N$值总体来看都比较接近，表明这些匈奴人群之间的食谱结构和生计方式比较接近，即依赖C_3和C_4混合食物，C_4食物特征可能预示着这些匈奴人群食用了一定量的粟类作物。此外，畜牧业经济也为他们贡献了较多的动物蛋白。值得注意的是，Salkhitiin Am墓地先民的$\delta^{13}C$平均值为$-18.4‰\pm0.6‰$，表明他们主要依赖C_3食物，其食物来源可能来源于麦作农业和畜牧业经济，这与其他人群差异较大。中国新疆地区黑沟梁（−17.6‰至−18.6‰）和东黑沟（−17.7‰至−19‰）等具有匈奴文化属性人群的$\delta^{13}C$值也明显具有C_3食物为主的食谱特征，这与大部分蒙古国匈奴人群差异显著，而与Salkhitiin Am匈奴人群较为相似。此外，除了Salkhitiin Am墓地先民外，不论是蒙古国还是中国新疆地区的匈奴人群，大部分族群的$\delta^{15}N$值比较集中，表明其动物资源摄取以及畜牧业经济水平可能较为一致。

周立刚结合稳定同位素食谱研究，也认为匈奴食用的粟类作物，除了通过馈赠、贸易等渠道交换获得之外，可能通过自己的种植获得一部分④。李晨然则通过对匈奴墓葬和城址等出土的动物骨骼、炭化植物、生产工具、生活工具等遗存的系统梳理，以及匈奴遗存出土的动物和人骨稳定同位素分析数据，揭示匈奴先民对动、植物资源的利用方式，以及相关生产和生活工具的使用状况。该研究认为匈奴早、中期均以畜牧

① 张全超，常喜恩，刘国瑞．新疆巴里坤县黑沟梁墓地出土人骨的食性分析［J］．西域研究，2009（3）：45-49.

② ZHOU L G, ENKHBAYAR M, DIIMAAJAV E, et al. Diet of the Chanyu and his people: Stable isotope analysis of the human remains from Xiongnu burials in western and northern Mongolia [J]. International journal of osteoarchaeology, 2022, 32 (4): 878-888.

③ MICHELLE L. MACHICEK. Reconstructing diet, health and activity patternsin early nomadic pastoralist Communities of Inner Asia [D]. Department of Archaeology, University of Sheffield, 2011.

④ ZHOU L G, ENKHBAYAR M, DIIMAAJAV E, et al. Diet of the Chanyu and his people: Stable isotope analysis of the human remains from Xiongnu burials in western and northern Mongolia [J]. International journal of osteoarchaeology, 2022, 32 (4): 878-888.

业经济为主，渔猎经济为辅，农业经济基本不存在。而到了晚期，随着南匈奴与农耕民族融合程度的加深及由游牧走向定居生活方式的改变，造成了其农业经济得到了一定的发展，而畜牧业比重有着一定程度的下降。西迁后的北匈奴还保持着传统的畜牧业经济为主、渔猎经济为辅的生计方式①。

第三节　月　　氏

拉巴特墓地位于乌兹别克斯坦南部苏尔汗河州拜松地区的拉巴特村，其一号墓地的发掘共清理墓葬52座。墓葬随葬品种类丰富，数量众多，包括陶器、铁器、铜器、各种材质及形状的串珠、骨器、海贝等。史载“北巴克特里亚”地区是月氏西迁后的统治地，拉巴特墓地处“北巴克特里亚”地区，墓地的年代、空间范围以及文化特征与西迁的大月氏较为吻合，应为公元前2世纪末期至公元1世纪初之间的月氏文化遗存②。刘柯雨等对拉巴特一号墓地出土人骨进行了碳、氮稳定同位素分析（数据见表8.5）。数据显示，拉巴特一号墓地人骨胶原δ^{13}C均值为−18.8‰±0.3‰（n=10），表明其主要依赖C_3类食物，这可能来自于麦作农业经济。同时，该墓地先民的δ^{15}N均值为10.9‰±0.4‰（n=10），较高的δ^{15}N值表明其动物蛋白资源摄取较多，可能来自于畜牧业经济的贡献。以上研究表明，西迁后的大月氏人适应了拉巴特的生存环境和生活方式，在乌兹别克斯坦地区形成了牧业为主的农牧混合经济模式③。

表8.5　乌兹别克斯坦拉巴特一号墓地人骨稳定同位素数据

样品编号	δ^{13}C/‰	δ^{15}N/‰	C含量/%	N含量/%	C/N
LBT1	−19.1	10.3	42.9	15.5	3.2
LBT2	−15.9	1.6	2.4	1.4	1.9
LBT3	−18.9	10.8	41.5	15.0	3.2
LBT4	−18.5	3.4	2.0	1.0	2.3
LBT5	−19.1	10.3	43	15.8	3.2
LBT6	−18.2	10.9	43.9	16	3.2
LBT7	−18.4	10.5	36.6	13.5	3.2
LBT8	−19.1	11	36.7	13.1	3.2
LBT9	−18.7	11	43.4	16	3.2
LBT10	−18.7	11.4	42	15.4	3.2
LBT11	−18.7	10.8	41.6	15.4	3.1
LBT12	−19.0	11.6	43.1	15.7	3.2

① 李晨然．匈奴生业经济研究［D］．南开大学硕士学位论文，2021．

② 梁云，李伟为，裴建陇等．乌兹别克斯坦拜松市拉巴特墓地2017年发掘简报［J］．文物，2018（7）：4-30．

③ 刘柯雨，赵东月，梁云等．基于稳定同位素分析的拉巴特墓地先民生活方式［J］．中国科学：地球科学，2020，50（11）：1611-1617．

第四节　慕容鲜卑/夫余

喇嘛洞遗址位于辽西丘陵地区大凌河谷地附近，是我国北方地区迄今所见最大的一处以三燕文化墓葬为主的大型墓地，年代约为公元3世纪末至4世纪中叶①。自1993年至1998年，历经5次发掘，共发掘墓葬435座，其中三燕文化墓葬419座。出土了大量人骨及大批陶器、铜、铁器、金、银饰品、成套马具及各种生产工具。

喇嘛洞遗址是否属于慕容先民，学界尚存在争议。田立坤提出喇嘛洞墓地的族属不是鲜卑，而是于前燕时期被鲜卑迁徙至大凌河谷地的夫余部族②。陈山从人类学角度论证了喇嘛洞墓地居民不是鲜卑人③。朱泓等围绕夫余、鲜卑和匈奴相关的几组颅骨资料进行了更具针对性的比较研究，发现在人种类型上喇嘛洞居民与目前已知的拓跋鲜卑、东部鲜卑居民差异显著；分子生物学分析数据也显示喇嘛洞居民和鲜卑人之间存在很远的遗传学距离。故而，朱泓等认为“三燕文化居民的主体或许确实是来自第二松花江流域的夫余人，此外还混杂了一部分辽西地区早期土著居民的后裔以及个别的鲜卑人”④。基于此，本书暂称喇嘛洞遗址先民为慕容鲜卑/夫余人群。

董豫等人对喇嘛洞遗址出土人骨进行了碳、氮稳定同位素分析（数据见表8.6），这为对比拓跋鲜卑和慕容鲜卑/夫余人群的食物结构和生计方式奠定了基础。据董豫等人的分析结果，喇嘛洞先民的$\delta^{13}C$值（−9.7‰±0.8‰）较高，表明先民主要以C_4类食物为食，可能主要为粟或黍。其$\delta^{15}N$（6.4‰±0.9‰）值非常低，表明他们主要依赖植物类食物，而几乎不食用肉类资源⑤。可见，喇嘛洞先民的生计方式主要为粟作农业。结合考古、文献和稳定同位素分析证据，以上研究认为喇嘛洞慕容鲜卑/夫余先民已经不再从事传统的游牧或渔猎生计方式，转而完全接收中原农耕民族的粟作农业经济。

表8.6　喇嘛洞遗址慕容鲜卑/夫余人群稳定同位素数据

样品编号	$\delta^{13}C$/‰	$\delta^{15}N$/‰	C含量/%	N含量/%	C/N
BLM35	−9.0	6.2	41.8	15.6	3.3
BLM43	−10.1	5.1	42.3	15.7	3.4
BLM56	−10.9	7.2	42.5	15.9	3.4

① 辽宁省文物考古研究所，朝阳市博物馆，北票市文物管理所．辽宁北票喇嘛洞墓地1998年发掘报告［J］．考古学报，2004（2）：209-241．

② 田立坤．关于北票喇嘛洞三燕文化墓地的几个问题［M］//辽宁考古文集．沈阳：辽宁民族出版社，2003：263

③ 陈山．喇嘛洞墓地三燕文化居民人骨研究［M］．北京：科学出版社，2013．

④ 朱泓，曾雯，张全超等．喇嘛洞三燕文化居民族属问题的生物考古学考察［J］．吉林大学社会科学学报，2012，52（1）：44-51

⑤ 董豫，胡耀武，张全超等．辽宁北票喇嘛洞遗址出土人骨稳定同位素分析［J］．人类学学报，2007，26（1）：77-84．

续表

样品编号	$\delta^{13}C$/‰	$\delta^{15}N$/‰	C含量/%	N含量/%	C/N
BLM58	−9.5	6.7	41.2	14.8	3.3
BLM63	−9.5	8.2	42.2	15.7	3.4
BLM79	−11.0	5.8	42.4	15.6	3.4
BLM99	−8.1	8.4	41.9	15.5	3.4
BLM167	−8.9	7.0	42.4	15.8	3.4
BLM183	−9.0	6.9	42.2	15.4	3.4
BLM206	−9.4	5.5	41.5	15.5	3.3
BLM209	−10.2	7.0	42.0	15.6	3.4
BLM216	−10.0	6.1	41.8	15.6	3.4
BLM223	−10.7	5.5	41.3	15.3	3.4
BLM283	−8.5	5.6	41.5	15.5	3.4
BLM298	−9.4	5.2	36.0	13.0	3.2
BLM299	−9.4	6.8	40.9	15.1	3.2
BLM308	−9.1	6.1	41.7	15.5	3.4
BLM324	−10.0	6.9	41.2	15.3	3.4
BLM345	−10.2	5.6	40.5	14.7	3.2
BLM363	−10.5	6.7	41.5	15.4	3.4

第五节 其他北朝人群

固岸墓群位于河南安阳固岸村东部，位于漳河南岸。2005—2008年，河南省文物考古研究所对该墓群进行了考古发掘，共清理墓葬300余座，时代主要为东魏、北齐时期。其中，北齐墓葬主要集中在墓地的Ⅰ区，东魏墓葬集中于Ⅱ区①。潘建才对该墓群出土东魏和北齐人骨和牙本质进行了碳、氮稳定同位素分析（人骨数据见表8.7）②。分析结果显示，固岸人骨的$\delta^{13}C$值落于−13.9‰至−8.3‰之间，平均值为−11.5‰±1.2‰，表明其食物结构以C_4类食物为主，可能来源于C_4类植物或以C_4类植物为食的动物，抑或两者兼而有之。人骨的$\delta^{15}N$值落于9.1‰至11.5‰之间，平均值为10.0‰±0.6‰，表明固岸先民的食物中包含了大量的肉食资源，先民的C_4类食物来源可能间接来自于以C_4食物为食的家畜。先民食物结构中的C_4部分很有可能来自粟作农业所提供的粟或黍等谷物，而较大比重的动物蛋白资源摄取当与畜牧业经济的发展有关。潘建才认为，北

① 潘伟斌，聂凡. 河南安阳固岸墓地考古发掘收获［J］. 华夏考古，2009（3）：19-23.

② 潘建才. 河南安阳固岸墓地先民的食谱研究［D］. 中国科学院研究生院硕士学位论文，2009；潘建才，胡耀武，潘伟斌等. 河南安阳固岸墓地人牙的C、N稳定同位素分析［J］. 江汉考古，2009（4）：114-120.

魏孝文帝“均田制”改革至北齐河清三年均田令的颁发，尽管在一定程度上促进了北方旱作农业经济的发展，但未能从根本上改变依赖畜牧业经济的生计方式。东魏、北齐政权的建立源于北魏末年六镇鲜卑的南下，自此之后，胡汉冲突愈演愈烈，鲜卑化趋向日益明显，这也是固岸北朝墓群人骨稳定同位素分析所揭示的先民对畜牧业经济较强依赖的根源，也是安阳地区东魏、北齐平民阶层的经济和文化面貌的反映。

朱思媚等对北京延庆西屯墓地出土的10例北朝时期人骨进行了碳、氮稳定同位素分析（数据见表8.7）①。前文还提到朱思媚等选取了西屯墓地10例汉代人骨进行了碳、氮稳定同位素分析。分析数据显示，西屯墓地汉代先民的$\delta^{13}C$和$\delta^{15}N$值分别为$-10.3‰\pm1.4‰$和$8.0‰\pm0.8‰$（$n=10$），表明其主要依赖C_4类食物，且食物结构具有一定的杂食特征。西屯墓地北朝先民的$\delta^{13}C$和$\delta^{15}N$值分别为$-9.1‰\pm0.5‰$和$8.2‰\pm0.5‰$（$n=9$），与汉代先民食物结构较为相似，只是北朝时期先民的$\delta^{13}C$值略有提高，表明此时先民食用了相对较多的C_4类食物，反映了粟作农业经济在西屯先民生计方式中占有重要地位。西屯墓地汉代至北朝人骨的碳、氮稳定同位素分析，显示了自汉至北朝植根于中国北方地区的粟作农业在北京地区进一步得到发展。

表8.7　安阳固岸和北京西屯墓地北朝人骨稳定同位素数据

遗址名称	墓葬编号	$\delta^{13}C$/‰	$\delta^{15}N$/‰
固岸墓地	GA Ⅰ M94	−10.9	9.1
	GA Ⅰ M99	−11.4	10.4
	GA Ⅱ M23	−10.5	10.5
	GA Ⅱ M33	−11.8	11.5
	GA Ⅱ M35	−12.2	9.6
	GA Ⅱ M40	−11.6	10.1
	GA Ⅱ M48-e	−11.9	10.9
	GA Ⅱ M51-s	−10.8	10.2
	GA Ⅱ M55	−12.5	9.2
	GA Ⅱ M56	−11.6	9.5
	GA Ⅱ M58	−11.0	9.4
	GA Ⅱ M63	−12.5	11.2
	GA Ⅱ M66-s	−12.4	10.0
	GA Ⅱ M66-*n*	−12.6	10.2
	GA Ⅰ M73	−12.3	10.2
	GA Ⅰ M83	−10.9	10.1
	GA Ⅰ M92	−11.1	10.2
	GA Ⅰ M109	−10.7	10.1

① 朱思媚，周亚威，朱泓等. 华北民族融合进程中人群生存方式及对健康的影响——以北京延庆西屯村墓地为例［J］. 人类学学报，2020，39（1）：127-134.

续表

遗址名称	墓葬编号	$\delta^{13}C$/‰	$\delta^{15}N$/‰
固岸墓地	GA Ⅰ M138	−11.2	9.5
	GA Ⅰ M144	−10.7	9.3
	GA Ⅱ M45	−9.4	9.1
	GA Ⅱ M31	−8.3	9.5
	GA Ⅱ M47-s	−11.7	10.2
	GA Ⅱ M47-*n*	−13.9	10.4
	GA Ⅱ M69-s	−10.2	9.8
	GA Ⅱ M82	−13.9	10.2
西屯墓地	09YX-I-M13西	−8.7	7.9
	09YX-I-M118西	−10.1	7.8
	09YX-I-M16：A	−8.9	8.3
	09YX-I-M118	−9.4	8.4
	09YX-I-M115西	−8.6	9.0
	09YX-I-M16：B	−8.5	7.7
	09YX-I-M43	−8.6	8.3
	09YX-I-M108	−9.5	8.9
	09YX-I-M121西	***−9.2***	***7.7***
	09YX-I-M119东	−9.1	8.3

注：粗斜体，表示样品已污染，稳定同位素分析时已剔除

生膨菲等对陕西关中地区部分北朝皇族/贵族、官员以及平民等不同阶层北朝人群进行了碳、氮稳定同位素分析，揭示了其社会等级和生计方式在食物结构上的差异①。如表8.8所示，北周武帝孝陵随葬的三例动物食物结构差异较大，羊以C_3为主，而黄牛和马则以C_4食物为主，此外黄牛具有较高的$\delta^{15}N$值，这表明用以殉葬皇族的家畜的食物来源差异较大，可能预示着不同的饲喂方式或部分动物属于来自外地的迁徙个体。相比动物食谱的两极分化，总体来说关中地区北朝不同阶层人群的稳定同位素水平表现出C_3和C_4兼有的混合食谱特征。西魏吐谷浑公主晖华（鲜卑族）与茹茹大将军乞伏孝达（柔然族）具有最低的$\delta^{13}C$值和最高的$\delta^{15}N$值，表明他们的食物结构中C_3食物所占比重最高，且摄取了较多的肉食资源，可能和游牧的生计方式有一定的关联。北周武帝宇文邕（鲜卑族）和皇后阿史那（突厥族）以及元威（鲜卑族）夫妇的$\delta^{13}C$值比乞伏孝达夫妇略高，而$\delta^{15}N$值略低，表明他们摄取了相对较多的C_4食物和较少的动物蛋白。独孤宾和李裕等作为高等级官员，$\delta^{15}N$值也和以上皇族和贵族的相似，均较高，表明摄取了较多肉食资源，不过他们的$\delta^{13}C$值相对较高，表明他们摄取了较多的C_4食物，可能主要来自粟类作物或以其为食的家畜。平民具有较高的$\delta^{13}C$值和最低的$\delta^{15}N$

① SHENG P, ALLEN E, MA T, et al. Human isotopic evidence from the Guanzhong Basin casts light on a century of agricultural and pastoral interactions at medieval metropolitan Chang'an during sixth century AD [J]. Humanities and social sciences communications, 2023 (10): 204.

值，表明粟作农业在其生计方式中占据较为重要的地位，肉食资源摄取较少，表明畜牧业经济对关中地区北朝时期平民的贡献较低。

表8.8 陕西关中地区不同阶层北朝人群和动物骨骼稳定同位素数据

墓主	身份	时代	样品属性	$\delta^{13}C$/‰	$\delta^{15}N$/‰
宇文邕①	皇帝	公元543—578年	人	−15.3	12.5
宇文邕①	皇帝	公元543—578年	人	−14.8	12
阿史那①	皇后	公元551—582年	人	−15.1	12.6
阿史那①	皇后	公元551—582年	人	−14.5	12.9
乞伏孝达②	将军/驸马	公元503—557年	人	−16.8	14.1
乞伏孝达②	将军/驸马	公元503—557年	人	−15.8	13.6
晖华②	公主	公元503—541年	人	−17.4	15
晖华②	公主	公元503—541年	人	−16.9	14.2
元威③	官员	公元538-590年	人	−14.3	11.7
元威③	官员	公元538—590年	人	−14.5	11.8
于宜容③	贵族	公元544—601年	人	−14.4	10.8
于宜容③	贵族	公元544—601年	人	−14.3	10.4
独孤宾④	官员	公元504—571年	人	−12.4	11.1
李裕⑤	官员	公元542—604年	人	−13.9	11.7
机场二期M272⑥	平民	北周	人	−11.6	8.9
机场二期M276-2⑥	平民	北朝	人	−14.2	9
机场二期M276-3⑥	平民	北朝	人	−12.5	8.5
机场二期M280⑥	平民	北周	人	−14.7	9.2
宇文邕和阿史那⑦	/	北周	绵羊	−18.3	5.5
	/		黄牛	−11.9	9.4
	/		马	−11.2	5.7

注：元威夫妇合葬墓和李裕墓虽为隋代墓葬，但墓中出土墓志均表明他们出生并大部分时间生活于北朝时期，故仍纳入本书数据统计范畴；咸阳国际机场二期墓M167和M181，凤翔翟家寺隋唐墓 M28和M29，凤翔孙家南头墓M60没有明确纪年资料，且时代晚到隋唐，暂不列入本书数据统计范畴

① 北周武帝孝陵陕西省考古研究院，咸阳市文物考古研究所．北周武帝孝陵发掘简报［J］．考古与文物，1997（2）：9-23

② 西魏吐谷浑公主与茹茹大将军合葬墓陕西省考古研究院，陕西历史博物馆，长安区旅游民族宗教文物局．陕西西安西魏吐谷浑公主与茹茹大将军合葬墓发掘简报［J］．考古与文物，2019，（4）：36-60

③ 隋元威夫妇合葬墓陕西省考古研究院，咸阳市文物考古研究所．隋元威夫妇墓发掘简报［J］．考古与文物，2012，（1）：24-34

④ 北周独孤宾墓陕西省考古研究院．北周独孤宾墓发掘简报［J］．考古与文物，2011（5）：30-37

⑤ 隋李裕墓陕西省考古研究院．西安南郊隋李裕墓发掘简报［J］．文物，2009，（7）：4-20

⑥ 咸阳国际机场二期墓简报或发掘报告，待刊

⑦ 北周武帝孝陵陕西省考古研究院，咸阳市文物考古研究所．北周武帝孝陵发掘简报［J］．考古与文物，1997（2）：9-23

第六节　其他北方人群

本节简单梳理下中国西北新疆和甘青地区，以及内蒙古地区的其他北方先民稳定同位素古食谱分析数据（见附表六），并对以上先民的生计方式进行探讨。因为上述地区这些考古学遗存所属人群的族属不确定，故而无法判断是汉民族抑或其他游牧民族，故而统一以北方人群代称。对这些人群食物结构和生计方式的梳理，有助于我们后续探讨汉至魏晋北朝时期拓跋—北魏人群的生计方式。

一、西 北 地 区

1. 新疆鄯善洋海墓地

洋海墓地位于新疆吐鲁番盆地火焰山南麓的荒漠戈壁地带，由3处独立的墓地组成，延续时间长约1400年①。司艺从洋海墓地选取了9例西汉先民个体进行了碳、氮稳定同位素分析②。数据显示，除ⅢM5A和ⅢM80个体外，两汉时期先民骨骼$\delta^{13}C$值介于−16.4‰—−14.6‰之间，平均值为−15.7‰±0.7‰（n=7），其$\delta^{15}N$值介于12.1‰—13.8‰之间，平均值为13.0‰±0.5‰（n=7）。表明先民也主要摄取大量以C_3类植物为食的动物。个体ⅢM5A的$\delta^{13}C$值（−15.2‰），与其他个体较为近似，但其$\delta^{15}N$值却高达15.6‰，表明其可能摄取了大量的水生类资源，或来自更为干旱的地区从而导致其$\delta^{15}N$值异常。个体ⅢM80的$\delta^{13}C$和$\delta^{15}N$值分别为−17.5‰和13.1‰，与其他个体相比具有最低的$\delta^{13}C$值，表明其摄取了较多的C_3食物，较高的$\delta^{15}N$值也表明其摄取了一定量的动物蛋白。相比青铜至铁器时代，两汉时期的洋海先民对肉食资源的摄取比例显著增高。通过墓葬形制和随葬品的对比，两汉时期的这批洋海先民也可能为匈奴人群。公元前约300年至张骞通西域，中原的汉文化和北方草原上的匈奴文化逐渐向新疆地区渗透，最终吸收并融合了其境内的土著文化。从洋海墓地两汉时期先民的稳定同位素值来看，与前文所述的匈奴人群稳定同位素值非常接近，因而不排除这种可能性。

2. 新疆奇台石城子遗址

石城子遗址地处新疆天山北麓奇台县，该遗址被认为是汉代的疏勒城所在地，这里不仅是古丝绸之路北道上重要的交通要塞，同时也是沟通天山南北的关键通道，具有重要的战略意义。

王伟等人对新疆石城子遗址土壤样品进行了植硅体分析以及对动物骨骼样品进行

① 李肖，吕恩国，张永兵. 新疆鄯善洋海墓地发掘报告［J］. 考古学报，2011（10）：99-166.

② 司艺，吕恩国，李肖等. 新疆洋海墓地先民的食物结构及人群组成探索［J］. 科学通报，2013，58（15）：1422-1429.

了碳、氮稳定同位素分析，研究发现黍和青稞应该是石城子遗址驻军主要的粮食作物，而房址地面土样中较高的C_4类植物植硅体含量可能表明驻军对粟类谷物进行脱壳处理。草拌泥土壤样品中发现的黍类稃壳遗存，则很好地揭示了农作物副产品在房址墙体建设中的重要作用。羊、牛等动物骨骼样品的稳定同位素分析，揭示了农作物栽培与家畜饲养之间的联系，该地汉代驻军可能利用黍类以及青稞作物秸秆对部分羊、牛等家畜进行饲喂。王伟等人认为该遗址依赖以黍与青稞为主的农业，以及以羊、牛为主的畜牧业以及狩猎经济，以上多元经济共同构成了石城子遗址驻军多样的生计方式①。

生膨菲等人对石城子遗址开展了浮选工作，其分析结果与王伟等人研究有一定的不同。石城子遗址的浮选结果表明，青稞、小麦、黍和粟的重量百分占比分别为78.9%、16.3%、4.1%和0.7%，以上谷物的出土概率分别为81.8%、45.5%、36.3%和18.2%。可见，石城子遗址汉代屯田的主要作物品种应该是青稞，小麦也占据了相当大的比重，粟类作物在农业种植组合中占据的比例较低②。新疆吐鲁番胜金店墓地出土的粮食作物遗存中，小麦、黍和青稞也占据重要地位，辅之以粟和大麦。该墓地出土的大量麦秆、麦穗和颖果等小麦遗存，表明在汉代吐鲁番地区的农业生产中小麦占据了非常重要的位置③。

3. 甘肃白银黄湾汉墓

黄湾汉墓群位于甘肃白银市平川区水泉镇，该墓群位于丝绸之路的中间位置，为探讨汉帝国和匈奴帝国之间的经济和文化交流，以及当地人群的经济和文明面貌至关重要。黄湾汉墓首次发现和发掘于1976年，2013年进行了第二次发掘，发掘面积约200平方米。现场勘查发现26座墓葬，共发掘墓葬4座④。李昕等人对该墓群出土的9例人骨和4例动物（1个绵羊/山羊和3个鸡）骨骼进行了碳、氮稳定同位素分析⑤。

---

① 王伟，段阜涛，杨继帅等. 植硅体与稳定同位素分析揭示的新疆汉代驻军多样的农作物利用策略［J］. 第四纪研究，2020，40（2）：428-430.

② 生膨菲，田小红，吴勇. 新疆奇台石城子遗址出土炭化植物遗存研究［J］. 西域研究，2022 (4): 117-126; SHENG P, STOROZUM M, TIAN X, et al. Foodways on the Han Dynasty's Western Frontier: Archeobotanical and Isotopic Investigations at Shichengzi, Xinjiang, China [J]. The holocene, 2020, 30 (8): 1174-1185.

③ JIANG H, ZHANG Y, LÜ E, et al. Archaeobotanical evidence of plant utilization in the Ancient Turpan of Xinjiang, China: a case study at the Shengjindian Cemetery [J]. Vegetation history & archaeobotany, 2015, 24 (1): 165-177.

④ 杜永强，陈辅泰. 甘肃省白银市平川区黄湾汉代木椁墓清理简报［M］//形象史学研究. 北京：人民出版社，2013：237-255.

⑤ LI X, LU M X, CUI Y F, et al. The Integration of Farmers and Nomads: Archaeological Evidence for the Human Subsistence Strategy in Northwestern China during the Han Dynasty. Acta Geologica Sinica (English Edition), 2020, 94 (3): 603-611; 李昕. 汉晋时期河西走廊及邻近地区人类摄食结构及其影响因素研究［D］. 兰州大学硕士学位论文, 2021.

三个动物（1羊和2鸡）骨骼的$\delta^{13}C$值范围为−13.6‰—−8.0‰（−10.9‰±2.8‰），表明其依赖于C_4类食物，可能为粟类作物或其副产品。人骨$\delta^{13}C$值范围为−11.5‰—−8.6‰（个体HW20除外，n=5），平均值为−10.0‰±1.2‰，人牙的$\delta^{13}C$值为−9.9‰—−8.1‰（−9.0‰±0.6‰，n=16）。人骨和牙齿的$\delta^{15}N$平均值分别为10.8‰±1.2‰和10.9‰±0.4‰。人骨和牙本质的碳、氮稳定同位素数据表明，黄湾汉墓先民主要依赖C_4类食物，可能来自粟类作物，抑或以其为食的家畜。人骨$\delta^{15}N$值较高，表明先民的畜牧业经济也有一定的比重。基于遗址的植物考古和稳定同位素数据，该研究认为黄湾汉代人群主要依赖粟作农业，这与青铜时代以来甘青走廊地区先民主要依赖麦作农业并辅之以粟作农业的生计方式差异显著，该研究表明中原农耕经济和文化对该地区居民的影响较大。

4. 甘肃张掖黑水国遗址

黑水国遗址位于河西走廊中部的张掖市甘州区，2018年甘肃省文物考古研究所对黑水国遗址汉代墓葬进行了抢救性发掘，共发掘汉代墓葬118座①。李昕对黑水国遗址出土的33例动物骨骼和116例人骨进行了碳、氮稳定同位素分析②。

黑水国遗址动物骨骼$\delta^{13}C$值的范围是−19.9‰—−11.9‰（均值为−16.1‰±2.4‰），$\delta^{15}N$值的范围为4.7‰—13.2‰（均值为8.3‰±1.7‰），体现了C_3和C_4混合食物结构特征，不过C_3比重较高。黑水国先民的$\delta^{13}C$和$\delta^{15}N$平均值分别为−16.0‰±1.7‰和10.8‰±1.1‰，表明其具有C_3和C_4混合食物结构特征，可能麦类、豆科以及粟类作物均可能是其食物来源。此外，以上述作物或野生C_3或C_4类植物为食的动物也可能是先民的食物来源。与白银黄湾汉墓出土人和动物骨骼稳定同位素数据相比，汉代张掖地区和白银地区先民摄食结构存在显著差异。李昕认为这可能是两个地区不同生存环境的差异导致的。白银地区距离中央王朝近且处于季风边缘区，适合种植粟黍。而张掖地区则属于绿洲—沙漠区，积温较白银地区低，更适合种植麦类作物和从事牧业生产。

5. 甘肃敦煌佛爷庙湾—新店台墓群

佛爷庙湾—新店台墓群位于甘肃省敦煌市五墩乡的祁连山山前戈壁，2015年11月至2016年2月，甘肃省文物考古研究所对该墓群进行了考古发掘，共清理墓葬182座，大部分属于魏晋十六国时期③。李昕对该墓群Ⅳ区的43例人骨进行了碳、氮稳定同位素分析④。

---

① 陈国科，杨谊时，刘兵兵．张掖甘州黑水国汉代墓葬发掘报告［M］．兰州：甘肃教育出版社，2019．

② 李昕．汉晋时期河西走廊及邻近地区人类摄食结构及其影响因素研究［D］．兰州大学硕士学位论文，2021．

③ 王辉，陈国科，岳晓东等．2015年敦煌佛爷庙湾——新店台墓群Ⅲ区西晋十六国墓葬发掘简报［J］．文博，2019（5）：12-27．

④ 李昕．汉晋时期河西走廊及邻近地区人类摄食结构及其影响因素研究［D］．兰州大学硕士学位论文，2021．

佛爷庙湾—新店台墓群先民$\delta^{13}C$值的范围为$-19.5‰$—$-17.0‰$（均值为$-18.2‰\pm0.6‰$），$\delta^{15}N$值的范围为11.4‰—17.4‰（均值为$16.1‰\pm1.1‰$）。较低的$\delta^{13}C$值，表明先民主要依赖C_3类食物，可能源于麦类和豆类作物，或者以C_3类食物为食的动物。较高的$\delta^{15}N$值，表明魏晋时期的佛爷庙湾—新店台先民摄取了较多的动物蛋白资源。当然，干旱环境和植物施肥行为也有可能会导致以上较高的$\delta^{15}N$值。

6. 青海大通上孙家遗址

张雪莲对青海大通县上孙家遗址三例汉代成年男性个体的人骨进行了碳、氮稳定同位素分析①。三个个体（SP126，SP128和SP139）的$\delta^{13}C$值分别为$-15.3‰$，$-17.7‰$和$-17.3‰$，表明上述三个上孙家汉代先民的食物来源兼有C_3和C_4类，其中个体SP128和SP139的植物类食物来源C_3比重非常高。上孙家汉代先民食物中的C_4部分应该主要来自于粟类作物的贡献。至于其C_3部分，可能一部分由于直接食用了麦类作物，另一种可能是间接来自于以C_3类植物为食的牲畜。因此，这部分C_3食物可能为野生植物资源，也有可能为麦类谷物或秸秆等作为家畜饲料的副产品。个体SP128和SP139的$\delta^{15}N$值分别为11.5‰和10.1‰，表明其摄取较多的动物蛋白资源，当然也不排除因为干旱的自然环境或者食用了经过施肥的植物资源，从而导致其具有相对较高的$\delta^{15}N$值。

二、内蒙古地区

1. 巴彦淖尔纳林套海汉墓

纳林套海汉墓群位于内蒙古巴彦淖尔市，地处河套平原。为配合巴彦淖尔盟开发乌兰布和沙漠工程，1992—1993年，内蒙古自治区文物考古研究所与巴彦淖尔盟文物工作站对该墓群进行了抢救性发掘工作，两次共发掘墓葬45座，其时代为西汉晚期至东汉初期。该墓群是目前河套地区考古发掘规模最大、保存最为完好的一处汉代墓群，对探讨两汉时期河套地区汉王朝与匈奴的历史关系及汉王朝对河套地区的移民屯垦史实具有重要的历史价值②。

张全超等对纳林套海汉代先民进行了骨骼碳、氮稳定同位素分析。分析数据显示，纳林套海汉代先民骨骼$\delta^{13}C$和$\delta^{15}N$值分别为$-10.0‰\pm0.8‰$和$13.3‰\pm1.2‰$（$n=7$），表明先民的C_4类食物和动物蛋白摄取比重均较高，可能体现出对粟作农业经济和畜牧业经济的依赖③。

① 张雪莲，王金霞，冼自强等. 古人类食物结构研究［J］. 考古，2003（2）：158-171.

② 魏坚. 内蒙古中南部汉代墓葬［M］. 北京：中国大百科全书出版社，1998.

③ 张全超，胡延春，魏坚等. 内蒙古巴彦淖尔市纳林套海汉墓出土人骨的稳定同位素分析［J］. 人类学学报，2012，31（4）：407-414.

2. 察右前旗呼和乌素汉墓

呼和乌素墓地位于内蒙古自治区乌兰察布市察右前旗呼和乌素乡泉脑村东的一处山坡上，北距旗政府所在地土贵乌拉镇10千米。该墓地南靠山梁，北临呼和乌素河，地势南高北低。1995年9月，内蒙古自治区文物考古研究所对该墓地进行了抢救性发掘，共清理汉代墓葬11座。

张全超等对呼和乌素墓群出土人骨进行了碳、氮稳定同位素分析①。研究结果显示，先民的$\delta^{13}C$和$\delta^{15}N$值的范围分别为−9.9‰至−8.3‰（均值为−9.1‰±0.6‰，n=5）以及8.2‰至9.8‰（均值为9.1‰±0.6‰，n=5），表明呼和乌素汉代先民的食谱主要以C_4类食物为主，可能为粟类作物或以C_4类食物为食的家畜。先民的$\delta^{15}N$值表明动物蛋白的摄取比重不高。可见，呼和乌素汉代先民主要依赖粟作农业，辅之以一定的畜牧业经济。

① 张全超，郭林，朱泓．内蒙古察右前旗呼和乌素汉代墓地出土人骨的稳定同位素分析［J］．草原文物，2012（2）：99-101．

第九章　拓跋鲜卑—北魏人群与其他北方人群生计方式对比研究

拥有着不同食物结构和生计方式的游牧民族和农耕民族是汉至北朝时期活跃于中国北方地区的重要人群，在长期的文明互动过程中二者频繁地进行着交流和融合，中国魏晋南北朝时期北方的民族大融合他们即是主角。值得注意的是，不同人群间的交流和融合轨迹可能不同，其经济和文化面貌变迁的路径也存在较大差异。因此，很有必要对不同人群之间的生计方式进行综合对比研究。

前文对包括拓跋鲜卑—北魏人群在内的北方人群生计方式进行了梳理，本章尝试以拓跋鲜卑—北魏人群的稳定同位素数据为核心，将其与其他北方人群的稳定同位素数据进行对比分析（表9.1），从而为拓跋—北魏人群生计方式研究提供对比数据，还有助于较为全面地揭露汉至北朝时期中国北方先民的生计方式和考古学文化面貌。

表9.1　汉至北朝时期北方人群稳定同位素数据

人群	时间	$\delta^{13}C$ 均值/‰	$\delta^{15}N$ 均值/‰	样品数/个
内蒙古呼伦贝尔拓跋鲜卑人群	东汉	−12.7±1.1	10.7±0.9	7
内蒙古中南部拓跋鲜卑—北魏人群	东汉—北魏	−14.7±0.7	11.8±0.8	22
山西大同和陕西西安北魏人群	公元398—494年	−10.4±2.3	9.7±1.0	409
慕容鲜卑/夫余	公元317—420年	−9.7±0.8	6.4±0.9	20
关中汉民族	汉代	−11.5±1.4	9.5±1.1	42
中原汉民族	汉代	−14.3±1.7	9.6±1.5	98
华北汉民族	汉代	−10.3±1.3	8.7±1.3	25
东北汉民族	汉代	−11.0±1.0	8.1±0.6	12
蒙古国汉民族	汉代	−14.1±3.2	9.8±1.3	15
蒙古国匈奴	汉代	−16.5±1.3	12.6±1.4	84
中国新疆地区匈奴	汉代	−18.4±0.3	13.1±0.5	20
月氏	汉代	−18.8±0.3	10.9±0.4	10
河南固岸北朝人群	公元534—577年	−11.5±1.2	10.0±0.6	26
北京西屯北朝人群	公元420—600年	−9.1±0.5	8.2±0.5	9
西北地区其他北方人群	汉—魏晋	−15.8±2.8	12.1±2.4	192
内蒙古地区其他北方人群	汉代	−9.6±0.8	11.5±2.4	12

第一节　拓跋鲜卑与汉民族

两汉之际，拓跋鲜卑兴起于中国大兴安岭北部地区。东汉至魏晋时期拓跋鲜卑经历两次南迁，分别到达呼伦贝尔地区和内蒙古中南部地区。以这两个地区出土拓跋鲜卑与北方地区汉民族的骨骼稳定同位素数据进行对比分析（图9.1）。

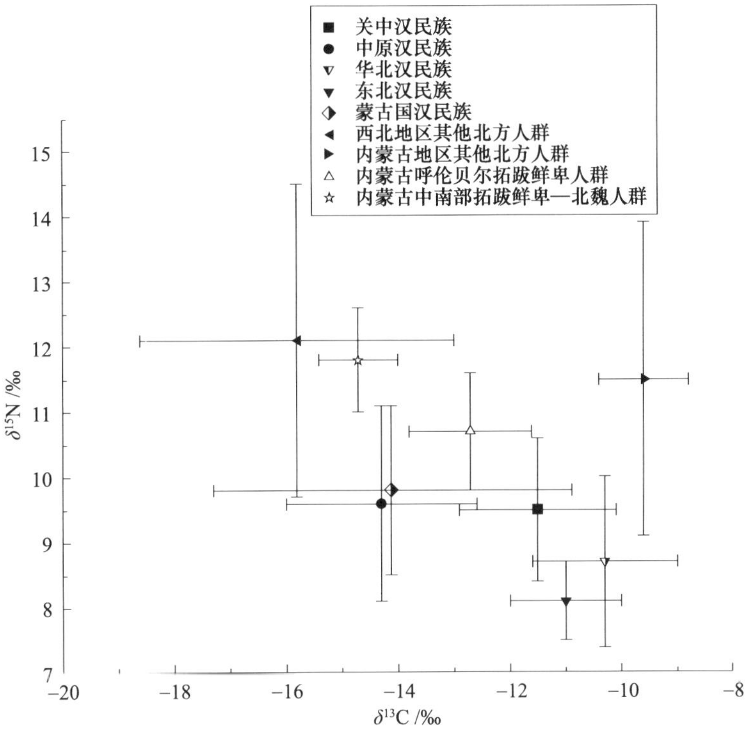

图9.1　拓跋鲜卑与汉民族及其他北方人群人骨δ^{13}C和δ^{15}N值的误差棒图

如图9.1所示，东汉至魏晋时期的拓跋鲜卑与中原和蒙古国地区汉民族的δ^{13}C值相似，表明其均属于C_3和C_4混合食物结构。而华北、东北、关中汉民族的δ^{13}C值均比拓跋鲜卑高，表明粟作农业经济在前者的经济部门中比重较大。除了华北和东北汉民族，其他地区汉民族和拓跋鲜卑对肉食资源的摄取均较多，表明这些人群对畜牧业经济的依赖也较为明显。总体来说，拓跋鲜卑的C_4食物摄取不如北方汉民族多，但是其动物蛋白资源的摄取明显高于北方汉民族，表明畜牧业经济是拓跋鲜卑人群的重要生计方式，在其经济部门中的比重要高于北方汉民族。

第二节　拓跋鲜卑与匈奴和月氏

拓跋鲜卑、匈奴和大月氏均为中国古代重要的游牧民族。拓跋鲜卑早期偏安欧亚草原东缘，而大月氏则活跃于中国西北地区，后迁徙至中亚地区。匈奴则活跃于欧亚大陆，其分布范围最为广泛，于东、西两端分别压制着拓跋鲜卑和大月氏。

《史记·大宛列传》记载“大月氏……行国也，随畜移徙，与匈奴同俗”，“大宛在匈奴西南……耕田，田稻麦”，由上述文献记载可知，大月氏在巴克特里亚地区还可能从事着农业生产。乌兹别克斯坦拜松市拉巴特墓地出土骨骼的稳定同位素分析数据，揭示了该墓地先民主要依赖C_3食物，可能间接来自于畜牧业经济的贡献，也可能直接来自稻、麦农业经济的贡献；先民的动物蛋白资源摄取也较多，很可能来自畜牧业经济的贡献。以上稳定同位素分析表明，畜牧业经济和可能存在的稻/麦农业经济是该地区大月氏先民的重要生计方式之一。拓跋鲜卑相比大月氏，其C_3食物的摄取较少，我们推测其主要来自畜牧业经济的间接贡献；拓跋鲜卑的C_4食物比重更高些，表明粟作农业可能是拓跋鲜卑的重要植物类食物来源。拓跋鲜卑与大月氏的δ^{15}N值非常接近，表明其畜牧业经济水平可能比较接近。

如图9.2和图9.3，基于碳、氮稳定同位素对比分析，可见中国西北地区匈奴人群和蒙古国匈奴人群的食物结构和生计方式有一些异同点。如图9.2所示，除了Baga Gazaryn Chuluu遗址出土动物的δ^{13}C值较高外（动物摄取了相对较多的C_4食物），蒙古草原和新疆地区大部分动物的δ^{13}C值均表现出值较低且数据较为集中的特征，表明动物的植物类食物来源（可能主要为C_3牧草）和饲养模式可能较为相似。部分蒙古草原匈奴动物的δ^{15}N值较高，可能是因为干旱环境或动物粪便对牧草产生的粪肥效应。内蒙古东北部和中南部地区拓跋鲜卑—北魏动物δ^{13}C值与大部分匈奴墓地出土动物接近，其动物δ^{15}N值同位素水平与Gol Mod 2墓地匈奴动物较为接近，比其他蒙古和新疆地区动物δ^{15}N值低。拓跋鲜卑和匈奴动物数据对比分析，表明草原地区拓跋鲜卑的畜牧业经济主要来自C_3牧草的贡献，与大部分匈奴人群相似。但是，相比大部分匈奴人群，拓跋鲜卑动物的δ^{15}N值相对较低，表明其植物蛋白摄取较少。当然，匈奴多处遗址出土动物的δ^{15}N值异常高，可能因为拓跋鲜卑和蒙古地区匈奴的生存环境有很大差异。

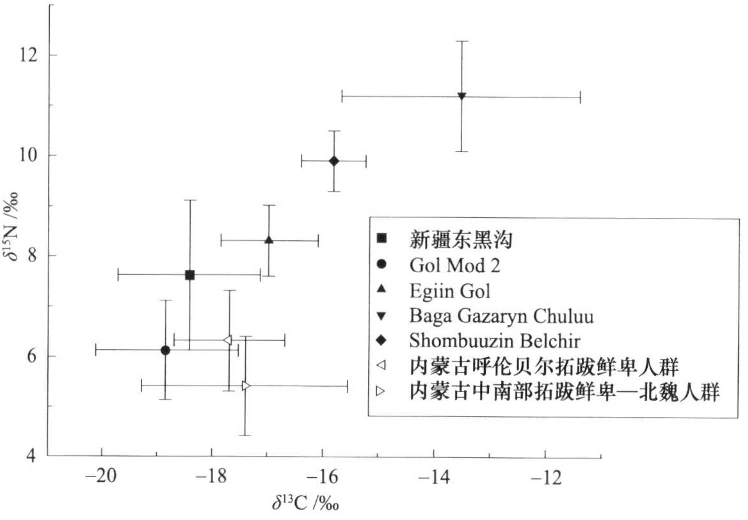

图9.2　拓跋鲜卑和匈奴动物骨骼δ^{13}C和δ^{15}N值的误差棒图

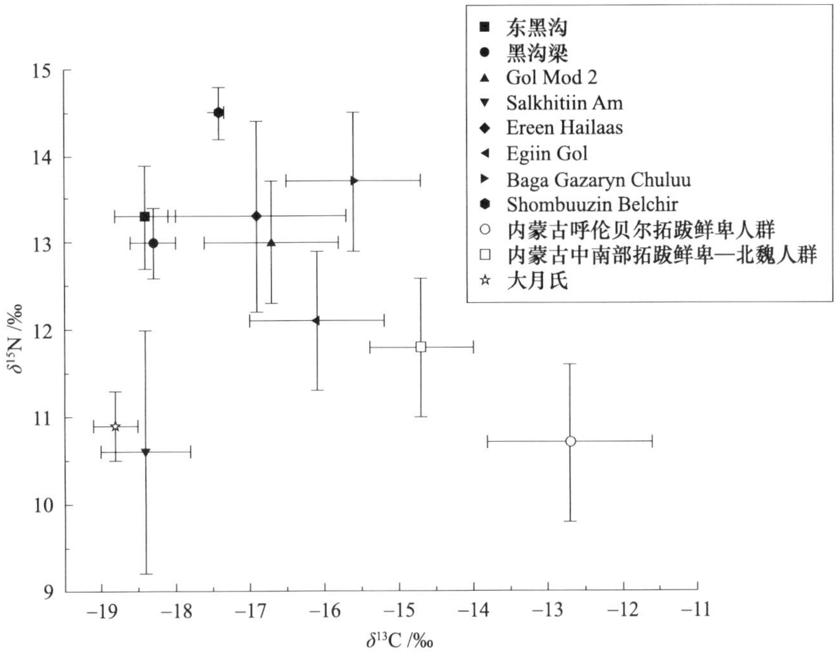

图9.3　拓跋鲜卑、匈奴和大月氏人骨δ^{13}C和δ^{15}N值的误差棒图

中国新疆地区黑沟梁和东黑沟等具有匈奴文化属性人群的δ^{13}C值较低，表明其主要依赖C_3类食物，可能和相邻的大月氏一样，这些C_3食物可能来自畜牧业经济和稻/麦农业经济，这也与《史记·大宛列传》所记载的大月氏“与匈奴同俗”相印证。大部分蒙古国匈奴人群的食物结构差异显著，仅Salkhitiin Am墓地匈奴人群与中国西北地区匈奴人群食谱和生计方式较为相似。其他大部分蒙古国匈奴人群，其食物来源兼有C_3和C_4类，其中较多的C_4类食物，表明其除了从畜牧业经济获取大量肉食资源外可能还从事有少量的粟作农业经济，这也得到了匈奴考古出土植物遗存的验证。当然，他们食谱中的C_3部分，不排除也可能有稻/麦农业经济的贡献。此外，除了Salkhitiin Am匈奴先民外，不论是蒙古国还是中国新疆地区的匈奴人群，他们的δ^{15}N值均比较集中且均高于拓跋鲜卑和大月氏，表明其畜牧业经济水平可能相对较高，抑或其自然环境较为干旱。在C_4食物的摄取比重和肉食资源的摄取水平方面，草原地区拓跋鲜卑和蒙古高原上的匈奴人群具有一定的相似性，他们均主要从事着畜牧业经济的同时，可能从事有少量的粟作农业经济。这也表明，欧亚草原东端的游牧人群与中国西北及中亚地区的游牧人群，其畜牧业经济面貌较为相似，且畜牧业经济对人类C_3食物的间接贡献是显而易见的（放牧的牲畜食用了草原C_3牧草后，沿着食物链传递给食用了牲畜的人类，从而使这些人骨稳定同位素数据中显示出一定的C_3特征）。相比西北地区和中亚地区匈奴和大月氏，蒙古高原上的匈奴和拓跋鲜卑人群对C_4类食物（可能为粟类作物）的摄取比重相对较高，这表明粟类经济仅在欧亚草原东端游牧人群中有明显的体现。此外，拓跋鲜卑和匈奴人群生计方式的差异除了δ^{15}N值不同外，还在于二者对C_4食物的摄取比重不同，拓跋鲜卑要明显高于匈奴，故推测拓跋鲜卑的粟作农业经济水平比匈奴要较为发达。

第三节　拓跋鲜卑—北魏与慕容鲜卑/夫余

喇嘛洞三燕文化墓地可能是慕容鲜卑遗存，也可能是慕容鲜卑政权下统治下的夫余遗存，本书暂以慕容鲜卑/夫余人群代称喇嘛洞人群。慕容鲜卑和拓跋鲜卑一样均属鲜卑族。作为游牧民族，其于曹魏时期迁居辽宁地区①。慕容鲜卑统治者重视发展农业经济，“永嘉之乱”后中原大量农耕人群涌入辽东避难，带来了黄河流域的旱作农业经济。因此，慕容鲜卑统治下的三燕文化农耕经济得到了较大的发展。相比慕容鲜卑统治下的三燕政权，拓跋—北魏政权的农业化进程如何，北方民族经历迁徙和民族融合后的生计面貌如何，通过拓跋鲜卑—北魏与喇嘛洞慕容鲜卑/夫余人群稳定同位素数据的对比分析，或许可以管中窥豹。

如图9.4所示，相比较慕容鲜卑/夫余人群的$\delta^{13}C$和$\delta^{15}N$值，汉至北魏内蒙古呼伦贝尔地区和内蒙古中南部地区的拓跋鲜卑—北魏人群$\delta^{13}C$值明显较低，而$\delta^{15}N$值明显较高，表明他们的食物结构和生计方式迥异。慕容鲜卑/夫余人群完全以C_4类植物类食物为主，表明粟类农业经济是其主要生计方式，没有东北地区早期鲜卑或其他游牧民族所从事的畜牧业或渔猎经济的迹象。反之，内蒙古东北部和中南部地区的拓跋—北魏人群则主要从事畜牧业经济，可能辅之以少量的粟类经济和渔猎经济。相比内蒙古中南部地区拓跋—北魏人群，晋北和陕西关中地区北魏人群的$\delta^{13}C$值有提高，其$\delta^{15}N$值又明显较低，表明北魏人群的C_4类食物比重在增加，其肉食资源的摄取在减少，也暗示了畜牧业

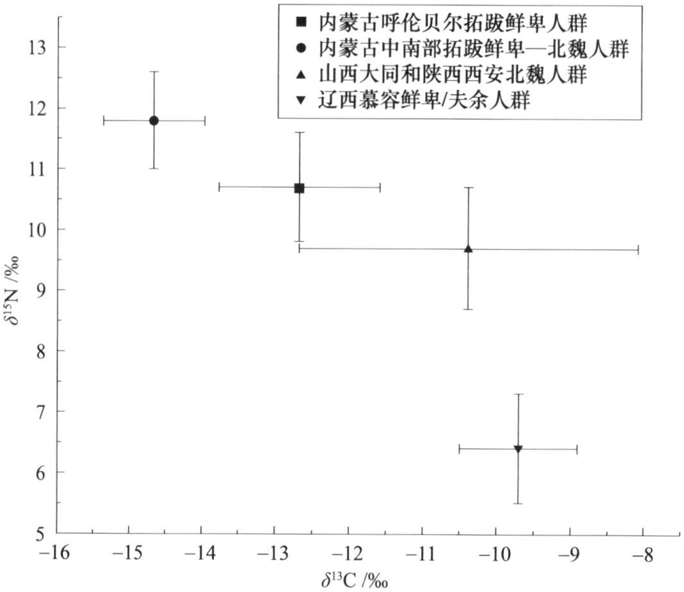

图9.4　拓跋鲜卑—北魏与慕容鲜卑/夫余人群$\delta^{13}C$和$\delta^{15}N$值的误差棒图

① 都兴智. 试论慕容鲜卑崛起辽西［J］. 辽宁师范大学学报（社会科学版），2007（2）：112-116.

经济和粟作农业经济的相对此消彼长。不过，与喇嘛洞慕容鲜卑/夫余人群相比，北魏人群的农业化没有后者的速率快、程度深，畜牧业经济仍在北魏的经济部门中占据重要地位，而后者占主要地位的却已是粟作农业经济。不过，北魏人群人口规模大，分布范围广，人群结构复杂，其经济结构也较为多样化，而慕容鲜卑/夫余人群的经济结构较为单一。可见，同为定居农耕区的北方民族，二者的生计方式及其变迁轨迹差异较大。

第四节　拓跋鲜卑与其他北方人群

本节着重比较拓跋鲜卑与其他北方人群，即西北地区和内蒙古地区汉代至魏晋时期人群。相比前文分析的北方汉族、匈奴、鲜卑和大月氏等民族，这里的北方人群族属不确定，故统称为“其他北方人群”。以拓跋鲜卑与以上其他北方人群骨骼稳定同位素数据进行对比分析（图9.1）。

如图9.1所示，拓跋鲜卑、西北地区和内蒙古地区汉代至魏晋时期人群的$\delta^{13}C$值差异较大，表明先民植物类食物的摄取存在差别。三类人群的$\delta^{15}N$值均较高，表明畜牧业经济是北方先民的重要生计方式，为他们提供了丰富的动物蛋白资源。当然，也不排除渔猎经济的贡献，或者因为干旱环境或植物粪肥效应导致的较高$\delta^{15}N$值。

内蒙古中南部地区拓跋鲜卑的稳定同位素水平基本落于中国西北地区北方人群的范围内，表明他们的食谱和生计方式有一定的相似性。不过，西北地区北方先民食谱中的C_3食物比重要明显高于两处拓跋鲜卑人群，其动物蛋白资源的摄取也比他们要多。以上分析结果表明麦作等C_3类农业经济在中国西北地区汉至魏晋时期有较大的发展，对先民食谱的贡献较为明显。如图9.1所示，内蒙古中南部地区汉代北方先民的$\delta^{13}C$值明显较高，表明这些人群摄取了明显较低的C_4食物，暗示了粟作农业经济在这些地区先民经济部门中占据着重要的地位。

如图9.1所示，与关中、中原、华北和东北地区汉民族相比，拓跋鲜卑、西北地区和内蒙古地区汉至魏晋时期人群的$\delta^{15}N$值相对较高，表明这个时期畜牧业经济对中国边疆地区先民食谱的贡献更为明显些。

第五节　北魏先民与其他北朝人群

以山西大同和陕西西安地区北魏人群、河南安阳固岸北朝人群、北京西屯墓地北朝人群、陕西关中地区北朝人群的$\delta^{13}C$和$\delta^{15}N$值做误差棒图，以揭示不同北朝人群的生计面貌。如图9.5所示，大部分北朝人群均具有较高的$\delta^{13}C$值，表明北朝时期中国北方的粟作农业经济较为发达，尤其是北京西屯墓地先民完全依赖粟作农业经济。结合体质人类学数据，朱思媚认为该遗址从汉代至北魏时期居民人群的融合程度加深，食谱更加趋同，其生计方式表现出对粟作农业经济的极大依赖。结合该墓地北魏时期居民的死亡高峰相较于汉代明显推后，女性平均身高的增加，表现出北朝时期民族融合背景下当地人群的营养健康状况有较大改观，彰显了政权稳定和民族融合对于促进农业发展及居民个体生存的极大益处①。

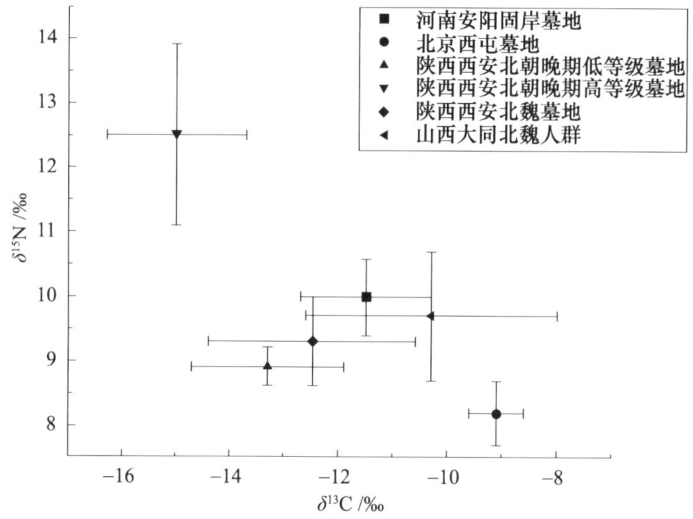

图9.5　北魏与其他北朝人群$\delta^{13}C$和$\delta^{15}N$值的误差棒图

与北京西屯墓地先民形成鲜明对比的是，陕西西安地区北朝晚期高等级人群（皇族和贵族）具有明显较低的$\delta^{13}C$值，他们同时具有最高的$\delta^{15}N$值，表明他们虽然也摄取了部分粟类食物，但是畜牧业经济和渔猎经济对其的影响更大。

除陕西西安地区北朝平民和西屯北朝先民外，大部分北朝人群的$\delta^{15}N$值较高，表明北朝时期中国北方畜牧业经济较为发达。其中，畜牧业经济对西安地区北朝高等级人群和固岸人群的肉食贡献要多于大同和西安地区的北魏先民，畜牧业经济对北京西屯墓地先民的贡献非常低，该墓地先民的食物来源主要为粟作农业经济。相比大部分北朝人群，大同和西安地区北魏人群具有更为广泛的$\delta^{13}C$和$\delta^{15}N$值，表明他们的食物结构和生计方式较为多样化。

除北京西屯人群外，大同地区北魏人群比西安地区北魏人群以及其他相对较晚的其他北朝时期人群具有更高的$\delta^{13}C$值，表明大同和西安两地人群的农业经济结构差异较大，大同地区北魏先民主要依赖C_4型农业经济（粟作农业），而西安地区北朝先民则依赖粟、稻、麦作等C_3和C_4混合型农业经济，西安地区的皇族和贵族虽然也是C_3和C_4型混合食物结构，但是鉴于其较高的$\delta^{15}N$值，我们推测他们对畜牧业经济或渔猎经济的依赖更大，当然也不排除他们同时也通过C_3和C_4混合型农业经济获取了一小部分食物，如间接来自于以C_3和C_4类谷物为食的家畜。

如图9.5所示，作为北朝晚期的东魏、北齐、北周等人群（西屯除外）比北朝早中期的北魏人群具有较低的$\delta^{13}C$值和较高的$\delta^{15}N$值，表明前者的混合农业经济和畜牧

① 朱思媚，周亚威，朱泓等. 华北民族融合进程中人群生存方式及对健康的影响——以北京延庆西屯村墓地为例［J］. 人类学学报，2020，39（1）：127-134.

业经济可能均有所发展。潘建才等认为北魏分裂后，北方游牧贵族开始推行“鲜卑化”或“游牧化”，从而导致中原地区先民对C_3食物和肉食资源的摄取增加[①]。不过，即使是重拾旧俗，也并不代表着文化的倒退，但这从一个侧面反映了北朝时期农牧文化和经济的碰撞仍然较为激烈。

① 潘建才. 河南安阳固岸墓地先民的食谱研究［D］. 中国科学院研究生院硕士学位论文，2009.

第十章 结　　语

拓跋鲜卑从兴起于东北地区到统一北方黄河流域，从游猎于森林和草原环境到逐渐定居于中原腹地，从一个偏安一隅的游牧民族转变成为中国北方地区的统治者，这一巨大转变经历了四百多年。拓跋鲜卑和农耕民族的融合作为魏晋南北朝时期中华民族第二次民族大融合期间的主旋律，深刻影响了中国古代历史的进程，也对中华民族的形成意义重大。故而，对拓跋鲜卑—北魏进行历史学和考古学研究具有重要的学术意义。

拓跋鲜卑—北魏考古遗存及史料为我们提供了丰富的研究素材，但长期以来学界忽视了骨骼等生物遗骸所蕴含的潜在考古学信息。“民以食为天”，食物对人类文化的影响是显著的，而探讨基于食物等自然资源利用的生计方式更是揭示人群社会面貌的重要切入点。自20世纪六七十年代以来，骨骼稳定同位素分析已成为了考古学研究的重要手段之一，为揭示古代人类的食物结构、生存环境、生计方式等提供了技术支撑。本书以考古出土骨骼稳定同位素分析为主要研究方法，将考古及文献资料与稳定同位素分析数据有机结合起来，从多学科综合研究的视角，对拓跋鲜卑—北魏人群的生计方式及其变迁进行了深入探讨。

人和动物骨骼稳定同位素分析数据显示，内蒙古东北部和中南部地区拓跋鲜卑人群的动、植物资源摄取情况及家畜饲养策略相近，其生计方式以畜牧/游牧业经济为主，并辅之以渔猎和粟作农业经济。本书首次从稳定同位素考古研究的角度，为早期拓跋鲜卑食用粟类作物并从事少量的粟作农业经济提供了科学证据。不过，未来依然需要更多证据（如牙结石淀粉粒分析、植物浮选等）来验证这个推论。

山西大同和陕西西安地区北魏人和动物骨骼稳定同位素数据分布范围较广，表明先民的食谱结构和生计方式较为复杂。本书认为大同北魏居民具有多样化的经济结构和动物饲养策略，基于粟类作物的畜牧业和粟作农业等C_4型经济是北魏先民的主要生计方式。此外，辅之以基于部分稻、豆、麦等作物（喂养）或野生植被（放养）的C_3型畜牧业经济，以及稻、豆、麦等C_3农业经济和少量渔猎经济。可能存在的作物施肥也是农业经济的表现之一。需要注意的是，相比早期拓跋鲜卑，北魏人群对畜牧业经济的依赖虽有明显的减少，但其经济部门中畜牧业仍然占据着重要的地位，粟作农业经济的发展并没有改变畜牧业经济的主导地位。

考古资料和同位素数据表明拓跋鲜卑早期可能就已从事一定量的粟作农业经济，而到了北魏平城时期农业经济比重明显增加，不论是人群饮食还是牲畜饲喂策略均受到了明显影响。这说明北方农耕因素对于拓跋鲜卑这一传统游牧民族经济和文化特性的塑造很早就已经发生，且影响程度也在随着拓跋鲜卑南迁日趋增强。内蒙古不同地区早期拓跋鲜卑生计方式较为相似，均主要依赖畜牧/游牧业经济，辅之以粟作农业和渔猎经济。然而，到了北魏时期，先民的生计方式呈现出多样化的特征。多元生计方式的存在，为北魏先民提供了多样化的食物选择和供给，这也是北魏迁都平城后社会稳定和经济发展的重要保障。

拓跋—北魏人群生计方式的显著转变可能是政治、文化、经济和环境多方面因素共同催动的结果。伴随着争霸中原的政治需求，拓跋鲜卑改国号“代”为“魏”，拓跋部以中原正统王朝曹魏“继承者”自居，是便于与东晋—南朝争夺中原王权的正统①。拓跋鲜卑“移风易俗”，主动接纳中原政治、经济和文化，自内而外、从上而下推行融合政策，这一“文化自觉”使得其于北朝早期完成了政治、文化和经济的转型。此外，北魏初期包容的统治政策，使得其经济和文化构成具有多元特征，塑造了拓跋魏在中国古代历史上所扮演的重要历史角色。费孝通认为导致民族融合的具体条件是复杂的，主要是出于社会和经济的需要②。作为游牧民族的拓跋鲜卑融入华夏民族的历史过程是汉魏至北朝时期中国北方历史进程中的经济和文化互动的一个缩影，也是中华民族从多元走向一体的典范，对中华文明的形成具有重要意义。

本书还对拓跋鲜卑—北魏人群与北方其他人群进行了生计方式对比分析。北方汉民族在内的农耕民族生计面貌与北方游牧民族较为相似，均从事有畜牧业和粟作农业经济，但与北方游牧民族相比，区别在于其畜牧业经济比重较低，而粟作农业经济比重较高。拓跋鲜卑与中亚地区大月氏、蒙古草原匈奴的生计方式共同点在于对畜牧业经济的依赖，但明显区别在于其植物类食物来源，可能暗示作为辅助生计的农业经济形态有区别，拓跋鲜卑与蒙古草原匈奴相似均从事有粟作农业（二者比重略有区别，前者大于后者），而大月氏则从事麦作农业经济。可见，欧亚草原东端的游牧人群与中国西北及中亚地区的游牧人群，麦作农业和粟作农业在其经济结构扮演的角色差别较大。拓跋鲜卑与辽西地区慕容鲜卑/夫余人群生计方式面貌差异非常大，后者完全依赖粟作农业经济，畜牧业经济几无存在。北魏经济结构复杂，生计方式多元，而慕容鲜卑/夫余人群的生计方式则较为单一。同为定居农耕区的北方民族，二者生计方式变迁轨迹迥异。

汉至北朝时期中国北方人群生计方式综合对比研究还表明，北方农耕民族以农业经济为主，但畜牧业经济贡献也较为明显；北方游牧民族以畜牧业经济为主，但也从事有农业经济，且不同地区人群其农业经济结构也有差异（麦、粟经济贡献比重不同）。北方游牧民族无法单靠畜牧业而生存，农耕定居人群也无法单独依赖作物经济，故而互通有无来提升各自的经济水平和生存策略是必然的选择。北方先民的稳定同位素分析数据表明农牧兼营的生计方式是一种常态，单纯的畜牧业或农业经济人群非常少。因而，早期认为游牧经济是落后的生产方式，而农耕是先进生产方式的认识是错误的。生计方式或经济形态本身并没有先进或落后之分，主要看是否能保障人群的基本生存需求，以及人群基于各种内外因的最终抉择。拓跋鲜卑—北魏人群生计方式的变迁，以及北魏人群所呈现的多样化经济形态，是适合拓跋鲜卑—北魏先民自身发展所采取的生计策略。

---

① 倪润安．光宅中原——拓跋至北魏的墓葬文化与社会演进［M］．上海：上海古籍出版社，2017．

② 费孝通．中华民族的多元一体格局［J］．北京大学学报（哲学社会科学版），1989（4）：3-21．

附　　表

附表一　拓跋鲜卑—北魏墓葬一览表

分期	位置	墓葬名称	具体时代	发现数量/座	清理数量/座	发掘时间/年
拓跋鲜卑南迁“大泽”时期	内蒙古自治区呼伦贝尔市	扎赉诺尔墓群	东汉时期	300	2	1959
			东汉时期	31	31	1960
			东汉时期	5	1	1984
			东汉时期	15	15	1986
			东汉时期	6	3	1994
	内蒙古自治区呼伦贝尔市	蘑菇山墓群	东汉时期	12	12	2011—2012
	内蒙古自治区呼伦贝尔市	克尔伦墓地	东汉时期	1	1	1975
	内蒙古自治区呼伦贝尔市	拉布达林墓群	东汉时期	3	3	1987
			东汉时期	24	24	1992
	内蒙古自治区呼伦贝尔市	团结墓地	东汉中晚期	7	7	2001
	内蒙古自治区呼伦贝尔市	伊敏车站鲜卑墓	东汉晚期	10+	4	1979
	内蒙古自治区呼伦贝尔市	孟根楚鲁墓地	东汉晚期	7	7	1980
	内蒙古自治区呼伦贝尔市	伊和乌拉墓地	东汉时期	2	2	1996
	内蒙古自治区呼伦贝尔市	东乌珠尔墓地	东汉时期	8	8	2003
	内蒙古自治区呼伦贝尔市	七卡墓地	东汉时期	5	5	1988—1990
拓跋鲜卑南迁“匈奴故地”时期	内蒙古自治区锡林郭勒盟	阿拉腾沟墓地	东汉晚期	13	13	2019
	内蒙古自治区锡林郭勒盟	和日木图遗址	东汉晚期	不详	不详	1990
	内蒙古自治区乌兰察布市	三道湾墓地	东汉晚期	50	50	1983
	内蒙古自治区乌兰察布市	下黑沟墓地	东汉晚期	1	0	1985
	内蒙古自治区乌兰察布市	东滩鲜卑墓	东汉晚期	1	1	2013
	内蒙古自治区乌兰察布市	东大井墓地	东汉晚期	200	18	1998
	内蒙古自治区呼和浩特市	郝家窑墓地	东汉晚期	2	2	2014

续表

分期	位置	墓葬名称	具体时代	发现数量/座	清理数量/座	发掘时间/年
拓跋鲜卑南迁“匈奴故地”时期	内蒙古自治区包头市	百灵庙鲜卑墓	东汉晚期—魏晋	11	8	1935—1944
	内蒙古自治区赤峰市	苏泗汰墓地	东汉晚期	1	1	1981
	内蒙古自治区察右前旗	旗杆山墓群	东汉晚期	8	8	2014—2015*
	内蒙古自治区巴林左旗	南杨家营子墓地	东汉—魏晋	20	20	1962
	内蒙古自治区通辽市	南宝力皋吐墓地	东汉晚期	34	34	2007
	内蒙古自治区通辽市	福兴地鲜卑墓	两晋时期	1	1	1983
	山西省右玉县	善家堡墓地	东汉晚期—魏晋	23	23	1990
拓跋鲜卑一代/魏盛乐时代	内蒙古自治区乌兰察布市	叭沟墓群	北魏建国前后	6	3	1988
	内蒙古自治区乌兰察布市	七郎山墓地	北魏定都平城前后	20	20	1995
	内蒙古自治区乌兰察布市	陈武沟墓地	北魏定都平城前后	15	15	2010
	内蒙古自治区呼和浩特市	西沟子村墓地	北魏定都平城前	2	2	1986
	内蒙古自治区包头市	阿善沟门墓地	北魏定都平城前后	2	2	1994
	内蒙古自治区包头市	刘二圪梁墓地	北魏定都平城前	2	2	1997
	内蒙古自治区包头市	蒙古族学校墓地（包头固阳县北魏墓）	北魏建国前后	7	2	1985
	山西省大同市	南郊北魏墓群（M24、M73、M227）	北魏建国前后	3	3	1988
北魏平城时代	内蒙古自治区呼和浩特市	大学路北魏墓	北魏平城时代	1	1	1975
	内蒙古自治区呼和浩特市	和林格尔北魏壁画墓	北魏平城时代	1	1	1993
	内蒙古自治区呼和浩特市	美岱村北魏墓	北魏平城时代	2	2	1955、1961
	内蒙古自治区包头市	吴家圪旦墓地	北魏平城时代	1	1	1988
	内蒙古自治区包头市	补卜代墓地	北魏平城时代	1	1	1999
	内蒙古自治区鄂尔多斯市	巴音哈达墓地	北魏平城时代	3	3	2012

续表

分期	位置	墓葬名称	具体时代	发现数量/座	清理数量/座	发掘时间/年
北魏平城时代	内蒙古自治区鄂尔多斯市	郭家梁村北魏墓M2、M3、M4、M5	北魏平城时代	4	4	1991
	内蒙古自治区伊克昭盟	巴图湾水库北魏墓	北魏平城时代	9	9	1973、2001
	内蒙古自治区锡林郭勒盟	伊和淖尔墓群（M1）	北魏平城时代晚期	1	1	2010
	内蒙古自治区锡林郭勒盟	伊和淖尔墓群（M2）	北魏平城时代	1	1	2012
	内蒙古自治区锡林郭勒盟	伊和淖尔墓群（M3、M5、M6）	北魏平城时代	3	3	2014
	陕西省靖边县	八大梁墓地M2、M3；谷地梁墓地M1、M2	北魏平城时代	4	4	2011
	陕西省延安市	冯庄乡北魏墓	北魏平城时代	3	3	2013
	陕西省西安市	北郊北朝墓	北魏平城时代	5	5	1996
	陕西省西安市	航天城北朝墓	北魏平城时代	1	1	2011
	陕西省西安市	东小寨村北魏墓（M3，朱元伯墓；M4）	北魏平城时代（483AD）	2	2	2018
	陕西省旬邑县	西头遗址上庙地点北魏墓（M39）	北魏平城时代（483—490AD）	1	1	2020
	陕西省咸阳市	邮电学校北魏墓（M1、M3）	北魏平城时代	2	2	1991
	陕西省咸阳市	机场北魏墓（M11）	北魏平城时代	1	1	1989、1990
	陕西省西安市	郭家村北魏墓群	北魏平城时代（468AD）	19	19	2019*
	宁夏回族自治区吴忠市	北郊明珠公园北魏墓群（M60、M100）	北魏平城时代	2	2	2005
	宁夏回族自治区固原市	固原北魏墓	北魏平城时期（489AD）	1	1	1981
	宁夏回族自治区固原市	南郊北魏墓（M1、M4）	北魏平城时代	2	2	2005
	宁夏回族自治区固原市	南塬汉唐墓群M31	北魏平城时代	1	1	2003—2004
	宁夏回族自治区固原市	彭堡北朝墓	北魏平城时代	1	1	1992
	宁夏回族自治区固原市	寨科乡北魏墓	北魏平城时代	1	1	1987
	宁夏回族自治区固原彭阳县	新集海子塬（M14）	北魏平城时代	1	1	2010
	辽宁省朝阳市	养路费征稽处北魏墓（M4）	北魏平城时代	1	1	1996

续表

分期	位置	墓葬名称	具体时代	发现数量/座	清理数量/座	发掘时间/年
北魏平城时代	辽宁省朝阳市	凌河机械厂墓地（M1，张略夫妻合葬墓）	北魏平城时代（468AD）	4	4	1987—1988
	辽宁省朝阳市	南大沟北魏石椁墓	北魏平城时代	1	1	1987
	辽宁省朝阳市	西大营子北魏墓	北魏平城时代	1	1	1978
	辽宁省朝阳市	西上台珍珠岩厂北魏墓（M1、M2）	北魏平城时代	2	2	1973—1978
	辽宁省朝阳市	朝阳工程机械厂北魏墓（M4、M5、M8、M9）	北魏平城时代	4	4	1990
	辽宁省朝阳市	东风朝阳柴油机公司住宅楼北魏墓群	北魏平城时代	8	8	1994—1995
	辽宁省朝阳市	第一建筑工程公司居民区北魏墓群	北魏平城时代	4	4	1996
	辽宁省朝阳市	下河首果园北魏墓	北魏平城时代	1	0	1983
	辽宁省朝阳市	柳城镇腰而营子村小湾地北魏墓群	北魏平城时代	2	2	2000
	北京市房山区	岩上墓群（黄鉴墓、黄氏墓）	北魏平城时代	2	2	2006
	北京市大兴区	北程庄北魏墓M23	北魏平城时代	1	1	2008
	河南省洛阳市	董富妻郭氏墓	北魏平城时代（488AD）	1	1	1996
	河南省洛阳市	亚啤有限公司改扩建北魏墓C7M9594、C7M9652	北魏平城时代	2	2	2007
	山西省怀仁县	丹扬王墓	北魏平城时代（476—486AD）	1	1	1993
	山西省大同市	沙岭壁画墓M7（破多罗太夫人墓）	北魏平城时代（435AD）	12	1	2005
	山西省大同市	吕续石椁壁画墓	北魏平城时代（456AD）	1	1	2021*
	山西省大同市	王官屯石椁墓	北魏平城时代（457AD）	1	1	2010*
	山西省大同市	解兴石椁墓	北魏平城时代（458AD）	1	1	2014*
	山西省大同市	张智朗石椁墓	北魏平城时代（460AD）	1	1	2011*
	山西省大同市	大同南郊仝家湾北魏墓	北魏平城时代（461AD）	10	10	2008
	山西省大同市	邢合姜石椁壁画墓	北魏平城时代（469AD）	1	1	2015*
	山西省大同市	星港城墓群（M13，贾宝墓）	北魏平城时代（477AD）	44	44	2017

续表

分期	位置	墓葬名称	具体时代	发现数量/座	清理数量/座	发掘时间/年
北魏平城时代	山西省大同市	司马金龙墓	北魏平城时代（484AD）	1	1	1965
	山西省大同市	大同南郊北魏墓群	北魏平城时代	134	134	1988
	山西省大同市	大同二电厂墓群	北魏平城时代	27	27	2002
	山西省大同市	沙岭新村墓群	北魏平城时代	26	26	2006
	山西省大同市	雁北师院墓群	北魏平城时代	11	11	2000
	山西省大同市	方山永固陵	北魏平城时代	1	1	1976
	山西省大同市	下深井北魏墓	北魏平城时代	1	1	1999
	山西省大同市	大同湖东北魏一号墓	北魏平城时代	1	1	1986
	山西省大同市	大同湖东墓群	北魏平城时代	15	15	2004
	山西省大同市	迎宾大道墓群	北魏平城时代	75	75	2002
	山西省大同市	七里村墓群	北魏平城时代	34	34	2001
	山西省大同市	七里村北魏墓M29	北魏平城时代	86	1	2020
	山西省大同市	云波路北魏墓群M10	北魏平城时代	29	1	2014
	山西省大同市	云波路北魏壁画墓M1	北魏平城时代	1	1	2009
	山西省大同市	国营粮食原种场北魏墓	北魏平城时代	6	6	2003
	山西省大同市	田村北魏墓	北魏平城时代	1	1	1998
	山西省大同市	云波里路壁画墓	北魏平城时代	1	1	2009
	山西省大同市	文瀛路壁画墓	北魏平城时代	1	1	2009
	山西省大同市	尉迟定州墓	北魏平城时代	1	1	2010
	山西省大同市	御昌佳园墓群（M113）	北魏平城时代	135	1	2013*
	山西省大同市	东信广场墓群	北魏平城时代	1000+	1000+	2013*
	山西省大同市	华宇广场墓群	北魏平城时代	70+	70+	2019*

续表

分期	位置	墓葬名称	具体时代	发现数量/座	清理数量/座	发掘时间/年
北魏平城时代	山西省大同市	御府墓群	北魏平城时代	70+	70+	2013*
	山西省大同市	金港园墓群	北魏平城时代	90	90	2017*
	山西省大同市	金茂园墓群	北魏平城时代	67	67	2016*
	山西省大同市	水泊寺墓群	北魏平城时代	100左右	100左右	2015*
	山西省大同市	金茂府墓群	北魏平城时代	38	38	2019*
	山西省大同市	齐家坡北魏墓	北魏平城时代	1	1	1993
	山西省大同市	石头村北魏墓	北魏平城时代	1	1	1974
	山西省大同市	616厂北魏墓	北魏平城时代	1	1	1954*
	山西省大同市	开源美域北魏墓	北魏平城时代	1	1	2019
	山西省大同市	恒安街北魏墓	北魏平城时代中后期	3	3	2011
	山西省大同市	金属镁厂墓群	北魏平城时代中后期	10	10	1995
	山西省大同市	智家堡北魏石椁壁画墓	北魏平城时代晚期	1	1	1997
	山西省大同市	智家堡北魏棺板画墓	北魏平城时代晚期	1	1	1997
	山西省大同市	张家湾河西太守北魏墓	北魏平城时代晚期	1	1	1976*
北魏洛阳时代	内蒙古自治区乌兰察布市	呼和乌素墓地	北魏洛阳时代	2	2	1995
	内蒙古自治区包头市	姚齐姬墓	北魏洛阳时代（499AD）	1	1	1986
	内蒙古自治区土默特左旗	国营苗圃北魏墓	北魏迁都洛阳前后	2	2	2007
	甘肃省张家川	木河公社北魏墓（王真保墓）	北魏洛阳时代（529AD）	1	1	1972
	宁夏回族自治区固原市	固原南郊北魏墓（M2；M3，戴雙受夫妇合葬墓）	北魏洛阳时代（517AD）	2	2	2005
	宁夏回族自治区吴忠市	北郊明珠公园北魏墓群	北魏洛阳时代	14	14	2005
	北京市延庆县	西屯墓地张龙姬墓	北魏洛阳时代（518AD）	1	1	2009
	北京市通州区	胡各庄北魏墓M56	北魏洛阳时代（524AD）	1	1	2017
	山西省曲沃县	秦村北魏墓（安邑令李诜墓）	北魏洛阳时代（499AD）	1	1	1957

续表

分期	位置	墓葬名称	具体时代	发现数量/座	清理数量/座	发掘时间/年
北魏洛阳时代	山西省太原市	义阳太守辛祥夫妇合葬墓	北魏洛阳时代（510AD）	1	1	1975
	山西省侯马市	虒祁北魏墓（M1007，裴经墓）	北魏洛阳时代（516AD）	4	1	2014
	山西省榆社县	孙龙画像石椁墓	北魏洛阳时代（518-520AD）	1	1	1976
	山西省万荣县	薛怀吉墓	北魏洛阳时代（526AD）	1	1	2017
	山西省大同市	小站村花圪台北魏墓（封和突墓）	北魏洛阳时代（505AD）	1	1	1981
	山西省大同市	元淑夫妇合葬墓	北魏洛阳时代（508AD）	1	1	1984
	山西省大同市	南郊北魏墓群M26、M39、M68、M77、M110、M117、M127、M146、M239	北魏洛阳时代	9	9	1988
	山西省大同市	小站村北魏墓	北魏洛阳时代	1	1	1957
	山西省大同市	陈庄北魏墓	北魏洛阳时代	1	1	2010
	山西省大同市	沙岭新村北魏墓群	北魏洛阳时代	26	16	2006
	河北省赞皇县	李仲胤夫妇合葬墓	北魏洛阳时代（507AD）	1	1	2010
	河北省河间县	博陵太守邢伟墓	北魏洛阳时代（515AD）	1	0	1956
	河北省景县	冀州刺史封魔奴墓	北魏洛阳时代（521AD）	18	0	1955
	河北省曲阳县	营州刺史韩贿妻高氏墓	北魏洛阳时代（524AD）	1	0	1964
	河北省无极县	甄氏诸墓（甄铠墓）	北魏洛阳时代（525AD）	36	1	1957
	河北省吴桥县	封龙墓	北魏洛阳时代（525AD）	1	1	1991
	河北省吴桥县	罗屯北魏封氏墓M1	北魏洛阳时代	1	1	1978
	河南省洛阳市	北魏孝文帝长陵	北魏洛阳时代	1	0	1966
	河南省洛阳市	北魏宣武帝景陵	北魏洛阳时代	1	1	1987
	河南省洛阳市	北魏孝明帝定陵	北魏洛阳时代	1	0	1987

续表

分期	位置	墓葬名称	具体时代	发现数量/座	清理数量/座	发掘时间/年
北魏洛阳时代	河南省洛阳市	北魏孝庄帝静陵	北魏洛阳时代	1	0	1978
	河南省洛阳市	涧西衡山路北魏墓（北魏节闵帝元恭墓）	北魏洛阳时代（525—534AD）	1	1	2012
	河南省洛阳市	燕州刺史寇猛墓	北魏洛阳时代（506AD）	1	1	1956
	河南省洛阳市	横野将军甄官主薄宁懋墓	北魏洛阳时代（501AD）	1	1	1931
	河南省洛阳市	清河王元怿墓	北魏洛阳时代（520AD）	1	0	1965
	河南省洛阳市	洛阳纱厂西路北魏墓M555（河涧太守郭定兴墓）	北魏洛阳时代（522AD）	1	1	2005
	河南省洛阳市	淮南王元遵墓	北魏洛阳时代（525AD）	1	1	2012
	河南省洛阳市	江阳王元乂墓	北魏洛阳时代（526AD）	1	0	1974
	河南省洛阳市	常山王元邵墓	北魏洛阳时代（528AD）	1	1	1965
	河南省洛阳市	南平王元暐墓	北魏洛阳时代（528AD）	1	0	1928
	河南省洛阳市	北魏曹连石棺墓	北魏洛阳时代（528AD）	1	1	2012
	河南省洛阳市	平原武昭王元祉墓	北魏洛阳时代（529AD）	1	1	2012
	河南省洛阳市	吏支尚书杨机夫妇合葬墓	北魏洛阳时代（532AD）	1	0	2005
	河南省洛阳市	衡山路北魏墓	北魏洛阳时代	1	1	2007
	河南省洛阳市	亚啤有限公司改扩建工地北魏墓C7M9601、C7M9603、C7M9614	北魏洛阳时代	3	3	2007
	河南省洛阳市	洛阳北魏画像石棺墓	北魏洛阳时代	1	1	1977
	河南省洛阳市	孟津北陈村北魏壁画墓（王温墓）	北魏洛阳时代	1	1	1989
	河南省洛阳市	洛阳吉利区北魏墓C9M315（吕达墓）	北魏洛阳时代	1	1	1987
	河南省洛阳市	洛阳吉利区北魏墓C9M279（吕仁墓）	北魏洛阳时代	1	1	1987
	河南省洛阳市	吉利济涧北魏墓	北魏洛阳时代	1	1	2007

续表

分期	位置	墓葬名称	具体时代	发现数量/座	清理数量/座	发掘时间/年
北魏洛阳时代	河南省洛阳市孟津县	310国道北魏墓M14、M15、M18、M17（阳平王元冏墓）	北魏洛阳时代（M17为511AD）	4	4	1991
	河南省洛阳市孟津县	孟津北魏墓M22（燕州治中从事史侯掌墓）	北魏洛阳时代（524AD）	1	1	1985
	河南省洛阳市孟津县	陈村北魏壁画墓（瀛洲刺史王温墓）	北魏洛阳时代（532AD）	1	1	1989
	河南省洛阳市孟津县	南陈北魏墓	北魏洛阳时代	1	1	2010
	河南省洛阳市孟津县	朱仓北魏墓群	北魏洛阳时代	23	23	2009
	河南省洛阳市偃师县	杏园村北魏墓（M4031）	北魏洛阳时代（508AD）	1	1	不详
	河南省洛阳市偃师县	杏园村北魏墓M914（洛州刺史元睿墓）	北魏洛阳时代（516AD）	1	1	不详
	河南省洛阳市偃师县	杏园村北魏墓M1101	北魏洛阳时代	1	1	不详
	河南省洛阳市偃师县	杏园村北魏墓M926	北魏洛阳时代	1	1	不详
	河南省偃师市	新寨工业园北魏墓M2（邴勖墓）	北魏洛阳时代（520AD）	1	1	2012
	河南省偃师市	杏元砖厂北魏墓M7（射声校尉染华墓）	北魏洛阳时代（526AD）	1	1	1990
	河南省偃师市	南蔡庄联体砖厂北魏墓M4	北魏洛阳时代	1	1	1989
	河南省偃师市	联体砖厂北魏墓M2	北魏洛阳时代	1	1	1990
	河南省偃师市	前杜楼北魏石棺墓	北魏洛阳时代	1	1	2005
	河南省偃师市	新寨工业园北魏墓M5	北魏洛阳时代	1	1	2012
	河南省偃师市	前杜楼北魏石棺墓	北魏洛阳时代	1	1	2005
	河南省沁阳县	公社粮管所北魏画像石棺床墓	北魏洛阳时代	1	1	1972
	河南省孟县	豫州刺史司马悦墓	北魏洛阳时代（511AD）	1	0	1979
	河南省三门峡市	甘棠市场北魏墓M132（元贤墓）	北魏洛阳时代（523AD）	1	1	1995
	河南省三门峡市	氧化铝厂北魏墓（M51）	北魏洛阳时代（528AD）	1	1	1985

续表

分期	位置	墓葬名称	具体时代	发现数量/座	清理数量/座	发掘时间/年
北魏洛阳时代	河南省三门峡市	技术学校北魏墓M13（张洛墓）	北魏洛阳时代（532AD）	1	1	1990
	河南省荥阳市	尹平墓	北魏洛阳时代（534AD）	1	1	2016
	陕西省华阴县	华州刺史杨舒墓	北魏洛阳时代（517AD）	1	1	1984
	陕西省西安市	江村北魏王氏家族墓	北魏洛阳时代（512AD左右）	10	10	2018
	陕西省西安市	任家口北魏墓M229（邵真墓）	北魏洛阳时代（520AD）	1	1	1955
	陕西省西安市	韦曲北塬北朝墓M2（韦鲜玉墓）	北魏洛阳时代（529AD）	1	1	2007
	陕西省西安市	南郊北魏墓M4（韦辉和墓）M5（韦乾墓）	北魏洛阳时代（534AD）	2	2	2001
	陕西省西安市	雍州刺史韦彧夫妇合葬墓	北魏洛阳时代（526AD）	2	2	1998
	陕西省咸阳市	邮电学校北魏墓（M2、M4、M5）	北魏洛阳时代	3	3	1991
	陕西省靖边县	统万城壁画墓（八大梁墓地M1）	北魏洛阳时代	1	1	2011
	山东省淄博市	崔氏墓地M15（员外散骑常侍崔猷墓）	北魏洛阳时代（512AD）	4	4	1983
	山东省德州市	高道悦夫妇合葬墓	北魏洛阳时代（519AD）	1	1	1969
	山东省淄博市	青州刺史崔鸿夫妇合葬墓	北魏洛阳时代（525AD）	1	1	1973
	山东省寿光市	青州刺史贾思伯夫妇合葬墓	北魏洛阳时代（525AD）	1	1	1973
	山东省淄博市	齐州刺史傅竖眼墓	北魏洛阳时代（534AD）	1	1	1982
	安徽省淮南市	钱郢孜北朝墓（M180）	北魏洛阳时代	1	1	2015
总计	/	/	/	3418	2630	/

注：1. 考古资料统计时间，截至2023年3月；墓葬名称一般遵从原始发掘简报或报告，或学术界常用表述，故在本表格中会出现墓葬名称定名不统一的现象

2. 部分争议较大的墓葬暂不列入此表，其中以拓跋鲜卑—北魏第二、三期考古遗存居多，如盐池墓地、石家沟墓地等

3. 考古资料按拓跋鲜卑—北魏考古遗存的五个分期排序，同一个大期的墓葬先按出土地区归类，其下的排序规则为：有具体时间的墓葬先按时间早晚依次排序，没有具体时间的不再归类排序

4. *，表明目前没有考古简报或发掘报告可供参考，但是在已发表的其他学术论文中有提及

附表二　其他大同北魏墓葬出土遗存稳定同位素数据

墓葬名称	墓葬编号	$\delta^{13}C$/‰	$\delta^{15}N$/‰	性别	年龄/岁	取样部位
东信广场墓群	13DDYM40	−10.8	10.4	/	/	/
	13DDYM51	−10.0	9.5	/	/	/
	13DDYM138-1	−9.0	9.3	/	/	/
	13DDYM138-2	−10.3	9.4	/	/	/
	13DDYM185	−11.5	9.3	/	/	/
	13DDYM194	−10.4	9.6	/	/	/
	13DDYM232	−11.3	9.3	/	/	/
	13DDYM235	−10.9	9.4	/	/	/
	13DDYM252	−8.6	8.7	/	/	/
	13DDYM307	−8.9	8.9	/	/	/
	13DDYM326	−8.2	8.0	/	/	/
	13DDYM356	−7.8	8.6	/	/	/
	13DDYM367	−15.1	10.3	/	/	/
	13DDYM377	−9.7	9.0	/	/	/
	13DDYM403	−15.5	11.2	/	/	/
	13DDYM422	−13.5	10.4	/	/	/
	13DDYM493	−9.8	9.1	/	/	/
	13DDYM494	−10.0	8.7	/	/	/
	13DDYM502	−10.4	10.0	/	/	/
	13DDYM513	−18.2	10.7	/	/	/
	13DDYM523	−10.3	9.5	/	/	/
	13DDYM553	−10.5	9.0	/	/	/
	13DDYM650	−16.1	12.8	/	/	/
	13DDYM672	−11.4	10.6	/	/	/
	13DDYM696	−14.4	9.9	/	/	/
	13DDYM724	−15.7	13.3	/	/	/
御昌佳园墓群	13DYCM5	−8.9	9.0	/	/	/
	13DYCM18	−11.5	10.0	/	/	/
	13DYCM22	−11.2	9.7	/	/	/
	13DYCM24	−17.8	9.4	/	/	/
	13DYCM32	−8.8	9.1	/	/	/
	13DYCM35	−9.8	9.4	/	/	/
	13DYCM39	−10.4	9.8	/	/	/
	13DYCM45西	−9.6	9.4	/	/	/

续表

墓葬名称	墓葬编号	δ^{13}C/‰	δ^{15}N/‰	性别	年龄/岁	取样部位
御昌佳园墓群	13DYCM50西	−11.5	11.7	/	/	/
	13DYCM53	−9.5	9.3	/	/	/
	13DYCM58	−9.4	9.1	/	/	/
	13DYCM68	−11.2	9.9	/	/	/
	13DYCM69	−9.7	9.8	/	/	/
	13DYCM80	−9.6	9.7	/	/	/
	13DYCM83	−8.8	8.8	/	/	/
	13DYCM108	−10.1	9.1	/	/	/
	13DYCM128	−8.7	9.1	/	/	/
	13DYCM130	−10.6	9.8	/	/	/
	13DYCM131	−8.4	9.3	/	/	/
	13DYCM134	−10.2	8.7	/	/	/
	13DYCM139	−12.5	10.5	/	/	/
华宇广场墓群	14DTHYM7-男	−9.7	10.2	男	/	/
	14DTHYM7-女	−9.7	10.0	女	/	/
	14DTHYM9	−8.6	8.9	/	/	/
	14DTHYM10	−10.9	9.6	/	/	/
	14DTHYM13	−8.5	8.7	/	/	/
	14DTHYM14	−14.2	14.0	/	/	/
	14DTHYM15	−9.9	9.9	/	/	/
	14DTHYM16	−8.7	9.4	/	/	/
	14DTHYM17	−10.1	9.8	/	/	/
	14DTHYM22	−18.7	5.0	/	/	/
	14DTHYM23	−10.5	10.5	/	/	/
	14DTHYM24	−16.9	9.2	/	/	/
	14DTHYM30	−9.3	9.7	/	/	/
	14DTHYM32-1	−9.0	10.3	/	/	/
	14DTHYM32-2	−9.2	9.9	/	/	/
	14DTHYM70	−9.0	9.6	/	/	/
水泊寺B区墓群	M14	−7.8	9.7	女	25±	/
	M27	−10.9	11.8	女	30—35	/
	M34	−6.7	8.4	女	30±	/
	M42	−6.7	9.2	女	30—35	/
	M46	−10.1	8.3	女	25—30	/

续表

墓葬名称	墓葬编号	$\delta^{13}C$/‰	$\delta^{15}N$/‰	性别	年龄/岁	取样部位
水泊寺B区墓群	M60	−5.3	8.2	女	30—35	/
	M66	−7.4	10.1	女	20—25	/
	M70	−9.4	10.9	女	30—35	/
	M78	−7.1	8.2	女	30±	/
	M80	−6.7	8.8	女	20—25	/
	M90	−5.8	8.5	女	20—25	/
	M97	−12.4	8.6	女	30±	/
	M101	−8.4	8.7	女	40±	/
	M117	−8.5	7.9	女	30—35	/
	M30西	−11.0	9.6	女	20—25	/
	M96东	−8.4	9.0	女	30±	/
	M9西	−16.5	8.8	女	35±	/
	M16	−8.3	10.3	男	35—40	/
	M43	−7.3	9.7	男	25—30	/
	M51	−6.6	10.2	男	30±	/
	M74	−15.6	10.3	男	30±	/
	M77	−5.2	8.9	男	20—25	/
	M79	−11.3	9.6	男	30—35	/
	M81	−12.9	12.6	男	30—35	/
	M112	−7.7	8.0	男	16—18	/
	M9东	−5.2	8.1	男	35—40	/
	M15	−6.8	9.5	未知	20—25	/
	M104	−5.2	9.6	未知	14—16	/
	M105	−6.2	8.9	未知	15—20	/
	M126	−6.8	8.6	未知	14—18	/
	M30东	−5.5	10.0	未知	2±	/
	M96西	−5.0	9.3	未知	0—0.5	/
	M19	−6.1	9.3	女性	15—18	/
	M58	−8.7	9.6	男性	25±	/
大同二中墓群	M1-1	−11.5	10.5	女	13—15	长骨
	M1-2	−10.5	9.5	男	/	长骨
	M2	−10.8	9.4	女	18—22	长骨
	M7-2	−10.0	9.6	男	11—12	长骨
	M8-1	−12.3	10.5	/	/	长骨

续表

墓葬名称	墓葬编号	$\delta^{13}C$/‰	$\delta^{15}N$/‰	性别	年龄/岁	取样部位
大同二中墓群	M8-2	−11.2	9.4	女	60+	长骨
	M9-1	−11.0	9.7	男	/	长骨
	M9-2	−10.5	9.7	女	35—40	长骨
	M10-2	−11.4	9.6	女	35—40	长骨
	M11-1	−11.4	10.7	女	15—17	长骨
	M12-1	−10.5	10.4	男	15—17	长骨
	M12-2	−11.3	9.1	/	/	长骨
	M13	−13.1	10.0	男	50—60	长骨
	M14	−10.6	8.8	男	35—40	长骨
	M15-1	−10.4	10.8	男	35—40	长骨
	M16	−9.3	10.2	男	50+	长骨
	M17-1	−11.5	9.2	女	45—50	长骨
	M17-2	−8.7	9.8	女	40—50	长骨
	M18	−11.0	9.8	女	50—60	长骨
	M21	−8.6	9.5	女	25—30	长骨
	M24	−8.7	9.6	男	45—50	长骨
	M26	−11.2	9.4	男	45±	长骨
	M27-1	−9.9	10.1	男	35—40	长骨
	M28	−10.1	9.2	女	30—35	长骨
	M29	−9.1	8.8	女	7—8	长骨
	M30-1	−9.3	10.5	男	50—60	长骨
	M30-2	−9.7	10.0	女	50—60	长骨
	M31	−9.7	9.8	男	40—45	长骨
	M32	−11.3	9.6	女	45—50	长骨
	M34	−10.7	9.6	女	60+	长骨
	M11	−9.2	9.2	男	50—60	长骨
	M13	−13.4	10.2	男	60+	长骨
	M15	−10.3	9.5	女	45—50	长骨
	M41	−9.9	8.6	男	30—35	长骨
	M35	−10.6	9.5	男	35—40	长骨
	M36	−10.4	9.1	女	6—7	长骨
	M38	−10.4	9.2	女	30—35	长骨
	M39	−10.7	9.1	男	30—35	长骨
	M40-1	−18.2	13.1	男	40—45	长骨

续表

墓葬名称	墓葬编号	$\delta^{13}C$/‰	$\delta^{15}N$/‰	性别	年龄/岁	取样部位
大同二中墓群	M40-2	−10.8	10.5	女	50±	长骨
	M40-3	−15.0	11.1	/	/	长骨
	M42	−12.4	9.8	女	50+	长骨
	M45	−10.4	9.0	男	25—30	长骨
	M46	−15.2	11.2	男	45—50	长骨
	B-M10	−11.8	11.9	/	/	长骨
	B-M11	−10.5	10.4	/	/	长骨
	B-M12	−18.3	11.3	/	/	长骨
	B-M18	−9.5	10.1	/	/	长骨
金茂府墓群	M5（东）	−9.0	10.2	女	20—25	肋骨
		−8.5	10.2			牙齿（M1）
		−9.0	10.6			长（趾）骨
	M5（西）	−9.3	11.2	男	25—30	肋骨
		−9.0	10.0			牙齿（M1）
	M6（东）	−12.2	9.8	女	25—30	肋骨
		−9.9	9.6			牙齿（M1）
		−10.1	11.4			长（趾）骨
	M6（西）	−9.5	11.2	男	35—40	肋骨
		−13.1	9.7			长（趾）骨
	M7	−9.8	9.4	女	20—25	肋骨
		−9.3	10.0			牙齿（M1）
	M8（东）	−9.5	10.3	女	25—30	肋骨
		−9.4	10.1			长（趾）骨
	M8（西）	−8.9	10.0	男	35—40	肋骨
		−9.4	10.1			长（趾）骨
	M9	−8.2	9.0	男	20—25	肋骨
		−10.3	8.6			牙齿（M1）
		−8.7	8.9			长（趾）骨
	M10（南）	−8.8	9.9	/	/	肋骨
		−8.8	10.1			牙齿（M1）
		−8.6	9.8			长（趾）骨
	M10（北）	−8.4	9.7	男	30—35	肋骨
		−8.5	9.9			长（趾）骨

续表

墓葬名称	墓葬编号	$\delta^{13}C$/‰	$\delta^{15}N$/‰	性别	年龄/岁	取样部位
金茂府墓群	M12	−10.0	10.9	女	25—30	肋骨
		−9.9	11.1			长（趾）骨
	M13	−8.6	8.4	未成年	/	肋骨
		−8.6	8.9			长（趾）骨
	M14	−9.2	9.2	女	25—30	肋骨
		−9.2	9.2			长（趾）骨
	M16（北）	−9.6	10.1	男	40±	肋骨
		−8.7	9.9			长（趾）骨
	M16（南）	−9.6	9.6	女	20—25	肋骨
		−9.5	9.7			长（趾）骨
	M23	−11.2	9.8	/	/	长（趾）骨
	M24（东）	−9.7	11.6	男	20—25	肋骨
	M24（西）	−10.2	10.1	女	25—30	肋骨
	M25	−11.6	11.6	男	25—30	肋骨
		−12.7	10.4			牙齿（M1）
		−10.6	9.9			长（趾）骨
	M26（东）	−9.1	9.1	女	25—30	肋骨
		−9.1	9.1			长（趾）骨
	M26（西）	−9.7	10.2	男	35±	肋骨
		−8.4	8.9			牙齿（M1）
		−9.5	9.6			长（趾）骨
	M29（东）	−9.6	9.4	未成年	/	肋骨
		−10.0	9.3			长（趾）骨
	M29（西）	−9.1	8.9	未成年	/	肋骨
	M30（东）	−10.0	9.5	男	20—25	肋骨
		−10.3	9.1			长（趾）骨
	M30（西）	−10.0	8.7	女	30—35	肋骨
		−9.7	8.9			长（趾）骨
	M30（西外）	−9.4	8.8	/	/	肋骨
		−10.4	9.3			长（趾）骨
	M31	−9.2	11.0	女	25—30	肋骨
		−8.7	9.4			长（趾）骨
	M33（东）	−11.6	10.2	女?	25—30	肋骨

续表

墓葬名称	墓葬编号	$\delta^{13}C$/‰	$\delta^{15}N$/‰	性别	年龄/岁	取样部位
金茂府墓群	M33（西）	−11.2	11.5	男	20—25	肋骨
		−10.1	10.0			牙齿（M1）
		−10.6	10.8			长（趾）骨
	M34	−11.4	10.7	男	20—25	肋骨
		−12.0	10.7			长（趾）骨
	M35（东）	−9.5	10.5	男	25—30	肋骨
		−9.7	10.5			长（趾）骨
	M35（西）	−10.0	9.2	女	25—30	肋骨
		−13.6	9.6			牙齿（M1）
		−9.9	10.7			长（趾）骨
	M37（西）	−10.5	10.6	男	20—25	肋骨
		−9.7	11.2			牙齿（M1）
		−10.6	10.5			长（趾）骨
北魏太官仓储遗址	DTJ-1	−8.8	4.7	/	/	/
	DTJ-2	−8.6	4.3	/	/	/
	DTJ-3	−8.5	5.3	/	/	/
	DTJ-4	−9.5	4.4	/	/	/
	DTJ-5	−8.5	4.0	/	/	/
	DTJ-6	−8.9	5.5	/	/	/
	DTJ-7	−9.3	4.9	/	/	/
	DTJ-8	−9.0	5.3	/	/	/
	DTJ-9	−8.8	5.9	/	/	/
	DTJ-10	−8.7	4.7	/	/	/
	DTJ-11	−9.0	4.5	/	/	/
	DTJ-12	−8.4	4.5	/	/	/
	DTJ-13	−8.5	5.3	/	/	/
	DTJ-14	−8.5	4.7	/	/	/
	DTJ-15	−8.8	5.3	/	/	/
	DTJ-16	−8.8	4.3	/	/	/
	DTJ-Z	−8.9	4.5	/	/	/

附表三　汉代动物和人骨稳定同位素数据

遗址名称	种属	出土单位	$\delta^{13}C$/‰	$\delta^{15}N$/‰
河南博爱西金城遗址①	牛	T1509H86	−15.3	7.3
	牛	T0704H76	−13.5	6.8
	狗	T0904H41	−13.1	8.6
河南荥阳薛村遗址②	人	XC1-M11：E	−13.2	10.4
	人	XC1-M11：B	−13.5	10.0
	人	XC1-M15	−8.8	9.6
	人	XC1-M17：E	−12.5	12.1
	人	XC1-M20	−14.2	15.9
	人	XC1-M25：W	−14.1	11.8
	人	XC1-M29：S	−12.5	9.4
	人	XC1-M57	−13.8	11.5
	人	XC1-M59	−15.1	8.8
	人	XC1-M63	−13.6	10.8
	人	XC1-M76：W	−13.1	10.0
	人	XC2-M5：1	−13.6	10.1
	人	XC2-M5：2	−13.0	10.6
	人	XC2-M5：3S	−13.3	10.6
	人	XC2-M5：4S	−14.2	10.4
	人	XC2-M11	−16.1	11.1
	人	XC2-M17	−14.3	10.1
	人	XC2-M43：R	−15.4	9.4
	人	XC2-M50：L	−13.4	11.0
	人	XC2-M50：R	−12.9	14.0
	人	XC2-M80：L	−12.2	10.7
	人	XC2-M80：R	−12.3	13.5
	人	XC2-M134	−13.5	10.3
	人	XC2-M168	−13.6	10.7
	人	XC2-M206：N	−12.2	9.8
	人	XC2-M206：S	−14.3	9.2
	人	XC2-M217	−13.2	11.3
	人	XC2-M281：E	−12.7	9.6
	人	XC2-M281：BE	−13.1	9.7

① 杨凡，王青，王芬. 河南博爱西金城遗址人和动物骨的碳氮稳定同位素分析［J］. 第四纪研究，2020，40（2）：418-427.

② 周立刚. 举箸观史——东周到汉代中原先民食谱研究［M］. 北京：科学出版社，2020.

续表

遗址名称	种属	出土单位	$\delta^{13}C$/‰	$\delta^{15}N$/‰
河南荥阳薛村遗址①	人	XC2-M281：BW	−13.4	12.4
	人	XC3-M1	−14.6	10.5
	人	XC3-M14	−14.9	9.4
	人	XC4-M1	−14.1	9.7
	人	XC4-M3：E	−13.9	10.7
	人	XC4-M10：N	−13.5	10.1
	人	XC4-M10：S	−15.1	9.5
	人	XC4-M45	−15.2	9.3
	人	XC4-M56：N1	−13.4	11.8
	人	XC4-M56：N2	−14.3	10.8
	人	XC4-M59	−13.1	10.8
	人	XC4-M62	−13.1	9.9
	人	XC4-M66	−13.1	11.3
	人	XC4-M74	−14.3	9.9
	人	XC4-M84	−15.9	10.4
	人	XC4-M91	−14.2	10.4
	人	XC4-M92	−13.9	10.1
	人	XC4-M96	−13.9	9.3
	人	XC4-M99	−14.1	10.0
	人	XC4-M100	−12.7	11.7
	人	XC4-M108	−12.6	9.3
	人	XC4-M111：W	−14.0	10.7
	人	XC4-M111：E	−15.0	10.4
	人	XC4-M114	−15.5	10.6
河南新郑龙湖国棉一厂墓地②	人	M83	−17.7	10
	人	M158：1	−15.8	9.6
	人	M158：2	−13.5	8.5
	人	M20：1	−14.4	8.9
	人	M20：2	−14.8	9.6
	人	M22：1	−15.7	8.3
	人	M22：2	−15.9	9.3
	人	M6	−14.2	10.2
	人	M11	−17.9	9.4
	人	M47	−15	8.6

① 周立刚．举箸观史——东周到汉代中原先民食谱研究［M］．北京：科学出版社，2020.

② 杨博闻，樊温泉，MELANIE J等．河南龙湖国棉一厂遗址东周到两汉先民食谱的转变［J］．第四纪研究，2022，42（6）：1737-1748.

续表

遗址名称	种属	出土单位	$\delta^{13}C$/‰	$\delta^{15}N$/‰
河南新郑龙湖国棉一厂墓地①	人	M165	−13.5	8.6
	人	M169	−14.9	9
	人	M5	−14.2	9.3
	人	M18	−15.8	7.3
	人	M58	−13.8	7.7
	人	M84	−16.8	7.9
	人	M133	−15	7.3
北京延庆西屯墓地②	人	09YX-I-M200-西	−8.7	9.3
	人	09YX-I-M319	−9.8	8.0
	人	09YX-I-M12	−9.0	8.5
	人	09YX-I-M132南棺	−11.8	7.4
	人	09YX-I-M176	−11.2	7.9
	人	09YX-I-M300	−10.6	6.9
	人	09YX-I-M259	−9.8	8.5
	人	09YX-I-M294	−8.4	8.9
	人	09YX-I-M343	−10.7	8.1
	人	09YX-I-M157	−12.5	7.0
山西屯留余吾汉墓③	人	07TLM153	−8.7	8.6
	人	07TLM154	−8.7	8.9
	人	07TLM7	−10.1	8.6
	人	07TLM3	−10.3	8.9
	人	07TLM9-1	−9.8	10.5
	人	07TLM9-2	−12.7	5.3
	人	07TLM13	−10.0	8.8
	人	07TLM16	−12.8	8.9
	人	07TLM5	−10.5	8.5
	人	07TLM6	−10.0	10.1
	人	07TLM9-3	−9.9	10.6
	人	07TLM4	−10.1	9.4
	人	07TLM10	−10.8	11.4
	人	07TLM21	−9.1	10.2
	人	07TLM133	−12.3	7.5

① 杨博闻，樊温泉，MELANIE J等. 河南龙湖国棉一厂遗址东周到两汉先民食谱的转变［J］. 第四纪研究，2022，42（6）：1737-1748.

② 朱思媚，周亚威，朱泓等.华北民族融合进程中人群生存方式及对健康的影响——以北京延庆西屯村墓地为例［J］. 人类学学报，2020，39（1）：127-134.

③ 薛鹏锦. 屯留余吾战国至两汉时期人骨的C、N稳定同位素分析［D］. 山西大学硕士学位论文，2015；侯亮亮，薛鹏锦，王晓毅等. 东周至两汉时期小麦在山西的推广——以屯留余吾墓地人骨的稳定同位素分析为例［M］//边疆考古研究：第28辑. 北京：科学出版社，2020：455-471.

续表

遗址名称	种属	出土单位	$\delta^{13}C$/‰	$\delta^{15}N$/‰
辽宁营口天瑞水泥厂汉墓群①	狗	M32	−10.8	7.0
	狗	M22	−10.8	7.7
	狗	M19	−9.9	6.9
	牛	M11	−12.9	6.2
	牛	M35	−10.2	6.9
	牛	M12	−9.9	6.4
	人	M5南	−10.9	8.1
	人	M4北	−10.1	8.5
	人	M22北	−10.9	7.6
	人	M31北	−9.9	8.4
	人	M28北	−10.2	7.9
	人	M30南	−13.2	9.1
	人	M20南	−10.9	8.3
	人	M10	−12.7	6.6
	人	M24	−10.8	8.3
	人	M25南	−11.5	7.4
	人	M18	−10.9	8.1
	人	M25北	−10.3	8.6
吉林通化万发拨子遗址②	猪	T396③	−20.64	4.37
	猪	T174③：8	−21.05	4.54
	猪	T484③	−22.99	5.23
	猪	T366③	−19.60	5.34
	猪	T396③：8	−21.60	4.32
	猪	T405③	−21.16	4.80
蒙古国巴彦布拉格遗址（Bayanbulag）③	人	S2	−18.2	10.1
	人	S4	−18.2	8.6
	人	S6	−13.6	10.0
	人	S7	−14.1	10.4

① 张全超，韩涛，张群等. 辽宁营口鲅鱼圈汉代贝壳墓出土人骨的稳定同位素分析［M］//边疆考古研究：第24辑. 北京：科学出版社，2018：341-347.

② 管理，胡耀武，汤卓炜等.通化万发拨子遗址猪骨的C、N稳定同位素分析［J］.科学通报，2007（14）：1678-1680.

③ ZHOU L G, ENKHBAYAR M. Stories behind the fortress: Stable isotope analysis and ^{14}C dating of soldiers' remains from the Bayanbulag site, Mongolia [J]. Archaeometry, 2020, 62 (4): 863-874.

续表

遗址名称	种属	出土单位	$\delta^{13}C$/‰	$\delta^{15}N$/‰
蒙古国巴彦布拉格遗址（Bayanbulag）①	人	S8	−8.7	10.1
	人	S9	−9.8	11.0
	人	S10	−14.5	8.3
	人	S11	−18.8	8.6
	人	S12	−16.1	10.6
	人	S13	−14.4	11.9
	人	S14	−8.2	8.1
	人	S15	−15.3	8.3
	人	S16	−11.3	8.3
	人	S17	−14.4	10.7
	人	S19	−16.6	11.7

附表四　匈奴动物骨骼稳定同位素数据

遗址名称	样品编号	动物种属	$\delta^{13}C$/‰	$\delta^{15}N$/‰
新疆巴里坤东黑沟遗址②	BLK1	马	−20.02	5.77
	BLK2	马	−20.00	6.16
	BLK3	马	−19.89	6.11
	BLK4	马	−20.14	6.22
	BLK5	马	−20.15	6.13
	BLK6	马	−20.45	6.97
	BLK7	马	−20.36	6.74
	BLK8	马	−19.91	7.13
	BLK9	马	−20.41	6.74
	BLK10	马	−20.36	7.22
	BLK11	马	−20.49	7.01
	BLK12	马	−20.53	6.93
	BLK13	羊	−18.89	6.43
	BLK14	羊	−19.14	6.78
	BLK15	羊	−19.14	6.66
	BLK16	羊	−19.02	6.69
	BLK17	羊	−19.02	7.19
	BLK18	羊	−18.89	7.03
	BLK19	羊	−19.41	8.27
	BLK20	羊	−19.24	7.98
	BLK21	羊	−19.18	7.99
	BLK22	羊	−19.26	8.09
	BLK23	羊	−19.19	8.29
	BLK24	羊	−19.51	8.37

① ZHOU L G, ENKHBAYAR M. Stories behind the fortress: Stable isotope analysis and ^{14}C dating of soldiers' remains from the Bayanbulag site, Mongolia [J]. Archaeometry, 2020, 62 (4): 863-874.

② 凌雪，兰栋，陈曦等．新疆巴里坤东黑沟遗址出土动物骨骼的碳氮同位素分析［M］//西部考古．北京：科学出版社，2016（2）：289-299.

续表

遗址名称	样品编号	动物种属	$\delta^{13}C$/‰	$\delta^{15}N$/‰
新疆巴里坤东黑沟遗址①	BLK25	马	−20.78	6.75
	BLK26	马	−20.13	6.38
	BLK27	马	−19.28	7.45
	BLK28	羊	−18.79	6.93
	BLK29	羊	−18.71	8.31
	BLK30	羊	−18.95	7.33
	BLK31	羊	−19.27	6.40
	BLK32	羊	−19.29	6.20
	BLK33	羊	−19.20	6.55
	BLK34	羊	−19.54	5.48
	BLK35	羊	−19.42	6.21
	BLK36	羊	−19.19	6.21
	BLK37	羊	−19.04	7.34
	BLK38	羊	−18.82	7.13
	BLK39	骆驼	−16.80	9.99
	BLK40	骆驼	−18.48	9.95
	BLK41	狗	−18.55	7.62
	BLK42	狗	−18.48	10.33
	BLK43	狗	−18.55	11.62
	BLK44	狗	−17.99	12.28
	BLK45	牛	−20.12	6.60
	BLK46	牛	−19.56	7.68
	BLK47	牛	−19.57	8.66
	BLK48	中鹿	−17.17	8.25
	BLK49	中鹿	−18.54	5.92
	BLK50	中鹿	−17.38	10.03
	BLK51	小鹿	−15.98	11.88
	BLK52	山羊	−19.30	8.34
	BLK53	山羊	−19.00	7.50
蒙古国Gol Mod遗址2号墓地②	G2T189	绵羊	−18.6	7.2
	G2T10	马	−20.3	5.5
	G2T10	马	−19.5	5.5

① 凌雪，兰栋，陈曦等．新疆巴里坤东黑沟遗址出土动物骨骼的碳氮同位素分析［M］//西部考古．北京：科学出版社，2016（2）：289-299.

② ZHOU L G, ENKHBAYAR M, ERDENEBAATER D, et al. Diet of the Chanyu and his people: Stable isotope analysis of the human remains from Xiongnu burials in western and northern Mongolia [J]. International journal of osteoarchaeology, 2022, 32 (4), 878-888.

续表

遗址名称	样品编号	动物种属	$\delta^{13}C$/‰	$\delta^{15}N$/‰
蒙古国Egiin Gol遗址①	EGTI2FB	羊	−19.40	7.17
	EGT18FB	牛	−18.16	8.29
	EGT32FB	牛	−18.30	8.01
	EGT37FB	牛	−18.03	8.70
	EGT48FB	牛	−17.67	8.33
	EGT59FB	牛	−18.03	8.35
	EGT67FB	牛	−18.96	7.27
	EGT77FB	羊	−18.00	8.59
	EGT81FB	羊	−18.35	8.69
	EGT85FB	羊	−18.89	7.92
	EGT85FBC	牛	−17.27	8.38
	EGT87FB	羊	−18.60	9.14
	EGT88FB	羊	−17.27	9.63
蒙古国Baga Gazaryn Chuluu遗址①	BGC0302FB	羊	−15.97	10.54
	BGC0802FB	羊	−13.16	12.64
	BGC0803FB	牛	−15.38	11.64
	BGC0804FB	牛	−16.79	11.40
	BGC0806FB	羊	−17.20	11.37
	BGC0813FB	羊	−16.48	9.41
蒙古国Shombuuzin Belchir遗址①	SBR12FB	羊	−17.08	9.99
	SBR14FB	羊	−17.60	9.06
	SBR15FB	羊	−17.94	10.60
	SBR16FB	羊	−17.21	9.76
	SBR18FB	羊	−17.02	10.31
蒙古国Baga Gazaryn Chuluu遗址128号墓②	4502	绵羊	−16.90±0.8	11.20±0.4
	4506	羊	−15.80±0.7	11.30±0.2
	4507	绵羊	−16.70±0.4	11.00±0.6
	4509	羊	−16.40±0.5	11.30±0.3
蒙古国Baga Gazaryn Chuluu遗址576号墓②	4510	山羊	−18.10±0.5	9.10±0.4
	4511	羊	−16.20±0.1	10.20±0.3
	4512	绵羊	−16.90±1.0	9.50±1.3
	4515	羊	−17.30±0.4	7.30±1.0

① MICHELLE L. MACHICEK. Reconstructing diet, health and activity patternsin early nomadic pastoralist communities of inner Asia [D]. Department of Archaeology, University of Sheffield, 2011.

② MAKAREWICZ, C A. Winter is coming: seasonality of ancient pastoral nomadic practices revealed in the carbon (delta C-13) and nitrogen (delta N-15) isotopic record of Xiongnu caprines [J]. Archaeological and anthropological sciences, 2017, 9 (3): 405-418.

附表五　匈奴人骨稳定同位素数据

遗址名称	样品编号	$\delta^{13}C$/‰	$\delta^{15}N$/‰
新疆巴里坤东黑沟遗址①	DHG1	−17.74	13.49
	DHG2	−18.02	12.95
	DHG3	−17.83	13.07
	DHG4	−18.74	12.31
	DHG5	−18.36	13.24
	DHG6	−18.78	13.01
	DHG9	−18.96	14.33
	DHG10	−18.42	14.30
	DHG11	−18.21	13.25
	DHG12	−18.64	13.27
	DHG13	−18.35	12.64
新疆巴里坤黑沟梁墓地②	93BYJH（Ⅰ）M5：D	−18.51	12.64
	93BYJH（Ⅰ）M3：B	−18.35	13.23
	93BYJH（Ⅰ）M4：1	−18.40	12.90
	93BYJH（Ⅰ）M1：A	−18.44	13.50
	93BYJH（Ⅰ）M5：F	−17.62	13.46
	93BYJH（Ⅰ）M11：1	−18.40	12.60
	93BYJH（Ⅰ）M15：1	−18.45	13.13
	93BYJH（Ⅰ）M4：2	−18.26	12.95
	93BYJH（Ⅰ）M1：B	−18.60	12.58
蒙古国Gol Mod 2墓地③	G2T189	−16.60	13.20
	G2T10	−17.00	12.80
	G2T1	−16.10	13.60
	G2T1S1	−18.70	12.60
	G2T1S2	−16.00	13.30
	G2T1S3	−16.00	12.90
	G2T1S8	−16.00	13.50
	G2T1S9	−17.00	12.70
	G2T1S13	−15.90	13.30
	G2T1S16	−15.50	13.40
	G2T1S27	−18.50	11.00
	G2T1S20	−16.50	13.40
	G2T1S30	−16.20	13.10
	G2T10S1	−17.10	12.50
	G2T106S1	−17.10	14.10

① 凌雪，陈曦，王建新等．新疆巴里坤东黑沟遗址出土人骨的碳氮同位素分析［J］．人类学学报，2013，32（2）：219-225.

② 张全超，常喜恩，刘国瑞．新疆巴里坤县黑沟梁墓地出土人骨的食性分析［J］．西域研究，2009（3）：45-49.

③ ZHOU L G, ENKHBAYAR M, ERDENEBAATAR D, et al. Diet of the Chanyu and his people: Stable isotope analysis of the human remains from Xiongnu burials in western and northern Mongolia [J]. International journal of osteoarchaeology, 2022, 32 (4), 878-888.

续表

遗址名称	样品编号	$\delta^{13}C$/‰	$\delta^{15}N$/‰
蒙古国Salkhitiin Am遗址①	SA24#	−18.40	12.10
	SA17*	−18.20	10.80
	SA8#	−18.30	10.90
	SA19*	−18.40	10.60
	SA18*	−18.70	10.80
	SA16#	−20.10	6.30
	SA12#	−18.60	10.20
	SA23#	−17.50	11.80
	SA29#	−17.60	11.10
	SA28*	−18.60	11.70
	SA19：1*	−18.20	10.60
	SA15#	−18.10	10.70
	SA17：1*	−18.50	10.50
	SA18：1*	−18.90	10.50
蒙古国Ereen Hailaas遗址①	EH1-17	−18.30	14.00
	EH1-30	−16.20	12.10
	EH1-18	−16.20	13.90
蒙古国Egiin Gol遗址②	EG EX 00.14	−14.33	12.92
	EG BUR 45	−16.12	12.28
	EG BUR 46a	−17.50	13.34
	EX 99.08	−16.85	14.01
	EG2 T-12	−16.08	12.38
	BT T-23	−14.62	13.07
	EG T-27	−16.63	13.39
	EGT32a	−16.36	12.45
	EG T33a	−17.18	11.49
	BT T-35	−14.75	12.12
	BT T-37a	−17.45	11.71
	BT T-48	−16.26	11.66
	BT T-51	−15.95	11.87
	BT T-52	−15.08	11.50
	BT T-54	−16.12	11.95
	BT T-56	−15.75	12.94
	BT T-60	−17.09	12.27
	EGT-64	−14.50	11.54

① ZHOU L G, ENKHBAYAR M, ERDENEBAATAR D, et al. Diet of the Chanyu and his people: Stable isotope analysis of the human remains from Xiongnu burials in western and northern Mongolia [J]. International journal of osteoarchaeology, 2022, 32 (4), 878-888.

② MICHELLE L. MACHICEK. Reconstructing diet, health and activity patternsin early nomadic pastoralist communities of inner Asia [D]. Department of Archaeology, University of Sheffield, 2011.

续表

遗址名称	样品编号	$\delta^{13}C$/‰	$\delta^{15}N$/‰
蒙古国Egiin Gol遗址①	BT T-68	−15.95	11.74
	EGT-72	−16.70	12.57
	EGIT-74	−16.38	11.06
	BT T-75	−16.97	12.05
	EGT-78	−16.43	12.07
	BT T-84	−15.86	10.85
	BT T-88	−15.69	11.93
	BT T-91	−16.87	11.35
	EGT-92	−15.39	10.91
蒙古国Baga Gazaryn Chuluu 遗址①	EX 03.03	−14.89	13.04
	EX 03.07	−13.84	13.73
	EX 04.01	−15.12	13.31
	EX 04.02	−16.51	12.78
	EX 04.10	−15.66	14.67
	EX 05.02	−15.19	13.49
	EX 05.05	−14.62	13.07
	EX 06.08	−16.39	12.16
	EX 06.09	−16.97	13.51
	EX 07.16	−16.11	13.43
	EX 07.25b	−16.28	14.81
	EX 08.02	−14.75	14.84
	EX 08.03	−15.67	14.89
	EX 08.04a	−17.33	13.64
	EX 08.04b	−14.98	15.46
	EX 08.05	−16.45	12.76
	EX 08.06	−14.66	13.44
	EX 08.08	−14.30	13.59
	EX 08.13	−16.31	13.15
	EX 08.19	−15.16	14.19
	EX 05.04	−15.44	13.71
蒙古国Shombuuzin Belchir遗址①	SBR12	−17.29	14.31
	SBR13	−17.50	14.72
	SBR14	−17.45	14.14
	SBR18	−17.35	14.73

① MICHELLE L. MACHICEK. Reconstructing diet, health and activity patternsin early nomadic pastoralist communities of inner Asia [D]. Department of Archaeology, University of Sheffield, 2011.

附表六　其他北方人群骨骼稳定同位素数据

遗址名称	种属	出土单位	$\delta^{13}C$/‰	$\delta^{15}N$/‰
新疆鄯善洋海墓地①	人	III M79	−16.2	12.9
	人	III M36	−16.0	13.2
	人	III M71	−15.9	12.1
	人	III M44A	−14.6	13.8
	人	IIIM17A	−14.8	13.0
	人	IIIM73B	−16.4	12.6
	人	IIIM17B	−15.8	13.0
	人	IIIM5A	−15.2	15.7
	人	IIIM80	−17.5	13.1
新疆奇台石城子遗址②	狗	F4	−18.4	10.8
	羊	T38⑨	−18.8	7.4
	羊	T42	−18.7	6.8
	羊	T45⑤	−18.6	8.0
	羊	T42⑤	−19.1	7.2
	羊	/	−18.4	7.1
	羊	北墙底部坑内	−18	9.0
	羊	F4	−17.7	8.0
	羊	T43④	−17.2	8.6
	羊	T31东扩方	−18.3	6.8
	羊	T31东扩方	−18.3	6.4
	羊	沟内骨骼	−17.8	11.2
	羊	沟北端	−18.3	9.6
	羊	沟北端	−18.2	7.6
	牛	T35	−19.9	5.8
	牛	T39③④	−17.9	10.3
	鹿	T38②	−18.4	8.1
	食草动物	T34	−20.5	5.6
	食草动物	沟北端	−17.6	9.3
甘肃白银黄湾汉墓③	鸡	M1	−11.0	7.7
	鸡	M1	−13.6	6.7
	羊	M1	−8.0	8.3
	人（牙）	M2	−9.9	11.5

① 司艺，吕恩国，李肖等. 新疆洋海墓地先民的食物结构及人群组成探索［J］. 科学通报，2013，58（15）：1422-1429.

② 王伟，段阜涛，杨继帅等. 植硅体与稳定同位素分析揭示的新疆汉代驻军多样的农作物利用策略［J］. 第四纪研究，2020，40（2）：428-430.

③ LI X, LU M X, CUI Y F, et al. The Integration of farmers and nomads: archaeological evidence for the human subsistence strategy in northwestern China during the Han Dynasty [J]. Acta geologica sinica (English edition), 2020, 94 (3): 603-611.

续表

遗址名称	种属	出土单位	$\delta^{13}C$/‰	$\delta^{15}N$/‰
甘肃白银黄湾汉墓[①]	人（牙）	M2	−8.9	11.6
	人（牙）	M2	−8.7	11.0
	人（牙）	M2	−9.5	10.7
	人（牙）	M3	−9.8	10.6
	人（牙）	M3	−9.6	10.6
	人（牙）	M3	−8.9	10.6
	人（牙）	M3	−9.2	10.8
	人（牙）	M3	−9.2	10.7
	人（牙）	M3	−8.7	11.1
	人（牙）	M3	−9.8	10.9
	人（牙）	M5	−8.4	11.1
	人（牙）	M5	−8.6	10.8
	人（牙）	M5	−8.5	11.3
	人（牙）	M5	−8.7	11.1
	人（牙）	M6	−8.1	10.0
	人（肱骨）	M2	−9.9	10.6
	人（股骨）	M3	−9.2	10.6
	人（肱骨）	M4R1	−8.6	9.7
	人（指骨）	M4R2	−11.5	12.9
	人（锁骨）	M5	−10.7	10.4
	人（桡骨）	M7	−15.1	7.7
甘肃张掖黑水国遗址[②]	鸡	2018ZHM16	−14.4	8.1
	鸡	2018ZHM16	−19.3	7.7
	猪	2018ZHM23	−11.9	8.4
	猪	2018ZHM25	−15.7	7.6
	猪	2018ZHM55	−13.4	10.0
	鸡	2018ZHM55	−14.0	7.8
	黄牛	2018ZHM55	−19.2	8.5
	狗	2018ZHM57	−14.1	9.6
	猪	2018ZHM57	−12.8	7.5
	鸡	2018ZHM57	−14.9	5.2
	鸡	2018ZHM57	−17.4	5.8
	黄牛	2018ZHM57	−19.4	5.6
	猪	2018ZHM57	−15.4	10.0
	鸡	2018ZHM6	−18.4	8.2
	鸡	2018ZHM15	−15.4	6.6

① LI X, LU M X, CUI Y F, et al. The Integration of farmers and nomads: archaeological evidence for the human subsistence strategy in northwestern China during the Han Dynasty [J]. Acta geologica sinica (English edition), 2020, 94 (3): 603-611.

② 李昕. 汉晋时期河西走廊及邻近地区人类摄食结构及其影响因素研究［D］. 兰州大学硕士学位论文，2021.

续表

遗址名称	种属	出土单位	$\delta^{13}C$/‰	$\delta^{15}N$/‰
甘肃张掖黑水国遗址①	鸡	2018ZHM15	−19.2	8.0
	猪	2018ZHM15	−16.5	8.5
	鸡	2018ZHM18	−18.8	9.1
	鸡	2018ZHM19	−18.2	6.8
	猪	2018ZHM19	−14.0	8.7
	鸡	2018ZHM28	−18.2	13.2
	猪	2018ZHM28	−16.6	8.2
	鸡	2018ZHM30	−18.2	9.5
	猪	2018ZHM54	−12.5	9.5
	鸡	2018ZHM89	−17.7	8.9
	鸡	2018ZHM101	−14.1	7.3
	猪	2018ZHM101	−12.3	8.8
	鸡	2018ZHM5	−18.2	9.0
	绵羊	2018ZHM32	−19.9	4.7
	鸡	2018ZHM46	−17.0	7.4
	猪	2018ZHM58	−13.4	10.2
	猪	2018ZHM115	−14.3	11.2
	鸡	2018ZHM14	−17.0	8.2
	人	2018ZHM27	−11.6	11.6
	人	2018ZHM87-1	−17.4	9.2
	人	2018ZHM19西侧	−14.0	11.7
	人	20181ZHM54东侧	−16.2	12.1
	人	2018ZHM35	−17.5	8.9
	人	2018ZHM23东侧	−14.4	11.7
	人	2018ZHM72南棺	−16.9	11.1
	人	2018ZHM25棺北	−13.6	11.2
	人	2018ZHM9西侧	−15.5	10.3
	人	2018ZHM25棺南	−11.9	10.9
	人	2018ZHM58	−15.9	12.5
	人	2018ZHM16	−10.6	11.2
	人	2018ZHM26-1	−12.7	11.6
	人	2018ZHM18东侧	−17.3	11.9
	人	2018ZHM54西侧	−17.9	10.5
	人	2018ZHM4	−18.2	9.4

① 李昕. 汉晋时期河西走廊及邻近地区人类摄食结构及其影响因素研究［D］. 兰州大学硕士学位论文，2021.

续表

遗址名称	种属	出土单位	$\delta^{13}C$/‰	$\delta^{15}N$/‰
甘肃张掖黑水国遗址[①]	人	2018ZHM14-2	−16.1	11.5
	人	2018ZHM72北侧	−16.2	11.1
	人	2018ZHM28	−17.1	10.2
	人	2018ZHM31	−15.5	10.8
	人	2018ZHM73北侧	−18.1	11.3
	人	2018ZHM88	−18.3	9.7
	人	2018ZHM62东侧①	−16.4	11.4
	人	2018ZHM5西侧	−15.4	9.0
	人	2018ZHM57西侧	−14.6	11.3
	人	2018ZHM6下层	−16.3	8.5
	人	2018ZHM89	−17.8	10.2
	人	2018ZHM84	−16.3	11.0
	人	2018ZHM5东侧	−16.1	8.6
	人	2018ZHM10东侧	−13.7	10.8
	人	2018ZHM73南侧	−16.3	11.3
	人	2018ZHM26-2	−14.3	10.4
	人	2018ZHM57东侧	−11.6	11.1
	人	2018ZHM62东侧②	−14.6	11.5
	人	2018ZHM65	−15.8	10.9
	人	2018ZHM62西侧	−15.1	10.6
	人	2018ZHM111	−15.0	10.7
	人	2018ZHM101-1	−15.7	11.2
	人	2018ZHM40北侧	−17.4	9.9
	人	2018ZHM36南侧	−17.0	10.0
	人	2018ZHM29	−15.7	11.4
	人	2018ZHM87-2	−17.8	8.7
	人	2018ZHM47	−17.3	9.6
	人	2018ZHM39	−16.8	9.3
	人	2018ZHM30	−17.7	10.1
	人	2018ZHM49	−16.5	8.2
	人	2018ZHM70	−16.6	10.0
	人	2018ZHM30	−17.5	10.7
	人	2018ZHM33	−17.4	11.3
	人	2018ZHM50	−17.0	10.6

① 李昕. 汉晋时期河西走廊及邻近地区人类摄食结构及其影响因素研究［D］. 兰州大学硕士学位论文，2021

续表

遗址名称	种属	出土单位	$\delta^{13}C$/‰	$\delta^{15}N$/‰
甘肃张掖黑水国遗址①	人	2018ZHM51	−16.0	10.4
	人	2018ZHM34	−17.6	8.7
	人	2018ZHM9东侧	−14.6	12.1
	人	2018ZHM53	−15.5	11.9
	人	2018ZHM43东侧	−16.8	10.5
	人	2018ZHM38	−15.3	10.3
	人	2018ZHM36北侧	−17.2	9.7
	人	2018ZHM46东侧	−17.4	8.8
	人	2018ZHM40南侧	−17.1	10.9
	人	2018ZHM42北侧	−14.3	11.0
	人	2018ZHM56	−16.2	10.1
	人	2018ZHM43西侧	−17.9	10.6
	人	2018ZHM55	−12.9	11.1
	人	2018ZHM83	−17.2	11.1
	人	2018ZHM42耳室	−16.1	10.9
	人	2018ZHM68	−17.4	10.2
	人	2018ZHM61	−10.2	9.3
	人	2018ZHM59	−17.1	10.6
	人	2018ZHM46西侧	−16.9	10.0
	人	2018ZHM80北侧	−16.0	11.0
	人	2018ZHM48	−16.3	9.4
	人	2018ZHM13	−15.0	10.2
	人	2018ZHM90-1	−12.8	9.1
	人	2018ZHM90-2	−13.6	9.5
	人	2018ZHM80南侧	−17.8	10.5
	人	2018ZHM92东侧	−16.7	10.5
	人	2018ZHM92	−16.6	10.2
	人	2018ZHM108东侧	−15.7	12.0
	人	2018ZHM6上层	−11.9	9.8
	人	2018ZHM19西侧	−15.0	11.8
	人	2018ZHM91	−17.0	12.4
	人	2018ZHM12	−16.1	10.6
	人	2018ZHM99	−16.8	11.8

① 李昕. 汉晋时期河西走廊及邻近地区人类摄食结构及其影响因素研究［D］. 兰州大学硕士学位论文，2021.

续表

遗址名称	种属	出土单位	$\delta^{13}C$/‰	$\delta^{15}N$/‰
甘肃张掖黑水国遗址[①]	人	2018ZHM97	−16.7	11.5
	人	2018ZHM79	−13.9	11.6
	人	2018ZHM103	−16.8	11.2
	人	2018ZHM110-2	−16.1	10.8
	人	2018ZHM113北侧	−15.5	11.4
	人	2018ZHM15北侧	−15.3	12.5
	人	2018ZHM115西侧	−16.2	13.2
	人	2018ZHM104	−16.8	12.9
	人	2018ZHM105	−16.6	9.4
	人	2018ZHM106	−18.4	11.4
	人	2018ZHM110-1	−17.3	10.9
	人	2018ZHM112	−16.7	11.1
	人	2018ZHM116东侧	−13.6	11.4
	人	2018ZHM101-2	−16.4	11.0
	人	2018ZHM108西侧	−16.5	10.6
	人	2018ZHM116西侧	−17.2	11.5
	人	2018ZHM115东侧	−15.4	12.4
	人	2018ZHM71-2	−17.2	10.7
	人	2018ZHM71-1	−16.8	10.4
	人	2018ZHM75	−19.5	11.7
	人	2018ZHM100	−18.0	11.1
	人	2018ZHM96	−18.1	14.7
	人	2018ZHM113南侧	−15.6	11.1
	人	2018ZHM93	−17.9	10.1
	人	2018ZHM18西侧	−16.9	11.6
	人	2018ZHM14-1	−17	11.0
	人	2018ZHM23西侧	−12.7	11.9
	人	2018ZHM74东侧	−16.9	10.8
	人	2018ZHM74西侧	−17.0	11.5
	人	2018ZHM71-3	−15.3	11.2
	人	2018ZHM60	−16.8	10.6
	人	2018ZHM15南侧	−13.1	11.7
	人	2018ZHM42南侧	−16.2	9.8

① 李昕. 汉晋时期河西走廊及邻近地区人类摄食结构及其影响因素研究［D］. 兰州大学硕士学位论文，2021.

续表

遗址名称	种属	出土单位	$\delta^{13}C$/‰	$\delta^{15}N$/‰
甘肃敦煌佛爷庙湾—新店台墓群①	人	IV M29东	−18.3	15.7
	人	IV M28东	−19.5	16.0
	人	IV M20北	−18.3	16.0
	人	IV M23南	−18.0	16.4
	人	IV M24墓室东北角	−17.5	15.6
	人	IV M13北	−18.8	17.0
	人	IV M22南	−19.4	16.9
	人	IV M20中	−17.0	11.4
	人	IV M3南	−17.1	17.3
	人	IV M20南	−18.4	16.4
	人	IV M23北	−18.2	17.4
	人	IV M14北	−18.6	15.3
	人	IV M24中	−17.4	15.5
	人	IV M4北	−19.4	17.2
	人	IV M21	−18.6	16.1
	人	IV M26	−18.2	16.6
	人	IV M6墓室南侧	−17.9	15.9
	人	IV M16	−17.6	14.5
	人	IV M8北	−17.3	16.2
	人	IV M24南	−17.8	15.0
	人	IV M4南	−18.9	16.8
	人	IV M2墓室南部	−18.1	16.2
	人	IV M21北	−17.9	16.0
	人	IV M3墓室中部	−17.2	17.3
	人	IV M11墓北	−18.2	14.7
	人	IV M5北	−18.2	17.0
	人	IV M22中棺	−18.3	16.9
	人	IV M6北	−18.5	15.9
	人	IV M12北	−17.3	15.5
	人	IV M28西	−18.7	15.8
	人	IV M5南	−18.2	16.8
	人	IV M29西	−18.7	15.6
	人	IV M1北	−18.1	17.0
	人	IV M1中	−18.7	16.9

① 李昕. 汉晋时期河西走廊及邻近地区人类摄食结构及其影响因素研究［D］. 兰州大学硕士学位论文，2021.

续表

遗址名称	种属	出土单位	$\delta^{13}C$/‰	$\delta^{15}N$/‰
甘肃敦煌佛爷庙湾—新店台墓群①	人	IV M22北	−17.8	15.0
	人	IV M3北	−18.6	17.0
	人	IV M25北	−17.8	16.2
	人	IV M9北	−18.9	16.2
	人	IV M1南	−18.8	17.1
	人	IV M10南	−17.8	16.5
	人	IV M24北	−17.8	15.0
	人	IV M10北	−18.8	16.7
	人	IV M14南	−18.6	14.8
青海大通上孙家遗址②	人	M71	−15.513	/
	人	M07：11	−17.705	11.454
	人	M135：A	−17.312	10.128
内蒙古巴彦淖尔纳林套海汉墓③	人	M3-1	−10.7	11.9
	人	M8-2	−10.1	14.8
	人	M10东	−10.9	14.0
	人	M23西	−9.5	11.9
	人	M13西	−8.8	13.4
	人	M12-1	−10.5	12.6
	人	M8-1	−9.2	14.4
内蒙古察右前旗呼和乌素汉墓④	人	95QHM5	−9.4	8.2
	人	95QHM6	−8.3	9.6
	人	95QHM10	−9.4	8.8
	人	95QHM3	−9.9	9.8
	人	95QHM2	−8.5	9.1

① 李昕．汉晋时期河西走廊及邻近地区人类摄食结构及其影响因素研究［D］．兰州大学硕士学位论文，2021.

② 张雪莲，王金霞，冼自强等．古人类食物结构研究［J］．考古，2003（2）：158-171.

③ 张全超，胡延春，魏坚等．内蒙古巴彦淖尔市纳林套海汉墓出土人骨的稳定同位素分析［J］．人类学学报，2012，31（4）：407-414.

④ 张全超，郭林，朱泓．内蒙古察右前旗呼和乌素汉代墓地出土人骨的稳定同位素分析［J］．草原文物，2012（2）：99-101.

后　记

作为一个南方人，从小就向往北方。2005年，经安徽大学张爱冰老师推荐，我有幸进入中国科学院研究生院科技史与科技考古系（现中国科学院大学考古学与人类学系）王昌燧老师门下攻读研究生。终于来北方读书了，刚到北京的兴奋劲现在还记忆犹新，那也是我人生第一次进京。博士期间的具体研究方向最后定的是稳定同位素考古，王昌燧老师指定胡耀武和宋国定两位老师作为我的共同博士生导师，胡耀武老师指导科技考古研究，宋国定老师则指导我的传统考古学研究，并对我加强了田野考古发掘训练。在确定最初的硕士研究生论文选题时，导师们给予了极大的自由，鼓励我自主选题。在图书馆（中国科学院文献情报中心）查阅考古资料时，其实心里是没有底的，也比较茫然，不知如何选题。但是当我看到桌子上一本厚厚的蓝皮发掘报告时，我的目光一下子就被吸引了过去，因为考古报告在中国科学院图书馆还是很少见的。不知哪位同学从书架中拿出这本书在这里阅读，可能是忘记放回去，也可能是临时有事走开一会儿吧。虽然知道不合适，但是好奇心驱使我把这本书翻开，并一下子被报告的丰富材料、完整的编排体例以及有趣的研究结论所吸引。这本报告就是《大同南郊北魏墓群》，通过这本报告我对拓跋鲜卑及其建立的北魏王朝有了更直观的认识，尤其是大同南郊墓群出土了当时为止数量最多、保存最好的北魏墓群，而且人骨保存状况也很好，我的研究方向正好是做古代骨骼的稳定同位素分析，因此对该墓群出土的骨骼材料非常感兴趣。再次，作为游牧民族的拓跋鲜卑纵马驰骋欧亚大草原的画面一直就萦绕在脑海中，对这批资料的关注也满足了一个南方人对北方草原生活的好奇心。故而，这本发掘报告对我吸引力就不言而喻了。最后，对不住这位同学的是，我把这本书借走了。接下来，我的硕士论文选题也基本确定，就打算做大同南郊北魏墓群出土人骨的稳定同位素分析（后来成就了我的第一篇学术论文《大同南郊北魏墓群人骨的稳定同位素分析》，发表于《南方文物》2010年第1期）。但是在选题确定后，面临的难题是，只有想法，没有样品。后来，通过几位导师的帮忙，以及系里王涛老师的牵线，我们得到了大同市博物馆的大力支持，王利民馆长和曹臣明副馆长慷慨允诺提供南郊墓群的骨骼样品。后来王涛老师还亲自陪同我前往山西大同对这批样品进行取样，曹臣明副馆长和王雁卿研究员还亲自帮忙挑选样品，给予了莫大的支持。曹臣明副馆长也是《大同南郊北魏墓群》报告的主要作者之一，他现场还赠送了一本报告给我，至今珍藏。曹臣明副馆长对我本人的后续研究也一直在支持，感激不尽。

虽然大同南郊墓群材料多、保存好，但是毕竟仅是一例个案研究。大同地区北魏平城时期墓葬数量多，分布较为集中，对于研究北魏先民食物结构和生计方式非常重要。因此，随着对北魏平城先民骨骼材料研究的推进，我对大同其他北魏人群、内蒙古草原地区拓跋鲜卑人群以及迁都洛阳之后北魏人群的相关研究就逐渐提上日程。同样的问题是，还是需要获取样品。因此，作为“啃老（师）族”的我，又拜托老师们帮忙联络样品。后来前往大同地区联系北魏样品，是王昌燧老师亲自陪同我去的，那时北京到大同还没有高铁，所以我们俩坐硬卧绿皮车，没有买到下铺，当我准备和下铺商量给王老师换个铺位时，王老师说不用，一个箭步就登上了梯子并爬上自己的铺位，让我呆在了原地，感叹王老师有如此好的精气神和体力，也非常愧疚让老师跟自己受苦。除了大同地区材料外，后来还通过师弟侯亮亮一起去拜访了中国人民大学考古文博系魏坚老师，在阅读了他主编的《内蒙古地区鲜卑墓葬的发现与研究》后，有很多问题想当面向他请教。作为一个无名小辈，当时不知哪里来的勇气，竟还冒然向魏老师提出能否帮忙联系一些拓跋鲜卑骨骼样品。想不到的是，魏老师当面就打了电话帮忙沟通和落实了内蒙古呼伦贝尔和乌兰察布出土的早期拓跋鲜卑骨骼样品，对我后续研究和博士论文的完成提供了极大的支持。魏坚老师乐于提携后学，做事雷厉风行，以及人缘之好，当时确实是极为震撼，印象深刻。当然，这才有了后来独自坐绿皮车经过东北，穿越大兴安岭，冬天驰骋呼伦贝尔雪原的经历。在对以上地区进行取样时，呼伦贝尔盟博物馆白劲松老师和陈凤山老师、扎赉诺尔文管所孙祖栋老师、乌兰察布博物馆李兴盛老师和胡晓农老师均给予了热情的帮助。中国社科院考古研究所科技考古中心吕鹏博士还对本研究中所提取的动物骨骼进行了鉴定。

2012年4月，我入职南开大学历史学院考古学与博物馆学系，刘毅老师对我的教学、科研以及生活上给予了莫大的支持。历史学院多任领导对我的个人学术成长提供了许多帮助，现任院长余新忠教授对我的教学和科研工作更是关怀备至，使我受益匪浅。南开大学考古系和博物馆的各位同仁也对我的研究提供了各种支持和协助。在此一并致谢！

来南开大学工作后，我的研究方向仍然没有太大变动，对拓跋鲜卑和北魏的心之向往和科研兴趣依然如初。之后的科研工作中，大同市考古研究所张志忠所长、侯晓刚副所长和李树云副所长均给予了协助，尤其是侯晓刚副所长的全力支持，使我的研究材料得到了极大的丰富。读书期间和工作后的科研过程中，曾就一些学术问题分别向北京大学韦正老师和山西大同大学特聘教授张庆捷老师多有请教，他们也给予了热情的解答并提了很多好建议。当然，我的三位导师，王昌燧、宋国定和胡耀武老师，在我毕业后还依然关注着我的学术成长。王昌燧老师时不时打电话询问我生活和职业发展状况；宋国定老师在我从北京搬来天津上班时，和师母开车亲自送我过来；胡耀武老师在我的科研之路上，耳提面命，关心之至，至今依然如此。感谢厦门大学易冰博士、中国科学院大学谷天旸和南开大学历史学院王之风同学对本书文稿的校对。感谢科学出版社张亚娜和郑佐一女士对本书出版付出的辛勤劳动。感谢南开大学中国社会史研究中心常建华教授和中外文明交叉科学中心江沛教授对本书出版的大力支持。要感谢的人太多了，就不一一絮叨了，师友们的帮助和关怀是我一直成长的动力源泉。

从2006年开始从事拓跋鲜卑—北魏多学科研究工作，至今完成本书终稿，已历时17年。一直以来，不停在为研究添加新样品，测试新数据，对研究框架和研究思路的完善也从未停止。现在打算出版本书，算是给师友们交个作业，也是对这17年来研究工作的回顾和反思，更是为下一阶段的工作整理思路，积蓄力量。由于个人能力有限，本书难免有一些错漏之处，请读者多批评指正！

以本书献给一直在我身后默默奉献的家人，尤其是妻子徐女士和女儿溪溪。